财富与梦想系列丛书

探寻股权投资之道

何诚颖　等著

中国财政经济出版社

图书在版编目（CIP）数据

探寻股权投资之道／何诚颖等著．—北京：中国财政经济出版社，2014.2
（财富与梦想系列丛书）
ISBN 978－7－5095－5066－3

Ⅰ．①探…　Ⅱ．①何…　Ⅲ．①股权－投资基金－研究－中国　Ⅳ．①F832.51

中国版本图书馆CIP数据核字（2014）第018313号

责任编辑：杨　静　　　　责任校对：王　英
封面设计：逸品文化　　　　版式设计：兰　波

中国财政经济出版社 出版
URL：http：//www.cfeph.cn
E－mail：cfeph@cfeph.cn

社址：北京市海淀区阜成路甲28号　邮政编码：100142
营销中心电话：88190406　北京财经书店电话：64033436　84041336
北京财经印刷厂印刷　各地新华书店经销
787×1092毫米　16开　24印张　420 000字
2014年3月第1版　2014年3月北京第1次印刷
定价：60.00元
ISBN 978－7－5095－5066－3/F·4107
（图书出现印装问题，本社负责调换）
本社质量投诉电话：010－88190744
反盗版举报热线：88190492、88190446

财富与梦想
——股权投资的真谛

（自序）

一

2011 年 3 月，我来到世界著名的沃顿商学院进行短期的访问学习。在沃顿这一段难得的时光里，我们系统地学习了美国金融市场的发展历史、公司金融、股权投资和风险管理等方面的知识，并有机会与国内外股权投资专家进行深度交流。与国内外专家的交流过程中，激发了我重新去思考一个问题：为什么许多伟大的公司都根植于美国？是完善的制度、自由的文化还是优秀的人才？也许只有一种活动能将以上这些要素有机融合，那就是股权投资。

股权投资就像是一个躲在黑幕背后的“幽灵”，让现实世界看不见、摸不着，却又能经常被感知它们的存在。人们确实熟知一些公司，比如微软、苹果公司、Google 和 Facebook 等等。当中国的企业正在为上市募资而绞尽脑汁时，国外的这些大公司却因为股权被收购而成为一家私有公司，彻底地告别了股票市场。

作为一个企业价值的“搬运工”，股权投资无时无刻都在思考着如何利用那“贪婪”的金钱来配置这些股权，使得价值创造的作用发挥到极致。人们常常很难感知股权交易背后所带来的震撼，美国德州公用设施（TXU）的单笔交易金额就达到了 438 亿美元。而这场股权交易的主角 KKR 为了完成收购，需要向资本市场筹资 360 亿美元，如此巨大的规模换算成人民币居然达到 2500 亿元之巨。

受制于经济发展水平，类似于德州公用设施的股权收购在短时期可能不会在中国上演，但这并不会阻挡股权基金在中国这样一个蓬勃发展的新兴经济中试水。国际成熟股权基金和国内著名的股权基金的一举一动，开始越来越多的为国内市场所关注。这些股权基金通过海外上市和本土产业整合，创造了一个个财富奇迹，以至于中国本土股权基金的兴起赚足了国内外众多眼球。

二

经过长时间的发展，国外主流经济体中的大型股权投资机构逐渐成熟，已经从市场的边缘地带走到了历史舞台的中间。无论他们如何想低调行事，都无法躲开人们关注的目光。虽然大多数人都无法了解他们是如何筹集天文数字般的资金，如何运用复杂的技术实现股权的顺利交易，如何敢于承担高额的负债率来收购巨大市值的公司，但成熟的资本市场已经成就了他们。股权投资在金融体系中的地位如日中天，不可一世，他们已经成为金融资源有效配置难以忽视的另类金融势力。

股权投资实际上已经渗透到经济的各个环节，而且与我们的生活紧密地联系在一起。如果没有股权投资，我们可能喝不到星巴克纯正的咖啡，无法在 Google 上搜索到我们想要的信息，也无法使用 Facebook 享受交友的乐趣。除此之外，我们今天耳熟能详的大企业，比如因特尔、微软、苹果公司和联邦快递等，在其发展的早期，都得到过股权投资的资金支持。直到现在，这些公司的背后都还闪动着股权投资的身影。

股权投资的第一次浪潮出现在 20 世纪的 80 年代。1981 年，股权投资界的翘楚——KKR 完成了 6 笔股权投资交易，成为了这次浪潮的起点。1982 年，美国惨遇经济危机，经济严重衰退，股票大幅贬值。这为股权投资基金创造了良好的收购环境，该年完成的杠杆收购达到 164 起。1983 年，美国又完成了 230 起收购，总融资达到了 45 亿美元。据统计，美国第一次股权收购浪潮的年平均收购数量为 300 多起。

在 20 世纪 90 年代，股权投资的发展经历了一个调整期和低潮期，股票市场则迎来了一个十年的“大牛市”。直到 2000 年，美国股市暴跌，这又为股权投资带来了机会。由于利率达到历史的低点，这使得许多的股权基金可以利用很低的成本来获得资金。从 2005 年开始，股权收购的规模开始呈现爆发性的增长，大量巨额交易频繁出现，屡创纪录。从 2006 年开始，股权投资基金在欧美市场频频出手，交易金额不断攀升。当年的交易金额达到了 4000 亿美元，比上年的交易额增长了 68.7%，与 1996 年相比则增长了 20 倍。

三

那么，究竟是谁在操纵这么庞大的股权交易呢？从1946年美国研究与发展公司成立算起，在不到半个世纪的时间里，美国已经迅速地涌现出了数千家股权投资基金。他们非常低调，但对追逐利润却有着极高的敏感性。

虽然我们常常将从事股权投资的机构称为股权基金，但在实际功能上，它们还是有具体的区分。比较多的情况下，我们将股权投资基金分为PE投资基金和VC投资基金，分别称之为私募股权基金和风险投资基金。另外，我们通常还将从事公司孵化期进行股权投资的机构称之为天使投资。基于中国的具体情况，私募股权投资在进入中国后，还产生了一个具有中西混合基因的产业基金。

天使投资这个名词，最早是由美国新罕布什尔大学商学院教授威廉·韦策尔（W. Wetzel）在1978年提出的。而最早的天使投资可以追朔到在19世纪末，当时美国的一些富人和银行家提供资金，投资于钢铁、石油等传统产业而获得巨额利润。到了20世纪30年代后期，一些从事政府严格控制行业、积累大量财富的特殊家族为了不再受政府注意，逐渐将资金投放到新兴行业。于是，一些怀揣创新构想或成果的创业者向这些家族描绘投资项目美好的前景，希望他们给予资金支持。自此，天使投资便迅速地发展起来。

风险投资则常常受到美国人的青睐。硅谷，就是美国风险投资的倾心之作。由于风险投资的推动，在美国西海岸这一片神奇的土地上，诞生了一大批声名远播的著名企业，如戴尔、因特尔、苹果、Facebook等等。以硅谷风投为代表的美国风险投资的融资机制是一种民间资金为基础，风险投资企业为中介，金融机构为后援，政府间接参与为保障的多层资融资体系。这些硅谷发展的幕后推手，促进和激励了美国高科技产业的发展，并最终奠定了美国科技水平在世界上的领先地位。

四

股权基金的运作在外人看来似乎是一个“黑箱”，复杂却又严谨，并且环环相扣。股权基金的运作是从融资开始的，我们又常常观察到在资本市场上许多巨型的股权投资基金不断的涌现。高盛、KKR以及黑石等国际著名股权投资基金，一期的融资规模就超百亿美元。然而，融资对于股权投资基金来说是非常困难的。我们所看到的股权基金动辄上百亿的基金规模，往往来自于机构投资者，例如保险公司、养老基金、银行以及大型企业等等。这些机构投资者的要求都很高，并不会轻易做出投资承诺，经常出现的情况是，新的基金管理人往往遭到机构投资者的拒绝。即使是久负盛名的高盛、KKR，也在创业之初遇到了不少的坎坷。

那么，机构投资者为何要将资金投入到流动性很差的股权基金中呢？主要原因有三：一是机构投资者的资金一般是长期性的，这样机构对资金在短期没有很大的偿付需求。二是股权投资的整体回报高于市场的平均回报，虽然投资者承受了流动性差的风险，但是整体回报更高。三是股权投资的资产价值与公开上市的股票之间的关联性很小，股权投资可以分散投资风险。

投资的程序是富有逻辑而严格的，当股权基金融资成功后，就开始进行项目的筛选和投资。寻找有价值的项目是股权基金的主要工作，机会总是眷顾有准备的人。对于股权基金管理人来说，积极地与各公司高层保持联系，并寻求投资银行、会计师事务所以及律师事务所等机构的帮助，常常有预想不到的收获。

在获得初选项目后，股权基金需要对项目进行初选评估、尽职调查并进行方案设计。初步评选和尽职调查时，主要考虑被投项目的行业、管理层、竞争对手以及公司财务状况方面的因素。同时也要进行外围调研，包括目标企业的客户、供货商甚至竞争对手。同时，需要聘请会计师事务所对公司的财务数据进行验证。在以上的工作完成后，股权基金开始就投资协议调控与被投资方进行谈判。谈判的具体框架主要包括企业估值、投资额度、控制权以及交易结构等等，这些问题都是在谈判中必须要解决的问题。

谈判完成后就进入最终批准和完成交易阶段，在这一阶段，股权基金也有大量的工作要做，例如获得目标企业股东和政府部门的批准、债务融资、签署和准备大量的相关文件等等。当这些完成后，股权基金就的开始对被投资企业进行交易后管理，主要是对公司的战略、对外投融资、资本结构安排、资产处置以及后续收购等重大战略问题进行安排。当然，股权基金的最终目的并不是经营企业，其迟早会中止在项目中的投入并兑现收益。最终股权基金会采用出售或者上市的方式来实现收益的兑现。

五

自改革开放以来，中国股权投资之路的摸索也逐步展开，试图走出一条有中国特色的股权投资之路。中国的尝试可以追朔到 1985 年成立的中国新技术创业投资公司。然而，中创投资很快就遭遇了风险投资的“滑铁卢”。

由于其生产的高科技产品并没有销路，转而投向资本市场和房地产市场，损失巨大。1998 年，中国人民银行责令其关闭。中创投的失败似乎给中国以后的股权投资之路戴上了“魔咒”。此后，中国的股权投资基金均未能探索出一条符合中国国情的发展之路。

虽然中创投失败的阴影依然笼罩在创业者们的心头，但各路创业者在这个领域的摸索和努力从未停止过。在改革开放的推动下，国外股权投资机构很快进入了中国市场。比较典型的是 IDG、汉鼎亚太、华登国际和祥峰投资等等。随着上世纪 90 年代后期互联网的兴起，一些新的股权投资机构开始进入中国，比较有代表性的是日本的软银集团。2003 年，中国的许多企业都得到了国外资本的青睐，盛大网络、携程网、百度、分众传媒等著名的企业都在当时得到了股权资本的支持。

在此期间，国内也出现了一批实力雄厚的股权投资基金。鼎辉投资和弘毅投资就是其中的代表。鼎辉投资是从中国国际金融公司直接投资部分拆出来的，其投资的成功案例包括了新浪、蒙牛、分众等等。弘毅投资则背靠中国著名的企业——联想集团，该股权投资基金专注于收购业务。他们在成立后 10 年的时间里，攻城略地，迅速地积累了巨额资本。

在股权投资蓬勃发展的时期，国家队——产业投资基金业正式加入了股权投资竞争的角逐。2005 年，第一只人民币产业投资基金——渤海产业投资基金成立，设计规模为 200 亿元，基金的股东主要来自各大金融机构。实际上，与其将产业投资基金看做是股权投资形式的一种，还不如将其作为我国资本市场领域的一项重要的革新。基金采用在资金的募集上采用了契约的方式，而在管理上又引入了公司型的模式。这种由政府主导审批成立，然后选定管理机构的基金，与国际的通用做法大相径庭，但却符合了当时我国的实际情况。

六

中国的股权投资经历了近 30 年的发展历程，也存在不少的问题。对于股权投资来说，资金是最重要的资源。然而，并非所有的资金都适合投资到股权中去，只有长期资金才适合进行股权投资。欧美市场的发展经验表明，养老基金、捐赠基金等资本来源是投资的主流。而企业资金，除了巨型跨国企业外，很少企业会进行股权投资，因为股权投资意味着至少 2 ~ 3 年内无法实现退出。

我国在资本存量上并不存在问题，但在资本结构上，却限制了我国股权投资的发展。例如，我国的养老基金积累的时间并不长，在数额上与国外同类基金相比差距巨大。同时，我国的养老金规定投资股票市场的规模限制在30%以下，而针对股权投资的资金规模恐怕就更小了。其次，虽然商业银行是我国的企业融资的主要渠道，但是根据我国现行的银行监管法规，商业银行不能直接参与投资业务，更不能参与基金投资。因此，商业银行业不能为股权投资提供长期投资。民营企业和个人由于抗风险能力差，同时对资金短期内的高额回报有着更迫切的要求，因此，他们进行股权投资也是不太现实的。

除了资金上的问题外，我国的股权投资者还很不成熟。不管是民营力量为主体的股权投资基金，还是以国家为依靠的产业投资基金，都存在共同的问题。许多投资者对于参与到投资业务上有着强烈的兴趣，对于如何管理股权投资基金却举步维艰。许多资金方都希望以一定的形式对投资决策拥有发言权，但这样的想法与成立投资基金的行为却是背道而驰的。如果各个股东都有发言权，那就不需要考虑成立一家独立的股权投资基金来为他们的资金服务了。此外，对于入股资金的回报在时间上和回报率上，中国的投资者都显得过于苛刻。因此，可以说不成熟的机构投资者是中国股权投资发展的重要障碍。

我国目前的股权投资环境也存在很大问题。当我们回顾中国资本市场的发展史，一个重要的印象就是我国监管层政策的多变性。每次遇到股票市场低迷的时期，就暂停新股的发行。即使在没有暂停新股发行的时期，股票上市也要经过证监会的审批。行政力量对于股权投资退出形式的干预在时间上和程度上都过于直接。因此，在未来的发展过程中，行政力量是否能逐渐淡出，是解决股权投资环境问题的重大考量之一。

七

股权基金的奇妙之处，在于它常常能实现一个普通人的创业梦想，更能创造一个又一个的财富神话。然而，如果我们仔细地考量股权投资的来龙去脉、组织方式、投资方法以及回报机制后，我们发现这类机构也只是金融组织形式中的一种，它有别于传统的商业银行、保险公司和投资银行。但是，它又显得如此的神秘，以至于人们常常想一探究竟。

股权投资的“点金术”究竟体现在哪里？对于普通投资来说，它经常描绘着财富创造的神话，以及给投资者带来的几十倍甚至上百倍的回报率。对于目光长远的投资者来说，股权投资的神秘之处在于价值成长之谜。

那么，股权投资者是如何具体操作的呢？俗话说“巧妇难为无米之炊”，股权投资者在投资之前必须找到真金白银，即资金募集。股权投资的资金募集包括特定的方式、特定的流程，需要特定的文件和特定的资金管理方式，不同的组织形式也会采取不同的资金募集方式。

在股权投资者募集到资金后，要投资什么类型的项目？项目的选择标准是什么？应该选择传统企业还是高科技企业？这些繁杂的问题马上就需要进行解答。选择好了企业类型，股权投资者还要对企业进行价值评估。如何给企业定价？以什么标准定价？如何与被投资者进行权益谈判？等等这些问题的解决都需要股权投资者做出合理的判断。

股权投资的过程，也是创造企业价值的过程。那么，股权投资者是如何通过优化企业内部管理、提供增值服务、整合内外资源等方式，妙手催花，点石成金的。这些“积极的投资者”会采取怎样的措施来解决被投资企业的“顽疾”，推动企业创新并获取更多利润。股权投资者的最终目的是实现投资退出，对投资退出的一般理解，无非是上市和出售两种方式。然而，仔细研究后你会发现，股权投资的退出被股权投资者演绎得淋漓尽致，其复杂之程度远远超出了原有的想象。

我国的股权投资之路已经开辟，前路依然崎岖，但前景可期可待。虽然起步较晚，但多路人马已经开始驰骋中国股权投资的主战场。然而，在这战场中的许多人都沉醉于大规模上市公司的收购，艳羡投资基金丰厚的回报。对于股权投资的法律规定、资金募集、投资策略、投资方法以及投资如何退出，却常常表现得一知半解。主因之一在于我国目前尚缺乏系统性的股权投资研究成果，其缘由在于经验丰富的业内人士难熬工作劳顿之苦，来为后来人“著书立说，解惑传道”。而高校中的教授、博导则倾心于模型推导，理论研究，对市场竞争中的个中俗事无暇他顾。基于此，我们希望能在此方面能做些探索，谨望此书能对有志于股权投资的人士尽一点绵薄之力，是以为序！

何诚颖

2014 年 2 月于深圳

财富与梦想系列丛书

前言

Preface

关注中国的PE界，是一件很有意思的事情。如果“PE众生相”是一幅画，它必定是长卷的。在这里，我们可以看到十年前“忽如一夜春风来，千树万树梨花开”的投资盛景，也可以看到2008年金融危机后，尤其是国内IPO关闸后，PE从“天使”回归人间的物是人非。跨入“后全民PE时代”，PE改头换面重新出现在投资者的身边。对于大众来说，它变得更为触手可及。

2013年初至今，源自美国的“众募”概念兴起，创业者可以把自己的产品原型或创意提交到平台，发起募集资金的活动，感兴趣的投资者则可以捐献指定数目的资金，然后在项目完成后，得到一定的回馈。有了这种平台的帮助，任何有创意的人都可以启动一个新产品的设计生产。

是的，PE就在我们身边。如何抓住机遇，让PE帮助我们实现财富增值？大概是围绕在很多人心头的问题。无论你是想要参与PE的投资者，或是期待自己的项目可以被PE点石成金的创业者，抑或是怀揣着进入投资世界梦想的年轻人，都必须充分了解这个行业的“江湖”规则。作为业内人士，一种使命感驱使着我们把自己多年来对于股权投资的理解呈现给大家，希望这本书可以帮助您圆梦。

眼下，关于PE理论性的书籍市场上已有不少，我们希望呈现给大家的是一本既充满趣味又不失专业水准的“PE投资宝典”。股权投资其实是个劳心劳力的活，选苗、耕耘、施肥、剪枝、嫁接、除虫……时间长，累活多，成功的道路上充满艰辛与曲折。这个过程中投资管理机构需要有双慧眼，选择质地优良的项目，企业则需要运用好募来的资本，进行扩张生产，发展企业。在撰写此书时，我们尽力深入到股权投融资的每个环节，结合股权投资史上经典的案例分析，为您寻找中国股权投资之道。本书囊括了作者对于股权投资发展历史、整体运作以及发展趋势的剖析和思考。无论你是希望进入PE领域的年轻人，或者是希望借助股权投资实现财富增值的非专业人士，在你乘风破浪驶向财富彼岸的时候，这本书都会为你指引航程。本书的作者均系我国著名的资本市场与证券投资专家，相信读者在开卷阅读的过程中，一定可以感受到他们对于中国股权投资业的体会。也希望读者在阅读思考之余，能提出您宝贵的意见。

本书由何诚颖牵头策划，陶鹂春组织提纲和写作工作，龚映清、周茹统稿，参与写作的还有翁媛媛、陈东胜、龚映清、周茹、杨高宇、张春辉、张建辉等。在写作过程中，我们得到了许多领导和专家的大力支持和关怀，在此谨向他们表达诚挚的谢意。

作　者

2014年2月

财富与梦想系列丛书

目 录

Contents

第一篇 帝国风云

第二篇 投资方视角之 募资之路

第三篇
投资方视角之　投资之道

第四篇
投资方视角之　投资之策

第五篇
企业视角之　吸引金凤凰

第六篇
博　弈　共　赢

第七篇
投资方视角之　管理之方

第八篇
投资方视角之　退出之选

第一篇

帝　国　风　云

第一章

股权投资的前世今生：资本活火山

几千年来，有一批人从未改变其敏感而嗜血的本性。出于对资本逐利性的狂热追求，他们在人类的经济发展史上写下了浓墨重彩的一笔。直到今天，他们的雄心远未停止。他们经常被各大电视台、报纸和杂志争相报道，他们不是个人，而是由个人组成的、具有明确导向的利益集团，他们就是股权投资者，经常被称为“门口的野蛮人”。

而现代意义的股权投资则发生在第二次世界大战以后的美国，数十年来全球私募股权投资获得了不同程度的发展。本章将追本溯源，探究股权投资成长的土壤，分析经济、技术等因素对于股权投资业成长的影响，并扫描美国、中国等地股权投资成长历程及现状。

第一节 资本基因与成长土壤

今天，股权投资已经渗透到经济的各个环节。美国是当今世界私募投资业最为发达的国家，其私募股权基金成为仅次于银行贷款和 IPO 的重要手段，并已形成了一套比较规范、科学的运作机制。欧洲的私募股权资本中，英国增长迅速且表现良好，其年度投资额占整个欧洲的近 50%。中国的股权投资起步晚，曾经走过“寒冬”，近年来飞速发展，正呈现出勃勃生机。

股权投资业与你我的生活紧密地联系在一起。如果没有股权投资，我们可能喝不到星巴克纯正的咖啡，无法在 Google 上搜索到我们想要的信息，也无法使用 FacebooK 享受交友的乐趣。除此之外，我们今天耳熟能详的大企业，比如英特尔、微软、苹果公司和联邦快递等，在其发展的早期，都得到过股权投资的资金支持。这些公司的成功不仅为世界创造了新的技术，推动了社会进步，更使得支持这些公司发展的股权投资基金获取了惊人的投资收益。

股权投资究竟是如何起步的？哪些因素构成了其成长的土壤和养分？这一切要从几百年前说起。

一、远洋贸易与富人理财需求促使股权投资萌芽

15 世纪末，在英国、葡萄牙与西班牙等国，远洋贸易兴起。在当时的历史条件下，仅靠个人的自有资金无法满足创建远洋贸易企业的需要，贸易活动对外源资本产生了强烈的需求。聪明的资金拥有者发现，只需要通过向远洋贸易企业投资就可以获得高额收益，这种外源资本就是最早形态的私募股权资本。

1868 年，英国的一些投资者共同出资成立“海外和殖民地政府信托”，委托常驻在殖民地并了解殖民地当地经济情况的专业人士进行投资管理。他们把资金投入欧洲、亚洲和美洲大陆，逐渐形成了世界上私募股权投资基金的萌芽。

19 世纪末 20 世纪初，在美国开发西部的过程中，产生了对石油开发企业和铁路企业投资的活动。由于资金量的需求远远超过个人或家庭的资金实力，直接促进了私募股权投资的发展。总体而言，20 世纪上半叶，股权投资主要是富裕个人和富裕家族涉足的行业。除了铁路、钢铁、石油和银行等行业，富有家族开始投资一些高科技中小企业。该阶段比较知名的投资活动包括：1919 年皮埃尔·杜邦对通用汽车公司的投资；1938 年由劳伦斯·洛克菲勒出资，东方航空公司和道格拉斯飞行器公司得以创立；同年，艾瑞克·M. 沃伯格创立 E. M. 华宝公司，并逐渐演变成华平集团，后者在收购基金和创投资本行业均颇有建树。

20 世纪 30 ~ 40 年代，尝到甜头的富有家族开始聘请一些职业经理去帮他们寻找有潜力的中小企业进行投资。但这个时期的投资活动是由投资主体分散进行的，只能称为非组织化的私募股权投资。

这些早期投资资本对现代私募股权投资的产生与发展具有重大的意义，它们推动了现代企业制度的诞生和发展，经由这种投资方式，资本所有者可以依靠代理投资方式来获取资本的保值与增值，并承担有限责任，而不必再直接经营资产。这种经营制度的变革为私募股权投资以及自由资本的分化创造了制度条件。

二、中小企业成长推动现代意义的私募投资起源

现代意义上的私募投资起源于 20 世纪 40 年代的美国，当时美国出现大

量中小企业，对资金的需求特别迫切。在这一背景下，1946 年，波士顿联邦储备银行行长拉尔夫·弗兰德斯和被称为“创业投资基金之父”的乔治·多里特共同创办了“美国研究与发展公司”（American Research and Development Corporation，简称 ARD），ARD 的创立者们希望实现以下两个目标：一是为中小企业提供一种非公开的融资工具；二是不仅要给中小企业提供资金，还要致力于提高其管理水平。ARD 的成立标志着有组织、专业化管理的私募股权投资崭露头角。ARD 成立的主要原因是社会对缺乏大中小企业提供融资工具的担忧。

不过，20 世纪 50 年代前后，私募股权投资还没有发展成一个真正意义上的行业，只是对个别项目进行投资，对经济的影响力不大。

1958 年，美国通过《中小企业投资法案》支持小企业投资公司发展，推动了创投资本行业由家族治理向专家管理的风格转变。它直接受美国小企业管理局（United States Small Business Administration，简称 SBA）的管辖，并可获得税收优惠和低息贷款的支持。1963 年，美国约有 692 家 SBIC，筹集到的私人权益资本为 4.64 亿美元。

三、有限合伙制的出现促进行业快速发展

20 世纪 70 年代，有限合伙制（Limited Partnership）的出现解决了 SBIC 的很多内在缺陷，例如对投资限制的规避，对投资经理的激励问题等。从 1969 年至 1975 年，美国大约有 29 家有限合伙制的私募股权基金得以建立，募集了 3.76 亿美元的资金。在 20 世纪 70 年代，创投资本管理机构的数量不断增加，包括致力于创业投资的 KPCB、红杉资本和擅长杠杆收购的 KKR 公司等。1973 年，美国全国风险资本协会（The National Venture Association）成立。20 世纪 70 年代，英国开始允许金融机构投资私募股权基金，欧洲其他各国相继放松对私募股权投资的管制，允许银行和保险公司等机构进入私募股权投资行业。

然而，由于 20 世纪 70 年代中期世界主要国家股票市场的萎靡不振，私募股权投资的退出渠道受到严重影响。私募股权投资机构不愿意再将资本投入到新的项目，私募股权投资发展暂时进入发展的低谷，投资由创业阶段公司开始向创业后期公司转移。

四、并购浪潮带来黄金十年

20 世纪 80 年代到 20 世纪 90 年代中期，随着全球杠杆收购的兴起，私募股权投资获得了快速发展。1979～1989 年全球个案金额超过 2.5 亿美元的

杠杆收购案例超过2000宗。20世纪80年代，杠杆收购成为获利最高的投资模式，吸引了大量私募股权投资机构与私募股权投资者。

20世纪80年代末，同时投资于并购资本和夹层资本的私募股权投资基金开始兴起。随着投资机会的变化，私募股权资本的投资对象也随之改变。许多杰出的并购企业将其业务扩展为行业内的并购，同时投资于出版、电视电缆、广播和基础建设等行业。从20世纪90年代起，非创业风险投资倾向于投资私募中端市场，1991～1995年有高达560亿美元投资于私募中端市场。

五、科技进步带来的空前繁荣与泡沫

从20世纪90年代开始，互联网技术逐渐繁荣，风险投资（VC）逐渐成为私募股权投资市场的主力。90年代末期是风险投资的巅峰时期，位于门洛帕克（Menlo Park）和硅谷的美国高新技术获得风投大量的资金，雅虎、亚马逊、Ebay等公司在这一阶段获得风险投资基金的大规模投资。从投资领域来看，美国的私募股权投资与其他国家相比更明显地集中于高科技行业，在计算机软硬件、生物技术、医药、通讯等行业的投资占其总投资的90%左右。

1997年东南亚金融危机至2000年美国网络科技股泡沫破裂的一段时期内，美国部分私募股权基金出现营运危机，私募股权投资基金一度陷入低迷时期。2001年以后，私募股权投资基金的发展重新加速，私募股权投资基金走向成熟，并经历了多年的空前繁荣。

六、新兴经济体崛起带来投资机会

在经济发展水平不断的分化下，不同国家投资的内部收益率出现了非常大的变化，各国私募股权投资市场的发展成熟度和专业化程度也出现了较大的差别。2008年次贷危机引发的金融风暴席卷全球，更让全球私募股权投资行业步入有史以来最为艰难的时刻。全球私募股权投资交易量、投资收益及投资回报均出现大幅下降。

2008年金融危机之后，各国政府普遍认识到私募股权投资基金缺乏监管所隐含的巨大风险，欧美国家对私募基金及其管理人的监管呈现加强趋势。2010年和2011年欧债危机的延续使欧洲国家的私募股权投资市场受到了不同程度的影响，欧洲主要经济体包括德国、英国和法国的私募股权投资都出现一定程度的下滑。

在经历了1997年的亚洲金融危机、2003年的“非典”事件以及2008年的全球金融危机后，亚太地区的经济发展也出现了明显的分化：传统强国如日本、韩国、澳大利亚、新加坡等经济增速回到了合理区间；中国、印度作为新兴经济体却并未受到金融危机的影响，仍然保持较高的增长；菲律宾、印度尼西亚仍然是亚洲发展较为缓慢的国家。

由于中国经济在本次金融危机中表现最为突出，再加上目前中国正在大力发展私募股权投资产业，因此，越来越多的国外私募股权投资基金开始逐渐将业务的重点放在中国市场。众多的知名私募股权投资基金开始在境内募集人民币基金就是最好的佐证。例如，自 2010 年以来，百仕通、第一东方、里昂证券、凯雷、TPG 等外资 PE 机构纷纷在中国设立人民币基金，他们看中的主要是中国经济的高速增长所带来的投资机会的增多、退出渠道的拓宽、可预期的高投资回报率。

从长期角度看，2007 年以来私募股权投资遭遇的低潮和历史上的周期性反复相似，都只是这个行业漫长历史中的一朵浪花而已。需要注意的是，私募股权行业经过 50 多年的演变，在经营模式和规模方面已有质的飞跃。私募股权已不是原来少数投资专家组成的小作坊，而是可以和银行业、保险业及证券业比肩的独立行业。

第二节 美国的奔腾年代

美国股权投资活动可以追溯到 19 世纪末期。而最早的、有案可查的私人股权投资交易是在 1901 年，摩根在那年花了 4800 万美元从安德鲁·卡内基和亨利·菲普手里买下卡内基钢铁公司。

19 世纪中叶后期，是美国资本主义发展过程中一个很重要的历史时期。蓬勃兴起的发展计划，包括西部铁路的修建，大油田、大煤矿的开发都需要很多资金的投入。资本的逐利性决定了：不管是私人资本还是国家资本，都希望投资于可以产生利益的产业，所以在 19 世纪末，一些富有私人和银行家开始将富余的资金，通过律师、会计师的介绍和安排，直接投资于风险较大的石油、钢铁、铁路等新兴产业中。那时的投资完全由投资者个人自行决策，没有专门的投资管理机构或者私募股权基金等机构进行组织和管理。

到了 20 世纪 20 ~ 30 年代，部分富有的家庭和个人投资者开始为一些企业提供创业资金，促进了一大批企业的发展。像东方航空公司、施乐等一些后来知名的大企业，创业时都得到了私人投资者的支持，这些投资行为可谓是私募股权基金最初的活动形式。

一、“二战”后起步（1946～1981年）

美国现代意义的私募股权基金始于第二次世界大战以后。“二战”后，美国出现大量中小型企业，但有些企业的项目由于得不到资金的支持而夭折。在这种情况下，1946年美国研究与发展公司（ARD）成立。历史上把这一事件看做是现代风险投资业真正诞生的标志。从此，私募股权投资开始专业化和制度化。他们成立公司的目标之一是设计一种“私营机构”来解决新兴企业和中小型企业资金短缺问题，并希望这种“私营机构”在为中小型企业提供长期资本的同时，还能为其提供专家式管理服务，“创业投资基金”随之形成。该公司最大的一笔投资，是对数字设备公司的投资，ARD公司以7万美元买入，后以高达370万美元的价格卖出，获利达50多倍。

但由于私人股权投资市场存在严重的信息不对称和道德风险问题，一般的投资主体缺乏对投资对象的全面了解，同时很难找到合适的激励机制来促使投资对象改善经营，因此，ARD模式在最初的资金募集和运作上不是很顺利。从其设立到1958年的12年间，一直无人效仿设立第二家同类机构。

为了克服高新技术创业企业资金不足的障碍，1958年美国国会制定了《中小企业投资法案》（Small business investment Act），建立了中小型企业的投资公司制度，规定经审核许可的中小型企业投资公司可以以低于市场水平的利率向政府贷款，但所贷款的款项必须投资于创业型的中小企业。该法案极大地促进了美国私募股权基金和中小型创业企业的发展。从某种意义上说，没有该法案的颁布，就没有今天这么欣欣向荣的美国私募股权投资的繁荣景象。美国的私人股权投资就这样在政府的支持下蓬勃发展起来。

进入20世纪60年代，相当一批由私募股权基金投资的公司获得成长并开始上市。到1968年，受私募股权基金资助的公司成功上市的数目已逾千家。与此同时，20世纪70年代后，在制度安排上出现了有效解决信息不对称和道德风险的有限合伙制度，以该形式设立的私人股权基金投资得到了迅速发展；随后，“企业重组基金”出现，主要为老企业再次创业融资。此时，独立的投资公司越来越多，私人股权投资市场已经相当火热，其中最著名的是1976年美国华尔街投行贝尔斯登的3名投资银行家成立了一家投资机构KKR，专门从事企业间的并购业务，这是最早的具有现代意义的私募股权基金。

20世纪70年代初期，随着政府提高资本利得税政策的颁布，美国私募股权基金投资热浪有所降温。此外，1974 年颁布的《雇员退休收入安全法》规定，养老基金不得参与任何有风险的投资，极大地影响了私募股权基金投资的资金来源。直到 1978 年，资本利得税从 49% 降低到 28%，私募股权基金投资才又一次活跃起来。紧接着，政府又放松了《雇员退休收入安全法》的某些规定，使得养老基金再次可以投资私募股权基金，这直接引发了私募股权基金投资的新一轮浪潮，养老基金取代个人和家庭投资人逐渐成为私募股权资本的主要来源，机构投资者开始大举进入私募股权基金投资市场。

二、杠杆收购的盛行与破灭（1982 ~ 1992 年）

在这一时期，由于杠杆收购兴起，股权投资获得了快速发展。虽然杠杆收购这种投资模式早在 20 世纪 50 年代就已经出现（有学者认为第一个杠杆收购可能是 1955 年 Malcolm McLean 的 McLean 产业集团购买泛大西洋汽船公司和水手汽船集团），但是，杠杆收购真正在美国兴起，并成为美国金融领域的重要力量，则是在 KKR 等公司出现之后。进入 80 年代，由于过度的 IPO 令新股发行价格持续走低，当时投资经理普遍年轻化，而且风险投资的回报率也相对较低，这些因素导致私募股权投资基金更喜杠杆收购。

1979 ~ 1989 年间，个案金额超过 2.5 亿美元的杠杆收购案例超过 2000 宗。1984 年 KKR 完成了第一宗 10 亿美元的杠杆收购，兼并了在电视、电影院和旅游景点领域拥有股权的休闲企业 Wometco；1985 年 Sterling Jewelers 并购案由 Thomas H. Lee 完成，以不足 300 万美元购买了 Sterling 珠宝公司价值 2800 万美元的 Akron 公司，两年后以 2.1 亿美元卖出，利润为 1.8 亿美元。现今多数家喻户晓的私募股权基金巨头基本都在那个时代成立，并崭露头角。如贝恩资本（1984 年成立）、黑石集团（1985 年成立）、凯雷资本（1987 年成立）。

在 20 世纪 80 年代，杠杆收购成为获利最高的投资模式，吸引了大量投资者，有学者认为，这主要得益于下述三个法案：第一个是 1977 年卡特税制计划的失败，减小了对资本利得的歧视政策。因为差异税率制度和资本利得税率的降低，私募股权投资者普遍应用杠杆减少税负。第二个是 1978 年，美国劳工部对《雇员退休收入安全法案》“谨慎人”（Prudent Man）条款作出了新的解释，明确在不危及整个投资组合安全性的基础上，不再禁止养老基金和企业年金投资私募股权。这一解释改变了 PE 的资金结构。此后，机构投资者逐渐取代个人和家族投资者成为 PE 的主要资金来源，同时企业年金投资者积极购买高息债券和垃圾债券，促进了杠杆收购。第三个是 1981 年《经济复兴税法》，它将资本利得税的最高税率从 28% 调低到 20%，增强了高风险投资的吸引力。

经历了80年代的快速增长后，到了80年代末期，美国PE行业的规模开始急剧下降。导致行业发生变化的原因首先是PE投资回报的急剧下降，一方面某些热门领域出现过度投资，缺乏经验的投资家进入，另一方面并购领域各投资机构之间的竞争加剧，投资回报的降低使得投资者不愿再作出高额资金承诺。其次，随着垃圾债券违约率的上升、最大的垃圾债券包销商Drexel Burnham Lambert申请破产、美国国会要求储蓄和贷款从低评级债券市场撤出等一系列原因，垃圾债券市场开始崩溃，这使得杠杆收购受到严重打击。

三、风险投资繁荣和互联网泡沫期（1993～2002年）

经过了20世纪80年代末的低潮，美国PE开始加强自身的管理，调整投资理念与策略，并使用较小的杠杆。据统计，20世纪80年代的杠杆比例约为购买价的85%～95%，90年代仅为20%。同时，低潮中大量退出的缺乏经验的投资者使得行业竞争有所弱化，此时IPO市场表现良好，为PE提供了畅通的退出渠道，这使得整个行业出现很大改观。

同时互联网的兴起使得风险投资获得了空前的回报，加利福尼亚州门洛帕克市Sand Hill路和硅谷因为因特网和计算机技术而受到投资者追捧，高科技类和其他成长性企业的IPO机遇丰富，风险投资获得暴利。雅虎、亚马逊、Ebay等公司在这一阶段获得风险投资基金的大规模投资。

互联网行业的繁荣使美国纳斯达克指数在1998～2000年不断飙升，但是到2000年随着一些高科技企业的破产，纳斯达克指数出现了断崖式下跌，美国互联网泡沫破裂。在之后的两年里，风险投资的规模出现了大幅度下降，主要原因在于大量互联网公司难以达到预期的上市目标。

四、次贷危机前的繁荣（2003～2007年）

2003年开始，在经历了互联网泡沫后，私募股权投资开始了5年的复苏之路，并且在这一阶段完成历史最大规模的杠杆收购，私募股权投资公司的规模也得到了空前的扩张。

2006年大型并购交易创下历史之最，私募股权投资公司对654家美国公司进行了总额3750亿美元的投资，这一数据达到了2003年的18倍。美国的私募股权在2006年达到了顶峰。

2007～2008年的美国次贷危机对当时的私募股权投资市场带来了一定的冲击，主要原因为杠杆融资和高收益债券市场受到危机的影响较大。2007年

7月和8月，高收益债券的发行出现了大幅下滑的情况。

不过2007年上半年，整个杠杆收购市场仍然保持良好运行。根据普华永道的统计，截至2007年12月18日，私募股权基金交易140宗，而2006年只有110宗。总体交易额从57亿美元增长到106亿美元，其中包括一些上百万美元的交易，比如Permira投入8.4亿美元收购银河娱乐公司澳门赌场的20%股份，黑石集团投入6亿美元收购中国蓝星的股份。

五、经历次贷危机后的再发展（2008年至今）

到2008年，私募股权投资受到冲击的现象则更加明显。2008年，北美私募股权投资市场的新成立基金数量为62只，较2007年的114只大幅缩水。而在并购基金市场，2008年新增的并购基金只有19家，较2007年的38家大幅下滑。VC基金新增成立18家，远低于2007年的28家。

当前，众多的私募股权基金在经历了20世纪90年代的高峰发展时期和2000年及2008年全球金融危机的发展挫折期之后，目前已经重新进入上升期。

美国目前有600多家专业私募股权基金，管理着超过4000多亿美元的投资基金。从投资总额来看，美国私募股权基金的资本市场占据了全球私募股权资本市场40%的份额，其中黑石、新桥资本、IDG资本、华平投资集团、KKP、摩根士丹利、摩根大通、贝恩、阿波罗、德州太平洋、高盛、美林等机构是美国私募股权基金的佼佼者。

第三节 中国的追梦之旅

一、垦荒阶段

20世纪80年代，当股权投资在美国轰轰烈烈展开的时候，在国内却鲜为人知。而且，由于股权投资最重要的融资行为没有适应其发展的相关法律法规环境，即使有人提出，也往往被冠之以非法融资的帽子而遭冷落。

20世纪80年代末开始，风险投资的雏形出现，这就是政府主导的有中国特色的“科技风险投资公司”。1985年，中共中央发布《关于科技企业的体制改革决定》，在我国首次提出创业投资概念。同年9月，经国务院批准成立了第一家全国性的国有风险投资机构——中国新技术创业投资公司（简称“中创”）。1989 年，又成立了中国科招高技术有限公司（简称“中科招”）。随后一些地方政府支持的科技风险投资类公司也先后成立。科学技术类风险投资公司成立之初的职能是为高新技术开发进行投资或提供贷款。但是，那个时候，中国甚至没有真正的股市。

在这样的整体商业环境和金融环境中，可以说，中国并没有真正意义的风险投资。所以，1991 年底，当英国风险投资家 Richard 代表英国老牌风险投资市场 Schroders Ventures 与 IDG（International Data Group）的熊晓鸽以及其他一些国际大牌股权投资机构一同考察中国创投市场的时候，Richard 对同行的熊晓鸽说：“机会很好，但至少要等 10 年后才能做”。

尽管当时中国市场让多数国外大牌股权投资机构失望，但是，1991 年，股权投资机构毕竟是来了！至 20 世纪 90 年代中期，一些国际创投公司已经开始了在中国的撒网布线。日后名声大噪的 IDG 便是第一个吃螃蟹人。1992 年，国际数据集团（IDG）在波士顿组建太平洋中国基金，成为外资创业投资基金进入中国的第一梯队。随后，华登国际（Walton International Investment Group）①、汉鼎亚太（H&Q Asia Pacific）②、中国创业投资公司（ChinaVest）③、美商中经合投资集团④、美国国际集团（American International Group，AIG）⑤ 等也相继进入。

尽管如此，中国在世界股权投资中的角色仍然不被国外主流所认知。在他们眼里，中国似乎还没有摆脱那种男人留长辫子、女人裹小脚的年代。中国股权投资的那段洪荒岁月，正应了戴叔伦那句著名诗句：“最是不堪回首处，九泉烟冷树苍苍。”

---

① 华登国际于 1987 年美国旧金山成立，90 年代初进入中国。

② 汉鼎亚太于 1985 年由徐大麟和 Hambrecht Quist 在美国硅谷创立，是亚太地区历史最悠久的风险投资基金管理公司，也是较早进入中国创业投资市场的先行者之一。

③ 中国创业投资公司于 1983 年由白德能先生在美国创立，总部设在旧金山，是一家著名的美国风险投资公司。1996 中国创业投资公司被美国华尔街日报评为“第一个专注于中国的创业投资基金”，它是在中国地区建立的最早的一家独立风险投资公司。

④ 美商中经合投资集团由现任董事长刘宇环先生一手创办，其宗旨是“促进中国的经济合作”，主营业务包括投资银行和创业投资两部分，跨越太平洋的投资业务网络，使其成为美国硅谷和在中国区之间一座发展高科技的桥梁。

⑤ 美国国际集团（AIG）的历史可以追溯到 1919 年，当时集团的创办人施德（Comelius Vander Starr）以 300 日元在中国上海成立了美亚保险公司（American International Underwriters，AIU）。1921 年施德成立友邦保险（AIA），后因日本侵华而把总部迁往美国，现在是一家以美国为基地的跨国保险及金融服务集团。

【案例】 中国创业投资公司的创立背景

中国创业投资公司（简称中创）成立时，中国的第一家证券公司——深圳特区证券刚刚成立，上交所和深交所是五六年之后才成立（上交所成立于1990年，深交所成立于1991年）。全国在刚刚成立的第一个证券柜台交易点——中国工商银行上海信托投资公司静安分公司中交易的只有三家股票（上海飞乐音响股份公司、上海延中实业有限公司和北京天桥公司）。在这样的大环境中，开展风险投资困难重重。中创成立之后并不仅仅涉足创业投资业务，它还从事房地产、高尔夫球场、商场等五花八门的投资。在1997年亚洲金融风暴中，开展多元化经营的中创负债累累，终因违规炒作房地产和期货而于1998年被中国人民银行宣布终止金融业务，并进行清算。

二、步入兴旺

就在中国刚刚有为数甚少的官办创业投资机构的时候，美国正在经历着互联网经济的风起云涌，风险投资如火如荼。仅1996年一年，美国就有1500多项投资，涉及资金100亿美元。这对于处于襁褓中的国内风险投资而言，具有相当大的冲击性。20世纪90年代中后期以来，政府开始看到风险投资对经济的巨大推进作用，并从监管和立法等方面不断完善，为股权投资发展扫除制度障碍。

1998年3月，民建中央在全国政协九届一次会议上提交了《关于加快我国风险投资事业的几点意见》，这就是著名的“一号提案”。“一号提案”对我国风险投资的发展起了重大推动作用，更为重要的是，它还开启了中国设立创业板的征程。1999年3月，证监会明确提出在沪深证券交易所设立科技企业板块标志着股权投资登上历史舞台。2004年，深圳中小板先行设立，为股权投资在国内资本市场获利退出拉开了序幕。2006年5月26日国务院将天津滨海新区定位为“综合配套改革实验区”，明确指出可以在金融改革，包括产业投资基金在内的各个方面先试点，先突破。2006年8月27日，出台修改后的《合伙企业法》，首次在立法意义上认可有限合伙制这一国外私募股权基金最普遍的组织形式，并明确解决了双重纳税的问题，为国内私募股权基金的发展扫清了发展的法律障碍。2006年9月8日商务部联合六部委出台10号文《外资并购新规》，出台了关于外资并购的监管和审批原则，某种程度上限制了外资私募股权投资基金在国内进一步的攻城略地，给本土的私募股权基金留下了宝贵的生存空间。2010年，深圳证券交易所开启了创业板，极大地疏通了股权投资的退出渠道。2010年，保险公司获准可投资于未上市企业股权或股权投资基金，极大地拓宽了股权投资的资金渠道，此外，还出台了相关股权投资基金税收政策，进一步铺垫了股权投资制度化、规范化发展之路。

伴随着国内金融环境的日益改善，股权投资公司大量出现于各地，股权投资业务蒸蒸日上。20世纪90年代以来的一些国际知名投行进入中国后，陆续合作了一些典型案例，为股权投资在中国的发展种下了星星之火。尤其是自1995年中国人民银行颁布了《设立境外中国产业基金管理办法》之后，受到鼓励的国外风险投资加速了这一进程。2004年6月，美国德州太平洋集团（Texas Pacific Group，TPG）① 旗下的新桥资本（New bridge Capital），以12.53亿元人民币，从深圳市政府手中收购深圳发展银行17.89%的控股股权，成为深圳发展银行的第一大股东和管理者，被视为PE在中国投资，尤其是投资于金融机构的破冰之旅。随后凯雷集团（Carlyle）② 入股太平洋保险集团和徐工机械，也引起了中国各界对股权投资的高度关注。

在国外股权资本进入中国市场的同时，本土股权资本也日渐兴盛。一些从大型企业脱胎而出的股权投资资本开始崭露头角，比如鼎晖投资（CDH）③、弘毅投资（HONY）④、联想投资（Legend Capital）⑤ 等。与此同时，我国专业的股权投资基金——产业基金也得以规范化发展。2006年年末，渤海产业基金第一期的挂牌标志着中国的本土股权基金迈出了实质性的步伐。紧接着，100亿元广东核电产业基金、100亿元山西能源产业基金、100元中新苏州工业园区产业基金、200亿元上海金融产业基金和60亿元四

---

① 德州太平洋集团（TPG）成立于1992年，是一个私人合伙投资企业，在美国德克萨斯州的沃斯堡和加利福利亚洲的旧金山、英国的伦敦、中国香港等地均设有办事机构。

② 美国凯雷投资集团（又译为卡莱尔集团，以下简称凯雷集团）成立于1987年，公司总部设在华盛顿，有“总统俱乐部”之称，拥有深厚的政治资源。1990年，金融投资界极富盛名的乔治·索罗斯成为了凯雷集团的有限合伙人。至2010年9月30日止，管理资本超过977亿美元，是全球最大的私人股权投资基金之一。

③ 鼎晖投资基金管理公司（简称：鼎晖投资）成立于2002年，其前身是中国国际金融有限公司（CICC）的直接投资部，由全球60多家知名投资机构，如斯坦福大学基金、新加坡政府投资公司等出资成立，规模达30多亿美元，是目前专注于中国投资的最大的投资基金。

④ 弘毅投资全名为北京弘毅远方投资顾问有限公司，成立于2003年，是联想控股有限公司成员企业中专事股权投资及管理业务的公司，主要投资于成熟行业中的成型企业和新兴行业中的成长型企业，关注适合并购投资和改制的国有企业，关注快速成长的民营企业。

⑤ 联想投资成立于2001年4月，是联想控股有限公司旗下的从事风险投资业务的公司。总部设在北京，在上海设有办事处。目前管理四期基金，规模超过八亿美元，重点投资于运作主体在中国及市场与中国相关的具有高成长潜力的公司。

川绵阳科技城产业基金等 5 只基金已经获得国务院第二轮试点资格。随着社保基金等机构投资者获准开始参与股权投资，国内产业投资基金开始进入一个新的转折点。

在国外股权资本进入中国市场的同时，本土股权资本中一些较大的股权投资机构也开始尝试走出国门，打入海外市场。如联想以 12.5 亿美元高价并购 IBM 的 PC 部门，便有 3 家 PE 基金向联想注资 3.5 亿美元。此前海尔宣布以 12.8 亿美元，竞购美国老牌家电业美泰克（Maytag），以海尔为首的收购团队也包括两家 PE 基金。

三、前路漫漫

发展至今，中国股权投资已经超越了证券公司，跻身成为国内金融业“三当家”。清科数据显示，从 2006 年到 2010 年，仅仅 4 年的时间，我国股权投资募资额增长了 2 倍多，年均增长率为 20.9%，新募基金增长了 3 倍多，年均增长率为 32%，投资额增长了 1 倍多，投资案例增长了 2 倍多，年均增长率为 27%，投资额也增长了 1 倍多。2011 年行业的募资金额、投资金额和投资数量再创新高。2011 年上半年国内股权投资行业募资金额 226.44 亿美元，新募基金数量 128 只，达到 2010 年全年近 60% 的水平；投资金额 156.55 亿美元，投资案例 793 个，接近 2010 年全年的水平（见表 1-1）。中科招商投资（基金）管理公司董事长单祥双指出，即使按最保守估计，我国股权投资行业也已经掌控了 2.5 万亿元的资产，超过了证券公司 1.9 万亿元资产，仅次于银行 110 万亿元资产和保险公司的 6 万亿元，位居中国第三大金融产业[①]。

表 1-1　2006 年至 2011 年上半年中国 PE/VC 募资和投资情况

年份	募资情况		投资情况	
	募资额（百万美元）	新募基金数	投资额（百万美元）	投资案例数
2006	18169	79	14750	453
2007	41069	122	16064	617
2008	68463	167	13816	762
2009	18814	124	11353	594
2010	38790	240	15768	1180

① “掌控 2.5 万亿元资产 PE 跻身国内金融业三当家”，《上海证券报》2011 年 12 月 30 日，http://www.cnstock.com/。

续表

年份	募资情况		投资情况	
	募资额（百万美元）	新募基金数	投资额（百万美元）	投资案例数
2011年上半年	22644	128	15655	793

数据来源：符星华，中国创投暨私募股权投资市场2011上半年回顾，清科研究中心，2011年7月6日。

尽管我国的私募股权投资发展迅猛，但依然存在着一定的问题。从规模来看，我们发展很快，但规模还小。对比中美风投募资和投资情况可知，2007年，美国募资额是我们的5倍多，尽管之后这个差距在逐年缩小，但2010年，美国VC募资额仍是我们的1.2倍。投资额的差距更大，2007年，美国风险投资额为308亿美元，是我国的9.6倍，到2010年，美国风险投资额仍然是我们的4.3倍（见表1－2）。

表1－2　　2007年至2010年中美风投募资和投资情况　　（单位：10亿美元）

年　份	募资情况		投资情况	
	中国	美国	中国	美国
2007	5.5	31.1	3.2	30.8
2008	7.35	25.9	4.2	30.5
2009	5.9	16.4	2.7	19.7
2010	11.2	13.8	5.4	23.3

数据来源：中国数据来源于清科研究中心，美国数据来源于 http：//www.nvca.org/。

从投资方向来看，我们的风险投资呈PE化，PE呈Pre－ipo化。根据深交所对截至2010年12月31日已上市的153家创业板企业所作的研究显示，从时间分布来看，PE/VC进入创业板公司的时间主要集中在2007年至2009年。风投机构平均投资实践为2年零4个月，平均投资金额、持股比例及投资增值率分别为1952.69万元、6.55%及10.99倍。而PE机构平均投资时间为2年零2个月，平均投资金额、持股比例及投资增值率分别为2345.76万元、5.91%及8.96倍。另外在投资轮次上，在94家被PE/VC机构投资的创业板公司中，仅有2家公司获有第二轮投资，也就是说，不管PE还是VC，基本上做的都是Pre－IPO投资。从这些数据可以看出，国内的PE和VC有同质化的特点，越来越多的VC往中后期转移，赚“快钱”。

第四节 PE 生态圈大扫描

纵观全球，绝大多数的私募股权投资基金主要集中在美国和欧洲。一半以上的资金来源和投资去向都在北美，欧洲约占 1/4。亚洲作为新兴的私募股权市场起步不过 20 年。

一、美国

美国的经济发展已经成为全球的典范，其迅速的经济发展得益于强大的创业和私募股权资本介入、活跃的科技创新和并购重组的冲动与发达的资本市场。美国的股权投资推动了高新技术和资本市场的发展，而高新技术和资本市场也反过来推动了股权投资的发展。

20 世纪 90 年代中后期，以雅虎、亚马逊等为代表的一大批互联网、高科技公司不断登陆纳斯达克市场，私募股权投资基金获得了丰厚的回报，极大地刺激了私募股权基金的发展。同时，随着全球经济回暖，私募股权投资基金又重新进入上升期，美国目前有 600 多家专业私募股权投资管理公司，管理着超过 500 亿美元的私募投资基金，是当今世界私募投资业最为发达的国家。

美国的私募股权投资基金业经过长期的发展，逐渐形成了一套比较规范、科学的运作机制。从目前来看，它们具备以下特点：

1. 资金来源多样化。主要来自于个人投资者、公司、社会保障基金等等。

2. 创业投资占股权投资的比重较大。有的年份该比重甚至超过 50%，这说明美国股权投资机构比较偏好初创型企业。

3. 组织形式以有限合伙公司为主。美国的私募股权投资公司主要有独立的私募股权资本有限公司、金融公司附属的私募股权投资公司、工业公司附属的私募股权投资公司、独立的小企业投资公司四种类型。

4. 行业分布主要集中于新兴产业。

5. 投资地区分布相对集中。

6. 主要集中于企业的成长阶段和扩充阶段。[①]

7. 退出主要通过其股票的二板市场——纳斯达克市场，为私募股权资本的退出提供了有效的途径，通过首次公开上市（IPO），股权投资能使管理者和投资者获得丰厚的回报。

二、欧洲

欧洲的股权投资则是从一个作坊式的创业投资行业基础上发展起来的，其投资最初专注于早期的创业投资项目。

在欧洲，对创业投资资产的兴趣在 80 年代达到高潮，90 年代初以后很快走向了下坡路。欧洲股权投资市场在 2000 年科技泡沫破灭后市场急剧下滑，随后又重拾增长态势，在欧美发达国家，私募股权基金是新兴企业、陷入财务困境的企业以及寻求并购资金支持的上市公司的重要资金来源。随着欧洲区域合作的深入，欧洲的私募股权基金已经日趋成为一个整体，其影响与实力正日趋扩大，一定程度上已可以与美国相媲美。

欧洲股权投资市场的投资额度整体上是逐年递增的，在 2006 年和 2007 年达到最大，分别为 712 亿欧元和 729 亿欧元。由于 2008 年金融危机的影响，股权投资额度呈下降趋势，2009 年仅为 234 亿欧元。虽然股权投资的金额有所下降，但是股权投资公司的数量下降幅度不是很大。近几年，由于受到欧洲债务危机的影响，对欧洲股权投资市场的负面影响较大。

在欧洲市场，英国最为突出。英国的股权市场并不像美国那样发展迅速，但是英国股权投资市场在政府的支持下稳定发展，也取得了良好的成果。

英国股权投资的发展最早可以追溯到 20 世纪 30 年代的卡尔特修道院工业发展公司，以及 1945 年的工商金融公司。那时的股权投资主要为中小企业提供长期资本支持。直至 20 世纪 70 年代，英国政府开始提供相关支持，这才使得股权投资逐渐发展起来。政府提供的政策主要包括银行投资限制的放宽，以及随后的养老基金、保险公司等金融机构的监管法规和税收制度的改革。

1983 年英国风险投资与私募股权协会（BVCA）成立，英国股权投资的规模效应才真正形成，这直接推动了英国的股权市场进入了快速发展阶段。1984 年，BVCA 只有不到 50 个成员，共投资 479 项，金额共计 1.9 亿英镑。

---

① 美国 NVCA 的统计表明，约有 80% 的私募股权投资基金投在这两个阶段，仅有 4% 左右投在创建阶段，有 14% 左右投资于成熟阶段。

而到了 2007 年，BVCA 的成员已达 214 个，投资金额达 316.34 亿英镑。

英国是目前世界上仅次于美国的股权投资大国，是欧洲最大的私募股权投资大国。英国私募股权投资总额占到欧洲私募股权投资市场份额的 57%。英国的股权投资规模在 2008 年金融危机之前整体是上升趋势，在 2007 年达到 316.34 亿英镑。2008 年，受金融危机的影响，股权投资规模开始下滑，到 2009 年投资额仅为 75.05 亿英镑。

三、中国

自 2006 年以来，中国私募股权市场的新募投资，不管在数量上还是金额上均经历了快速稳健的增长。2009 年受金融危机影响，中国股权投资市场发展放缓甚至停止了对包括中国在内的新兴市场的投资，导致当年股权投资规模减少。2010 年开始，中国股权投资市场募集活动继续稳步走高。例如，2011 年上半年共计 128 支新基金完成募集，再创历史同期新高，募集金额达到 1465 亿元人民币（见图 1-1）。人民币私募股权基金募集活动加速，新募基金数量逐步超越外币基金，占据市场主导地位。

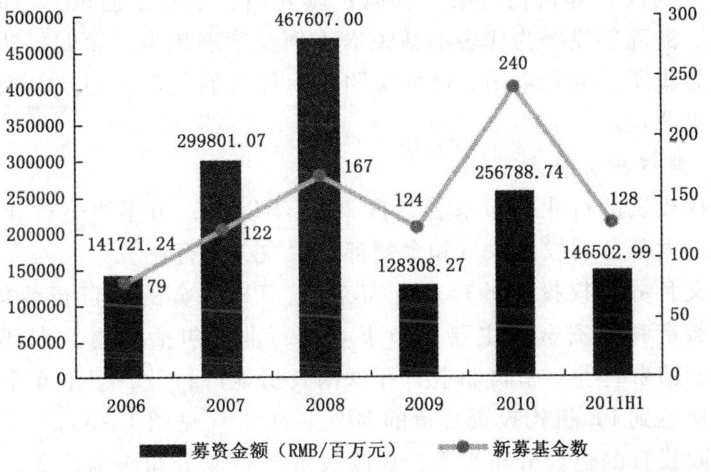

图 1-1　2006～2011 年上半年中国私募股权基金筹集情况

数据来源：清科集团。

另外，2006 年至今，投资机构数量及管理资本量的增长幅度较大。截至 2011 年上半年，中国市场中的股权投资管理机构共有 3216 家。其中，本土机构 2178 家，外资机构 1038 家（见图 1-2）。

从全行业的情况看，国内私募股权行业已形成多梯队的竞争格局：第一梯队：以红杉、IDG、KPCB、华登国际、DFJ、鼎辉等为代表的外资创投机

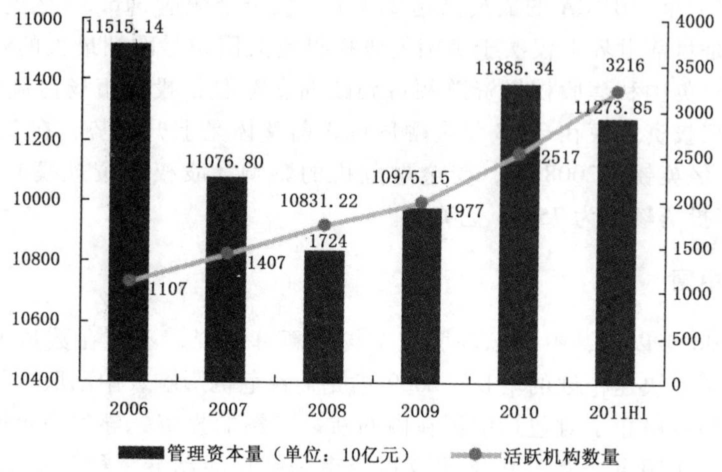

图 1-2　中国私募股权市场的管理资本量和机构数量

数据来源：清科集团。

构；第二梯队：以达晨、深创投、苏创投等为代表的起步较早、有多年运作经验的本土创投管理机构；第三梯队：以九鼎、华睿、创东方、同创伟业、松禾资本、浙商创投等为代表的新锐本土创投管理机构；第四梯队：以中兴通讯、联想集团、复兴集团、红塔集团等为代表的上市公司及大型企业集团设立的创投公司。

（一）股权投资重点

从股权投资的行业分布来看，自 2006 年以来，历年资金行业投向相对较为稳定，大部分的投资数量和金额都集中在少数行业。

从狭义私募股权投资的行业分布来看，PE 基金的投资行业较为集中，投资案例数量和投资金额主要分布于 6 个行业，包括生物技术/医疗健康、清洁技术、消费行业、机械制造、互联网及房地产行业，以上 6 个行业的历年投资占比达到 PE 机构投资总量的 60% ~80%（见图 1-3）。

从风险投资的行业分布来看，风险投资的行业分布较为广泛，更加侧重于高科技行业。2006 年至 2011 年间，该类型股权投资主要集中于生物技术/医疗健康、清洁技术、互联网、IT、电子及光电设备、机械制造、消费行业、娱乐传媒和电信及增值业务 9 个行业。其所投金额均占当年风险投资总投资数量和金额的 70% 左右（见图 1-4）。

（二）股权投资的地区分布

由于东部地区经济发展程度较好，比较市场化，投资机遇较多并且风险更为可控，私募股权投资以东部地区为主。

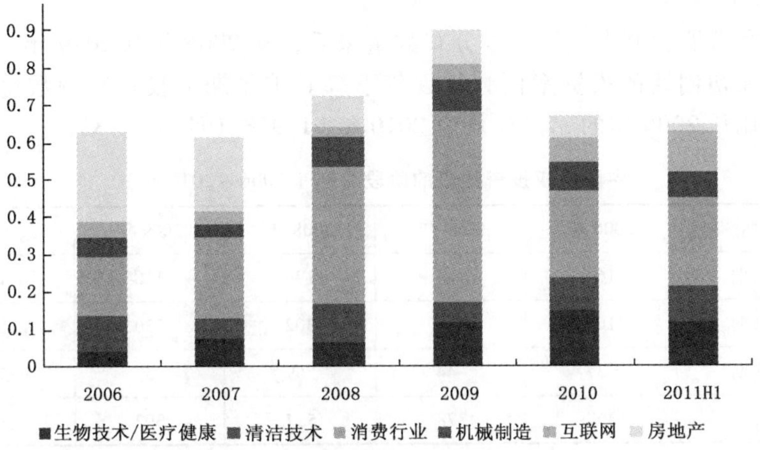

图 1－3　中国私募股权的行业分布

数据来源：清科集团。

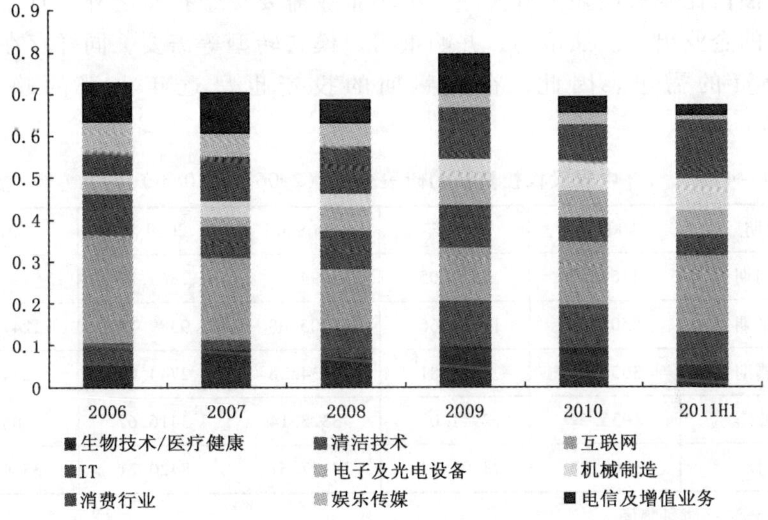

图 1－4　中国风险投资的行业分布（2006～2011 年上半年）

数据来源：清科集团。

然而近年来股权投资的偏好也在逐渐向中西部地区推进。据 2010 年投资案例的数据，除北京、上海、江苏、浙江、广东等较有代表性的活跃地区之外，以湖南、湖北、四川为代表的中西部地区也成为机构较为青睐的投资地区。

（三）股权投资目标的阶段分布

从私募股权基金投资阶段分布数量来看，从2006年到2010年，股权投资分布在初创期的投资案例数量逐年下降。扩张期的投资案例数量快速增长，占比从2006年的32.7%增至2010年61.9%（见表1－3）。

表1－3　中国股权投资数量的阶段分布（2006～2010年）　（单位：起）

时期	2006年	2007年	2008年	2009年	2010年
初创期	164	184	176	110	100
扩张期	106	150	302	230	532
成熟期	37	44	59	52	108
合计	307	378	537	392	840

数据来源：清科集团。

从投资金额方面看：2006年以来初创期投资金额急剧压缩，而扩张期的投资金额占比则有明显上升。除了中小企业需要资金扶持之外，具备成熟商业模式的企业出于扩展市场、并购重组、模式转型等需要，同样存在对私募股权投资的需求。因此，在成熟期的投资也呈逐年上涨的趋势（见表1－4）。

表1－4　中国股权投资额的阶段分布（2006～2010年）　（单位：百万元）

时期	2006年	2007年	2008年	2009年	2010年
初创期	4364.96	5527.05	3994.32	2869.79	1495.99
扩张期	5507.50	11617.66	17005.68	9389.78	12478.24
成熟期	3056.27	3617.81	4434.38	2744.03	2748.13
未披露	935.22	2941.02	3323.14	3416.62	852.03
合计	13963.95	23703.54	28757.51	18420.21	35661.61

数据来源：清科集团。

四、发展趋势

近年，股权市场加快发展，逐渐呈现出一些特征和趋势，表现为投资集中化、二级市场迅速发展、规模不断扩张等特征。具体来看，行业发展趋势如下：

（一）投资集中化趋势

目前，在经济和市场低迷、募资投资黄金时期已过的严峻环境下，整个股权投资行业正面临着前所未有的难题，如何更好地规避风险和获得安全、可观的收益成为行业亟待突破的问题。同时，经过前些年的火热发展，高回报吸引更多新进入者使得竞争越发激烈，行业结构性泡沫显现，风险投资机构积极进行战略性结构调整，由原来的 Pre - IPO 投资逐渐向早期投资转移。创投市场在避险情绪下逐渐回归理性，早期追逐暴利、疯抢 Pre - IPO 项目的时代逐渐远去，价值投资、理性投资日渐兴起。

与创业投资机构投资阶段向上游转移趋势相对应的是，天使投资的投资向后延伸，也就是出现天使投资“机构化”趋势。典型的天使投资应该以个人投资为主，也有由天使投资主导成立的天使投资基金，其在规模上更大，同时实现规模化运作，这类天使投资基金即为“超级天使”，也就是天使投资人成立相应投资机构或投资计划，实现天使投资的机构化运作。除了机构化的运作模式，部分天使投资基金还开始转向 VC 阶段投资，丰富了早期投资的参与者（见图 1 - 5）。

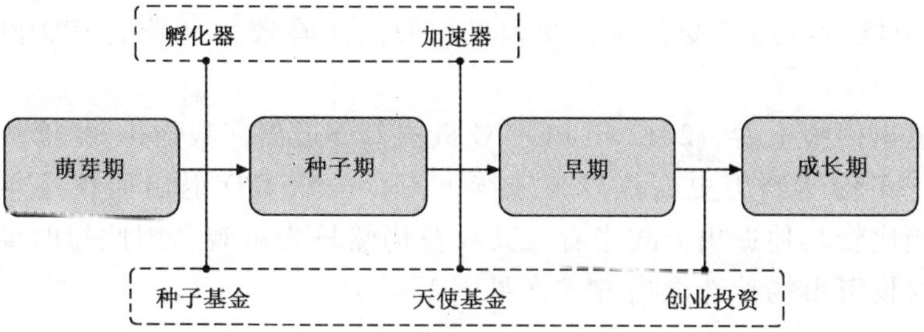

图 1 - 5 早期创投产业链

资料来源：CVSource。

（二）规模扩张趋势

由于拥有大规模的资金，私募股权基金可以购买数量更多、规模更大的公司。近年的基金融资规模越来越大。2005 年规模超过 10 亿美元的基金有 135 个以上，而 1995 年仅有 14 个。目前有基金规模超过 50 亿美元的有 18 个。从股权投资基金募集资金的总额变化来看，2000 年募集金额为 2460 亿美元，2008 年达到 4590 亿美元。受金融危机的影响，2010 募集金额有所下降（见图 1 - 6）。

（三）并购退出比重加大

从退出渠道看，中国私募股权投资市场退出主要有 IPO 退出、并购退出、同业转售和清算几种方式。境内 IPO 在政策影响下暂时受阻，等待上市的项目积压还需要较长时间释放，从而导致选择该渠道的投资机构变现

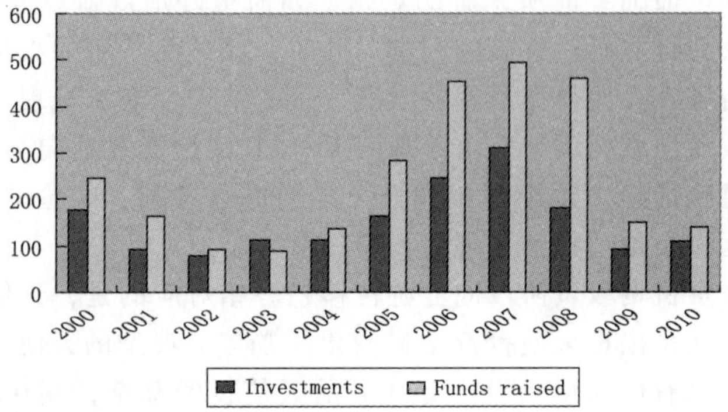

图 1-6　股权投资基金募集资金总额（2000～2010 年）单位：10 亿美元

资料来源：BVCA 网站年度报告（2011）。

压力加大。2011 年、2012 年中国私募股权投资市场 IPO 退出数量和规模连续减少，占总退出项目数量和规模的比重在 2012 年也在下滑。同时，2012 年中概股继续遭受打压，受到机构做空风险较大，赴美 IPO 窗口重启艰难。

从退出回报上看，2012 年 PE/VC 机构 IPO 退出回报为 4.38 倍，自 2009 年以 11.23 倍达到历史高点以来连续下滑，虽然 IPO 退出回报逐年有所下滑，但相比较其他退出方式来看，其收益仍然较为可观，因此短时期内还将会是股权投资市场首选退出方式（见图 1-7）。

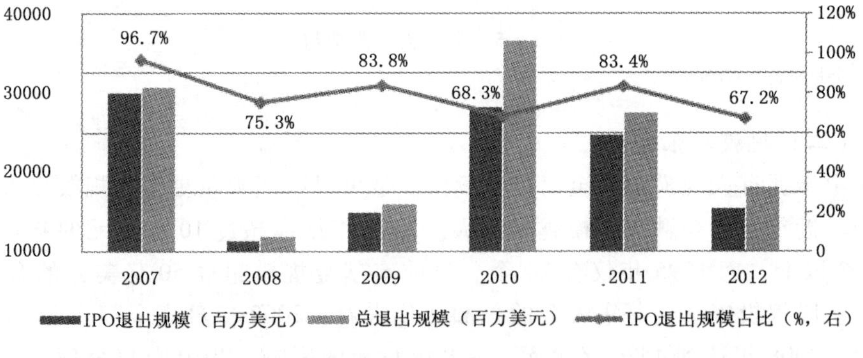

图 1-7　2007～2012 年中国私募股权投资市场 IPO 退出规模状况

资料来源：CVSource。

近年来，私募股权基金在并购市场的交易数量和规模显著增加。已公布的私募股权基金参与的杠杆收购规模从 2000 年的 710 亿美元增加到 2005 年的 2370 亿美元，2007 年超过 7000 亿美元。交易的平均规模由 2000 年的

4.02 亿美元增加到 2006 年的 13 亿美元。[①] 二级市场并购将成为非常重要的退出渠道。

(四) 保险资金介入加强

从股权投资的资金来源角度来看，也出现了新趋势——保险资金参与 PE 投资在 2012 年得到加强。2012 年 7 月，中国保监会发布《关于保险资金投资股权和不动产有关问题的通知》，进一步放宽保险资金的投资范围。10 月，保监会发布《保险资金境外投资管理暂行办法实施细则》等四项险资投资新规定，险资境外投资品种扩展了不动产和股权投资基金等。目前，中国平安、中国人寿、太平人寿、太平洋保险、泰康人寿等多家保险机构获得 PE 牌照，参股 PE 基金的间接投资方式已经成为主流投资方式。

中国私募股权投资市场正呈现出更为多元化的格局，各个环节参与者也正由单纯竞争或相互独立转向相互融合的趋势，不同类型机构之间的合作也更加频繁，如创投机构与战略投资者、创投机构与天使投资人、天使投资与孵化器等等，极大丰富了投资者与创业企业、投资者与投资者之间的交流。

① 据华尔街日报报道，3Com China Venture Lures 的三个竞购者（私募股权公司）为网络运营业务出价达到 15 亿美元，有数家大的私募股权投资公司在竞购飞利浦半导体工厂，出价超过 102 亿美元。据亚洲华尔街日报报道 Brambles 出售了另外两项业务，KKR 同意出价 13.5 亿美元。据路透社报道 KINDER MORGAN 的执行总裁促成了一宗 134 亿美元的并购。

第二章
资本玩家：他们的舞台

从1946年最早的私募股权投资公司——美国研究与发展公司成立算起，至今不过半个多世纪，却已经涌现出数千家私募股权投资公司。尽管人们通常把他们的产品都称为PE/VC基金，但按照不同类型的基金投资范围的不同，私募股权投资还可以细分为天使投资、风险投资和私募股权投资。私募股权投资进入中国后，还产生了一个中西合璧的混血儿——产业基金。

当大众媒体纷纷聚焦股权投资创造的巨额财富时，股权投资者只有仔细探究不同类型的基金特点和投资思路，才能找到真正适合自己的投资方式和恰当的投资时机。

第一节 企业生命周期与私募股权投资的角色定位

私募股权投资基金的投资范围主要依照行业或企业的生命周期来设定，通常按照其从出现到完全退出社会经济活动所经历的时间，分为四个主要的发展阶段：种子期（初创期），成长期，成熟期，衰退期。在不同的时机介入，自然会呈现出不同的预期收益和风险特征（见图2－1）。

一、种子期与天使投资

一个新的行业（企业）走入市场前需要经历最初的创意设计、产品思路的形成，这个时期被称为种子期。通常来讲，种子期的企业面临最大的问题在于其没有成熟的产品，通常只是一个思路，因此其不确定性最大，但一旦这一类产品付诸实施并最终走向市场，投资于种子期的天使投资人会收获数

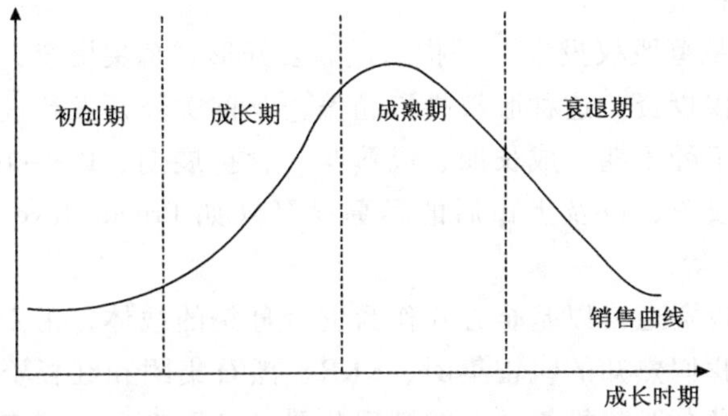

图 2-1　行业生命周期

量惊人的回报。

种子期的投资在经济衰退周期甚至回报更高。所谓“天使投资”正是在该阶段介入，出资协助具有专门技术或独特概念的原创项目或小型初创企业，它是一次性的前期投资。

因为在这一阶段投资人投入的资金规模不大，但一旦经济走向复苏，处于种子期的公司也逐步进入成长期，回报的增长幅度将高于在经济周期处于顶峰时的幅度。

二、成长期与风险投资

行业（企业）成长期是风险投资的关键时期。这一时期的市场增长率很高，需求高速增长，技术渐趋定型，行业特点、行业竞争状况及用户特点已比较明朗，企业进入壁垒提高，产品品种及竞争者数量增多。

所谓“风险投资”的投资期限主要在公司的发展期。这一阶段，公司在获得了天使投资后，逐步将自己的想法转变为现实，但是产品尚未进入批量生产，市场认知度较低，能否被市场接受尚存较大的未知数，因此，风险投资在这一阶段投资公司相比天使投资人要求有更敏锐的观察力和专业评判能力。

三、成熟期与私募股权投资

当行业进入成熟期后，整个行业的增速将趋于稳定。这一时期的市场需求增长率不高，技术上已经成熟，行业特点、行业竞争状况及用户特点非常清楚和稳定，买方市场形成，行业盈利能力下降，新产品和产品的新用途开发更为困难，行业进入壁垒很高。而一旦企业进入成熟期，就意味着已经形成一定的规模，并产生稳定的现金流，在该阶段介入的私募投资被称为狭义的“私募股权投资”。

广义的“私募股权投资”是指通过非公开形式募集资金，并对企业进行各种类型的股权投资。这种股权投资涵盖企业首次公开发行前各阶段的权益投资，即对处于种子期、成长期、成熟期（含扩展期、Pre－IPO）各个时期企业所进行的投资，以及上市后的私募投资（如 Private Investment In Public Equity，PIPE）等。

私募股权投资通常以基金方式作为资金募集的载体，由专业的基金管理公司运作，像我们熟知的凯雷集团、KKR、黑石集团和红杉资本等国际知名投资机构就是私募股权投资基金的管理公司，旗下都运行着多只私募股权投资基金。

综上，当前国内外对私募股权投资的含义界定不一，概括而言，主要有广义和狭义之分。本书所提及的 PE，如无特别说明，均为广义的概念。

第二节 天使投资——种子企业的孵化器

一、天使投资的“天使”特质

（一）追溯“天使投资”的源头

乾龙创投合伙人查立曾经说过：“硅谷的明星企业背后少不了 VC，但硅谷的本质是草莽英雄逐鹿之地，没有遍地的草根创业者和满天的天使投资人，就没有硅谷；没有遍地的草根创业者和满天的天使投资人，也不可能复制硅谷。”

天使投资，是指自由投资者或非正式风险投资机构对原创项目或小型初创企业进行的一次性的前期（种子期）投资。通常来讲，种子期的企业面临最大的问题在于其没有成熟的产品，通常只是一个思路，因此其不确定性最大，但一旦这一类产品付诸实施并最终走向市场，投资于种子期的天使投资人会收获数量惊人的回报。

“天使”这个名词，最早是由新罕布什尔大学商学院教授、美国风险投资研究所的创始人威廉·韦策尔（W. Wetzel）在 1978 年提出的。不过要追溯天使投资的历史，则要回到 19 世纪末的美国，当时美国的一些富人和银行家提供资金投资于钢铁、石油、铁路等传统产业而获得巨额利润，这可以算是最早的天使投资活动。到了20世纪30年代后期，一些从事政府严格控制行业、积累大量财富的特殊家族为了不再受政府注意，逐渐将资金投放到正常的商业经营，特别是新兴行业。于是，一些怀揣创新构想或成果的创业者向这些家族描绘投资项目美好的前景，希望他们给予资金支持。当这些家族的资金注入企业进行投资时，在被投资企业的会计账目中通常会出现风险资本（Venture Capital）或天使（Angel）。随后，天使投资开始迅速发展起来。

（二）天使投资的特征

【案例】　阿瑟·洛克投资英特尔

1968年7月，罗伯特·诺伊斯（Robert Noyce）和戈登·摩尔（Gordon Moore）离开仙童半导体公司，他们去找了阿瑟·洛克。随后，诺伊斯和摩尔各自拿出24.5万美元，洛克拿出个人投资的30万美元之外，还继续筹集了250万美元资金。他们于7月16日以集成电路之名（integrated electronics）创办了英特尔（Intel）公司。

1971年，英特尔推出了全球第一个微处理器。这一突破性的重大发明不仅成为Busicom计算器强劲的动力之源，更打开了让机器设备像个人电脑一样可嵌入智能的未来之路。英特尔公司已经成为世界上最大的设计和生产半导体的科技巨擘，为全球日益发展的计算机工业提供建筑模块，包括微处理器、芯片组、板卡、系统及软件等。1997年度《时代》杂志的封面人物是英特尔公司的格鲁夫。他却将他和英特尔的成功归功于当初扶持他创业的风险资本家阿瑟·洛克。当然，洛克也从英特尔的成长中获得巨大利益。

英特尔获得天使投资的这个案例非常有代表性，投资人如同“天使”一般去帮助这些种子期的公司，让他们成长为参天大树。因此，天使投资的特征也非常明显：

1. 通常天使投资对回报的期望值并不是很高，但至少要有10到20倍的回报。因为所投公司未来面对的风险极高，因此他们决定出手投资时，往往在一个行业同时投资10个项目，最终只有一两个项目可能获得成功，只有用这种方式，天使投资人才能分散风险。

2. 投资金额一般较小，而且是一次性投入，它对风险企业的审查也并不严格，更多的是基于投资人的主观判断或者是由个人的好恶所决定的。通常天使投资是由一个人投资，并且是见好就收。

3. 很多天使投资人本身是企业家，了解创业者面对的难处，因此，他们会以长辈的姿态对创业者予以关注，并帮助其成长。

4. 天使投资在组织上并不一定以公司的形式或者是纯粹的商业目的，通常可能是创业者身边的朋友、亲戚等。

天使投资往往是一种参与性投资，也被称为增值型投资。投资后，天使投资家往往积极参与被投企业战略决策和战略设计，为被投企业提供咨询服务，帮助被投企业招聘管理人员，协助公关，设计推出渠道和组织企业推出。

二、美国天使投资环境及发展规模

随着知识经济特别是网络热潮的来临，股权投资产业迎来新一轮浪潮，其中天使投资规模达到200亿~300亿美元，在2000年最高峰时高达688亿美元。[①] 即使网络泡沫破裂，规模有所下降，但近几年仍保持在200亿~300亿美元水平。

据汤森路透的数据显示，2008年美国风险投资的美元交易量下降了8%，成交量下降了4%。但是在2008年，种子期的公司得到了更多的资金，继互联网泡沫达到高峰后，成为2000年以来的最高水平。440家公司的投资总额达15亿美元，较前一年猛增19%。

根据美国中小企业管理局的规定：要求天使投资者的个人年收入须达到20万美元以上，或者其个人资产达到100万美元，这就从投资能力方面对天使投资者的资格进行了限定。目前全美约有300万个人或家庭达到了规定的条件，可以进行天使投资，其中又约有30万名属于比较活跃的天使投资人。可以说，在美国，人们对于创业的追崇和美国政府的政策支持共同促进了天使投资快速稳定的发展。层出不穷的创业企业为天使投资人提供了更多的选择资源，同时美国各级政府为天使投资人和初创企业提供政策优惠也进一步促进了天使投资和初创企业的快速发展。

在美国，天使投资是早期创业和创新的主要支柱，目前的天使投资能够占风险投资总体盘子的40%~50%。据美国天使投资协会的数据显示，近10年来，美国的天使投资组织发展迅速。2007年全美国天使投资总额为260亿美元，投资的创业公司总数为57000家，是风险投资的创业公司数量的14倍。到今天，美国活跃的天使投资人数超过了26万人，2010年全年共有

① 李华、王鹏著："天使投资在OECD国家的运作——兼论天使投资在我国的发展前景"，《世界经济研究》2003（04）。

61900 家创业企业获得了天使资本的支持。

三、中国天使投资现状及制约因素

在中国，天使投资起步较晚，相对美国天使投资的整体规模，发展较为缓慢。中国天使投资起源于20世纪90年代，得益于互联网的发展、高新技术企业的兴起和国外创业投资机构的进入。1996年，留学归国的张朝阳创办爱特信（ITC），获得了其在美国麻省理工学院的老师尼古拉·庞帝和罗伯特22.5万美元的天使投资，为以后搜狐公司的成长发展奠定了生存基础，这是目前公认的我国第一次天使投资。随后，许多网络和高新技术创业企业也先后得到国外天使投资人的惠顾。

进入21世纪之后，中国的天使投资开始发生了一些变化。首先是一些国内的富人阶层开始加入天使投资人的行列，特别是在浙江、江苏和广东等省份，民营企业家和富足的私有业主摇身一变成为天使投资人；其次由海外归来的华侨和跨国公司的高级管理者开始成立一些天使投资俱乐部和天使投资公司，以天使投资团体的形式进行投资：包括上海天使投资俱乐部、江苏省技术产权交易所主办的天使投资俱乐部讨论会、北京秦山创业咨询服务有限公司天使投资俱乐部、华南地区的天使投资人俱乐部、上海天使投资管理有限公司等等。到了2006年，中国出现了专业的天使投资团队和天使投资基金。在2008年5月13日，由联想集团董事局主席柳传志、四通集团公司董事长段永基、用友公司董事长兼总裁王文京等50位中关村企业家联手发起成立中关村企业家天使投资联盟，这是中国第一个完全由民营企业家组成的天使投资联盟，表明我国民营企业家也开始以团体的形式进入天使投资领域。

2008年，国际金融危机爆发，新一轮产业技术革命来临，随着我国产业发展从跟随式创新向原始性创新方向转变，以及各类创业者的涌现，中国成为全球创业最活跃的国家之一，为天使投资的发展提供了更广阔的天地。

总的来讲，目前国内天使投资的发展基本上仍处于个体和分散状态，尚未形成规模，难以驾驭较大的项目，抵御风险能力不强。这些投资者往往单兵作战，凭着个人兴趣和冲动投资，投资行为不够规范，容易出现法律纠纷。不过，由于天使投资与生俱来与信息产业密切关联，随着互联网、电子商务等信息产业的新浪潮，预计国内天使投资将会迎来全新发展。

【案例】 罗伯特·金投资百度

百度的首次融资过程十分顺利。在朋友的推荐下，李彦宏结识了经常和有留学背景的中国人接触的罗伯特·金（Robert E. King）。罗伯特·金是百度历史上的首位天使投资人。和很多需要资金的创业者一样，李彦宏和创业伙伴徐勇一起带着一个美好的蓝图拜访了罗伯特·金，希望能从他这里尽快完成融资目标回国创业。现在看来，罗伯特·金绝对是一位十分幸运且专业的天使投资人，因为当初20万美元的投资10年后的回报率高达3500倍。

第三节 风险投资——眼光独到的淘金者

一、风险投资与天使投资的区别

风险投资（VC）又称创业投资。广义的风险投资泛指一切具有高风险、高潜在收益的投资；狭义的风险投资是指以高新技术为基础，生产与经营技术密集型产品的投资。根据美国全美风险投资协会的定义，风险投资是由职业金融家投入到新兴的、迅速发展的、具有巨大竞争潜力的企业中的一种权益资本。

正如前文所提到，风险投资的投资期限主要在公司的发展期。这一阶段，公司在获得了天使投资后，逐步将自己的想法转变为现实，但是产品尚未进入批量生产，市场认知度较低，能否被市场接受尚存较大的未知数，因此，风险投资在这一阶段投资公司相比天使投资人要求有更敏锐的观察力和专业评判能力。

从资金规模来看，风险投资人的资金一般高于天使投资。一旦失败，损失也将远大于天使投资。对于风险投资来说，上市后卖出、转让股权给PE或者管理层收购都是常见的退出方式。

组织形式也是区分风险投资与天使投资人的一个重要指标。天使投资通常以个人出资投资，而风险投资在法律结构上更多以有限合伙制为主。有限合伙制通常可以被定义为在一个以上的合伙人承担无限责任的基础上，允许更多的投资人承担有限责任的经营组织形式。

惠特尼投资的创始人约翰·H. 惠特尼（John H. Whitney）是美国早期杰出的现代风险资本家之一，从20世纪30年代就开始从事天使投资，也是最早设立风险投资基金的投资人。其投资历程可以从一个侧面体现天使投资与风险投资的区别。

【案例】 风险投资先驱惠特尼

惠特尼的投资生意始于娱乐产业。20世纪30年代，百老汇的剧目投资成本大幅上升，推广费用、剧场租金、舞台布置费用和演员成本的上涨，加上演出的高风险，迫使导演和制片人寻求多元化资金支持。这时，一些天使投资人纷纷涌入娱乐业，惠特尼就是其中最为知名的一位，先后投资了多部百老汇演出。

30年代"大萧条"前期，影院上座率大幅下降。但到30年代中期，看电影的习惯重回日常生活。和其他娱乐形式相比，电影更便宜，而且，电影业进入有声时代，离彩色时代咫尺之遥。就在决定性的1933年，惠特尼成立了先锋影业公司，并收购彩色电影公司15%的股权——后者在三色摄影技术中取得了重大突破，其彩色摄影技术被好莱坞电影广泛应用。

经多年实践，惠特尼有了这样一个意识：风险投资应该超越天使投资的个人化运作阶段，而采取机构化运作，雇佣专业投资人士来管理投资。为此，1946年2月，惠特尼出资500万美元与纽约律师本诺·施密特合伙成立了风险投资基金——惠特尼投资，由专业的投资团队掌控，致力于为雄心勃勃的创业企业家提供资金和专业支持。惠特尼投资的成立，标志着现代意义上专业化风险投资的开端，亦奠定了惠特尼在风险投资史上的先驱者地位。

二、美国风险投资发展经验

硅谷是美国西海岸的一片神奇热土，在那儿诞生了一大批全球家喻户晓的高科技企业，例如惠普、英特尔、苹果……而风险投资则被称为硅谷发展的幕后推动者，促进和激励了硅谷高新技术产业的发展。

以硅谷风投为代表的美国风险投资的融资机制是一种民间资金为基础、风险投资企业为中介、金融机构为后援、政府间接参与为保障的多层资融资体系，具有以下特点：

（一）风险投资融资渠道广泛

在风险资金融资过程中，美国政府一般不直接投入资金，而是通过扶持手段，如税收优惠、政府补助、信息服务、信用担保等手段给予引导和支持。政府一方面利用风险投资的高风险、高收益的特点，通过调节潜在投资者的风险收益来诱导资本融入风险资本投资业；另一方面，通过制定政策法规保护高新技术企业的发展来降低风险投资的风险因素，从而引导社会资本融入风险投资业。

在这一背景下，美国风险投资企业资金渠道广泛，主要包括公共和私人养老基金、抚恤金、退休基金、富人捐赠款、金融保险公司、个人和家庭积蓄、国外投资基金。在二板市场上的投资主体也是机构投资者和相当资金量的个人。

（二）投资对象科技含量高，创新性和专业化强

美国风险投资的投资对象非常明确——高新技术产业中具有增长潜力的未上市的创业公司。正如经济合作与发展组织在 1983 年召开的第二次投资方式研讨会上明确指出：“凡是以高科技为基础，生产和经营技术密集的创新产品或服务，都可视为风险投资。”

在美国，依据投资对象专业性质的不同，已经形成了不同专业的风投机构，包括计算机软件、生物制药、通讯技术、新材料等。他们在全球范围内各自的专业领域中寻求投资对象。美国领先的高新技术为发展风险投资提供了牢固的技术基础。目前，美国 75% 以上的风险投资集中在微电子、生物工程、信息技术等高新技术领域。

（三）政府制定相应的政策给予扶持

美国政府在 1958 年出台的小企业投资公司法，确定了风险投资者的法律地位。同时在 20 世纪 70 年代出台了一系列政策，推动风险投资事业的发展：1978 年出台收入法案，将风投企业所得税率由 49% 降至 20%；1979 年出台雇员退休保障法修改条例，允许退休基金经理进行较高风险的投资，包括风险投资；1980 年出台鼓励小企业投资法案，将风险投资企业界定为企业发展公司，1980 年的雇员退休保障法条例，明确风险投资基金经理不能作为投资于该风险资本的退休基金的受信人，给风险资本家更多的自由，也避免了接受退休基金作为有限合伙人所冒的风险。

（四）从业人员实行职业化管理

在美国从事风险投资的职业人员中大多具有企业家、高级行政长官、投资银行家、律师、会计师等专业背景，从事风险投资职业的时间大多在 10 年以上，有广泛的社会关系，并与投资对象建立了长期的伙伴关系。一个风险投资公司很少有超过 5 名的职业风险投资家，通常的情况是 1 至 2 名。每个单独的风险投资家一般要经手 6 ~ 12 个同时进行的项目。

（五）退出机制灵活，退出方式多样化

美国风险投资的退出渠道和方式具有灵活性和多样性，主要有：（1）在股票市场公开上市。这是风险投资最理想的追求目标，被称为黄金收获方式。美国的风险资本 30% 以上是通过从二板市场——纳斯达克股票市场上市

交易，转让股权，得以退出。(2) 企业兼并收购。当受资企业被大公司收购兼并后，原投资的风险资本的股权可以转化成大公司的股票，并可以出售转让。在美国有40%左右的风险资本从这个渠道退出。(3) 股权回购。风险投资机构将所持受资企业股份出售给受资企业及其职工，让股权回归，从中使风险资本退出。(4) 清算。风险投资机构把资本投入后，如发现受资企业前景不好，发展缓慢，为避免更大的损失，会果断采取清算方式退出，但一般只能收回原投资的60%左右。美国风险资本可以根据各自的投资状况，选择上述灵活多样的退出渠道和方式。

三、全球风险投资发展浪潮趋势

(一) 欧美出现放缓趋势

从全球市场风险投资的趋势来讲，随着高科技、新能源、互联网等高速发展，风险投资一度进入高速发展的阶段，但是随着全球经济的下滑及不断呈现的泡沫化状态，近年欧美风投行业的增速也出现了一定的放缓。

根据普华永道的研究报告，2011年第四季度美国风险资本投资增长19%，从上年同期的55.2亿美元增至65.7亿美元，风险投资家们将更多资金投向了互联网、清洁技术及其他行业，但项目数量从上年同期的861个降至844个。

2012年一季度，根据普华永道和美国风险投资协会发布的MoneyTree报告显示，美国风险投资总额为58亿美元，风投交易总数为758笔，较2011年第四季度的71亿美元和889笔，分别下滑19%和15%。按行业划分，生命科学（生物技术及医疗设备行业的结合）、清洁技术等领域的投资金额和交易量均在下降，消费类产品与服务、电信等领域的投资额呈两位数增长。

道·琼斯风投资本的另一份报告显示，在2012年第一季度，美国风险投资总额为63亿美元，风投交易总数为717笔，与上年同期相比，投资总额下降18%，交易总量下降9%，第一轮融资的平均金额下降了13%，为400万美元。软件行业获得的风投达16亿美元，在所有行业中排名首位，但较2011年第四季度的20亿美元仍下滑18%。软件行业完成的风投交易数量也是最高的，达231笔，但较2011年第四季度的262笔下滑12%。[①] 尽管两份报告的统计数据有出入，但总体趋势较一致。

(二) 中国成全球风投资本追逐的新热点

与此同时，伴随着新技术领域的进步，中国的风险投资市场得到了迅猛

① 德邦证券编著：《中国私募股权投资年度报告2012》，江苏人民出版社2012年10月版。

发展。根据道·琼斯风险资源（Dow Jones Venture Source）的数据，2009年，欧洲初创企业获得的风险投资比中国同类企业多86%，在2010年则超出中国20%。不过，到了2011年，中国企业共获得了60亿美元的风险资本股权融资，同比增长了8%，已经接近欧洲。

以国别来看，这一榜单中，美国仍然遥遥领先，2011年的风投融资达到了326亿美元。尤为引人注目的是，中国位列第二，这是它在2005年被纳入统计之后首次超过英国。2011年英国公司吸引到的风险投资同比下降了32%，降至17亿美元。

行业领域上，医疗保健是中国吸引风投最热的领域，2011年的融资规模比上年飙升73%，达到3.17亿美元。信息技术公司同样表现不俗，同上年相比，融资数额增加了35%。①

国际上知名的风险投资公司可谓在全球范围内风生水起，而且大多已经进入中国市场，如IDG资本、软银中国、红杉资本、英特尔投资等。

第四节 私募股权投资——追求速度的快投手

一、PE基金家族成员

狭义的私募股权投资的投资目标主要为行业周期内相对成熟的公司，其主要处于Pre-IPO的阶段，具有相对成熟的产品，并获得相对稳定的市场份额，从而可以获得相对稳定的盈利和现金流。除此之外，私募股权一般也会投资于并购市场，这种投资兴起于20世纪80年代的LBO杠杆收购盛行的时代。

（一）并购基金

并购基金（Buyout Fund）主要的投资方向为对目标企业进行并购，其投资手法是通过收购目标企业股权，获得对目标企业的绝对控股权，然后对其进行一定的重组改造，持有一定时期后再出售。

并购基金与其他类型私募股权投资的区别在于，风险投资主要投资于创

① 德邦证券编著：《中国私募股权投资年度报告2012》，江苏人民出版社2012年10月版。

业型企业，并购基金选择的对象是成熟企业；并购基金意在获得目标企业的控制权，其他私募股权投资基本不会。并购基金经常出现在管理层收购（MBO/MBI）中。ST 天目的案例可以看出并购基金的目标所在。

【案例】 长城国汇并购基金入主 ST 天目

通过吸筹、举牌、不断增持，2012 年 4 月，长城国汇并购基金一举成为 ST 天目第一大股东。2012 年 5 月，ST 天目召开临时股东大会，选出新一届董事会。在 9 名董事中，长城国汇方面提名的 7 名董事当选，开创了国内并购基金成功入主上市公司董事会的先河。

入主 ST 天目后，为了规范经营，天目药业聘请了著名经济学家叶檀等知名人士任职独立董事，力求使公司的经营更加规范、透明。长城国汇在入主 ST 天目后，首先做的就是规范决策，3 天后就制定和发布了《调整财务审批等流程的通知》，重新规范和加强了财务支出的审批程序，并且请来了专业机构对公司进行管理诊断和管理咨询，上调了基层员工的工资，完善了薪酬体系，盘活资产并改善工作环境等 11 项工作。

（二）夹层基金

夹层基金（Mezzanine Fund）又被称为“默择内基金”，是杠杆收购特别是管理层收购（MBO）中的一种融资来源，它提供的是介于股权与债权之间的资金，作用是填补一项收购在考虑了股权资金、普通债权资金之后仍然不足的资金缺口。国内目前的“MBO 基金”实际就是夹层基金，由于 MBO 交易中融资渠道是多样化的，融资结构是分层次的，资金来源、进入方式、收益率要求、偿还方式等都是不同的，所以将夹层基金统称为 MBO 基金并不准确。

【案例】 鼎晖发行夹层投资基金

在宏观调控之下，当前国内房企融资渠道受阻，直接促使地产私募基金频繁现身。另一方面，二级市场低迷导致 PE 项目退出率持续创新低，私募股权基金开始豪赌房地产投资，满足出资人（LP）的高投资回报诉求。两方各有所需，而夹层基金正成为被普遍使用的方式。

鼎晖投资已于 2012 年年初发起 11 亿元规模的鼎晖夹层投资二期基金，其中 9 亿元投向上海青浦保障房项目与杭州某住宅项目，目前上海青浦保障房项目仅持有 1 年便实现退出，取得 15.55% 的年化收益。该基金最能体现“夹层投资模式”的项目，是某能源公司接受鼎晖投资 1.92 亿元的债权投资，并约定若能源公司股东 18 个月后未按约定回购股权，鼎晖投资承诺以不超过 2.4 亿元总额，按约定价格收购上述能源公司质押股权。

（三）Pre－IPO 基金

Pre－IPO 基金是指投资于公司上市前夕或者预计未来数年内企业可能会上市的一种私募股权投资基金。Pre－IPO 基金的退出方式为所投资的企业完成上市后，基金从公开资本市场出售股票退出。

同投资于种子期的天使投资、初创期的风险投资以及私募股权投资中的并购基金和夹层基金不同，Pre－IPO 基金的投资时点相对狭窄，选择被投资标的主要在企业规模、市场占有率、收入、净利润等方面已经达到上市的相关要求，因此整个的投资选择范围并不宽。但同样因为这种原因，Pre－IPO 基金的投资具有风险小、回收快的优点，并且在企业股票受到投资者追捧的情况下，可以获得较高的投资回报，因此在近几年，多家私募股权投资基金都提高了 Pre－IPO 基金的比重。

Pre－IPO 基金的投资流程有别于其他类型的私募股权投资基金。首先，投资者会分析目标企业所在行业的整体情况，从而分析本行业中企业近几年上市的市盈率倍数，以作为估值定价的基本依据。同时考虑到缺乏控制权以及流动性的折价问题，通常投资者会参照上市价格，在这个市盈率基础上作一定的降低，国内的 Pre－IPO 基金出价大约降低 30% 左右，香港和新加坡则是降低 50%。其次，根据目标企业的净资产及现金流情况，分别对企业的投资价格确定出一个估值区间。之后，投资者会根据这三个主要指标，再结合公司所处发展阶段、投资方回报要求、股权比例、资金周期、私募融资费用、中介费、佣金等影响私募融资定价的因素，确定出一个建议出价。最后，Pre－IPO 投资者会基于这个建议价格与目标企业商议，针对企业的人力资源水平、运营状况、应收账款规模等进行调整，确定最终的 Pre－IPO 进入价格。

（四）重振资本

重振资本是指向业绩不佳的企业投资，改善企业的经营状况。这类企业一般处于传统行业，出现财务危机或者处于重组当中，但仍具有长期的市场生存能力。

在业界，较有代表性的重振资本案例来自于黑石在中国的投资。2007 年 9 月，黑石集团正式宣布出资 6 亿美元购入蓝星集团 20% 的股权，这是黑石集团对中国企业的首笔投资，也是目前私募股权投资基金在中国非金融类企业的最大一笔单笔投资，于 2008 年 1 月 10 日由发改委审批通过。

二、PE的转型——从门口的野蛮人到注重共赢

在创立半个多世纪后，PE到底是“门口的野蛮人”，还是创业的“救世主”的争论仍在继续。有人认为，PE是最原始贪婪的资本主义形式，是野蛮人，他们把公司的其他利益从相关者那里转移给股东了。

但另一种正面的观点认为，PE是一种最有效的资源配置形式。杠杆收购将资金从经营不好的被收购公司转出来，被收购公司的股东再将获利的钱投入新兴的企业，同时通过高负债迫使经营不好的被收购的公司重组和裁员，通过很多方面的改进，可以卖出一个好价钱。很多美国经济学家认为，美国20世纪90年代的经济繁荣源自高科技的发展，而高科技发展的资金来源，恰恰是80年代末众多的杠杆收购。这是对PE非常正面的评价。

在20世纪80年代，人们谈到PE时几乎总是联想到公司袭击者、敌意收购、资产剥离、裁员、关闭工厂和投资者暴利等负面话题。所谓“公司袭击者”，是指不为被袭击的公司管理层所欢迎的发动敌意收购或接管行动的投资者。

20世纪最著名的公司袭击者包括：卡尔·伊坎、维克托·皮斯纳等。卡尔·伊坎在1985年敌意收购了环球航空公司，并由此赢得了“冷酷的公司袭击者”的称号。

虽然KKR的辉煌纪录数不胜数，但让KKR公司真正变得大名鼎鼎的当属美国历史上最大的杠杆收购，是对食品和烟草大王雷诺兹·纳贝斯克（RJR Nabisco）的收购。这起被称为“世纪大收购”的恶意杠杆收购，令盛极一时的RJR Nabisco元气大伤，至今仍难以复原。

转折发生在20世纪90年代。如果说80年代发生的许多收购都是不请自来、不受欢迎的，90年代的PE公司则关注于对管理层和股东都有好处的共赢交易。根据《经济学人》的说法，“大公司们过去对PE唯恐避之不及，而现在却很乐意跟他们做交易。”

现在，PE越来越重视被收购公司的长期发展，并倾向于使用更低的杠杆比率。与20世纪80年代的代表性收购交易中杠杆比率达到公司收购价格的85%~95%相比，90年代和21世纪头10年中的杠杆收购债务比率仅有20%~40%。例如，KKR在1986年收购西夫韦公司时，其资金的97%来自于债务，只有3%为KKR提供的资本金。但当KKR和德州太平洋集团（TPG）在2007年联合收购美国最大的电力企业之一的德州公用事业公司时，在总计450亿美元的收购价款中，收购方以自有资本金出资85亿美元（占19%）。此外，PE更愿意投资于资本支出计划，以扩大企业规模和改善

生产经营条件，更愿意提供管理层激励计划，以在长期内增加企业价值。

【案例】　　华平基金的“专业经营”投资模式

作为华尔街最老牌的私募股权基金之一，华平将“专业经营”模式带入创业投资，发展了一套独特的私人权益资本投资模式。

在1971~2002年间，华平在全球30个国家的大约500家公司投入了190多亿美元，创造了超过410亿美元的价值，远远高于同期全行业的盈利水平。仅就IT业来说，华平在10年左右的时间里，为31家IT行业公司提供投资达7亿美元，得到了32亿美元的回报，损失率仅为5%。

华平对BEA Systems的投资一直是业内的一个神话。在1995~2005年这10年的时间里，华平成功地将5000万美元变成了67.5亿美元。而在华平投资之前，BEA Systems（以下简称BEA）是个名不见经传的小公司，没有任何资金，没有任何产品，没有任何技术，只有三个人和一个策划。如今BEA已成为无可争议的市场领袖了。2001年8月，BEA宣布，自2000年8月至2001年7月的12个月中，BEA的营业总额首次超过10亿美元，成为以最快速度实现10亿美元年收入的软件公司。

三、金融危机后PE行业发展动向

（一）产业整合并购潮带动PE发展重回快车道

金融危机的爆发使得PE行业的投融资规模出现了断层式下跌。2008年，全球PE投资和筹资规模分别下降了36.4%和2%，2009年则下降55%左右。

2010年以来，随着世界经济缓慢复苏，全球性产业整合推动企业并购重组浪潮，加之剧烈动荡的国际金融市场和持续低迷的市场信心使得企业从银行体系和证券发行市场获得的融资急剧减少，而PE投资再次进入了发展的快车道。2011年全球PE投资和募集资金增速均超过30%，由PE完成的并购交易金额上升了约2倍。

业内普遍预计2012年全球约六成（金砖五国约九成以上）的PE基金投融资活动将进一步扩张，美国一家研究机构甚至预计未来五年全球PE管理的资产规模将达到5万亿美元，这将是2007年PE行业巅峰时期资产规模的2倍。

（二）亚洲为代表的新兴市场吸引力上升

据剑桥咨询公司数据显示，2000年，PE在新兴市场的年净收益率为

6.6%，落后于西欧和美国；但到了2005年，PE在新兴市场的年收益率上升为12.8%，超过了美国，到2008年又超过了西欧。新兴市场对国际资本的吸引力不断上升。

经济成长空间和投资收益率决定了资本流向。据新兴市场私募股权协会调查，全球3/4的PE拟在2013和2014两年内增加对新兴市场的投资，而拟增加对发达市场投资的仅有23%。而在新兴市场中，亚洲则最受欢迎。目前PE机构在亚洲筹集的资金约占全部新兴市场的一半，在亚洲的投资额则已占到全球的三成多。

（三）私募股权二级交易市场快速发展

国际金融危机后，PE二级市场的重要作用日益凸显，并为越来越多的投资者所接受。对于供给方而言，那些在危机中遭到重创的公司，可通过出售其私募股权投资组合来缓解流动性短缺。而对于需求方而言，二级私募股权投资具有投资期较短、现金净流入较快，以及能够在短时间内实现投资品种和期限多元化等特点，可以成为机构投资者重要的资产组合管理工具。

目前，PE二级市场每年的交易额已从20世纪末的不足10亿美元上升至目前的近300亿美元，预计在未来五年内可能上升至1000亿美元。①

（四）面临的监管约束日趋刚性

长期以来，全球两大最发达的PE市场——美国和欧洲均对PE采取以自律监管为主、政府监管为辅的监管模式。这一模式促进了PE发展和金融创新，但也导致了杠杆化泛滥、风险过度扩散、内幕交易盛行等问题。国际金融危机爆发后，欧美国家普遍认识到私募基金缺乏监管而隐含的巨大风险，进而加强了监管约束。

美国于2010年7月签署了《多德—弗兰克法案》，规定资产管理规模1亿美元以上的投资顾问必须接受美国证监会（SEC）的定期、专门检查并提供交易和资产组合的有关信息，同时对商业银行投资PE作了严格限制；英国颁布了《私募股权投资信息披露和透明度的指导方针》，对PE的信息披露主体和披露内容作出了明确规定；欧洲议会则于2010年11月正式通过了欧盟第一套直接监管对冲基金和私募股权投资行业的法规。可以预见，随着PE在全球金融体系内的影响力不断上升，其所面临的监管约束也将日趋严格。

① 王胜、胡玲燕著："私募股权投资基金：趋势、机遇与策略"，《新金融》2013（2）。

第五节
产 业 基 金
——投资实业的“混血儿”

一、产业基金的出现

如前文所述，根据介入企业的时间节点，股权投资主要可以分为天使投资、风险投资和 PE。而目前国内常见的“产业基金”则是与证券投资基金相对的概念。

20 世纪 40 年代末，美国出现大量新兴中小企业，“创业投资基金”形式诞生；后来，“创业”的概念扩展到“创造新企业和老企业再创业”，出现了“企业重组基金”形式；80 年代传入亚洲后，又出现了专门投资于基础设施项目的“基础设施投资基金”。经过不断演变，我国形成了现在的产业基金概念。可以说，产业基金是中国政府主管部门在研究产业政策、金融政策时产生的独有的概念。

由于产业基金是一个发端于西方、成型于东方的概念，加上还没有专门法律规定正式出台，业界至今没有权威、确切的定义。由于现阶段同时面临支持中小创业企业、支柱产业与基础设施建设和国有企业重组三大课题，因此中国产业基金不能完全局限于高新技术的研究开发阶段，还需要发展包括企业并购重组、基础设施投资等各种直接股权投资。因此，2006 年国家发改委制定的《产业基金管理暂行办法》所定义的产业基金是指“一种对未上市企业进行股权投资和提供经营管理服务的利益共享、风险共担的集合投资制度，即通过向多数投资者发行基金份额设立基金公司，由基金公司自任基金管理人或另行委托基金管理人管理基金资产，委托基金托管人托管基金资产，从事创业投资、企业重组投资和基础设施投资等实业投资”。

二、产业基金的主要特点

（一）产业基金的定位与投资目的

产业基金定位于实业投资，其投资对象是产业（尤其是高技术产业）创业企业。产业基金不仅仅为企业直接提供资金支持，而且提供特有的资本经营、增值服务，是一种专家管理系资本。其投资期限通常为 3 ~ 7 年，属于中长期投资。

产业资金的投资目的是基于企业的潜在价值，产业基金在所投资的企业发育成长到相对成熟后即退出投资，以便于一方面实现自身的增值，另一方面方便进行新一轮的产业投资，因而有别于长期持有所投资企业的股权，以获得股息为主要收益来源的普通资本形态。

【案例】　LV 联手中信产业基金投资欧时力

2012 年初，法国奢侈品巨人路易威登（LVMH）集团旗下的投资基金——L Capital 联手中信产业基金买下女装品牌欧时力（Ochirly）10% 的股份。

该笔交易规模高达 2 亿美元，其中 10% 的股份主要由路易威登旗下基金持有。目前，欧时力计划在海外上市，公司估值约 20 亿美元。L Capital 总裁 Daniel Piette 在接受 Fashion Mag. com 网站采访时曾透露，该公司已投资了两家中国服装公司——欣贺公司和欧时力，持股介于 5% ~20%。

（二）产业基金与私募股权投资基金的异同

从性质、募集和运作方面讲，产业基金从属于私募股权投资基金，但从我们产业基金的实践情况讲，二者还是有一定区别的：

1. 投资范围方面：产业基金主要投资于技术成熟的成长期企业未上市的股权，以个别产业为投资对象，以追求长期收益为目标，属成长型及收益型投资基金；而私募股权投资基金的投资范围要更广泛些，并且更倾向于投资 PRE - IPO 阶段的拟上市企业。

2. 募集发起方面：产业基金的募集实际发起人多是地方政府，其设立目的是为了满足某个产业的发展需要或扶持某个产业的发展，资金募集渠道往往是当地的大型国有企业或社保基金等，带有较多的行政色彩；而私募股权投资基金的设立人多是非行政、非官方的个体，民间资本的色彩更浓一些。

3. 组织管理方面：产业基金的投资人和基金管理人之间的关系缺乏市场化的选择和安排；而私募股权投资基金的募集发起人往往就是基金管理人，采用市场化的方式募集资金，基金运作时基金管理人和投资人的权利义务以协议的形式一一对应，即 GP 和 LP 相互独立。

4. 投资领域方面：产业基金的投资方向受募集设立时审批要求限制，主要侧重于设立之初的特定产业，而私募股权投资基金不受限制，一般根据市场情况自主投资。

但产业基金和私募股权投资基金在立法监管、设立、运作等方面都存在较多的相同点，二者融合的趋势也越来越明显。

【案例】　国内文化产业基金快速发展

文化创意企业多以轻资产方式运作，创意能够产生的价值也往往很难用货币来衡量，这两点决定了文化创意企业较难获得银行贷款，因此，能够获得产业基金的扶持便成为其加速发展的最佳选择。而自文化产业大发展、大繁荣的号角吹响后，国内的文化产业基金正以快速圈地的态势不断推动着文化产业的发展和繁荣。根据人民网披露的数据至2012年初，全国共有文化产业投资基金111只，资金总规模超过1330亿元。

三、国际产业基金的主要模式

（一）以美国为代表的“证券市场中心”模式

美国是当今世界上PE/VC发展比较成熟的国家，其国内发达的金融市场为产业基金提供了成长的沃土。严格来说，美国没有“产业基金”这一概念及名称，在美国市场上与我国产业基金概念最为接近的是“有组织的私人股权市场”（Organized Private Equity Market），它与“天使资本”（Angel Capital）、“非正式的私人股权市场”（Informal Private Equity Market）以及“144A规则私营股票市场”（Rule 144A Private Equity Market）相对应。

从美国“有组织的私人股权市场”运行中可见，美国产业基金与传统的风险投资基金不同，领域较广泛。在“有组织的私人股权市场”中，投资者也会投资于稳健的、市场风险较小，但是利润较丰厚的领域，如制造业、服务业等，这样才能在多个产业发展出不同类型的产业基金。发行者的范围广泛，除无资格在市场融资的企业外，也可以有上市公司。中介机构是美国“有组织的私人股权市场”的最大特点，中介机构实行有限合伙制，也有利于美国产业基金的管理。最后，在发达的资本市场下，美国产业基金的筹资渠道广泛，但是社会与企业的养老金还是主要资金来源。

（二）以日本为代表的“银行中心”模式

由于受民族文化和国民心理等因素的影响，日本的产业基金形成了以银行为中心的发展模式，更多追求投资安全。受法律规定和追求安全性的国民心理影响，日本的养老金不能用来创业投资，个人出资也极为有限，产业基金也以大金融机构出资为主。在投资取向上，日本的产业基金对高新技术的投入相对较少，也很少投资于企业创建和发展的早期阶段。同时，日本的产业基金有很多投向流通业和服务业，投资行业也不集中于某一个高科技产业或其分支，而是倾向于将资本在更广泛的领域内分布，以减少投资风险。

日本的证券市场相对欠发达，缺乏活跃的私募资本市场。由于创业企业上市的难度极大，日本的产业基金主要通过原投资企业回购和被其他企业兼并收购实现退出。

(三) 以以色列为代表的“政府主导”模式

很多后起的产业基金发展大国都有政府力量的推动，有些就是政府直接投资创办产业投资公司投资于商业性产业投资公司或投资基金所不敢冒险的创业早期阶段，发挥着引导社会投资的领头羊作用和弥补社会资本投资缺陷的拾遗补缺作用。

以色列政府于 1993 年 1 月拨款 1 亿美元设立了 YOZMA 政府引导基金，主要使命是建立以色列本土风险投资市场，募集国内私人资本，同时吸引国际投资者共同参与风险投资，旨在扶植以出口为主的以色列高科技企业的成长。YOZMA 属于政府出资的产业引导基金，如今 YOZMA 最初设立的 10 个小型合作风险投资基金的规模已成倍增长，其中 8 只基金的合伙人已经施行赎回股份的选择权，买断了政府股权。除 YOZMA 基金，以色列政府还推行了公募风险投资基金—INBAL 基金。INBAL 公募基金是由政府出资担保的上市基金，具有优秀的管理团队，在以色列特拉维夫股票交易所（TASE）进行交易。投资于 INBAL 基金的投资者在投资 7 年后可获得他们初始投资额 70% 的保险承诺。INBAL 基金主要投向小型、发展迅速的高科技企业。此外，以色列政府还采取多种措施，吸引国外特别是美国产业投资资金的流入，并引导其向高科技和处于创业初始阶段的企业 投入。

在我国台湾地区，当局对产业基金进行严格的监管，在其发展初期实行审批制。并引导产业基金向半导体、资讯、电子等中度技术方向投资，并不盲目求新求高，追求适应台湾岛情的市场定位。同时注重给所投资企业提供经营管理服务。但是政府本身并不直接干预产业基金的投资经营，产业基金完全按照市场方式运作，在行使特殊使命的同时依然严格受到利润目标的约束，取得了较好的经济效益和社会效益（见表 2－1）。

表 2－1　　　　产业基金发展的三种典型模式

	证券市场中心型	银行中心型	政府中心型
代表国家	美国	日本	以色列、韩国等
资金来源	养老金＋保险金	银行	政府＋外资/大企业资金

续表

	证券市场中心型	银行中心型	政府中心型
投资阶段与对象	早期阶段的小企业，特别是高科技企业	后期阶段的一些传统企业	早期阶段高科技企业为主
资本市场	发达	一般	弱

综上所述，由于不同国家和地区在资源禀赋条件、文化背景、制度基础、市场规模、科技知识积累以及经济发展阶段等方面存在不同，产业基金发展也呈现出不同的模式和特征。任何国家和地区在选择产业基金发展路径的时候，都必须充分考虑本国的现实条件，不能照搬照抄任何现有的模式。

第二篇

投资方视角之 募资之路

第三章
股权投资的资金来源：资本会认路

随着股权投资概念的不断深入，股权投资作为一种新型投资工具被越来越多的投资者采纳，众多资金供应者的参与也推动了近年来全球新募基金总量屡创新高。自股权投资概念进入中国以来，伴随着股权投资的发展而迅速崛起的是我国日益成熟的LP群体：从过去的LP资源匮乏，GP与LP重叠，逐步形成了今天包括社保基金、FOF（Fond of Fond）、国有企业、民营企业、上市公司、保险公司、高净资产人士等的多元化LP群体。

第一节 募资规模屡创新高

一、全球募资：危机之后是生机

股权投资自诞生以来，其高收益率吸引了投资者们的广泛参与。自20世纪80年代以来，股权投资行业进入一个长周期的增长。从图3-1可知，全球股权募资规模从1995年的380亿美元迅速增长至2000年的2400亿美元。受2000年前后高科技网络泡沫的影响，投资高科技的股权基金受到重创，在其后的几年，募资规模连续下降。但是，随着全球经济的回暖，2004年开始，全球股权募资规模又进入上升期，2008年，全球股权募资规模达到历史最高位6820亿美元。受金融危机的影响，2009年全球股权募资金额下降到3110亿美元，不过，从2011年开始，我们可以看到，随着金融危机的释放，全球股权募资金额正在进入缓慢复苏状态。2012年，全球股权募资基本符合预期，达到3210亿美元，比2010年的最低点2870亿美元增长了11.8%。

并购基金仍然是募资的主力军，2012 年并购基金吸收了募资总额的近 1/4，同比增长高达 12%。可能受经济景气不佳影响，不幸股权基金募资规模也增长到 316 亿美元，同比增长 10%。少数大型基金，包括 Oaktree Capital Management 募集到的 50 亿美元基金是推高不幸股权基金的重要力量。

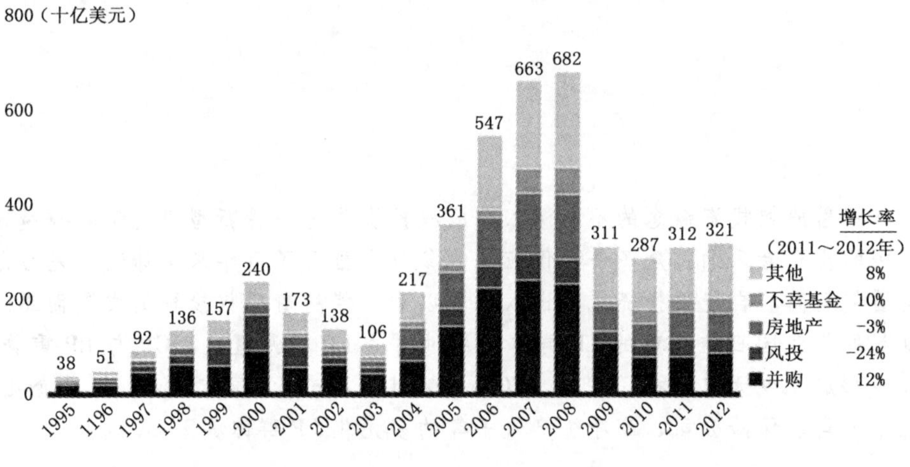

图 3-1　全球募集到的 PE 资本（按基金类别分）

资料来源：Preqin。

【案例】　217 亿美元，黑石创募资新纪录

美国当地时间 2007 年 8 月 8 日，全球第二大私募基金公司黑石集团（Blackstone Group）宣布，封闭旗下 Blackstone Capital Partners V（BCP V）私人股本基金，该基金成功募集资金 217 亿美元。这一数字超越了美国投资银行高盛集团同年 4 月募集到的 200 亿美元总额，标志着黑石创下了迄今为止全球私人股本行业融资的最高纪录。其实，早在 2004 年，黑石集团就开始着手进行 BCP V 基金的募集工作。仅 2006 年 7 月，黑石集团就新募集到资金 156 亿美元。

受此消息刺激，黑石股价当日上涨 37 美分，每股达到 25.27 美元。该集团通过首次公开发行股票（IPO）筹资 47.5 亿美元，这成为 2007 年美国证券市场上规模最大的 IPO。迄今为止，黑石集团已募集用于另类资产投资的资金总额近 670 亿美元，成为世界上最大的独立另类资产管理商之一。黑石集团还管理着大约 230 亿美元的全权委托适销另类投资，大约 40 亿美元的专有对冲基金和超过 20 亿美元的共同基金。

二、国内募资："新生儿"到"市场中坚"

从1984年中国引进风险投资概念至今，我国股权投资已经历了30多个春秋的潮起潮落。在国际股权投资蜂拥而至的同时，本土股权投资也在快速发展壮大，我国的股权投资业已经从一个"新生儿"逐步成长起来，并已开始迈出坚实的步伐。大中华区著名创业投资与股权研究机构——清科研究中心发布2012年中国股权投资市场数据：统计显示，2012年共有369只可投资于中国大陆的股权投资基金完成募集，比上年全年的235只同比增幅57.0%，为历史最高水平，但募集金额较上年有较大回落，369只新募基金中有359只披露金额，共计募集253.13亿美元，较上年全年的388.57亿美元下降34.9%，平均单只基金规模创下历史新低（见图3-2）。

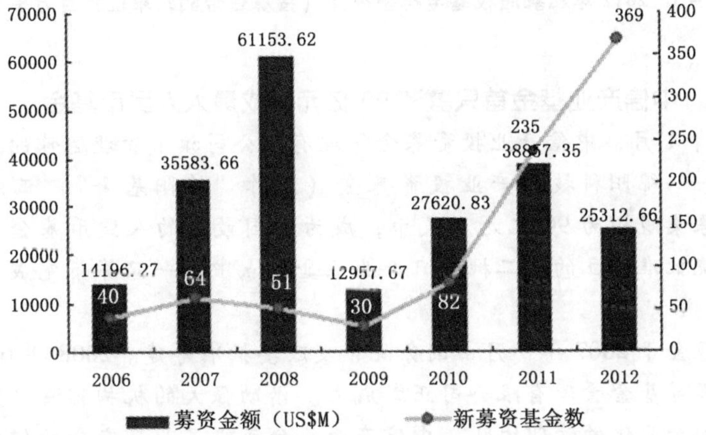

数据来源：清科数据库2012.01，www.zdbchina.com。

图3-2　2006~2012年私募股权投资基金募集总量的年度环比比较

从基金类型来看，如图3-3，2012年完成的新募基金仍以成长基金为主，共计募集完成成长基金261只，募集金额183.72亿美元，分别为总额的70.7%和72.6%。私募房地产投资基金表现不俗，共新募房地产基金94只，全面超越上年全年数量，其中披露金额的90只基金共计募集59.55亿美元。另有7只夹层基金、6只并购基金以及1只不良债权基金完成募集。值得一提的是，为应对募资难题，2012年以来不少新募基金在定位时更为细分，出现了专门投资基础设施的基金以及专门投资二级市场定向增发等专职基金。

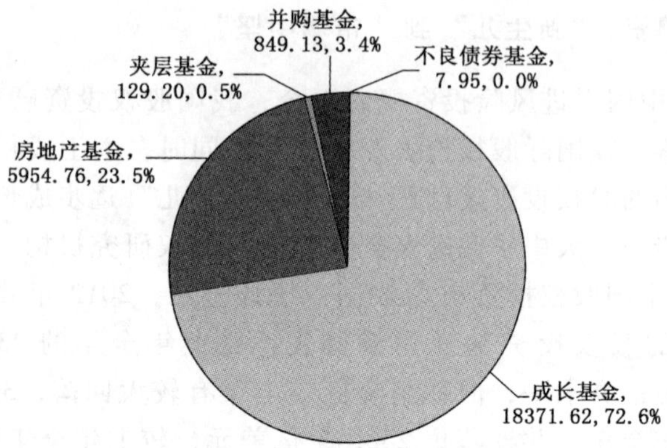

数据来源：清科数据库2013.01，www.zdbchina.com。

图 3－3　2012 年私募股权基金类型统计（按募资金额，单位：百万美元）

【案例】　中信产业基金首只募资 90 亿元，成最大人民币基金

2010 年 1 月，中信产业投资基金管理有限公司旗下管理运作的首只产业投资基金——绵阳科技城产业投资基金（下称“绵阳基金”）正式结束募集，最终募集规模为 90 亿元人民币，成为中国最大的人民币基金，同时也是由国务院批准设立的第二批 5 只产业基金试点中第一只募集完成并正式运作的基金。

绵阳基金于 2007 年 9 月由国务院、发改委批准筹建。2008 年 6 月 6 日，中信产业投资基金管理有限公司正式成立。借助强大的机构背景、市场化的运作机制和专业化的管理团队，中信产业基金获得了业界充分的信任，整个基金募集过程非常顺利。

在 2009 年全球金融危机以及人民币基金长期以来募集艰难的双重背景下，中信产业基金在短短一年内所实现的跨越式发展，已经成为中国私募股权基金崛起的典型案例。

第二节 多元化的 LP 群体

一、LP 群体

募集资金是股权投资基金最先要解决的问题之一。根据股权资金取得方式不同，可以分为利用自有资金直接投资和通过资金募集来进行投资两种，它的销售和赎回都是基金管理人通过私下与投资者协商进行的，本书主要介绍后一种方式——通过私下与投资者群体进行的资金募集。投资者群体在有限合伙制股权投资公司也称 LP 群体（有限合伙人，Limited Partner），这是泛指为股权投资提供资金来源的群体，是相对于 GP（一般合伙人 General Partner）——基金的管理者而言的，这是 20 世纪以来股权投资的主要组织形式。

股权投资的 LP 来源很广泛，一般来说，包括富有个人、一般企业（如微软，Google 等）、金融公司（如银行、保险等）、证券公司（如高盛、美林等），以及各类基金（如风险基金、杠杆并购基金、养老基金）等。不过，国内外 LP 构成具有不同的特点。

（一）国外股权投资主要 LP

【案例】　Asia Alternatives Management LLC 基金募集

Asia Alternatives 于 2006 年创立，总部设在香港，专注于投资亚洲私募基金，属于典型的 PE FOF。Asia Alternatives 自成立之日起，共募集过两只基金。首只基金 Asia Alternatives Capital Partners I（AACP I）于 2007 年 5 月完成募集，总额为 5. 15 亿美元。第二只基金 Asia Alternatives Capital Partners II（AACP II）于 2008 年 11 月募集完成，总额为 9. 50 亿美元，超过其原定 8. 50 亿美元的目标。该基金的资本来自全球各地的机构和个人战略投资者，如公共和企业的退休养老基金、慈善基金会、大学捐赠基金、保险公司，以及在美国、加拿大、欧洲和亚洲的家庭理财办公室，其中包括美国加州理工学院、美国加州公务员退休机构（CalPERS）、纽约州共同退休基金（New York State Common Retired Fund）、Oak Hill Investment Management 的关联公司 OHIM Asia Investors，LP、加拿大安大略省雇员退休金计划（Ontario Municipal Employees Retirement System, or OMERS)、美国宾州雇员退休金计划 (Pennsylvania State Employees' Retirement System)、美国私募基金公司 Hellman & Friedman LLC 的创办人 F. Warren Hellman，以及顶尖的风险投资家 Arthur Rock。特别值得一提的是 II 期基金绝大多数的资金来自 I 期基金原有的投资人。通过 AACP I 和 AACP II，Asia Alternatives 现已考察了 600 多个专注于亚洲市场的 PE 基金管理人，分布于 12 个不同国家。

国外股权投资基金的主要来源还是银行、基金和保险。如图 3－4 所示，2003～2007 年欧洲股权投资基金主要来源于养老基金，占比 23.0%，然后是银行和基金中的基金，分别占比 15.6% 和 14.7%。

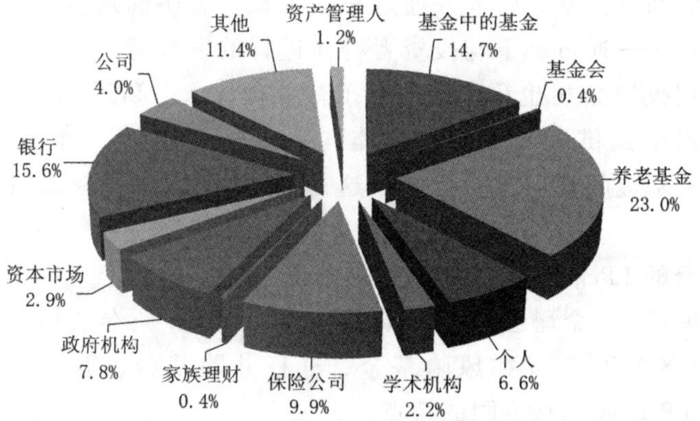

图 3－4　2003～2007 年欧洲私募股权投资基金资金来源结构

资料来源：EVCA (European Private Equity & Venture Capital Association)。

（二）国内股权投资主要 LP

随着股权投资的发展，国内股权投资的 LP 也不断演绎。20 世纪 90 年代末，国内股权投资刚刚发展，尚不为人所熟悉，GP、LP 资源匮乏，当时的股权投资机构多由一些地方政府、上市公司或其他大企业投资设立，例如目前业内颇具影响的深圳创新投、广东粤科风险投资集团等机构都是其中的代表。这一时期的股权投资在募资方式上体现了 GP 与 LP 重叠的特征，LP 与 GP 直接对接，其角色区分并不明显，很多时候，LP 本身就是 GP。

2005 年后，随着资本市场的全流通改革、中小板的推出以及众多海外上市成功案例构成的示范效应，国内股权投资迅速发展，股权投资的募资方式也发展到第二阶段，不仅更趋多样化，并且开始借助中间人以及专业中介机构的力量募资。这种借助中间资源的方式，在2005年前后以朋友介绍为主，也就是朋友介绍朋友做LP。到了2007年以后，一些信托公司、商业银行等金融机构也开始介入股权投资的基金募集业务。如信托公司开始为股权投资发行信托产品，不过由于监管机构的保留态度，信托基金成为上市公司股东受到限制，现在已经罕有以信托方式募集设立的股权投资基金。同时，商业银行也开始利用自己的终端网络和高端客户资源，通过开发客户理财产品，为股权投资募资提供渠道，并提供银行托管服务。目前，从资金托管到产品设计、资金募集，银行正逐渐实现为股权投资提供募资"一条龙"服务。更重要的是，这一时期开始出现了一些专业的股权投资募资顾问，他们深入了解GP和LP的需求，从更专业的角度帮助GP设计基金结构、募资方式，并将此发展为一项固定的业务。比如，作为第三方理财机构的诺亚财富，自2007年以来先后为红杉资本、达晨创投、东方富海等股权投资募集了资金。

2007年以来，随着更多专业LP出现并成为本土FOF投资实践的先行者，股权投资的募资方式又进入了新的演变阶段。2008年《关于创业投资引导基金规范设立与运作的指导意见》颁布后，苏州、北京、重庆等地相继设立了政府引导基金，本土特色的政府主导型FOF开始起程。而社保基金作为国内规模最大也最具专业水平的FOF，也开始对一些股权投资基金进行投资。FOF一般资金实力雄厚，并且资金期限长，是股权投资优质的LP资源。更重要的是，FOF长期跟踪GP的发展，对GP的了解比较深入，容易与GP建立良好的互信关系，并帮助GP成长。专业LP尤其是FOF的发展，对股权投资的募资将有深远的影响。除专业LP之外，一批因获得股权投资而成长起来的企业家此时也开始反哺股权投资，成为帮助过他们的GP的LP。

至此，我国已经形成了包括社保基金、FOF、国有企业、民营企业、上市公司、保险公司、高净资产人士等的多元化LP群体。

1. 社保基金。早在2001年社保基金就作为战略投资人出现在中石化的战略配售中，这被认为是社保基金PE投资的开始。2005年底获准成为渤海产业投资基金的发起人则是社保基金对以LP方式投资PE基金探索的开始。2008年国务院已经批准社保基金投资PE，投资上限为总资产的20%，这标志着社保基金投资私募股权基金迈出实质性一步。截至2012年2月，社保基金共投资了10家私募股权投资机构，承诺投资总额达到195亿元。这13只基金总规模达630亿元，社会保障资金195亿元的投资额占到了基金总规模的31%。

表 3-1　　全国社保基金股权基金投资组合基本情况　　单位：元人民币

基金名称	基金规模	社保出资额	投资时间	管理机构
中国—比利时直接股权投资基金	1 亿欧元	1500 万欧元	2004 年	海富产业投资基金管理
渤海产业投资基金	60 亿	10 亿	2006 年	渤海产业投资基金管理
天津弘毅投资产业一期基金	50.26 亿	20 亿	2008 年	弘毅投资管理（天津）
天津鼎晖股权投资一期基金	31.9 亿	20 亿	2008 年	鼎晖股权投资管理（天津）
绵阳科技城产业投资基金	90 亿	20 亿	2009 年	中信产业投资基金管理
北京君联睿智创业投资中心	10 亿	3 亿	2009 年	联想投资顾问
北京和谐成长投资中心	35 亿	12 亿	2010 年	和谐爱奇投资管理（北京）
北京弘毅贰零壹零股权投资中心	70 亿	30 亿	2010 年	弘毅投资管理（天津）
天津鼎晖嘉尚股权投资合伙企业（有限合伙）	80 亿	30 亿	2011 年	鼎晖股权投资管理（天津）
天津诚柏股权投资合伙企业（有限合伙）	不详	5 亿	2011 年	诚柏（天津）投资管理
天津君睿祺股权投资合伙企业（有限合伙）	35 亿	10 亿	2011 年	天津君联盛投资管理
中信资本（天津）股权投资合伙企业（有限合伙）	45 亿	15 亿	2011 年	中信资本（天津）投资管理
上海金融发展投资基金（有限合伙）	110 亿	10 亿	2011 年	金浦产业投资基金管理

2. FOF（Fund of Fund）。

（1）政府引导基金。随着网络泡沫在 20 世纪 90 年代末破灭，政府直接组建基金投资高科技企业的模式已经被逐步摒弃。新一轮创业投资热潮涌起，政府基金作为 LP（有限合伙人）将部分资金投入创投企业以充当“母基金”、基金交由专业的创投管理机构管理的这种模式参与股权投资。2005 年，由国家发改委、财政部等十部委发布的《创业投资企业管理暂行办法》明确，国家和地方政府可以设立创业投资引导基金，引导民间资金进入创投业。2007 年 7 月，财政部、科技部发布《科技型中小企业创业投资引导基金管理暂行办法》规定，引导基金将针对创业投资企业、创投管理企业、具有投资功能的中小企业服务机构、初创期科技型中小企业等四类支持对象，采取阶段参股、跟进投资、风险补助和投资保障等四大引导方式。2006 年 3 月，中新苏州工业园区创业投资有限公司（简称“中新创投”）成立了中国首个创投引导基金——苏州工业园区创业投资引导基金，金额为 10 亿元，主要投资于苏州工业园区的其他创投基金。

《引导基金研究》披露显示，截至 2011 年 8 月，我国的政府引导基金共设立 56 只（包括拟设），金额超过 500 亿元，其中经济发达的东部地区引导基金的设立较多，而中、西部经济欠发达地区设立的引导基金较少。目前，我国的政府投资引导基金可以分为三类：一是地方政府通过财政出资设立投资引导基金；二是地方政府与国家开发银行合作设立投资引导基金；三是深圳创新投资基金与地方政府共同出资成立的投资引导基金（见表 3－2）。

表 3－2　　当前我国已设政府引导基金分类　　单位：亿元

类型	设立日期	名称	出资人	管理机构	资金总规模	投资方式
地方政府独资型	2001 年底	中关村创业投资引导资金	中关村管委会	中关村创业投资发展中心	5	种子资金、跟进投资、参股基金
	2006 年10月	浦东新区创业风险投资引导基金	浦东新区政府	上海浦东科技投资有限公司	10	合作投资、参股基金
	2006 年 9 月	海淀区创业投资引导基金	海淀区政府	中海投资管理公司	5	参股子基金
国家开发银行软贷款参与型	2006 年 3 月	苏州工业园区创业投资引导基金	国家开发银行、中新创投	苏州创业投资集团有限公司	10	参股子基金
	2007 年 2 月	天津滨海新区创业风险投资引导基金	国家开发银行、天津滨海新区管委会	委托专业管理机构	20	参股子基金、合作投资
	2007 年 6 月	山西省创业风险投资引导基金	国家开发银行、山西省政府		8	参股子基金
深圳创新集团参与的引导基金	2007 年		建立地方引导基金的地方政府、深圳创新投资集团	深圳创新投资集团组建的管理公司		

（2）商业化的 FOF。相较于政府引导基金，“商业化的母基金”一般不对投资区域、投资领域和投资比例加以限制。根据公开的资料，市场上主要的母基金如表 3－3 所示。

表 3－3　商业化母基金基本情况　　单位：亿元

母基金名称	主发起人	成立时间	基金总规模	首期规模
国创开元股权投资基金	国开金融、苏州创业投资集团	2010 年 12 月	600	150
歌斐母基金	诺亚财富管理中心	2011 年 3 月	15	15
清科投资母基金	清科集团有限公司	2011 年 4 月	50	20
赛领国际发展投资基金	上海国际集团	2011 年 11 月	500	120
上海城投母基金	上海城投控股公司	2011 年	100	100
北京鼎晟天平	鼎晟天平、赛富基金、九鼎投资、达晨创投、同创伟业	2010 年初	5	1
小村资本	小村资本（江浙）	2007 年	20	

3. 国有企业。随着中国私募股权市场的发展，越来越多的大型国有企业投身私募股权投资。规模较大的产业投资基金往往由政府主导，国企控股运作，如总规模 200 亿元的渤海产业基金及上海金融基金、广东新能源产业投资基金、苏州高新基金等无不体现出政府主导、国企控股运作的特点。部分国有企业投资基金如表 3－4 所示。

表 3－4　部分国有企业投资基金

国有企业名单	投资基金名单
上海国际集团有限公司	上海金融发展投资基金、上海国和现代服务业股权投资基金、上海新兴产业投资人民币基金、上海瑞力优势产业投资基金、赛领国际发展投资基金、上海航运产业基金、上海文化产业基金、上海新能源产业基金等
国家开发投资公司	中国—比利时直接股权投资基金、国投创新基金、国投协力基金、国投陕煤基金、海峡产业投资基金等
建银国际（控股）有限公司	建银国际绿色环保基金、建银国际医疗产业股权投资基金、航空产业股权投资基金、皖江城市带产业承接转移投资基金、建银国际文化产业股权投资基金、建银国际优势资源创业投资基金等

续表

国有企业名单	投资基金名单
中国科学院国有资产经营有限责任公司（国科控股）	上海联创、宽带资本、联想创投、弘毅投资、IDG 人民币基金、中科嘉和、国科瑞华、国科瑞琪、盛世华商等基金。
中国烟草	中国双维投资公司、中广核产业投资基金等
中国华电集团公司	中国华电集团资本控股有限公司等
中国长江电力股份有限公司	建银国际医疗产业股权投资基金、长电创新投资管理有限公司等

4. 民营企业。近年来，我国民营企业快速发展，对创业投资和私募股权投资的热情持续增长，逐渐成为人民币基金市场重要的出资人。据不完全统计，仅在民营经济最为发达的浙江省，民间资本就已高达 9300 亿元左右，目前已有 2000 多家民营企业已涉足私募股权基金。这是一支潜在的中国主流 LP 队伍（见表 3－5）。

表 3－5　　部分民营企业投资基金

民营企业名单	投资基金名单
荣盛控股股份有限公司	廊坊荣盛创业投资有限公司
苏州海竞信息科技集团有限公司	上海联新投资中心（有限合伙）
福建七匹狼集团有限公司	深圳创新投资集团有限公司
中国泛海控股集团有限公司	绵阳科技城产业投资基金
上海全科进出口有限公司	上海投资中心（有限合伙）
西藏宏强生物科技有限公司	天津鼎晖股权投资一期基金

5. 上市公司。企业 LP 是中资 LP 群体的主体，占比 60% 以上，而其中的上市公司 LP 更是飞速增长，清科数据显示，截至 2012 年底，我国股权投资市场投资人（LP）披露可投资规模超过 8000 亿美元，其中上市公司成为资金量最大的 LP。根据上市公司参与股权投资的投资方式，清科研究中心认为上市公司参与私募股权投资目前共有四种模式：一是作为 LP 参与私募股权领域投资，如泛海建设、歌华有线等投资中信绵阳科技城产业投资基金；二是上市公司自身成立部门或者子公司、分公司进行直接股权投资，如雅戈尔，主要通过其母公司雅戈尔集团股份有限公司以及全资子公司宁波青春投资有限公司开展定向增发业务；三是上市公司参股股权投资机构，如大众公用、盐田港、粤电力为深创投的股东等；四是自身成立或发起基金，如

腾讯设立腾讯共赢产业基金、复星集团旗下设立多支基金等（见表3－6）。

表3－6　部分上市公司投资基金

上市公司名单	投资基金名单
TCL集团股份有限公司	TCL峰胜投资有限公司、TCL创动投资有限公司、惠州市TCL创业投资有限责任公司等
鲁信创业投资集团股份公司	淄博高新技术投资基金、山东省省级创业投资引导基金、山东省科技创业投资基金、山东半岛蓝色经济发展投资基金、黄河三角洲产业投资基金、中外合资洛克利鲁信基金、深圳市华信创业投资有限公司、济南科信创业投资有限公司等
上海大众公用事业（集团）股份有限公司	深圳市创新投资集团、上海杭信投资公司、上海兴烨创投、华人文化产业股权投资（上海）中心等
雅戈尔集团股份有限公司	宁波雅戈尔创业投资有限公司、宁波青春投资有限公司、上海雅戈尔投资有限公司、中信绵阳科技城产业投资基金等
唐山钢铁股份有限公司	深圳市创新投资集团、深圳中科招商创业投资公司等
西安陕鼓动力股份有限公司	复星创富股权投资基金合、天津君睿祺股权投资基金
东北高速公路股份有限公司	二十一世纪科技投资有限公司、江苏弘瑞科技创业投资公司
复兴高科	复兴创富、复兴创业、复兴普润、凯雷复兴
伊利股份、华联商厦、方大碳素、歌华有线、伊泰股份	中信绵阳科技城产业投资基金

6. 保险资金。保监会2010年9月5日发布的《保险资金投资股权暂行办法》第十条规定，保险公司投资股权投资基金，发起设立并管理该基金的投资机构，应当符合下列条件：

（1）注册资本不低于1亿元；

（2）管理资产余额不低于30亿元；

（3）已完成退出项目不少于3个；

（4）投资同一投资基金的账面余额，不超过该基金发行规模的20%；

（5）不得投资创业、风险投资基金。

尽管保险资金参与PE的步伐正在逐渐加快，但由于条件较为苛刻，目前除了中国人寿险资出资16亿元认购弘毅二期人民币基金外，尚无第二个案例。

7. 高净值人士。根据《21世纪经济报道》的一篇调研报告，自然人LP

主要集中在我国经济发达地区，如以江苏、浙江、上海为代表的长江三角洲地区，以广东为代表珠江三角洲地区，以山西和内蒙古为代表的西部资源地区。其中长江三角洲地区占总量的76%；男性客户占66%，年龄主要集中在31~40岁，占52%；30%的LP客户年收入超过1000万。现列举两个主要由自然人LP组成的基金。

（1）云峰基金。2010年4月，阿里巴巴集团主席马云、聚众传媒创始人虞锋、巨人集团董事长史玉柱、分众传媒董事局主席江南春、新希望集团董事长刘永好、银泰投资董事长沈国军、新奥集团董事长王玉锁、深圳迈瑞医疗董事长徐航、易居中国董事局主席周忻、中国动向董事长陈义红、五星电器创始人汪建国、七匹狼创始人周少雄、九阳股份董事长王旭宁、优孚控股总裁张幼才等十多位明星富豪在上海设立云峰基金，该基金总规模超过100亿元人民币。

（2）凯泰清洁能源产业投资基金。2011年11月，凯泰清洁能源产业投资基金在浙江杭州成立，该基金首期规模为5亿元人民币，是中国首家非常规天然气产业投资基金，专注于投资中国非常规天然气的技术、勘探、服务等产业链核心领域。基金的40多位LP中，绝大多数是浙江省内的富裕个人，包括一些民营企业家。

二、有中国特色的LP

相对于国外，我们的LP也呈现出一些中国特色的特征。

（一）民营企业和个人投资者是LP主流

我国股权投资发展初期是以“国家队”为主流的机构投资者LP，但随着更多LP的逐步成熟，加上政府资金和机构投资者有诸多限制，使得一些股权投资机构对与他们合作存在顾虑。于是，在当下的人民币股权投资基金中，民营企业及富有的个人成了LP的主流。清科研究中心数据显示，截至2012年底，在所有收录的披露可投资本量的6134家股权投资机构中，富有家族及个人、企业以及股权投资机构位列前三名，分别有3773家、1289家以及475家，分别占LP总数的50.2%、17.2%以及6.3%，这三类LP的占比总和超过了中国创投和私募股权市场投资人总量的七成（见图3－5和图3－6）。

民营企业和个人占据中国LP市场的半壁江山，主要原因是急速膨胀的私人财富急需资产保值、增值，而目前私人资本的传统投资渠道较为有限，在二级市场表现不佳以及传统实体经济获利急剧压缩的影响下，由于作为另类资产投资的股权投资产业回报较高，尤其是创业板推出之后造富效应明

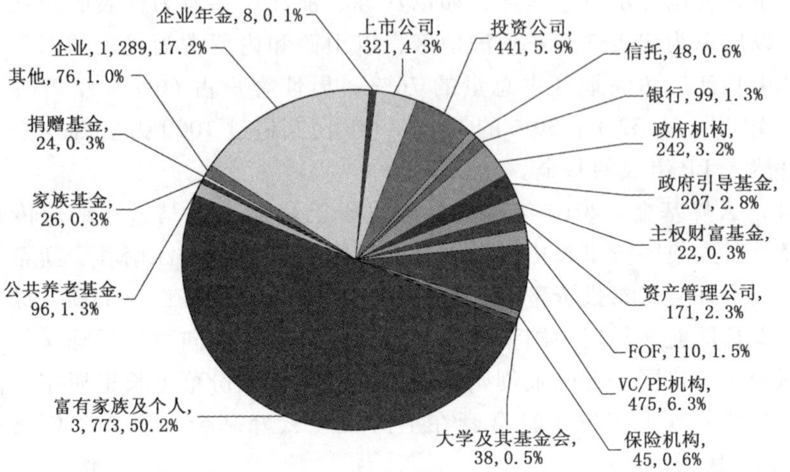

来源:清科数据库2013.01 www.zdbchina.com。

图 3－5　2012 年中国创业投资和私募股权市场 LP 类别比较（按数量，个）

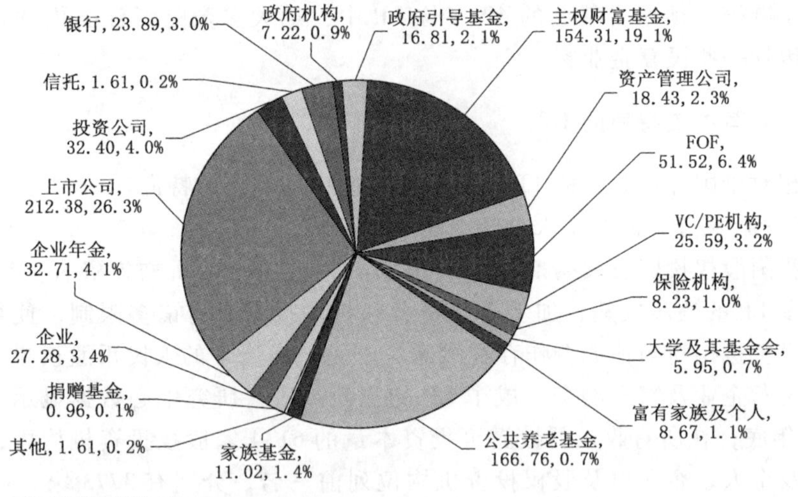

来源:清科数据库2013.01 www.zdbchina.com。

图 3－6　2012 年中国创业投资和私募股权市场 LP 类别比较

（按可投资本量，US ＄ B）

显，众多散户投资人纷纷捧场 Pre－IPO 阶段基金，视股权投资为短期高回报的投资渠道。另外，与政策的引导也有关。在政策上，政府已经开始试点引导民间资本进入股权投资领域，使之更好地为实体经济服务，比如，根据 2012 年 3 月 28 日国务院常务会议批准实施的《浙江省温州市金融综合改革试验区总体方案》，浙江省政府对应制订了“省 12 条”具体实施方案。方案中非常重要的一条就是鼓励个人投资者进行海外直接投资，引导民间资本投向实体经济，为优化我国经济产业结构增添新的动力。

（二）机构投资者受到限制

通过比较，我们可以发现，国外的 LP 中 98% 左右是机构投资者，其中养老保险、企业财团、FOF、投资公司、银行等金融机构、基金会等机构投资者占到全部 LP 的 82.6%。国外个人投资者都倾向于把钱交给专业的投资者去做投资，这些个人投资者大部分都集中在 FOF 里。

而我国的现实情况是，全国社保基金已于 2008 年允许涉足股权投资，其投资上限为社保基金管理的 1 万亿元左右资金的 20%，即约 2000 亿元。这一政策的放宽为我国股权投资发展提供了新的动力，比如全国社保基金先后投资了弘毅和鼎辉两家 PE 基金，但由于我国的特殊国情，社会将提前步入老龄化，老龄人口占社会总人口比重不断增大，社保基金对于我国社会发展的稳定起到至关重要的作用。因此，国家对社保基金涉足 PE 仍将会以安全性作为首要考虑因素，对于风险较大的早期项目社保基金所能发挥的作用受到了限制。而商业银行作为我国最大的资金持有机构，出于国家分业经营不得对企业进行股权投资的政策，更不能涉足 PE，现实经济生活中也没有发现银行直接介入该领域。另外，企业年金受到政策影响尚未获准进入股权投资领域，而家庭办公室之类的机构投资人尚未在境内出现，境内大学及基金会和捐赠基金的规模尚小，境内 FOF 还处于萌芽期。

（三）一定规模的外资 LP 仍然占据市场主导

现在从整个中国市场来看，还是外资的股权基金占主导地位，无论从募集还是投资来看都是这样的。清科研究中心的数据显示，截至 2012 年底，从 LP 类型来看，本土 LP 共 6323 家，外资 LP 共 1134 家，合资 LP 共有 54 家，占比分别是 84.2%、15.1% 以及 0.7%；在可投资本量方面分析，外资 LP 可投资本量为 6379.21 亿美元、本土 LP 可投资本量为 1653.71 亿美元，占总体 LP15.1% 的外资 LP 却持有了市场上 79.0% 的可投资本量，整体 LP 市场“二八分化”现象严重。

外资占主导这与我国 LP 主体结构有关，我国的本土 LP 中包含有大量富有家族及个人投资者，从而导致本土 LP 的数量较高，但投资规模有限。而外资的主体 LP 均为机构投资者，包括上市公司、公共养老金以及主权财富基金等，可见，运作历史悠久并具备一定规模的外资 LP 依然占据着市场主导。

不过，本土 LP 正在加速成长。2012 年本土 LP 可投资本量上升速度有所加快，根据清科研究中心数据显示，截至2012年底，本土LP可投资本量占总体可投资本量的20.5%，而在2011年底，这一数据则是18.7%，实现了小幅上涨。

第三节 募资困局与LP新锐

一、募资冬天又来了吗

纵观2012年，由于世界经济复苏乏力、中国经济增长放缓，退出渠道日益收窄，多数投资人对市场持谨慎观望态度，机构募资难度逐渐加大，平均单笔募资金额规模偏小，中国私募股权市场渐入低谷。

募资难度的增加已有明显迹象。投中集团统计显示，2013年1月披露9只基金成立并开始募集，相比上月（8只）基本持平；目标规模9.68亿美元，相比上月（12.24亿美元）下降20.9%。此前的2012年11月、12月份新成立基金数量相继下滑，2013年1月新成立基金数量则继续保持低位。该月新成立基金目标规模普遍较小，单只基金目标规模均在10亿元人民币以下。统计结果与2012年以来的“募资难”现象相吻合。这让人不得不对2006年以来火爆的“PE热”产生一些思考：是不是PE的冬天又来了？

（一）退出渠道受阻，募资困难

据统计，2008~2012年的5年间，中国私募股权基金（PE）和创业投资（VC）共投资了约6447家企业，投资总额约7000亿元。而这仅仅是根据股权投资机构主动披露的投资案例所统计的结果。与此形成鲜明对比的是，5年内，获得股权投资支持的6447家企业中，仅有610家在境内外实现IPO，占比不到9.5%。这也意味着股权投资机构投向企业的7000亿元投资总额中，有约九成即6000亿元未能通过IPO实现退出。

而且，随着IPO节奏的放缓以及审核条件严格程度不断加深，通过A股IPO退出难度越来越大，股权投资的退出渠道正在不断收窄。最新公布的“首次公开发行股票审核工作流程及申报企业情况”显示，截至2013年2月7日，沪深主板共有在审企业540家，其中处于中止状态的企业3家。创业板共有在审企业332家，其中处于中止状态的14家。从2013年1月3日IPO财务核查令发布以来的一个月时间内，撤销IPO申报的企业数量增至39

家，其中创业板撤退15家、中小板撤退16家、沪市主板撤退8家。据不完全统计，800多家在审公司中，能够查到股权投资机构的项目接近400家，九鼎参与项目最多，达15个；其次是深创投，有13个；鼎晖投资有9个。而IPO自2012年10月下旬暂停以来，根据中国首创投资的研究报告，2012年实现境内IPO的企业只有154家（其中有PE投资过的不到100家），较2011年、2010年分别下降45%和56%。同时，一些财务问题使得境外资本市场几乎对境内的中小企业关闭。综合考虑各方因素，未来数年内由PE支持的企业每年实现境内外IPO的总数很难超过150家。

在退出收益不佳的情况下，新基金的募资压力不小。数据已经有所显现，根据最新统计，2013年2月国内股权投资合计新募集基金共计4只，新增可投资本量4.67亿美元，募集金额环比下降73.2%，较2012年同期31.54亿美元的募资规模也大幅缩水85.2%。

（二）投资回报率下降，募资困难

伴随IPO市场的低迷，即使成功IPO，发行市盈率也今非昔比，退出平均账面回报率大为降低。据清科数据库统计，2013年1月共有3家中国企业完成IPO，合计融资约5.11亿美元，平均每家企业融资1.70亿美元。与前一个月相比，IPO数量环比下降40.0%，融资规模环比下降87.6%；与2012年同期相比，IPO数量和融资规模也大幅下降，分别同比下降78.6%和55.0%。

2012年境内外资本市场企业估值整体下滑，中国市场股权投资回报水平也相应下滑，IPO退出平均账面回报率仅为4.38倍，比2011年7.22倍的退出回报大幅缩水。受此影响，券商直投投资回报同样大幅缩水，其1.78倍的账面回报率也远低于2011年超过4倍的退出回报水平。在25起退出案例中，低于2倍账面回报率的案例超过半数。这直接导致回报率水平下滑，不利于吸引更多LP。

（三）募资渠道收窄，募资困难

尽管LP市场机构化趋势日渐明显，但散户LP仍是LP市场的重要组成部分，散户LP数量占LP市场总数量的五成，大部分股权投资基金均通过银行渠道来发掘LP资源。但是，当前银行渠道正在收紧。早在2012年11月份，证监会即向各家证券公司下发《关于落实〈证券公司代销金融产品管理规定〉有关事项的通知》，而在2013年1月份，中国银监会要求“严格监管理财产品设计销售和资金投向，严禁未经授权销售产品，严禁销售私募股权基金产品”。作为散户LP资金的主要来源渠道，这一决定将给股权投资募资市场格局带来重大变化。对于股权投资机构来说，由于银行是其散户LP的重要来源，这将严重影响本来就已经处于困境的募资市场。

二、LP 新锐

（一）别再强调门槛：PE 募资门槛下移招揽 LP

随着国内股权投资市场持续低迷，本土机构 LP 扩容将会给募资市场带来一定的影响。一方面，部分基金将更专注于通过机构 LP 进行募资；而另一方面，也有一些基金开始大力发掘富有家族及个人 LP 领域的资金潜力，如九鼎便于 2013 年成立了第三方财富机构，重点关注散户投资者。还有一些股权投资机构则专注于降低 PE 募资门槛招揽 LP：“10 万元投基金；100 万元买信托；如果你有 1000 万元，就可以通过一家 PE 去买公司了”。不过近年投资渠道的业绩已经让这种募资游戏规则改变，PE 开始走下神坛并将募资渠道下移。2013 年以来，美国著名私募股权公司凯雷投资集团、KKR 集团都先后相继大幅调低新纳投资者的最低投资门槛，以期扩大客户和投资池。

【案例】 **5 万美元门槛**

只要你拥有 5 万美元，就可以成为 PE 巨头凯雷资本的 LP。这是 3 月中旬，这家世界著名的私募股权机构为其旗下项目宣布的一项募资新政。之前这家世界著名的私募股权机构，只服务于富裕个人、基金组织、外国主权基金和巨型养老保险基金，其门槛为 500 万 ~2000 万美元不等。

无独有偶，另一家私募股权巨头 KKR 集团在募资渠道上也宣布了类似的“创新”——他们将通过债券形式向客户提供针对共同基金的投资服务，此类渠道的投资门槛为 2500 美元，投资一只购买不良债务的 KKR 基金也只需要 2.5 万美元。之前，合格投资者参与该公司 19 只收购基金中的任何一只都至少需要拿出 1000 万美元，而这些资金可能要被锁定十多年，且净年度回报率在亏损 1% 至盈利 39% 之间波动。

案例中，凯雷的做法是找一家第三方独立咨询公司，消息称这家公司将负责向这些小额投资者募资以及项目存续期的沟通管理。KKR 的做法是借道债券的形式向小额投资人募资。

国内 PE 机构也有类似做法。专业人士表示，当前募资困难，降低门槛招揽 LP 已经是普遍现象。不过，国内 PE 变相降低门槛，只是这种创新的动力与国际巨头不尽相同。大牌 PE 机构如鼎辉、九鼎等先后成立了自己的财富管理中心。同时，部分机构通过结构化设计产品来吸引潜在的风险偏好相对较低的投资者，或者通过平行基金同时在国内外募资。

（二）互联网金融：从热门美剧看集体募资

【案例】　从热门美剧看集体募资趋势

日前，由热门美剧《Veronica Mars》改编而成的电影利用“集体募资”(crowd funding) 的形式，创下最短时间内在美国群体性募资网站 Kickstarter 上募集到 100 万美元的新纪录。这是该网站迄今为止推广的最大规模的电影项目，出资者之众前所未有。

《Veronica Mars》在 Kickstarter 上的募资活动很可能是独一无二的，然而它确实在娱乐业内引发了轰动。募资活动启动于 3 月 13 日。这部剧集的制作人托马斯（Rob Thomas）为电影版设定的募资目标是 200 万美元。而经销权所有方华纳兄弟则许诺在市场推广和影片发行上给予支持，并安排有限的院线放映。在得到这样的许诺后，托马斯在 Kickstarter 上发布了如下信息：一点小投入就可以成就一部中等规模的影片。其实如果资金再多一些，托马斯和公司就能制作更加宏大的电影，但 200 万美元已经足够了。

托马斯在 Twitter 上发布募资消息后的 11 个小时内，最初的募资目标就完成了。就在上周，30 天的募资窗口关闭，《Veronica Mars》共筹集资金超过 570 万美元，支持者人数达 91585 人，创下网站纪录。这对一部 2007 年播出的三季（两季在 WB 网络、第二季在 CW 网络）观众平均人数只有 250 万的电视剧来说已经很不错了。

集体募资是指项目发起人因为资金问题遇到瓶颈，通过一定的互联网平台，由项目发起人发起项目，由公众参与项目，公众个人或群体决定对项目进行投资。集体募资可以集中大家的资金、能力和渠道，为小企业或个人进行某项活动提供必要的资金援助，正在成为股权募资的一股新生力量。

沃顿商学院管理学教授伊桑·莫里克（Ethan Mollick）认为：集体募资网站不仅为个人募集初创资金提供了一种便宜、方便的方式，潜在投资者也没有辜负期望，做到了“慧眼识英才”。集体募资也得到了联邦政府的许可，为投资者和创业者拓宽了募资渠道，潜在风险和回报也双双升高。

2012 年 4 月，奥巴马总统签署《创业企业扶助法》（Jumpstart Our Business Startups，简称 JOBS Act），为初创企业和小企业融资松绑。在该法的相关条款中有一条，就是向美国投资者开放股权集体募资。与 Kickstarter 这类项目有所不同，这种项目的支持者要么直接出钱，要么预订某个产品，而股权集体募资则允许潜在支持者购买某一初创企业的股票，从而有机会获得财务回报。

虽然美国证券交易委员会尚未就《JOBS Act》发布规定，但股权集体募资已经在英国和欧盟出现数年之久。股权集体募资公司 Seedrs 的首席执行官林恩（Jeff Lynn）表示，英国和欧盟目前有 15 家左右类似的公司，这种集资方式让天使投资圈发生了重大转变。在他看来这是风投募资介入的前一步。“这种方式并不强调富有和门槛，你不一定要在正确的时间处在正确的地点，我们要做的是民主化。”他指出。“现在这种方式向每个人、每个地方敞开。我看到很多人进入这一领域；我看到了 1 亿个天使投资者。”

第四章 股权投资的资金募集：找到真金白银

俗话说“巧妇难为无米之炊”，股权投资市场概莫能外。股权投资的资金募集包括一系列的流程，从引入优秀务实的基金管理人才、组建配合默契的团队、选择合适的组织形式，到准备相关的法律文件等环环相扣，所有的一切都为了一个目标：找到真金白银，拥有自己的“资金池”。资金的募集永远都是股权投资必要的也是首要的条件，是将资本市场的美丽梦想演化成现实的基本前提。然而，找到真金白银却不是一件简单的事，一个能吸引众多 LP 目光的股权投资机构往往有一个好的 GP 与 LP 关系，有一把适合自己的募资金钥匙。

第一节 公募 VS 私募

股权投资资金的募集方式基本上分为公募（Public Offering）和私募（Privately Offered）两种。

一、公募

公募也就是公开募集，指的是基金发起人通过报刊、电视、电台等媒体公开募集资料，公开对拟设立的基金进行宣传推广和委托相关代理机构进行销售。其主要特点是：第一，募集对象是非特定的；第二，可以通过公开渠道进行推广和募集活动；第三，起点低，故而能够吸引更多的、分散的投资者；第四，可以委托银行、证券公司和证券交易所代理发行或销售。

二、私募

私募就是指不通过公开渠道进行宣传推广，基本上依靠发行人与投资者的直接接触进行募资的方式。其特点是：第一，募集对象特定；第二，不能通过媒体公开推广；第三，起点较高；第四，一般不通过代理机构进行销售。

目前我国 PE 只能以私募方式（非公开方式）向特定的人定向募集，传统上，PE 一般自己完成资金募集过程。但从最近三年来人民币基金整体规模的快速增长来看，PE 市场的扩容造成了对 LP 市场的分流，有投资实力的个人 LP 群体有限，这使得一些基金不得不"想办法"通过其他的方式募资。于是，通过信托、银行或第三方理财机构等渠道募集的方式也在 PE 募资中广为采用。

（一）信托

从形式上，通过信托募集资金可以不受投资人数的限制。通过信托公司募集的案例有：

1. 春华基金通过平安信托募集资金；

2. 摩根士丹利 PE 基金通过杭州工商信托募集资金；

3. 北京聚信泰和能源基金通过中信信托募集资金。

（二）银行

按照涉足 PE 的程度、自身体量大小，以及募集速度的快慢，可将银行分成三大阵营：以招商银行、民生银行为代表的第一阵营；以工商银行、建设银行为代表的第二阵营；以中信银行、兴业银行、光大银行为代表的第三阵营。通过银行募集的案例有：

1. 凯鹏华盈私募股权基金通过招商银行私人银行部募集资金；

2. 苏州钟山九鼎投资中心（有限合伙）基金通过中国银行私人银行部募集资金；

3. 葳尔资本·优势成长二期基金及葳尔资本·优势成长三期基金通过浦发银行私人银行部募集资金；

4. 优势资本私募股权投资基金通过工商银行私人银行部募集资金。

（三）第三方理财机构

市场上第三方理财机构主要有：诺亚财富管理中心、好买财富管理中心等机构。自 2007 年以来红杉资本、达晨创投、东方富海等基金通过诺亚财富募集资金。

第二节 了解募资流程

【案例分析】 **鼎辉投资及其募资过程**

20 世纪 80 年代，美国私募股权投资蓬勃发展，1985 年彼得·彼得森和斯蒂芬·施瓦茨曼共同创建了如今大名鼎鼎的黑石基金（Blackstone）。1950 年出生的吴尚志此时正在世界银行担任高级运营官一职。受如黑石这样的美国基金的鼓舞，1993 年，吴尚志回到国内，开始募集资金。但当时国内的股权投资行业几乎一片空白，建立独立基金的难度可想而知。1995 年，吴尚志决定转换思路，先工作一段时间。此时，中国国际金融公司成立了，这是中国第一家中外合资的投资银行，首任 CEO 林重庚来自世界银行，说来是吴尚志的老同事，他邀请吴尚志加入。于是，吴尚志选择了处于筹备阶段的中金直接投资部，出任董事总经理。中金直接投资部战绩颇丰，投资了中国移动、新浪网、鹰牌陶瓷、南孚电池等。

2001 年中国证监会发布了禁止证券公司从事风险投资业务的规定，中金公司决定将其直接投资部及投资业务进行分拆。鼎晖投资基金管理公司由管理团队与新加坡政府投资公司（GIC）、苏黎世投资集团（CZIP）和中国经济技术投资担保公司共同发起成立。独立出来的鼎辉投资，延续了中金直接投资部的风格，投资了蒙牛乳业、李宁体育、速达软件、分众传媒、雨润食品、永乐家电等著名案例，回报丰厚。有了这样的业绩，新一期的基金募集当然就顺风顺水。2005 年，鼎辉中国成长基金Ⅱ完成募集，募集资金 3.1 亿美元。

此时的鼎辉其实更偏向于 PE，在 VC 方面少有涉猎。为了不丧失早期投资的机会，鼎辉决定再成立一支创业投资基金。2006 年初鼎辉募集了一只 1.5 亿美元的创业投资基金，由王功权领军。王功权原来是万通实业集团董事局副主席、总裁兼美国万通公司董事长，同冯仑、潘石屹等合称为“万通六君子”。

2007 年，16 亿美元的鼎辉中国成长基金第三期募集成立。2008 年鼎辉目击了 50 亿元的人民币基金，其中社保基金投资 20 亿元人民币，2010 年初，14 亿美元的鼎辉中国第四期基金成立。

和吴尚志最初回到国内艰难募资形成鲜明对比的是，如今鼎辉基金的投资人都是大名鼎鼎的机构投资人，包括加州公务员退休养老基金、荷兰养老基金、亚当斯蒂合伙公司、美国共同基金、荷兰社保基金、三星人寿、住友信托资产、新加坡政府投资公司、国际金融公司、阿拉伯阿布扎比投资机构等，家族基金则包括卡耐基家族基金、洛克菲勒家族基金会、罗伯特·伍德·约翰逊基金、麦克·阿瑟基金等。

股权基金募资流程大概分为六个部分。在募集之前，组建管理团队，设立股权投资基金管理公司，并准备募资材料，举行投资者见面会议；然后与有意向的有限合伙人（LP），进一步磋商，确定最终有限合伙人；最后，与最终 LP 展开谈判、达成协议（见图 4－1）。

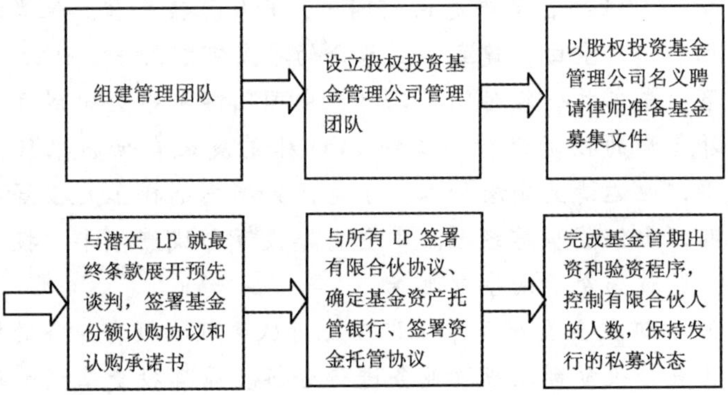

图 4－1　私募股权基金募集的简要步骤

一、组建管理团队

基金的运营团队是基金成立和筹资最重要的一个环节。首先，要有一个团队负责人，类似于证券投资基金里的基金经理，在有限合伙制 PE 基金里就是 GP。

1. 通常来说，一个好的负责人必须具备如下几个特点：

（1）广泛的社会资源和人脉关系；

（2）战略眼光和对政策的把握，要对企业或行业过去、现在、未来有深刻的认识，对国家宏观政策、经济措施有深入理解，有改进的办法；

（3）为企业提供增值服务的能力；

（4）项目推出的设计和操作能力；

（5）强大的客户关系管理能力；

（6）PE 品牌运营能力。

2. 除了负责人，团队成员也很重要。一般来说，团队成员要包括：

（1）财务和法律工具驾轻就熟；

（2）相关行业的基本认识和理解；

（3）丰富的企业运营经验；

（4）有好的沟通能力；

（5）出色的判断能力；

（6）能承受压力的良好心理素质；

（7）融合东西方的文化；

（8）熟悉商务礼仪。

在这个案例里边，以吴尚志为首的管理团队是鼎辉投资基金管理公司成立直至后来取得辉煌业绩的重要保证。吴尚志 1983 年麻省理工学院斯隆管理学院毕业后直接进入华尔街，在此期间他亲身经历了 KKR、卡尔·伊坎和米尔肯等为代表的并购浪潮在美国的兴起，对直投有了初步的认识。1993 年，他还试探筹资建立了一个基金。1993 年，他从工作了 8 年的世界银行辞职，选择回国创业，并于当年夏天和同学一起回国开始 PE 基金募集计划。尽管这些 PE 基金由于缺乏团队和业绩，最后迫于流产，但过去的工作经验和亲身实践都已经让他对股权投资有了直观的了解。所以，当 1995 年，吴尚志受邀加入中金公司时，他已经是一个优秀的股权投资业界精英。之后，在他带领下中金公司直接投资部很快投资了中国移动、新浪网、鹰派陶瓷、南孚电池等项目，主导投资总额达 1.2 亿美元，年均收益率超过 30%。他的经验和战绩使得他成为随后分离出来的鼎晖投资创始人的不二人选。之后他带领下的鼎晖投资更是南征北战，取得了辉煌战果。如果要论排名，业界公认，中国第一 PE 非吴尚志及其六人团队草创的鼎辉投资莫属。

二、设立股权投资基金管理公司

按照自身的目标和与投资者沟通的结果，选择相应的组织模式正式成立基金，完成筹资过程，准备投资。当前，股权投资基金主要采取公司型①、

① 公司型股权投资基金是指各投资者根据公司法的规定，共同出资入股成立公司，以公司形式设立股权投资基金。投资人成为公司的股东，股权投资基金的重大事项和投资决策由公司股东会、董事会决定。

信托型[1]和有限合伙型[2]组织模式。

【讨论】 组织模式之争：公司制 VS 有限合伙企业

世上有两件难事股权投资都在做：第一件难事是GP把钱从LP手中拿过来；而比这更难的事是要LP把钱交给GP。要破解这两大难题，重要的是GP和LP把彼此间的权利和义务约定清楚。从这层意义上看，采用何种模式其实就是GP和LP之间相互选择并确定一种游戏规则，只要规则符合双方的要求，游戏就可以进行。

从运作机制上看，无论募集资金、资金投向，还是基金收益分配，在股权投资的各个环节上，有限合伙制都比公司制更能满足GP和LP的需求，国外的实践已经证明它是股权投资的“黄金搭档”（见表4-1）。

表4-1 公司制和有限合伙的机制比较

GP/LP关注点		公司制	有限合伙制
投资人结构	GP：LP相对均衡和分散，自己有主导权； LP：看重知情权、收益能力，关注GP管理能力	控制权和收益权捆绑	控制权和收益权分散
资金到位	GP：能根据投资需要及时到位； LP：资金使用效率最大化，按通知安排	可以5年到位	分期到位，灵活安排
风险/责任	GP：愿意承担风险，实际风险控制能力不断提升，对无限责任重视 LP：非常重视风险，不仅是投资风险，尤其是资金安全，担保和举债	风险在股东之间平均，管理团队的风险无法严格控制	GP的无线责任适当减轻LP的顾虑，资金可以采用银行托管方式

① 信托型股权投资基金也即契约型股权投资基金，是指根据投资基金发起人和投资基金管理公司、投资基金托管人订立的投资基金合同，向投资者发行投资基金份额而设立的投资基金，它是一种集合投资信托制度。

② 有限合伙股权投资基金在实践中被证明是股权投资基金组织模式的一种比较有效的组织方式，美国股权投资基金主要采取有限合伙制。是指投资者与管理人签订合伙协议，共同出资结成合伙关系，所有资产均交由管理人管理运作，投资者只在其出资范围内对合伙债务承担有限责任。合伙制对内分为普通合伙人（General Partner，简称GP）和有限合伙人（Limited Partners，简称LP），其中普通合伙人充当基金管理人。

续表

GP/LP 关注点		公司制	有限合伙制
运营管理投资决策	GP：权责归于 GP，提高效率； LP：GP 负责，但愿意参与和关注知情权，贡献自己的经验和知识	权利分配有成熟的体系，股东会，董事会，精英团队分级和授权	GP 实际主导，投资决策独立，定期报告和会议满足 LP 知情权
运营成本	GP：满足团队运转和业务需求； LP：运营成本公开透明	可采用预算管理控制，但相对软性	管理费简单透明
收益分配激励机制	GP：关注劳动和专业经验的收益，与收益保持一定比例； LP：关注税后实际收益	股东同股同权，投资人双重征税，税负高；管理团队收入为工薪劳动所得，税率高	二八分成，LP 和 GP 利益清晰，税收负担清楚
本金变现	GP：保持持续的投资能力； LP：流动性差，尽早推出，收回本金	持续经营，清算难度大	本金收益能即时实现和分配
持续投资能力	GP：构建持续募资的途径，形成持续稳定的投资能力； LP：选择 GP 决定投资	持续投资能力依靠增资或成立新的公司，不能及时清算容易导致数量规模庞大	通过发起新的基金构建持续投资通道，老基金及时清算，以及同时主要管理一个基金保证管理重心

在募资方面，有限合伙制中 GP 的无限责任能促使 GP 更好地管理基金和控制风险，给 LP 更强的保障和信心，这是公司制依靠内部制度对管理团队进行约束无法达到的。同时，由于可以采用银行托管资金的方式，有限合伙制也可以规避法人企业存在的多个银行账户的资金管理风险。从资金投向上看，有限合伙制的 GP 决策机制及时、高效，能充分发挥 GP 的专业优势；公司制虽然可以通过分级授权解决部分问题，但始终存在股东会和董事会对公司的控制问题，LP 干预投资业务的可能性更大。从激励机制上看，有限合伙制 GP 每年收取的固定管理费保证了基金成本的公开透明，GP 提取的 20% 业绩奖励以及优先报酬率的设定能发挥更好的激励作用。在资金投资收益分配，尤其是 LP 本金分配上，有限合伙的分配顺序优先保障投资人的收益，及时分配以及到期清算的原则也能满足 LP 及时获得投资本金和回报的

要求；而公司制的长期存续和清算难决定了投资人回本的最好方式也许是股权转让。

在鼎辉投资案例中，吴尚志率领下的管理团队与新加坡政府投资公司、苏黎世投资集团和中国经济技术担保公司达成协议后，便共同成立了鼎晖投资基金管理公司。鼎晖投资基金管理公司采取有限合伙性质的组织模式，以吴尚志为代表的基金管理团队是有限合伙人，承担资产的管理运作，包括新加坡政府投资公司的投资机构是普通合伙人，在其出资范围内对合伙债务承担有限责任。

三、聘请律师准备基金募集文件

股权投资基金募集的完成需要一系列募资文件作为保证，资金募集需准备的主要法律文件及相关内容包括私募备忘录、保密协议、投资意向书、有限合伙协议、基金资产管理协议、基金议事规则、基金认购协议和认购承诺书、基金资产托管协议等。

（一）私募备忘录

私募备忘录（Private Placement Memorandum，PPM）是股权投资募资时向投资者/投资机构提交的正式文件，类似于上市公司在公开募集资金时的招股说明书。它向潜在的投资者提供关于发行机构的基本情况，包括：证券披露、促销/过往业绩记录、风险因素、税务/监管披露、条款书等。PPM 可以说是股权投资募资的蓝图。

一份完整的 PPM 包括：摘要、投资理念、投资专家队伍和顾问委员会、有限合伙协议的条款要点、投资历史情况和前期基金业绩、法律结构和税收、内生性的投资风险、会计报告标准等。一份典型的 PPM 见如下案例。

【案例】　　赛富创业投资基金募资备忘录

1. 摘要

赛富创业投资基金（有限合伙）（赛富人民币基金）将通过招商银行私募，基金规模不低于 10 亿元的规模。资金到位后，在中华人民共和国境内从事股权、与股权有关的其他投资活动。赛富人民币基金将由著名的基金管理人赛富（SAIF Partners）通过下属企业提供管理服务。由阎焱先生和其合伙人领导的赛富目前管理四只投资基金。截至 2007 年 12 月 31 日止，赛富管理的基金取得了在中国投资的年内部回报率超过 100% 的骄人业绩。远远超出其他投资基金。赛富的大部分资金投资于成长阶段、已有正现金流的企业，但也关注具有独特竞争优势或突破性技术的早期企业。赛富投资风格体现在：(1) 广泛的网络和充沛的项目来源；(2) 善于抓住未来热点，重点关注高成长性企业；(3) 坚持理性现实思维，以合理的价格进行投资；(4) 严格的尽职调查、控制投资风险；(5) 积极参与投资后企业的管理，提供增值服务；(6) 多种渠道，择机退出。

摘要部分描述基金的规模和存续期、预计的关闭时间和 GP 之前管理基金的情况。这部分主要简要地描述 GP 的基本情况、核心投资策略、当前的投资机会和其他能够使基金与众不同或值得提及的内容。

2. 机构和基金的投资理念

在投资中，赛富注重发掘行业、企业潜在投资价值，善于发现不被人关注的投资机会。善于挖掘投资机会，使赛富可以一贯坚持以合理的价格获得投资股权，并且保留业绩调整条款来应对潜在的经营风险。

坚持合理的价格投资，但价格不是赛富投资的唯一考虑因素。赛富坚持的是做"理智的投资者"，对每个项目都要有明确的投资理念，充分防范投资风险。因此，赛富会充分考察项目方方面面，是否有明晰的盈利模式、有足够的成长空间、有规模效益、有专注、专业的管理团队、有同行所不能比拟的优势、有不可控制的风险等。

赛富认为，获得资金通常不是企业家进行融资的唯一原因，他们还看重投资人的合作精神，向企业提供增值服务的能力。赛富注重和企业建立长期合作关系，为企业提供公司治理、财务规范、员工激励机制、制定发展战略、上市等方面的咨询和建议，在企业出现问题时，协助企业解决问题，渡过难关。因此，很多企业在融资时，即使赛富的价格不是最高，也会选择赛富作为合作伙伴。

赛富的投资策略：

(1) 着眼于在未来 3～5 年时间里有高成长潜力的行业中具有领导地位的公司；

(2) 大部分投资集中于拥有正现金流的高增长型公司；

(3) 重点关注的领域：高新技术、医疗、广告与媒体等。

投资机构希望在这部分看到基金管理公司的背景和历史。如果之前曾经募集过基金，也需要在这部分阐述之前基金的情况。投资策略和管理公司在特定市场上的竞争优势是这部分的重点内容。投资策略部分，应侧重基金专注的行业、投资期和地区。GP 也需要十分细致地阐述投资主旨、流程、筛选标准、项目来源以及退出机制。

3. 投资专家队伍和委员会

赛富由合伙人阎焱、羊东、郑昌幸、林和平、苏君祥、吴俊平、徐航和其他投资专业人士组成中国管理团队，独立管理旗下的基金。管理团队的大部分成员都在中国成长和受教育，在国外学习或工作，他们拥有中国和海外的双重教育和工作经历，在私募股权基金、投资银行、国内企业及国际公司积累了丰富的投资和企业运营经验。更难能可贵的是，团队的成员长期稳定合作。历经七年，赛富创立和早期加入的多数成员仍然在赛富，并成为赛富团队的核心和中坚力量，在投资、帮助受资公司的运营方面起着重要的作用。

PPM 中需要逐一列出基金的关键人物——投资专家及其各自在新基金当中的角色，以及在行业和本公司的经历。通常需要说明他们的年龄、这可以为分析基金后续计划的 LP 提供参考。还应描述之前操作的基金的主要投资记录，以及在被投资公司中的董事会席位。这些内容会帮助 LP 判断基金在被投资公司当中的介入和参与程度，进而分析合伙人管理基金的能力。这部分内容还应包括投资委员会/或顾问委员会的组成和活动情况。规模大一些的 LP 往往会参加顾问委员会。委员会的成员和所在机构以及会议日程安排均应涉及。这部分也应该详细地描述投资委员会在评估投资项目和估值时所依据的方法。

4. 投资业绩

赛富一期和赛富二期截至 2007 年 12 月 31 日对中国投资的整体业绩（见表 4－2）。

表 4－2　　基金的投资业绩　　单位：千美元

	成本	已实现的收益	已实现的收益加上未实现的价值	回报倍数	年内部回报率
软银亚洲信息					
基础投资基金——2001年3月					
已退出和已上市的投资	66878	556123	816933	12.2×	239.8%
其他	167471	563	237102	1.4×	10.2%
合计	234350	556686	1054035	4.5×	112.7%
赛富亚洲					
投资基金Ⅱ——2004 年 12 月					
已退出和已上市的投资	109973	7886	852237	7.8×	135.4%
其他	244469	—	312602	1.3×	15.6%
合计	354442	7886	1164929	3.3×	82.2%

续表

	成本	已实现的收益	已实现的收益加上未实现的价值	回报倍数	年内部回报率
赛富Ⅰ期Ⅱ期合计					
已退出和已上市的投资	176852	564009	1669260	9.4×	230.4%
其他	411940	563	549704	1.3×	12.2%
合计	588791	564573	2218964	3.8×	105.2%

这部分内容因管理公司的不同而有很大的差异，并没有标准的强制性的格式需要遵守，因此某些公司的投资业绩的描述要比其他公司更有利于融资。然后，一般说来，基金的业绩水平往往用表格的形式展示出来。之前基金的规模、成立年份和内部收益率会列示出来。内部收益率的计算往往用基金取得的现金流来计算，而不是以减掉管理费用后投资者所获得现金流数据计算，这样显然会使内部收益率数据的表现好得多。如果能够提供其他一些补充的数据，就更有说服力，比如已实现/待实现内部收益率、一部分有代表性的投资案例的情况等。

此外，还包括 GP/LP 条款，法律问题和税收，以及会计和报告等内容。GP/LP 条款这部分需要说明分配机制、管理费、GP 的投入以及基金的协同投资策略。在涉及税收问题时，尤其是对于国内注册和国外注册方面，具有较大影响。比如，对于在美国注册的基金来说，美国的投资者和非美国的投资者的处理方法是不一样的。对于 LP 来说，如果所投资的基金在美国发生无关业务所得应纳税额，那么 LP 就有纳税义务。当然，这会给 LP 带来很多麻烦。此外，其他关于基金投资的税收管理法规，比如《雇员退休收入保障法案》对基金的影响，也需要在这部分阐明。会计和报告部分需要对投资和损失的分配以及股票期权的会计记录等进行阐述。

（二）有限合伙协议

有限合伙协议是募资时最重要的法律文件，其作用相当于公司章程，确定 LP 和 GP 的权利与义务，主要包括基金的基本情况、投资金额承诺、投资回报的分配、投资回报的分配时间、管理费用、基金的其他费用、基金的其他收入、投资限制、负责与补偿以及公司治理十大内容。

【案例】　　瑞尔机械 PE 有限合伙协议

2011 年 11 月证监会网站挂出瑞尔机械的招股预披露文件就对其法人股

东——苏州松禾、南通松禾及深圳汇智三家 PE 基金的有限合伙协议进行了披露。苏州松禾与南通松禾皆是由著名创投松禾资本出任 GP。众所周知，松禾资本是由深港产学研管理团队发起设立。苏州松禾的 LP 还包括苏州工业园创投引导基金、深港产学研、上市公司维科精华等 10 名法人以及 38 名自然人。南通松禾的 LP 包括深港产学研、南通投资以及 5 名自然人。

预披露文件除了公布 3 家 PE 名单，还公布了这些 PE 基金的有限合伙协议。这些协议对投资收益、分成方式、入伙退伙机制均作出各自约定。以苏州松禾全体合伙人签署的有限合伙协议为例，一个有限合伙协议的主要内容包括：

(1) 合伙利润分配和亏损分担方式。对于基金取得的项目投资收益，在有限合伙人取得按用资期年静态收益率达到 10% 的优先投资回报的前提下，普通合伙人将获得基金的收益分成，在满足该协议规定的分配顺序的前提下，普通合伙人最多（保证有限合伙人取得按用资期年静态收益率 10% 的优先投资回报水平前提下）可获得基金投资收益总额的 20%；对于基金取得的项目投资收益，在有限合伙人取得的优先投资回报按用资金期计算不足年静态收益率的 10% 时，普通合伙人将不获得基金的收益分成。基金项目投资收益总额中除普通合伙人收益分成之外的部分，由所有合伙人根据实缴出资额按比例分享。基金项目投资收益以外的其他收益（现金收入和非现金分配），按照该协议约定的分配方式在合伙人之间进行分配。基金在总认缴出资额之内的亏损由所有合伙人根据认缴出资额按比例分担，超出基金总认缴出资额的亏损由普通合伙人承担。

(2) 合伙事务执行方式。普通合伙人为基金的执行事务合伙人，执行事务合伙人应以书面通知基金的方式指定其委派代表，负责具体执行合伙事务；有限合伙人不执行基金事务，不得对外代表基金。任何有限合伙人均不得参与管理或控制基金的投资业务及其他以基金名义进行的活动、交易和业务，或代表基金签署文件，或从事其他对基金形成约束的行为。

(3) 表决机制。合伙人会议审议相关事项时，由普通合伙人及出席合伙人会议的合计持有实缴出资总额三分之二以上的有限合伙人通过方可作出决议。合伙人会议审议普通合伙人的除名、接纳新的普通合伙人入伙事项时，经全体有限合伙人全部参加会议并全体一致通过方可作出决议，作为普通合伙人关联方的有限合伙人在该事项投票时无表决权。

基金设合伙人理事会，由 5 名成员组成。合伙人理事会成员由有表决权的有限合伙人推荐的候选人经合伙人会议选举产生。对于合伙人理事会所议事项，合伙人理事会各成员一人一票。

（4）入伙和退伙。基金的有限合伙人不超过49人，普通合伙人1人；由合伙人会议批准该协议约定应由合伙人会议决定的有限合伙权益转让事项；批准符合该协议约定的有限合伙人退伙事项；及决定普通合伙人的除名、接纳新的普通合伙人入伙。

经普通合伙人或合计持有实缴出资总额三分之二以上的有限合伙人提前十个工作日向合伙人会议提出议案，临时合伙人会议可审议普通合伙人的除名、接纳新的普通合伙人入伙，临时合伙人会议审议该事项时，经全体有限合伙人全部参加会议并全体一致通过方可做出决议，作为普通合伙人关联方的有限合伙人在该事项投票时无表决权。合计持有实缴出资总额三分之二以上的有限合伙人亦可共同推举一名有限合伙人。

（5）争议解决办法。因该协议引起的及与该协议有关的一切争议，首先应由相关各方之间通过友好协商解决；如相关各方不能协商解决，则应提交中国国际经济贸易仲裁委员会，按该会当时有效的仲裁规则在上海仲裁解决。仲裁裁决是终局的，对相关各方均有约束力。

（6）合伙解散与清算：当下列任何情形之一发生时，基金应被终止并清算：普通合伙人提议并经合计持有实缴出资总额三分之二以上的合伙人表决通过；基金存续期限届满，且合伙人理事会未作出延期决定；基金所有投资项目提前退出，且已清偿了基金的全部债务；基金发生达到或超过基金实缴出资总额50%的严重亏损，或者因不可抗力无法继续经营；普通合伙人被除名或根据该协议约定退伙且全体合伙人没有接纳新的普通合伙人；有限合伙人一方或数方严重违约，致使普通合伙人判断基金无法继续经营；基金被吊销营业执照；出现《合伙企业法》及该协议规定的其他解散原因。

基金发生清算事项时，清算人由普通合伙人担任，除非代表实缴出资总额三分之二以上的合伙人决定由普通合伙人之外的人士担任。

在确定清算人以后，所有基金未变现的资产由清算人负责管理，但如清算人并非普通合伙人，则普通合伙人有义务协助清算人对未变现资产进行变现，清算期内基金不再向管理人支付任何管理费或其他费用。

基金清算期为一年，清算期结束时未能变现的非货币资产按照该协议约定的分配原则进行分配。基金财产不足以清偿基金债务的，由普通合伙人对债权人承担连带清偿责任。

具体而言，有限合伙协议的各项内容如下：

1. 基金的基本情况。

（1）基金投资的目的及范围；

（2）基金的最大规模：包括基金募集的开放期（一般为6～12个月）、基金合伙人的人数控制，以使基金维持私募的地位，避免繁重的披露要求，以及每位合伙人的最低投资金额；

（3）基金的运营期限：一般最长为10年，在特殊情况下可以延期以处理资产组合中尚未退出的投资项目；

（4）基金的生命周期（见图4－2）。

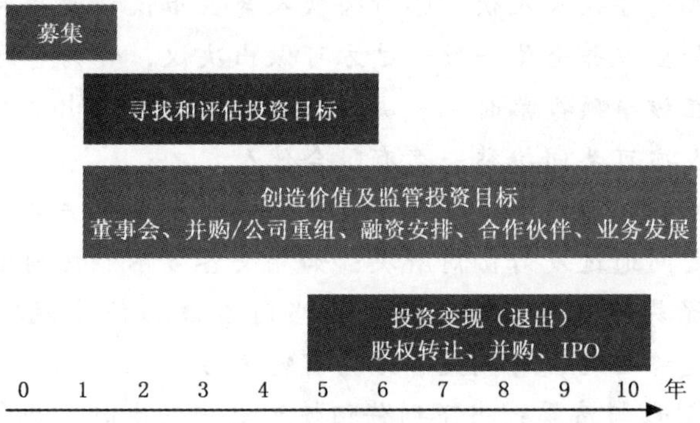

图4－2 股权投资基金的生命周期

2. 管理费。管理费是普通合伙人向有限合伙人收取的费用。一般来说，根据PE机构的规模和类型，管理费为承诺资本的1.5%～2.0%。这要比投资于公开市场的共同基金的管理费高很多，共同基金的管理费一般不超过管理资产的1%。

3. 投资资金承诺。资金承诺是一个LP所承诺的要投入一只基金的总的资金额度。资金承诺包括要支付给GP的管理费以及其他支出。LP在作出承诺的时候，往往要求GP也要承诺投入资金。

（1）有限合伙人的资金承诺：一般为基金募集规模的99%。

（2）普通合伙人的资金承诺：一般为基金募集规模的1%，也有在百分比及50万美元中取较小者为准。有限合伙人要求普通合伙人共同出资以使利益一致。普通合伙人也可以选择采用非现金方式出资。

4. 投资回报分成。投资回报的分配是基金条款书中最为重要的部分之一，与普通及有限合伙人的利益息息相关。回报分成机制是对GP的一种重要激励措施。正常的条件下，只有将LP投入的资本全部收回之后，GP才能开始分得利润。分成的比例一般为20%，有些业绩优良、口碑很好的大型GP，可以获得25%～30%。很多基金要求在所有的管理费也获得补偿之后，才能让GP开始获得回报分成。有些有限合伙协议会规定一个最低的回报率，只有整只基金达到这一回报率后，GP 才能开始获得分成。这种最低回报率一般在 5% ~10% 之间。

5. 投资限制。投资限制主要是根据基金的性质及规模规定基金不能或不应从事的投资项目或行为，例如：避免使用银行贷款参与投资、投资从事不相关业务而产生应纳税收入、所投资公司的种类过多、不从事房地产投资、避免投资于其他基金、对上市公司的投资限制（如不投资于上市的公司、PIPE）、投资回报再投资的限制（如最高不得超过总出资承诺的 120%）等。

6. 负责与补偿。这一条款是在基金出现损失时保护普通合伙人免于被有限合伙人起诉的手段。要注意的是这一条款有几个例外：

（1）与基金运营有关的重大过失、欺诈或重罪除外；

（2）近年来有限合伙人要求将一般过失或其他责任（如违反有限合作协议、法律、信托义务）也作为例外而不受上述条款保护；

（3）有限合伙人可能将赔偿或特殊支出从普通合伙人的投资回报分成中扣除。因此，普通合伙人通常在条款书中对这类扣除的时限和最高金额作出限制。

7. 公司治理。顾问委员会的监督是条款中有关管理公司治理的重要内容。顾问委员会的主要职责包括：投资限制和冲突的治理、对普通合伙人以自由资金与基金共同投资项目的管理、不同基金间的交叉投资。目前对扩大顾问委员会职责范围的呼声越来越高，尤其涉及利益冲突的部分。

（三）其他相关文件

除了以上两个重要文件之外，股权投资资金募集还需要几类其他相关文件。

1. 保密协议：与潜在 LP 进行谈判前应当就保密事项签订保密协议；

2. 投资意向书：在确定初步投资意向后，与 LP 签订投资意向书；

3. 基金资产管理协议：基金成立依据资产管理协议将基金运作委托 GP 进行；

4. 基金议事规则：在有限合伙协议基础上，就合伙人会议和投资决策委员会等会议规则详细约定；

5. 基金认购协议和认购承诺书：LP 确定投资后必须签署认购协议和承诺书，确定其出资义务；

6. 基金资产托管协议：基金与银行签订资产托管协议，确定基金运作过程中的资金托管事宜；

7. 其他。

四、引进投资者

引进投资者主要包括向潜在投资者宣传基金，与潜在投资者交流沟通，消除对方疑意，达到出资者意向，再根据与有意向的投资者初步沟通的结果，确定 PE 基金的组织形式，承诺出资者达到基金设立的要素时，就进入下一个阶段。

在本节一开始提供的鼎晖募资案例中，鼎晖投资基金管理公司由于是从中金公司直投部脱胎而来，有着良好的基础和背景，因此，在基金成立之初，就获得了新加坡政府投资公司（GIC）、苏黎世投资集团（CZIP）和中国经济技术投资担保公司投资，并成为基金的发起人。鼎晖投资基金管理公司独立出来后，投资了蒙牛乳业、李宁体育等著名案例，获利丰厚。有了优秀的业绩，新一期的基金募集资金就很容易了。如今鼎辉基金的投资人包括加州公务员退休养老基金、荷兰养老基金、美国共同基金等大名鼎鼎的机构投资者，也包括卡耐基、洛克菲勒等著名家族基金。

五、与所有 LP 签署相关协议并保持发行私募状态

与所有 LP 签署有限合伙协议、确定基金资产托管银行、签署资金托管协议。至此，资金募集流程基本结束。

最后，完成基金首期出资和验资程序，控制有限合伙人的人数，保持发行的私募状态。

第三节 GP 与 LP 的关系

一、法律上的定位

经过 30 年的快速发展，私募股权（PE）基金已成为西方国家挽救经营不善、价值被低估的传统企业的最重要资本市场力量，其巨大的投资收益和追求长期价值投资的理念，使得资金来源稳定、追逐长期投资收益的商保、社保、慈善等公共资本更倾向于投资股权投资机构。而合伙制因其税收优惠、权责明晰、激励机制明确、专业化管理效率高等，成为西方发达国家股权投资基金的主要组织形式。因 GP 既是发起人又是管理人，并且需承担无

限责任的组织结构，使得GP与LP的价值导向能够高度统一，从而相应制约了GP的高风险投资行为。同时LP不参与经营，仅依照合伙协议来激励监督GP，也使得GP的高效率专业化经营能力得到有效发挥。

我国合伙企业法也明确规定了GP和LP的类似不同职责。因此规范的合伙制股权投资机构中，GP与LP的关系应是，GP作为发起人和管理人，负责PE的日常管理和经营，LP负责监督、建议，当然还具有选择GP的权利。同时，GP对合伙企业的债务承担无限连带责任，LP仅以其认缴的出资额为限对合伙企业债务承担责任。但我国合伙制股权投资在实际运作中，部分LP甚至取代了GP，通过控制资金，全面控制股权投资运作，使得合伙制的优势无法发挥，也在无形中增加了GP与LP的矛盾。

二、围墙内的矛盾

尽管合伙制的定位对GP和LP的角色进行了清晰的界定，但在我国实践运行中，LP试图参与合伙事务、亲力亲为，甚至越俎代庖的心态比比皆是。在GP眼里，老板们交钱却不见“交心”，干涉太多、理念不成熟。在LP眼里，这些外来GP将1个项目的成功吹上了天，却对9个案例的惨败绝口不提，空有其表的业绩经验，怎比得上自己多年的沙场实战？

【案例】　**东海创投的解体**

2007年8月，温州典型的第二代草根企业家胡旭苍和曾任证监会官员，后转道投行、PE的北京投资人士王伟东联合庄吉集团、民扬集团等在内的7家民营企业，和1位乐清籍自然人张建文，共同出资5亿元成立了全国第二家有限合伙企业——温州东海创业投资有限合伙企业（简称东海创投）。

按照企业章程，这些出资方成为LP，王伟东成立的北京杰思汉能资产管理有限公司（简称北京杰思）则担任GP，并设立了类似于董事会职能的机构——合伙人联席会议，该会议全权负责企业的投资，甚至于企业的每笔资金的流动都需通过联席会议上合伙人的批准，胡旭苍担任了联席会议的主席。GP以基金管理人的身份参与意见，但更多的扮演找项目和项目执行的角色，不过除管理费外，王伟东还可以获得项目收益20%左右的分成。短短7个月后，东海创投便爆出内部纠纷，胡旭苍和王伟东分道扬镳，企业所有股权关系及剩余资本转入温州环亚创业投资中心（简称环亚创投），基金遭遇封盘。

关于其中的细节，熟知内幕的一位人士表示：“一开始双方的结合就缺乏基础。王伟东原来是比较偏向于搞一些上市公司定向增发、Pre-IPO项目的，做这些业务应该说跟传统股权投资的本质差别很大。而温州这边的投资人一听说这个东西很好，上市以后能赚这么多钱就很心动。双方对于资金具体投资哪些行业、采用哪些投资策略、风险如何控制等都没有谈好就匆忙启动了。而后来双方的另一个分歧在于，都想寻求各自在这个机构的独立控制权。北京这边的管理人，当时主要是想把管理资金的规模做大，在这基础上就可以强调独断性，比如在运筹和决策方面照着国际标准来走。而温州这边认为自己出了钱理所当然要插手管理，有权利掌控资金的投向。”

于是，导致项目过会的时候，这个合伙人有这样的意见，那个合伙人有那样的意见，很难统一，反正提交上来的项目基本少有能过决策会的。管理团队找的项目老不能投，问题就大了，所以搞了一段时间团队就离开了。后来，大股东只好自己单干。

胡旭苍事后曾对外抱怨，北京杰思对项目的分析都是文绉绉的，从报表和数据来衡量企业盈利能力，只有书本经验，对很多项目的判断都失实。双方分歧可见一斑。新转入的环亚创投沿用了东海创投的机制构建，胡旭苍聘请了不少业内资深人士作为顾问，并成立了温州博智投资有限公司（简称温州博智），来填补北京杰思的空缺。

LP 过度干预 GP 的投资和经营活动是目前我国合伙制 PE 内部管理中 GP 与 LP 的主要矛盾，可能源自以下多方面原因。第一，从社会公信角度，尚缺乏相应有效的全国性个人信用制度和个人财产管理制度。隐匿转移财产等难以有效控制，甚至违法违规信息等都不能充分披露，个人信用多是靠推荐人信誉与日后合作建立的，这就为起步阶段的 GP 与 LP 关系埋下了隐患。也是目前 GP 为了吸引投资人，主动采取垫资或承诺保底收益等办法的重要原因，但即便如此，GP 也无法真正获得 LP 的认同。第二，从市场秩序角度，我国本土 PE 基本上是一哄而上，而且大都将追求短期投资收益放在首位，集中在 Pre－IPO 投资上，使得依靠管理经验和实力来运作企业的 GP，与依靠人脉和机遇来运作的 GP 无法有效区别，大大增加了 LP 的长期投资风险，LP 出于谨慎不得不深入 PE 日常运作，相反还被 GP 视为中国缺乏成熟的 LP。第三，从 GP 与 LP 的实力差距和职业经理人队伍缺乏角度，事实上很多 LP 即是企业家出身，对企业运作、行业大势、国内外形势与格局、人脉资源整合等，其经验和实力，都远远超过某些在国外留学或本土其他金融机构流散退出的 GP。LP 将自有资金乃至其募集的资金交给并不成熟的 GP 运作，也确实不会轻易放手，不得不直接干预。而社保等关乎公共利益的 LP，更是不能轻易选择 GP，面对公共舆论，必要的全程跟踪甚至干预在所难免。至于商保、银行、券商等金融机构，出于控制投资风险的目的，更倾向于选择直接投资。此外，从内部管理角度，许多PE在成立伊始，或由于仓促，或缺乏经验，组织中存在各种内在机制缺陷和弊端，尤其是双方过于注重利益分配模式和分配激励调节机制，而忽略了条款中各种制衡的权利组合设计，结果因设计缺失或不足而使得类似于最低保障收益等行为的出现，并不能有效阻止LP的过度干预。为了消除其各种疑虑，甚至需花费相当大的资源与管理精力来协调不同LP之间的矛盾，导致由于LP之间不能达成一致意见而错过有价值的投资机会。当然，也有些PE是直接引用国外成熟条款，但由于国内外的环境和条件存在巨大差异，以至于合同条件可能脱离国情，一旦出现纠纷，不合作局面甚至僵局仍难免出现。最后，机构投资者占比较低也是重要原因。成熟市场的PE投资人主要是养老金或保险基金，作为LP，它们只投资不管理，也没有权利过问GP的投资运作。而目前国内的社保基金刚刚开始投资PE，本土PE管理团队拿到这种机会还不多，其投资人大多还是普通的商业企业或个人，他们的资金以来源于股市或房地产的居多，作为短钱，往往喜欢快进快出。LP想快，PE就肯定盯着Pre－IPO，拼资源、价格、抢项目成为它们的主要工作。

因此，LP是否需要介入PE的日常经营管理，LP和GP的角色如何定位，该设计怎样的机制，使得双方在出资前即充分谈判形成有效的合作机制，保证GP的具体投资经营不被过度干预，从而能把更多的资源与管理运作，投放到前瞻性的、战略性的投资机遇中，充分获得基于经济周期，具有风险宏观补偿机制的收益，是当前我国合伙制PE运作中迫切需要解决的问题。

三、中国式分歧

“老婆”是内当家的，手中掌握着钱柜的钥匙，“她们”的态度往往会影响PE的决策模式。目前，以有限合伙制形式成立的PE机构在决策模式上千奇百怪，但都有一个共同的特点，那就是鲜有LP按国际惯例不参与投资决策和管理的。

大致来看，LP参与PE管理的模式有三种：一是LP方人士在投资决策委员会中占一定比例，委员会实行投票制；二是LP自己设立一个专家咨询委员会来监督GP的投资，如果专家咨询委员会反对，投资可以被否决；最滑稽的是第三种，全部的LP和GP都派员进入投资决策委员会，每次开会都成了“劝降会”或“双边谈判”，GP一方要想方设法说服LP方。

此外还有这样的有限合伙PE：投资委员会中除GP外，还包括两个LP推荐的代表。这两个代表感到决策压力很大，责任心也强，因此在投票前他们自己也要组织一些"专家"对项目进行论证，结果经常形成两套班子同期进行项目调查、论证的有趣现象。项目企业的董事长今天刚接受了GP的审慎调查，明天又要接待LP团队的重新调查，往往哭笑不得。还有一家PE由于LP和GP在投资委员会上的意见经常不统一，结果只好把基金冷冻起来：暂时不投资！

LP与GP的中国式关系，不仅催生了各种异化的PE管理决策模式，包括GP按投资量提取管理费，甚至先不要管理费，等项目成功后再将收益分成，或是GP和LP一起作决策投资，GP只作为顾问机构找项目，最后由LP来决定投资等；同时也"便宜"了一部分只"认钱"的项目企业，它们很容易看到这种热钱的功利性，在融资时也借势狠"宰"PE。一些企业甚至被中介机构调教成了融资专家。它们竟然采用类似于招标的方式选择投资机构，邀请了几十家PE举牌竞标，结果价格高得让许多投资机构望而却步，一些被认为缺乏专业服务经验的"莽汉"却成了最终的胜利者。这种投资往往把所有的赌注都压在了IPO上，一旦IPO失败或证券市场出现问题，投资的风险就会出现。

在中国，LP会和GP产生分歧，从LP一方看，内在原因是多数LP没觉得投资是多么专业的事情，他们往往用做实业的眼光来看待资本运作，喜欢投资看得见、摸得着的项目；从GP一方看，则在于本土PE刚开始发展，规模还不大，能拿到投资人的钱还很不容易，在LP投资意愿的影响下，本土GP很有点"有奶便是娘"的味道，只要给钱，什么条件都可以谈。为了迎合LP的口味，在某种程度上也是为了自己生存的需要，GP们都选择LP看得懂、容易通过的项目，可通过性成了GP考虑的主要问题。LP的钱决定了PE的投资方向和投资策略，因此投资向后成为趋势。目前市场上八成以上的PE，特别是一些新成立的PE，都把视线瞄准了快上市的项目，在Pre-IPO阶段即开展竞争，忽略了PE是"投资+服务"的本质，放弃了PE的基本规则，变成了钱的附属。

四、适当的距离产生美

GP做投资和LP做产业一样，都是一门专业的活动，LP与GP各司其职，PE才会取得好的回报。二者的近距离亲密接触，则往往会产生负面效应。温州第一家民间有限合伙PE——东海创业投资有限合伙企业，由于LP与GP在投资理念上的不一致而散伙了。近来这种事情渐渐地多了起来，从不断传出的消息看，近几年新成立的多家 PE 机构中，LP 都是由于与 GP 在投资、管理、决策上的意见分歧而减缓或终止了投资。这不是个好消息，尤其是在当前的环境下，本土 PE 面临更多的考验。

事实上，有限合伙是经过多年实践证明较为有效的 PE 组织形式，“有钱出钱，有力出力”是这一组织形式最重要的内涵。LP—GP 关系是有限合伙制的核心，优质的 GP 和 LP 关系为 GP 提供长期稳定的资金来源，使得 GP 能够将主要精力放在项目的投资和管理上，股权投资更需要专业的眼光和服务。因此，从长远看，LP 要给 GP 时间和空间，距离产生美，专业产生效益。

【案例】　浙商创投的 LP 有限参与制度平衡

LP 拥有项目主要决策权的现象在中国虽很普遍，却鲜少出现在上规模的投资机构中。浙江浙商创业投资股份有限公司（简称浙商创投）便是一个例外。成立仅三年时间，浙商创投便入围清科 2009 年中国创业投资机构 50 强榜单，为仅有的三家浙江系上榜机构之一。

浙商创投的总裁陈越孟属于典型的浙商二代接班人，其父和两位兄长经营的惠康集团有 38 年的家电制造历史。考虑到传统制造业的增长天花板，陈越孟大学毕业后，即开始从事实业投资，涉猎 TMT 等新兴产业。到 2007 年，意识到随着创业板推出、创投好时机即来的陈越孟开始投身创投行业。凭着家族企业的人脉和号召力，陈越孟仅花了一个多月时间，便募集了首期 10 亿元的资金。除惠康集团外，股东还包括了喜临门集团、传化集团、红石梁集团等 12 家民企，以陈越孟为首的浙商投资管理有限公司作为基金管理人。之后 2008 年 6 月，浙商创投在浙江省工商局注册了第一个合伙企业——浙江浙商海鹏创业投资合伙企业（简称浙商海鹏）。

虽然在股东中享有充分的信任度，但浙商创投在成立之初，仍遭遇了制度设计上 LP 们如何参与的棘手问题。一开始，他们也倾向于海外风险投资的结构模式，从权限和义务上把管理人和投资人分得很开，但是考虑到民营资本自身接触项目的意愿比较强烈，不能完全照搬国外的经验模式。于是，他们设计了一个 LP 有限参与的思路。相比于国外的机构，浙商创投与 LP 沟通的频次加多、程度加深，并且让他们参与项目投资决策。但是为避免决策会上出现一言堂的现象，必须把握好这个度，控制参与的限度，处理好 GP 与 LP 的距离。于是，浙商创投实行了让 LP 们分散开来，投票权挨个轮着来，掌控数量，不让少数人觉得不行就不行。

在浙商创投的项目投资决策委员会上，除项目团队负责人、基金管理人外，LP同样拥有表决权。一般各个基金约七人的决策会中，LP占到五人，被称为LP代表。这些拥有表决权的LP代表按顺序在众LP中轮流。决策会一般以三分之二赞成票计为通过。

如此LP参与制度的设计，也使得浙商创投在募资上相比于其他专业机构更有优势。2009年6月，浙商创投与杭州市投资控股有限公司共同发起杭州钱江浙商现代服务业投资基金，总规模10亿元，首期到位2.2亿元。2009年底，浙商创投与北京市中小企业服务中心共同组建北京浙商华盈创业投资基金，首期到位1.5亿元。2010年初，浙商创投又开始筹备全国首个明确以低碳经济产业为投资方向的“浙江诺海低碳基金”，总规模为2亿元。截至2010年初，浙商创投已投资16家企业，总投资超过15亿元。

一个好的GP—LP关系需要从制度到运行上明确各自的权、责、利，有距离的前提下才能产生美。那么GP和LP的距离到底该有多远呢？

第一，明确GP和LP各自的角色和地位，投资制度化，保持一定距离。东海创投就是在具体的运作上，结构没设计好，导致项目过会的时候，这个合伙人有这样的意见，那个合伙人有那样的意见，很难统一，到最后管理团队找的项目老不能投，带来问题。而浙商创投一开始就对LP有限参与进行制度化平衡，规范化、透明化投资及其流程，让LP明白在哪个层次有什么权利，并且在这一层权利之下，GP做的工作是很专业的，LP担心的一些风险在控制范围内。于是，两者能够和谐相处。

第二，提高相互信任度。实际上，东海创投和浙商创投制度上的区别不仅仅是LP参与投票权多少的问题。信任度、道德风险是LP、GP面临的最大一个障碍。东海创投的LP除了参与最后的投票之外，他还会去前期勘察项目，胡旭苍提过，管理团队提交的一些项目报告吹得天花乱坠，他几次现场考察后发现根本不是这样，一开始的信任就破坏了。相比之下，浙商创投的团队是本地家族企业出来的，在圈子内的信任度很高，他们的LP很少去质疑或者参与具体的调查环节。用杨志龙的话说他们少来干涉是因为信任，如果没有这一层基础，你再怎么知名他们都会来干涉。

第三，积极主动沟通，加强理解。GP在运营过程中需要建立透明、及时的沟通制度，及时向LP披露基金运营信息。

第四，提高LP的专业度。由于私募行业的长期性与非流动性，宏观经济短期波动等外部因素会在短期内对基金账面回报率产生不利影响，由于专业的 LP，能够对不利的变动有客观的评估，给予 GP 充分的理解和支持。

第四节 募资金钥匙

募资作为股权投资运作的起点，一直是影响股权投资生存和发展的关键因素。在过去发展的 10 年间，随着环境的变化，股权投资不断上演着“就差钱”和“不差钱”的游戏，也承受着因环境变化而产生的巨大落差。对 GP 而言，如何从 LP 手中募到钱，是其必须始终关注的重要问题。

一、募资对象：LP 定位明确

随着中国 LP 群体的不断扩大，不同 LP 群体之间的特征区分也会更加明显，如富有家族及个人投资者与机构投资者之间的利益诉求、选择基金的标准也势必会呈现分化。作为散户投资者，富有家族及个人 LP 因其投资理念尚未成熟而更为倾向于“短、平、快”的投资，而机构投资者则相对较为理性，对流动性要求也不如散户投资者高。因此，GP 完全可以利用这种分化，专注于某一类或某几类投资者进行深入发掘。如九鼎投资、鼎晖等投资机构就设立了第三方理财公司来深挖富有家族及个人 LP 的潜力；而像君联资本这种大型 GP 则更倾向与大型机构投资者进行合作。因此，结合自身优势及特征，明确 LP 群体的定位，是 VC/PE 基金的募资重点任务之一。

二、募资渠道：FOFs 将逐渐成为主流

VC/PE 尽管主要通过自主募集，但渠道仍然是非常重要的资金来源。当前，中国 GP 进行募资的渠道主要有 FOFs、通过私人银行、第三方理财机构和信托四种渠道募集。一直以来，私人银行渠道一家独大，但是随着监管当局政策的出台，渠道格局也相应地发生了巨大变化。2013 年 1 月 14 日，银监会召开年度工作会议，会议表示禁止银行代售 VC/PE 基金。银监会监管的主要目的是规范银行理财产品的销售，对私人银行代售 VC/PE 基金不会完全封闭。但无论如何，都在一定程度上削弱了银行渠道的募资能力。而对第三方理财机构而言，由于其产品线较为丰富，通常会随着市场行情而重点销售不同的产品，例如当股票二级市场向好时就主推证券类产品，因此，其

在 VC/PE 基金募集方面存在一定的不稳定性。

与 VC/PE 合作较多的渠道还有 FOFs。作为机构 LP 的重要组成，FOFs 将为 2013 年的 VC/PE 市场注入新的活力。随着保监会公布的《关于保险资金投资股权和不动产有关问题的通知》以及证监会发布的《基金管理公司特定客户资产管理业务试点办法》的出台，国内 LP 迎来了两类重量级的机构投资者——保险公司及基金公司。这使我国 LP 市场长期以来“散户独大”的局面得到一定的改变。社保基金作为国内最大的 FOF，已从试水 PE 发展到逐步加大投资力度；政府引导基金未来也将逐步从政府主导型过渡到商业型的 FOF 模式；而国内民间投资人也将跻身 FOF 的大潮。据了解，诺亚财富已经开始着手募集设立国内第一家民营 FOF。

对于 VC/PE 来说，FOFs 是更为优质的募资渠道。首先，FOF 本身即属于股权投资市场的重要参与者，专业性较高，其资金也更为符合股权投资基金的要求。其次，随着单个投资者出资门槛的不断提升，FOF 便成为富有家族及个人 LP 参与股权投资的新方式。FOF 不断增多的趋势在近期显得十分明显。其中由国家开发银行主导的国创开元 PE 母基金在 2012 年 4 月正式举行了关账仪式，首期募集的 90 亿元资金已经全部到账。根据投中集团统计数据，截至 2012 年 7 月份，全国各级地方政府共设立引导基金 89 只，总规模超过 450 亿元（以基金首期出资规模为准），参股子基金数量超过 200 只。因此，可以预见，通过 FOFs 募资将会是股权投资基金未来的主流。

三、募资团队：掌握募资主动权

尽管通过渠道募资可以节省募资持续时间，但从发展的眼光来看，一支合格的募资团队是 VC/PE 机构不可或缺的。第一，单独成立募资团队可以促使基金内部分工更为明确，权责更加清晰，有利于提升募资效率。第二，在 GP 与 LP 的合作中，募资仅仅是合作的开始，基金募资完成之后与 LP 的跟进也很重要，保持与 LP 的及时沟通，做好后续维护工作对于基金的后续募集有着非常大的帮助，而这也是募资团队的职能之一；有的大型母基金非常看重基金的规范性，他们每个季度会来基金做访谈，对基金的规范性进行检查。基金需要对出资人讲清基金的运作情况，并且基金要兑现在募资阶段说的话，履行承诺，从而取得他们的信任，做到了这些才能让未来更多的钱来自于母基金。第三，强化募资团队建设，还可以降低渠道费用，减少募资成本，进而提升 GP 的收益水平。尽管渠道募资有其特有的优势，如 LP 资源较为丰富等，但从长远发展的角度来看，拥有专业募资团队的基金将更容易完成资金的募集工作。

四、投资管理能力：专业化优势凸显

2005年以前，国内的GP、LP角色重叠。2005年后，借鉴国际模式，GP和LP的权利义务逐渐明确，但并不成熟。在2007年我国《合伙企业法》修订后，有限合伙制成为PE的主流组织形式，GP和LP的专业分工才有了更为明确的法律基础，股权投资机构真正开始按照基金管理的模式运营。在GP、LP角色逐渐明确的情况下，募资越来越借助专业机构的力量，而股权投资行业也由之前的LP稀缺逐步转化为优秀的GP稀缺，从而出现了资金跟着GP走、GP尤其是优秀GP成为募资中心的新现象。

如何从LP那里募到钱，完成从“就差钱”到“不差钱”的转变，对GP而言，最重要的还是提升自己的专业能力，做出自己的业绩。股权投资机构专业化的优势是比较明显的：一方面，专业化投资可以促使基金管理人更加关注于自身所擅长的投资领域，提高投资效益；另一方面，专业化投资也可以使基金在募集期对LP群体进行细分，降低募资盲目性，加强基金的募资能力。

而且，随着LP队伍的壮大，一些LP开始形成自己的投资风格和偏好。与此相对应，GP只有树立自己的特色，才会吸引到有特点的LP成为自己固定的投资人。比如，规模大的产业基金可能会吸引到大资金的LP；中小规模的成长型基金则更容易吸引到个人投资者；专注某一领域的IT基金、新能源基金，则会吸引到对这些行业聚焦的投资者；甚至会出现专门的种子基金，专门投资初期创业项目。因此，差异化将成为GP未来发展的一个重要方向，GP的专业化特色将更加明显，并且，这一细分特点又将反过来影响LP的发展。最近几年，国内已经开始出现优秀GP募资更加容易的趋势。比如，达晨创投在募集新一期基金时，LP表现非常踊跃，不到一个月就超过10亿元的目标规模，从而提前结束基金募集。

具体而言，股权投资机构专业化包括：第一，专业化投资团队。清科研究中心调研显示，LP在选择GP的过程中，大部分都倾向于选择团队成员投资经验丰富的成长型基金，同时还对关键人条款作出明确规定，这表明LP在进行投资时，团队能力的选择成为外资LP进行投资决策的重要依据。因此，在具体的投资决策中，GP团队的背景和管理能力需着重考虑。第二，专业化投资策略。一种是向早期漂移，设立专门的天使投资基金或早期投资基金；另一种则是深挖某一行业的投资机会，成立专注于特定行业的产业投资基金。另外随着中国产业结构升级步伐的日益加快，并购基金也将成为日后的主要趋势之一。

五、组织架构：多种结构共同发展

在募资难度加大的时期，如何吸引 LP 资金是各机构共同面临的问题。除了在加强自身投资能力以外，多样化基金组织架构的设计也成为吸引投资者的重要手段。例如对 LP 的份额进行结构化安排，可以针对不同风险承受能力的投资者而给出不同的投资方式，因此，相较于单一的利益分配方式更能有效地提高募资效果。实际上包括九鼎在内的一些机构已经推出了结构化股权投资基金。允许 LP“跟投”也是吸引 LP 资金的重要方式，一方面可以提升 LP 的收益，另一方面还能为被投企业提供额外的资金，促使其快速成长，从而实现 GP、LP 的共赢，但是要注意 LP 的跟投额度，防止 LP 投资过大影响 GP 在被投企业中的地位。

六、基金条款：注重保护投资者利益

GP 能否成功募资的核心问题即 LP 是否可以通过投资获得收益。而基金条款的设计正是 LP 能否顺利实现收益的重要因素，因此，其在很大程度上决定了 LP 能否将资金交付于 GP。清科研究中心认为，在拟定基金条款的过程中，GP 应更多地从实际出发，真实考察自身在投资中的投入以及在投资收益中的贡献，合理制定基金条款。如管理费能否真实体现 G P 在投资中所付出的努力、利益分配方式中是否加入回拨机制、是否设立 LP 委员会以保证 GP 的运作合规、透明等。总之，只有真正从 LP 角度出发，注重保护投资者利益，才能从根本上解决募资困境。

七、机构注册：着眼区域优惠政策

基金注册地的选择在基金募集过程中，也发挥着重要作用。注册门槛及税收政策的不同，对股权投资基金注册地的选择十分关键。目前，随着国家及各地方对股权投资市场的监管升级，中国的股权投资基金注册聚集格局正在发生变化，预计未来将有大批基金转到有更大优惠力度的地区注册。VC/PE 基金可以根据自身情况选择优惠力度较大区域注册成立，如新疆就将公司制的股权投资类企业纳入自治区支持中小企业服务体系，享受国家西部大开发各项优惠政策；内蒙古自治区也规定对股权投资企业前五年营业税由财政部门全额返还等。除上述因素外，项目资源也是 VC/PE 基金重点考虑的因素之一，目前东部沿海地区项目资源竞争激烈，而中西部地区因其较大的发展潜力、相对宽松的竞争环境，将成为 VC/PE 基金重点关注的地区。

第三篇

投资方视角之 投资之道

第五章
投资流程：环环紧扣

股权投资的投资过程通常从收购到退出需要2~3年时间，甚至更长。在当前股权投资市场低迷情况下，发掘和培育有价值的企业显得更加重要。企业的成长需要时间，因此，优秀的投资人也需要充足的时间来帮助被收购企业提升核心竞争力和巩固、提高市场地位，从而退出时获得满意的投资回报。本章将从获得项目信息到签署购买协议、从签署购买协议到交易结束、从交易结束到退出三个阶段，详细记录和分析完备的投资流程。

第一节 PE大佬们的投资流程

【案例】 **黑石的投资流程**

黑石集团管理着900亿美元的资产，拥有770名员工，其中包括60名董事总经理、340名投资顾问专家，无愧为全球PE机构的翘楚。其2007年的上市为我们窥测往日神秘的PE内部流程提供了难得的资料。在其中上市的招股说明书中，简单描述了其私募股权基金的投资流程。

私募股权方面的投资专员负责对项目及投资进行筛选、评估、设计结构、尽职调查、谈判、执行、管理及退出。在初步的筛选、评估和调查之后，相关的投资专员会向高级董事总经理组成的评估委员会（Review Committee）的周会提交报告。评估委员会的主席由公司总裁汉密尔顿·詹姆斯和首席运营官格兰特·莫兰共同担任。在会上与项目小组讨论交易的情况之后，由评估委员会作出是否进一步的评估、调查和谈判的工作决策，同时就战略、流程和其他问题提出建议。

当一项建议中的交易进入下一个阶段的时候，项目会接受一个由投资委员会主持的细致的内部评估。在这一评估过程的最后，项目小组会准备一份备忘录，描述这一项目的主要方面并分析公司和行业的情况。这份投资备忘录将提交给投资委员会等待最终的评估和批准。投资委员会由公司总裁兼首席执行官斯蒂芬·施瓦兹曼担任主席，并包括其他的高级董事总经理。汉密尔顿·詹姆斯和首席运营官格兰特·莫兰会参加每次投资委员会会议，而其他的董事总经理则以一个固定的时间轮流参加。投资委员会将负责制定所有黑石管理下的投资基金的投资决策，特别是在最终对投资进行决策和批准条款的时候，要召开耗时很长的会议。

一旦交易达成，投资委员将负责监督投资的进展，并对退出策略提供建议。除了项目小组的成员和企业管理部门的员工负责监督和提高被投资公司的运营业绩之外，黑石的所有公司私募股权基金部门的专业人士每年都要开会数次，来评估项目公司的业绩。所有以基金名义提出的处理决定均需投资委员会批准。

在项目收购完成后，所有的工作会集中到运营监控上。黑石内部设有项目管理部门，这个部门的专业人士均拥有丰富的管理经验，可以与项目公司中的管理人员一起解决运营中的问题。收购交易一结束，黑石的项目管理部门便开始与项目公司的管理层和外部顾问共同行动起来，制定出一个提升公司运营的百日计划。每个百日计划都需要投资委员会评估和批准。作为项目公司监督的一个组成部分，黑石也聘请资深顾问协助项目管理部门的员工与项目公司的管理层紧密合作，以提升公司业绩。这些专业人士将协助项目公司进行收购、资产剥离、融资以及其他资本运作，帮助项目公司提高价值。

通过上述黑石投资流程案例发现，股权投资是由一系列步骤组成：从发现项目。经历谈判和尽职调查，确定最终收购条款、融资和完成交易，并通过后续的项目管理，直至投资退出获得收益。不同的股权投资基金特点不一样，在工作流程的繁简上会有一些差异，但基本大同小异。这里将典型的股权投资流程概括为三个阶段，以下分别简要介绍。当然，对于国内外股权投资基金差异而言，国内股权投资机构由于 GP 构成问题，可能对于企业的后续管理上相对薄弱一些。

第一阶段：从获得项目信息到签署购买协议

1. 股权投资的项目团队在获得项目信息后，首先进行初期筛选，那些明显不符合股权投资的投资标准的项目将被淘汰（见图 5 -1）。

2. 对看起来有吸引力的项目，股权投资的分析人员会展开市场调查和公司调查。如果目标公司所在行业的特征、公司的市场地位、公司的估价、公

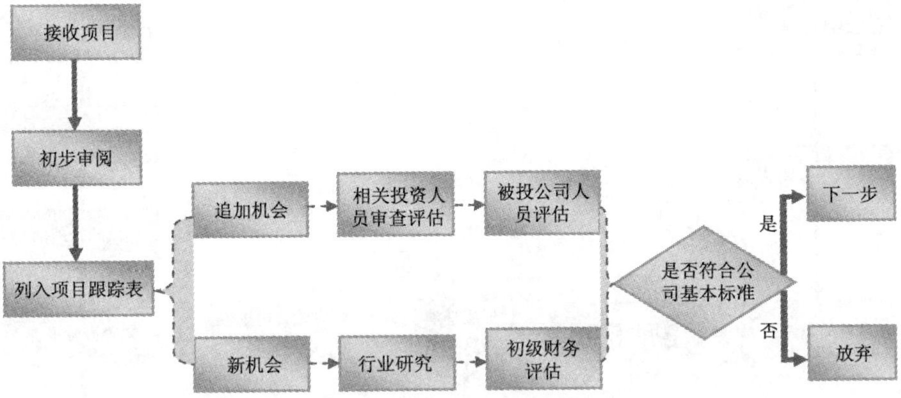

图 5－1　股权投资对拟投资项目的初步筛选

司管理层的愿景等关键条件符合股权投资的投资标准，则股权投资的分析人员会准备一份简要的公司投资分析报告，并交由小组主管进行周例会讨论（见图 5－2）。

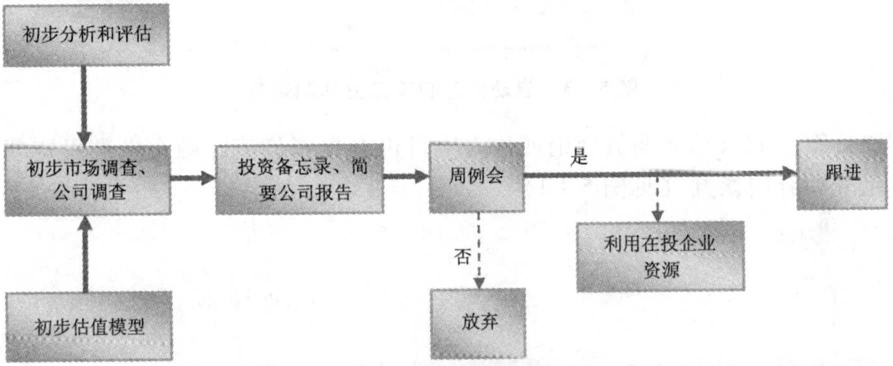

图 5－2　形成初步的投资备忘录

3. 如果项目通过了内部的周例会讨论，则会批准成立项目小组并由项目小组组织尽职调查，完善公司投资报告，并递交投资委员会审查（见图5－3）。

4. 股权投资的项目小组同时组织第三方实施尽职调查。尽职调查工作必须得到目标公司的管理层配合，调查结束后，第三方调查机构出具尽职调查报告。

5. 投资项目小组与第三方调查机构、目标公司管理层等就尽职调查报告所反映出来的重要问题进行讨论，澄清所有疑点。尽职调查报告提交投资管理委员会，投资项目小组与投资委员会讨论报告披露的重要问题，商讨最佳

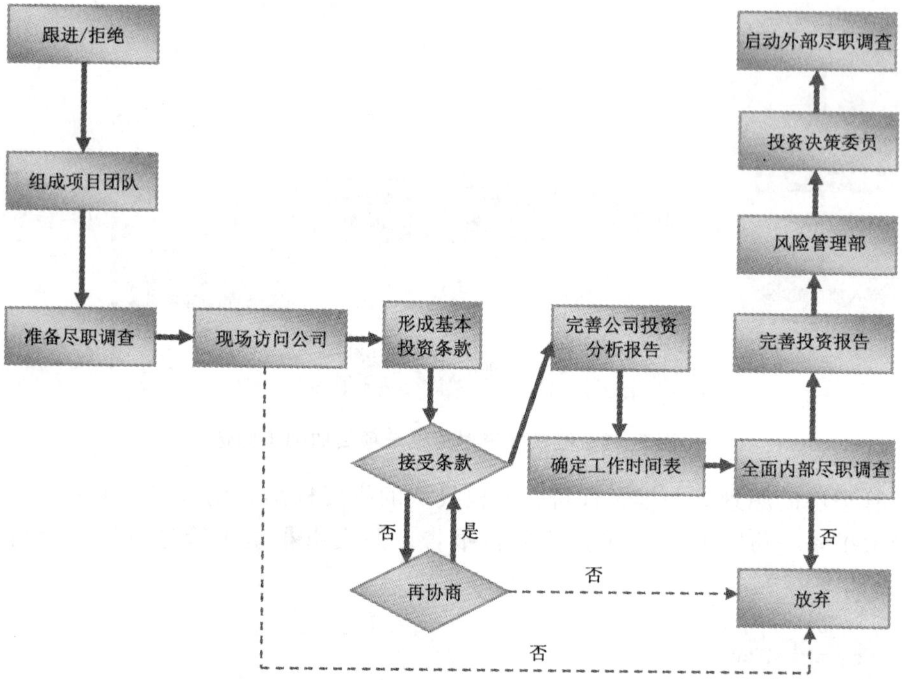

图 5－3　启动内部和第三方尽职调查

解决方案。如果投资委员会论证认为项目仍有投资价值，则会批准投资项目小组开始合同谈判（见图 5－4）。

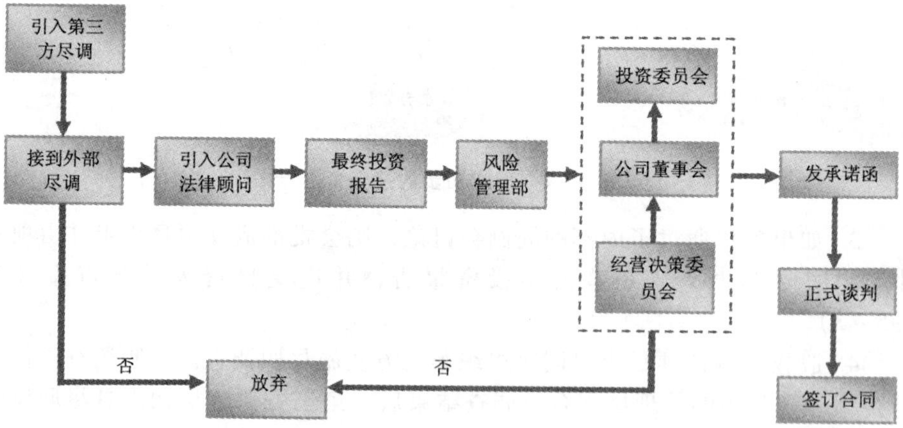

图 5－4　通过投资委员会审查、发送投资承诺函

6. 投资项目小组在律师等专家的帮助下设计交易结构，并与目标公司的企业主及管理层就关键问题进行沟通。

7. 投资项目小组在律师的帮助下，就投资条款清单（Term Sheet）的细节内容与目标公司业主谈判协商，直至达成一致。

8. 在律师的帮助下完成收购所需的各项行政审批。

第二阶段：从签署购买协议到交易结束

根据收购方式不同，第二阶段的交易流程会有些差别。

（一）资产收购

1. 在过渡阶段（从签约到交割的期间），投资项目小组派驻代表进驻目标公司，监督目标公司日常运作，监督目标公司业主与管理层是否进行了重大资产处置或购置、对外担保、抵押等活动；

2. 在律师的帮助下，股权投资人完成离岸控股公司的设立等相关法律事宜；

3. 在律师的帮助下，股权投资人与新公司的其他股东（通常是原企业的业主与管理层）起草新公司章程等文件，指定新公司的董事会成员及法人代表的人选，完成投资东道国内的新公司的设立等相关法律事宜；

4. 投资项目小组组织、实施补充尽职调查，即在此前全面尽职调查的基础上，主要对过渡期企业财务状况进行调查，确认目标公司的资产负债状况未发生实质性变动；

5. 支付收购价款，完成交割。

（二）股权收购

1. 在过渡阶段，股权投资项目小组派驻代表进驻目标公司，监督目标公司日常运作，监督目标公司业主与管理层是否进行了重大资产处置或购置、对外担保、抵押活动；

2. 在律师的帮助下，股权投资人完成离岸控股公司的设立等相关法律事宜；

3. 在律师的帮助下，股权投资人与新公司的其他股东（通常是原企业的业主与管理层）修订公司章程等文件，指定新一届董事会成员及法人代表的人选，完成投资东道国内的公司变更登记等相关法律事宜；

4. 投资项目小组组织、实施补充尽职调查；

5. 支付收购价款，完成交割。

股权投资的投资流程第二阶段如图 5－5 所示。

第三阶段：从交易结束到退出

收购结束后，股权投资人获得了企业的控股权及董事会中的重要席位。此后，PE 将致力于通过多种手段提升被收购企业的核心竞争力和市场地位，以及考虑在适当的时候退出以实现投资回报。

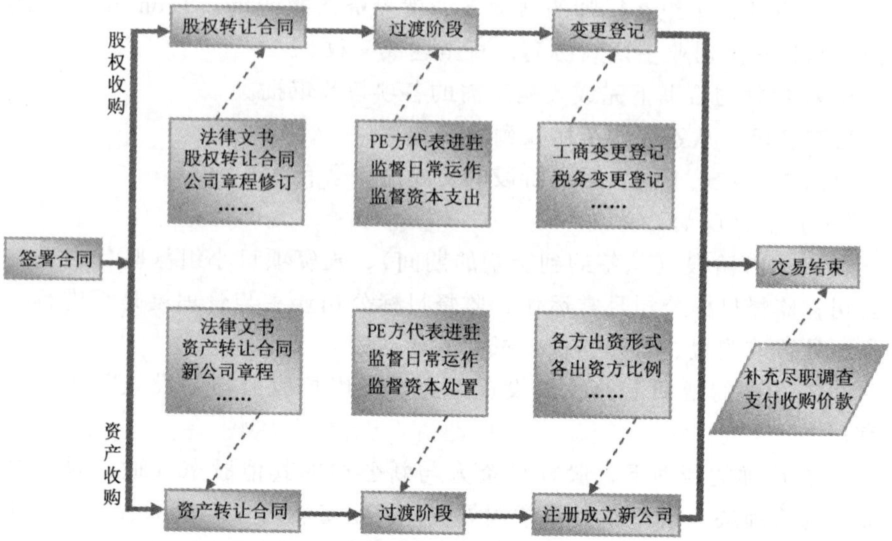

图 5－5　从签署认购股权协议到交易结束阶段

1. 建立项目协调小组，全面负责收购后整合工作的计划与实施；

2. 聘请并任命优秀的 CEO 和 CFO 入驻被收购企业，与原企业的管理层一道，共同负责企业的日常管理事务，保障企业平稳运营；

3. 帮助企业的新管理层完善与实施拟定的发展战略；

4. 帮助企业在行业内整合资源，包括寻找可以产生协同效应的收购目标、引入人力资源、加强与主要供应商及客户之间的联系等；

5. 帮助企业开辟海外渠道、进入海外市场；

6. 根据市场状况，计划并实施退出方案。

第二节 细化的实施进度

下面我们以具体案例详细说明整个融资过程的时间表与进程。

【案例】　　美国 TTI 公司获得风险投资过程分析①

转换科技公司（Transition Technology Inc. 以下简称 TTI）在 1987 年初开始寻求风险资本，直到 212 天后终于获得了 3i 风险投资公司（以下简称 3i）等提供的 300 万美元风险资本。这是一个比较常规的风险投资过程，但其中的曲折历程也颇耐人寻味。

第 1 天：3i 公司的副董事长 Tom Stark（以下简称 Tom）曾于 20 世纪 70 年代初与 Albert Libbey（以下简称 Albert）一同共事过。Tom 从 Albert 处得知有一家叫 TTI 的新创公司正准备寻求第一次的风险资本融资。于是，Tom 主动打电话联系 TTI 的董事长 Walter。Walter 向 Tom 简单介绍了 TTI 寻求风险资本的意图，并告诉他预计需要的资金额。Tom 对 Walter 的想法颇感兴趣，并表示了愿意合作的意向。Walter 告诉 Tom，他需要 2 ~6 个星期来准备商业计划书。

第 50 天：TTI 的商业计划书送达 3i。

第 57 天：在波士顿，3i 在其每周例行工作会议上讨论 TTI 项目。Tom 认为这是一个非常好的机会，3i 应当认真考虑 TTI 的投资建议；与会者同意 Tom 的意见。接下来，Tom 需要确定投资计划中哪些内容是关键之处，并需要进行大量的研究。他也开始考虑寻找其他会对 TTI 感兴趣的风险投资基金。

第 72 天：Tom 第一次参观 TTI，并与其 3 个创建者深入地讨论该投资建议。TTI 的创建者们曾一同在另外一家公司共事 2 年多，他们的技能也是互补的。这个 3 人小组可以出色地完成设计、制造与销售产品的整个流程。尽管由于公司仍处于初建阶段，还没有完整的实物产品可供演示，但是他们成功地演示了产品的其中一个重要部件：电波—频率链路模块。

第 74 天：Tom 写了一份长达 4 页的信，描述 TTI 的创建者、计划产品以及营销计划，然后附上预测的资金平衡表、收入与现金流报告以及可能投资回报的计算结果，并寄给了在伦敦、英格兰、Newport、Beach、加州等其他 3i 分支机构中熟悉工业自动化或相关领域，能够对市场、竞争与技术作出评价的其他同事。他们将凭借自己的经验与网络，协助 Tom 完成对 TTI 的调查评估。

第 77 天：Tom 与 Walter 会面并讨论了融资的一些具体细节，包括：

Walter 需要的资金额，而不是 Tom 能够提供的资金额是多少；

① 案例来源：ReachVC：《创业融资指南》，http：//www.reachvc.com/post/204.html。

Walter 在投资计划中所列数字的可信度如何？

Walter 如何估价其公司？

Walter 正在接触的其他投资者都有哪些人，他们的反应如何？

讨论结果是 Tom 初步决定分阶段投资。这样有利于减少风险投资企业的初始投入，但必须保证公司有足够的资金以展示其具有制造产品的能力。

第 86 天：Tom 与 Walter 再次会面，围绕着融资规模与开展公司业务所需最小资金额继续讨论。

第 94 天：从伦敦与 Newport、Beach 来的报告认为，TTI 的产品存在一个潜在的良好市场。但是，从 Reading 与英格兰来的报告却发现了该产品存在竞争者。Tom 把这些情况告诉了 Walter。

第 109 天：完成了主要交易问题的谈判之后，Tom 整理出一份详细材料。首轮投资是 150 万美元。Tom 向 3i 的法律顾问 Ropes 和 Gray 送去了一份投资条款清单草案和一份预想的资本结构说明书。投资条款清单是 3i 的初步投资承诺，其中包含了交易的关键条件。

第 111 天：投资条款清单送达 TTI，双方很快就达成了协议。

第 112 天：直到目前为止，3i 仍然是唯一一家对 TTI 继续保持兴趣的投资者。其他几家风险投资企业虽然也曾考察过 TTI，但都没有产生投资的意愿。

第 113 天：北大西洋创投基金（North Atlantic Venture Fund，以下简称 NAVF）表示愿意投资于 TTI。Tom 与 NAVF 的一位合伙人 Gregory Peters（以下简称 Gregory）见面，讨论 Gregory 还需要哪些信息以开展他的调查评估工作以及他们如何确保 TTI 能达到预定目标。一些关键问题包括：因为有产品竞争者的存在，是否存在足够大的市场支撑 TTI 按照预定的利润卖出预定数量的产品；TTI 能否最终生产出产品，并在行业中保持主导地位；TTI 的创建者们能否对潜在的机会或问题作出有效的反应。

第 115 天：Tom 完成了一份内部投资计划书，一共有 9 页文字与 4 个数字表格。

第 121 天：Tom 的投资计划书在 3i 董事会上得到通过，3i 承诺投资，前提是有其他风险投资企业同时投入至少 75 万美元。

第 122 天：Tom 送给 NAVF 的 Gregory 一份投资条款清单。

第 135 天：投资条款清单与调查评估记录被送往另一家风险投资企业——Hambro International Venture Fund（以下简称 Hambro）。

第 138 天：黑色星期一——华尔街股市危机爆发。在接下来的几天里，

Tom都忙于应付打来的电话。Tom所投资的许多公司都怀疑，上市公司股价的暴跌，是否意味着他们公司的估价都显得过高。Walter也打来了电话，但他关心的是随着金融环境的剧烈变化，Tom是否还有能力提供约定的风险资本："3i的承诺依然有效吗?"Tom保证仍然有效。

第148天：Walter与Rube会面。虽然到目前为止，只有3i承诺提供75万美元和NAVF承诺提供40万美元，但人们似乎正逐渐对TTI产生兴趣。有10家其他的投资者也在考察TTI。

第155天：Tom与TTI的创建者们共进午餐，讨论融资进程。他们重新评估了潜在的投资者及其投资的可能性。

第161天：Tom与Rube见面，讨论为什么还是没有其他风险投资企业承诺投资这一问题的原因。是否二人的努力不足？但他们想不到做错了什么，所以决定继续接触潜在的投资者。3i既然承诺了投资，就再没有退出的余地。但在私下里，Tom不得不开始怀疑他与Gregory所共同作出的判断。

第186天：Tom向Aegis Fund Limited Partnership（以下简称Aegis）送去了一份投资条款清单。

第188天：突然间，投资者对TTI的兴趣又浓烈起来。在几天之内，Tom收到了两份各100万美元的初步投资承诺。目前，初步承诺的风险资本总额已经超过了300万美元。

第190天：又来了一份75万美元的初步投资承诺。

第193天：Tom继续收到了更多投资者打来的电话，表示愿意向TTI投资。

第194天：Tom与Walter讨论总共需要的风险资本额。按照原来制定的股票价格，这次融资最多只能接受300万美元。

第195天：投资者们开始协商如何把总风险资本供给额降至300万美元。

第211天：所有投资者来到Ropes和Gray处，讨论融资的细节。

第212天：TTI在这一天收集到了所有的300万美元风险资本：Aegis投资90万美元，Hambro投资100万美元，NAVF投资40万美元，3i投资70万美元。Walter和他的伙伴们终于有足够的资金可以开展计划的业务了。

图5-6反映了股权投资整个活动的进程。

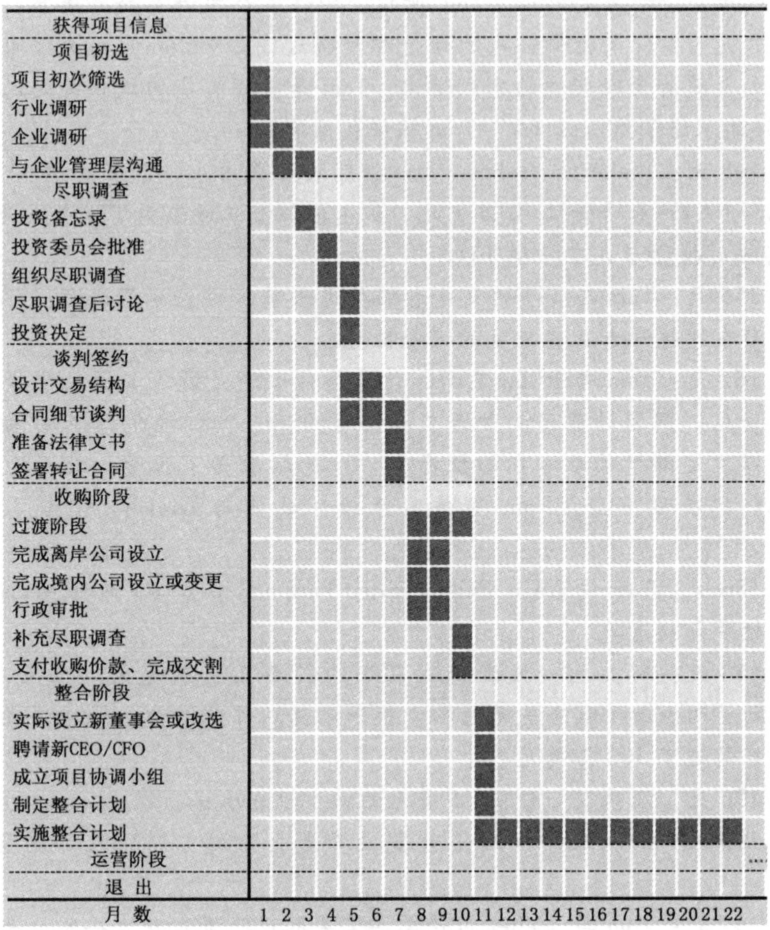

图 5－6　股权投资实施进度的甘特图

第三节 盯住这些关键环节

根据以上描述的投资过程，我们可以总结出股权投资过程的几个关键之处：

第一，搜寻投资机会。投资机会可以来源于投资机构自行寻找、企业家自荐或第三人推荐。

第二，初步筛选。投资机构根据企业家交来的投资建议书，对项目进行初次审查，并挑选出少数感兴趣者作进一步考察。

第三，调查评估。资本家会花大约六周到八周的时间对投资建议进行十分广泛、深入和细致的调查，以检验企业家所提交材料的准确性，并发掘可能遗漏的重要信息。在从各个方面了解投资项目的同时，根据所掌握的各种情报对投资项目的管理、产品与技术、市场、财务等方面进行分析，以作出投资决定。

第四，寻求共同出资者。资本家一般都会寻求其他投资者共同投资。这样，既可以增大投资总额，又能够分散风险。

第五，协商谈判投资条件。一旦投、融资双方对项目的关键投资条件达成共识，作为牵头投资者的资本家就会起草一份"投资条款清单"，向企业家作出初步投资承诺。

第六，最终交易。只要事实清楚，一致同意交易条件与细节，双方就可以签署最终交易文件，投资生效。

下面重点介绍下项目寻找、评估、尽职调查等重要环节的具体步骤。

一、获得项目流

寻找项目机会是贯穿股权投资人工作的每一天，但机会只会给有准备的人。因此，如何获得有效的项目，称为股权投资人成功的重要基石。不同的机构，其合伙人所掌握的资源也有差异，大家各显其能。对于合伙人和投资经理而言，不断扩展与各公司高层管理人员联系和社会网络是一项重要的日常工作，他们利用公司自有资源的同时也会积极从外部渠道获取项目信息，整合内外部资源，建立多元化的项目来源渠道。一般来说，投资项目的来源渠道主要包括自有渠道、中介渠道以及品牌渠道等（见表5－1）。

表5－1　　投资项目的主要来源渠道

渠　道	描　述	途　径
自有渠道	主动进行渠道建设，通过公司自有人员的关系网络、参加各种风险投资论坛的会议和对公开信息的研究分析收集信息	个人网络 市场分析 战略合作伙伴 股东

续表

渠道	描述	途径
中介渠道	借助/联合相关业务伙伴（如银行、券商等）、专业机构（如律师/会计师事务所等）以及其他创投公司获取交易信息	银行/投资银行 证券公司 律师/会计师事务所等 其他专业机构（如咨询公司，广告公司等）
品牌渠道	积极建设公司在创业投资方面的品牌形象和市场知名度，建立“拉动式”的信息渠道	公司网站 客服中心

各种信息渠道来源提供的项目信息质量存在差异，通常，通过个人网络、股东、业务伙伴获得的项目信息质量比较高，因此，基金经理在寻找项目过程中倾向于通过朋友、熟人、银行、证券公司、政府部门或会计师事务所、律师事务所等中介机构的介绍。另外，一些重要的投资洽谈会也是很好的收集项目信息的渠道，如我国举办的厦门“9·8”投洽会、天津洽融会等。

二、初步筛选

项目初步筛选是投资经理根据企业家提交的投资建议书或商业计划书，初步评估项目是否符合私募股权基金初步筛选标准，是否具有良好发展前景和高速增长潜力，进而存在进一步投资的可能。对于少数通过初步评估的项目，私募股权基金将派专人对项目企业进行考察，最终确定是否进行深入接触。

（一）项目初评

项目初评是投资人在收到创业项目的基础资料后，根据投资风格和投资方向要求，对创业项目进行初步评价。私募股权基金通常都有一套自己的投资政策，包括投资规模、投资行业、投资阶段选择等，因此，在项目初评阶段，基金经理通常根据直觉或经验就能很快判断。当然，初步评估时否掉的某些项目并不一定是质量不高，也可能是项目特点和行业股权投资基金的领域不吻合。

常见的项目初步筛选标准如表5-2所示。

表 5－2　　项目的初步筛选标准

标　准	内　容
投资规模	投资项目的数量 最小和最大投资额
行业	是否属于基金募集说明书中载明的投资领域 私募股权基金对该领域是否熟悉 私募股权基金是否有该行业的专业人才
发展阶段	种子期 创业期 扩张期 成熟期
产品	是否具有良好的创新性、扩展性、可靠性、维护性 是否拥有核心技术或核心竞争力 是否具备成为行业中的领先者/行业规范塑造者的潜力
管理团队	团队人员的构成是否合理 是否对行业有敏锐的洞察力 是否掌握市场前景并懂得如何开拓市场 是否能将技术设想变为现实
投资区域	是否位于私募股权基金公司附近城市 是否位于主要大都市

（二）项目进一步考察

由于项目初评只对项目的一些表面信息进行筛选，因此，对于通过初步评估的项目，投资经理需要进行进一步调查研究，对项目进行全面的技术、经济认证和评价，从而更全面地了解项目未来发展前景。项目评估要点如表5－3所示。

表 5-3　　项目评估要点

评估项目	要　点
商业计划书评估	行业特征：目标市场是否是一个不断成长的市场？ 产品或服务的技术开发：技术是否新颖，操作是否简易，技术开发是否可行？市场吸引力、市场可能需求、成长潜力是否够大？ 经营目标与前景预测：分析企业历史经营业绩与未来经营情况，并作出对未来经营的评价。 管理团队成员的能力评估：管理构架与职责安排是否合理？管理层关键人物的经历、职业道德与相关收入作出综合分析。 财务状况与盈利预测评估：对项目未来几年的资金需求、运用与流动状态作出判断，以此作为是否给予资金支持的重要依据。 风险管理与控制评估：识别和评价各种风险与不确定性。 投资收益评估：对融资规模、资金的期限结构、资金的投入方式等作出评价。
技术评估	技术因素评估：产品技术的历史情况；产品技术目前的水平；产品技术未来发展趋势；产品技术的理论依据和在实际生产中的可行性；产品技术的竞争力，产品技术的专利、许可证、商标等无形资产状况；产品技术在同行业所处的地位；政府对产品技术的有关政策。 经济因素评估：项目方案是否成本最低，效益和利润最大？ 社会因素：是否符合国家科技政策和国家发展规划目标；是否符合劳动环境和社会环境；是否有助于人民生活水平的改善和提高。
市场评估	市场容量：是否有足够的市场容量？ 市场份额：直接市场份额及相关市场份额的大小。 目标市场：是否定位好目标客户？目标市场规模是否庞大？ 竞争情况：竞争对手的数量有多少？是否存在占绝对优势地位的竞争者？一般性竞争手段是什么？ 新产品导入率：是否有替代产品？ 市场进入障碍：是否有较高的规模经济性？是否有专利权？是否需要政府审批？
管理团队评估	企业家素质：是否有支撑其持续奋斗的禀赋？是否熟悉所从事的行业？是否诚实正直？是否有很强的领导能力？是否懂经济、善管理，精明能干？是否具有合作精神？是否具有很强的人格魅力？ 管理队伍的团队精神：是否已组建分工明确、合理的管理团队？ 管理队伍的年龄范围：35~50岁之间，既有丰富的实际经验，又有活跃的思想，能较快吸收新知识和新信息。 管理队伍的个人素质：管理队伍应包括精通每个主要部门业务的、能力很强的个人。

续表

评估项目	要　点
退出方式及产业价值评估	退出方式：退出依据是否可靠？最可能的退出方式及各种方式的可能性程度？合同条款中有无保护投资权益的财务条款及财务保全措施等 产业价值：对项目的产业价值、战略前景、产业化途径等进行深入的量化研究。

根据项目企业提供的商业计划书对创业项目进行综合研究评价后，投资经理通常会组织对创业者进行访谈，询问有关问题，并让创业者就一些关键问题做一次口头介绍或讲演。基金经理可通过这次会面获取更多有关项目的信息，核实商业计划书中所描述的创业项目的主要事项，了解私募股权基金能够以何种程度参与企业管理和监控，创业者愿意接受何种投资方式和退出途径，考察创业者的素质及其对创业项目成功的把握。

三、尽职调查

尽职调查是投资者对目标公司的经营状况所进行的现场调查与资料分析，以帮助投资者进行投资分析与决策。尽职调查不同于资产评估、内部审计或由母公司实施的自上而下的各类审查。尽职调查的作用不是用于公司内部的监督与管理，而是首先用于为投资人提供决策依据。尽职调查将帮助投资人了解目标公司的真实经营状况和盈利能力，既包括过去的、现在的和将来的，也包括现实的和潜在的。投资人将依据尽职调查的结果作出是否投资、以何种形式投资的决定，内容包括：

1. 判断投资目标公司是否符合股权投资的投资准则；
2. 评估目标公司的价值；
3. 评估潜在的交易风险；
4. 预测企业发展前景；
5. 探讨合适的交易结构；
6. 考虑收购后的整合问题。

在中国，尽职调查并不是一件轻而易举的事情。多数时候，专业机构出具的尽职调查报告中会附有一份清单，其中列出了那些没有获得的资料或未加验证的信息。实施尽职调查所面临的挑战是来自多方面的。在某些案例中，目标公司企业主为了夸大经营业绩会授意管理人员向专业机构提供虚假的资料，或者为了隐瞒负面信息而拒不提供关键资料。在另一些案例中，尽管企业主同意向股权投资公司开放信息，但管理人员并不能提供有力的配合，资料保管混乱、资料不完整、资料提供不及时是常见的情况。有些管理人员以“应付差事”的态度对待尽职调查。例如，他们会提供那些过期未检的资质证书；也有些管理人员担心在企业被收购之后自己可能得不到满意的职位而产生排斥情绪，故意拖延提供资料的时间。每当遇上这样的情况，项目协调人员就要与企业主和管理层耐心沟通，以获得他们的理解与支持。

尽职调查是一个持续的过程，专业机构的调查人员要对不时出现的问题作出反应。一个问题的发现可能会引起一连串的新问题。例如，当调查发现目标公司在某一阶段产品的产量超过其在该期的销售量和库存变动时，将意味着某些销售量没有被记录或者仓库管理出现问题，进一步的追究可能发现是目标公司为了延迟纳税而将销售收入推迟入账，或者干脆将部分收入存放在某个秘密账户而隐瞒销售收入。随后，调查人员将根据目标公司既定的会计政策将这一部分收入还原，并调整财务报表和财务分析结论。调查人员还会不时地要求目标公司提供新的资料，这是因为从已提供的文件中可以推断出其他文件的存在。例如，当从目标公司提供的一系列贷款协议中发现数笔已到期的银行贷款、且目标公司财务人员称已经偿还了到期贷款，调查人员会进一步要求目标公司提供偿还贷款的证明材料。

投资人可以通过交易结构设计、补救措施、合同条款或放弃交易来处理与收购目标公司相关的现实和潜在的风险。竞争调查常见的调查内容见表5－4。

表5－4　　尽职调查对象及主要内容

调查对象	主要内容
企业实地考察	核实商业计划书的真实性 核实净资产、设备审核以往史料和财务报表 考察组织架构和人事档案
会见管理团队	观察管理团队人员素质 了解他们的经验和专长 管理层成员经验和个性是否相互配合
业务伙伴和前投资者	对项目企业管理者的评价 建立合作和终止合作/投资的原因
潜在客户和供应商	市场空间及市场占有率 市场销路 市场潜力的大小和增长速度 原材料价格、质量和供应渠道情况

续表

调查对象	主要内容
技术专家、行业专家	产品性能、技术水准 是否有替代技术或产品 行业和技术的发展趋势 验证技术的先进性、可行性、可靠性
银行、会计师、律师、证券公司	企业过去的融资、偿债和资信状况 财务报表的准确性 专利、案件诉讼
同类公司市场价值调查	项目企业未来的价值和盈利前景 投入资金所占股份
竞争对手	对项目企业市场竞争力和占有率的评价 对管理人员素质的评价
相关行业企业的管理层	对项目的评估

四、设计方案并撰写投资备忘录

经过初步评估和尽职调查，股权投资机构的工作人员对于企业已经有了全面的认识，了解过去，更对未来有了预期。在这些准备工作之后，可以着手设计投资方案。这种方案涉及多个方面，包括估值定价、资本结构、融资安排、董事会席位、否决权和其他公司治理问题、如何退出等。

在完成评估、设计方案之后，可将前期的工作成果总结成投资备忘录。投资备忘录描述目标企业的主要业务、管理和财务业绩、交易结构、退出策略、预期回报和投资风险，也包括投资顾问做的敏感性分析。如果投资决策机构初步认可项目，则可向目标企业发出投资条款意向书，并准备细节再展开谈判。如果被投资决策委员会否决，则项目到此为止。

五、谈判投资协议条款

在投资意向书中，投资机构会将谈判的具体框架列出来，主要包括估值、投资额度、控制权、交易结构等，这些都是谈判中要逐一解决的问题。谈判在投资过程中是一项艰苦细致的工作，而且由于目标企业的状态和管理团队的情况有所差异，因此每一个项目的投资谈判都会不同。谈判双方势必维护自身的利益，所以在谈判中应有所取舍，比如在估值上的让步，可能会换回投票权方面更好的条件。

六、交易后的管理

交易完成之日，项目的投入过程宣告结束，但随之而来的是更具有挑战的交易后管理。投资机构为了获得高额回报，必须深度介入被投资企业的有关经营和决策。虽然日常的经营管理由管理团队来负责，但大规模的资产处置、资本结构安排、对外融资、对外投资或收购等工作，都会很大程度上由股权投资机构来主导。

七、投资退出

天下没有不散的宴席，股权投资机构迟早会兑现收益或者终止在项目当中的投入。股权投资机构不可能一直在企业当中占据一定的份额，这是由基金的有限存续期决定的。投资者退出有不同的策略和途径，包括出售或者上市等。

第六章
工具和策略：做精明的投资人

为保障投资权益，股权投资者一般选择某种股权或债权工具，来投资所选择的企业。这些股权或债权的表现方式一般包括普通股、优先股、固定利息债券、可转换债券等。

为有效控制风险，私募投资机构有时并不会将全额资本一次性投向投资对象，而是采取分阶段投资的形式，即在投资对象发展的若干个阶段分批地投入资本，并保留在任何一个阶段放弃投资和进行清算的权利。通过分阶段投资，股权投资者对项目的前景进行不定期的重新评估，当项目所蕴含的不确定性不利于项目的进展时，股权投资者可以终止后续的投资从而避免更大的损失，这就构成了对企业的一种协议方式的监管。分期投资是股权投资家用以解决不对称信息条件下委托代理问题的重要手段。

股权投资基金有很多种，按基金投资方向可以划分为创投基金、投资扩展期企业的投资基金、并购投资基金、过桥基金和组合基金；按基金是否有母公司及其与母公司关系，可以划分为独立型基金、附属基金、半附属基金；按基金来源可以划分为国有资金基金、海外资金基金、民间资金基金以及基金的基金等。不同的基金类型有不同的投资策略侧重点。

第一节 你能使用的投资工具

一、国内常用——普通股

【案例】　国内股权投资使用普通股方式

增资扩股：华平和中信资本参与哈药集团的改制过程中，以 20.35 亿元

作价增资哈药取得其45.0%股权

股权转让：PAG接下了“中国童车之王”好孩子集团的67.4%的股权，出让方AIG、SB和第一上海各自获得2~5倍回报

混合使用：无锡尚德在上市前多次采用老股东转让股权和增资扩股方式引进国际战投

通常来说，以普通股入股一是采用增资扩股的手段，企业向引入的海外战略投资者增发新股，融资所得资金全部进入企业，此种方式比较有利于公司的进一步快速发展。另一种是股权转让手段，由老股东向引入的投资者转让所持有的股权（通常是高溢价），满足部分老股东变现的要求，融资所得的资金归老股东所有。一般来说，增资和转让这两种方式被混合使用。

由于相关法律法规的限制，国内绝大多数的股权投资行为，仅使用普通股一种投资工具。普通股通过分享企业的成长可以获取最大可能的收益，但是单一的普通股投资在股权投资中蕴藏着很大的风险。创业企业发展具有很大不确定性，从技术、生产，到市场和管理等方面均面临着各种风险。尤其是不同行业的企业、不同类型的企业、不同发展阶段的企业，所带有的风险各不相同。如果仅仅用普通股投资形式，有时很难满意地化解各种风险、实现合理的回报。

二、国外常见——优先股

【案例】 **华登投资新浪**

1997年8月，新浪以每股1.66667美元作价，向著名华登系的近10家公司售出180万股优先股；1999年4月至5月间，华登以每股2.8美元的价格购入285万余股新浪优先股；1999年10~11月间，新浪上市前的最后一次融资，华登再次以8.32美元购入新浪优先股62万余股。优先股在上市时按照1:1的比例转换成新浪普通股。华登由此获得新浪普通股528万余股。

前后三次融资，华登的平均成本是每股3.07美元、总成本是1600万美元。如果以2013年7月底的新浪收盘价68.97美元来计算，华登的收益高达3.5亿美元。当然，华登没有将新浪的股份持有那么久。

在国外，常见的安排是股权投资者以优先股（或可转债）入股，通过事先约定的固定分红来保障最低的投资回报，并且在企业清算时有优先于普通股的分配权（见表6-1）。

表 6－1　　美国股权投资方式使用情况

方式类型	早期阶段	晚期阶段
可转换优先股	96.46%	88.4%
债券	2.1%	9.5%
普通股	2.0%	3.9%

资料来源：Jeffey J. Trester (1997), Venture Capital Contracting Under Asymmetric Information。

优先股较普通股而言，其股东享有优先的红利分配权和清算时的优先受偿权，但优先股往往无表决权。可转换优先股票是指其持有者可以在一定时期内按一定比例或价格将优先股票转换成一定数量的本公司普通股票的优先股票。假如公司盈利能力好，持有者可以转化成普通股股票，假如公司盈利能力不好，则优先股股东有权利在普通股东之前，先把投入的钱拿回来。

优先股在清偿次序上优先于普通股。如股权投资公司以可转换优先股进行投资，在企业被收购时，股权投资公司可以先于企业家收回投资，从而可以避免蒙受损失。如果企业没有被收购，经过几年的发展准备公开上市，股权投资公司则可以把优先股按照一定的比价转换成普通股，分享公司上市的利益。

可转换优先股条款通常应包含如下内容：可转换优先股的转换价格、转换比例、优先股自动转换的条件。例如约定当企业首次公开发行时，可转换优先股就自动转换为普通股，附带的限制性条款也随之消除；或是在被投资企业达到一定业绩要求后，也可以自动转换。虽然优先股股东通常没有表决权，但股权投资者通常以可转换优先股的形式要求表决权，以求尽量控制企业董事会。这一机制可以为增减创业企业家的报酬、分发红利、调整优先股可转换比例等补救措施提供有效的保证。

三、降低风险——可转换债券

【案例】　　华平投资国美

2006 年 2 月，华平认购国美电器发行的 1.25 亿美元可转换债券及 2500 万美元认股权证。一旦债券及认股权证获悉数转换及行使，华平将持有 1.7668 亿股普通股，占国美电器总发行股本约 9.71%，成为国美电器的第二大股东。

可转换为股票的特种债券，持有人除可获得债券的固定利息以外，还有权在特定时间以约定条件（转换期限、转换价格等）将债券转换成普通股股票。可转换债券具有债券和股权双重性质，既有安全性，又有成长性和高度灵活性，能起到灵活调节风险收益组合的作用。

四、复杂创新——嵌入式期权

【案例】 发行人选择可转换债券和收益保障投资

“发行人选择可转换债券”，它是一种在可转换债券上再嵌入一个期权的新金融工具，这个新期权允许发行人选择支付方式：现金或第三方股票。例如，1991 年 Landeskreditbank Baden – Wuerttemberg（LKB）发行了该种债券，它允许发行人到期选择支付现金或 5 股德国化学银行股票，投资者由于向发行人提供这一期权而获得的比正常的同类债券高 1% 的利率回报。

“收益保障投资”（guaranteed return on investment，GROI）的金融工具，它首次由瑞士银行公司于 1991 年引入。它是一种 1 年期的投资工具，投资者可以在安全性和收益的三种组合中任选一种，这三种组合分别是：有担保收益为 7%，如果瑞士市场指数（Swiss Market Index）较好则还可能有 2.03% 的红利；有担保收益为 0，红利可能为 24.72%；有担保收益为 4%，但潜在的红利加起来总收益可达 16%。实际上，“收益保障投资”可以看成是债券和一个带不同协定价格水平的买权的复合物。

嵌入式期权是指在其他金融工具上“嵌入”一个选择权，而不一定是一个完整的期权工具。这种嵌有期权的创新金融工具有时也称“期权杂交”（option hybrid），它是品种最多、最为常见且运用最为广泛的一类期权，代表着期权发展的一个方向。

嵌入式期权有其特点：第一，期权可能有多个协定价格，如“收益保障投资”中的期权有三个协定价格。第二，期权的权基可能是离散变量，具有不连续性，例如，飓风债券的期权就是以规定的飓风是否出现这个变量为权基的，该变量只有两个值：出现或不出现。第三，期权的协定价格不一定是权基变量的值。在股票期权一类的常规期权中，协定价格就是权基的某个值，如协定价格每股 50 元，就是股票价格这一变量的一个值。但是，在嵌入式期权中，协定价格可能不是（或不直接是）权基变量的值。

例如，债券中嵌入可赎回期权，赎回价格即为协定价格，它是债券价格变量的一个取值，与赎回期权是否执行无关。因为发行者赎回债券的原因有多种，而这些原因与债券价格之间不一定有直接关系。一般来说，判定期权是否执行的依据即为该期权的权基变量。这种方式既能将投资失败的损失最小化，又能在创业企业的成功中享受高收益的方式，但操作复杂。

五、我国“迂回优先股”的探索

优先股这种西方国家普遍存在的股份种类在我国没有被采用，因为我国《公司法》没有“优先股”的概念。虽然我国还没有优先股，但类似的安排以及惯用的条款已经在我国得到应用。

【案例】　　凯雷入股新世界教育集团

2007 年 9 月，全球私人股权投资公司凯雷投资集团宣布，旗下亚洲增长基金斥资 2000 万美元入股新世界教育集团。虽然相关投资细节没有宣布，但据上海长宁区瀚一律师事务所律师透露，凯雷投资集团完成了其对新世界教育集团的 A 系列优先股股权投资。

鉴于国内投资市场的一些政策限制，国外股权投资机构进入时，一般不选择直接投资中国企业的本土实体，而要对企业进行改制，通过成立海外离岸公司或购买壳公司，将境内资产或权益注入壳公司，使国内的实体企业成为其子公司，以壳公司名义在海外证券市场上市筹资。这种方式俗称“红筹上市”。这样，就可将境内资产的收入和利润合法地导入境外控股母公司。股权投资机构对中国企业的投资股权设计，都将发生在管制宽松的离岸。比如盛大网络，由于监管部门规定互联网内容提供商的经营牌照必须掌握在中国公司手里，那么构造上述通道来引渡资产，就成了不可或缺的安排。

【案例】　　尚德海外控股

“尚德太阳能”，就是在英属维京群岛成立由施正荣控制的 Power Solar System Co.，Ltd.，再通过该 BVI 公司收购了中外合资企业无锡尚德太阳能电力有限公司原有股东的全部股权，从而使其成为实际持有“无锡尚德”100% 权益的股东。此后在上市过程中，又在开曼群岛成立了“尚德控股”，通过以“尚德控股”的股票与该 BVI 公司股东的股票进行换股，实现了“尚德控股”间接持有“无锡尚德”100% 的权益，从而完成了境内企业的权益进入海外上市主体的目标。

另外，优先股投资往往附带业绩奖惩条款即对赌条款。股权投资者对融资企业的投资主要依据于企业未来经营业绩的预测。为保证其投资物有所值，股权投资者会在股权投资协议中约定估值调整条款，即如果企业实际经营业绩低于预测的经营业绩，投资者会要求企业给予更多股份，以补偿投资者由于企业的实际价值降低所受的损失。相反，如果企业实际经营业绩高于预测的经营业绩，投资者会拿出相同股份奖励企业家。

【案例】　　蒙牛对赌条款

国际私募基金投资蒙牛乳业股份认购协议中就有著名的对赌条款，幸运的是蒙牛赌赢了，实现三年复合增长率高于50%，获得私募投资者不超过7830万公司股票的奖励。

第二节 投资需要分阶段

【案例】　　苹果和联邦

苹果电脑公司上市前获得过3个轮次的风险资本的支持。第一轮次的风险资本的投入是在1978年1月，股权投资家投入了51.8万美元的风险资本，投资价格为每股0.09美元。第二轮次的投资是1978年9月，此时苹果电脑公司创业较为顺利，前景也很好，股权投资家投入了70.4万美元的风险资本，投资价格是每股0.28美元。第三轮次的投资是在1980年12月，股权投资家投入了233.1万美元的风险资本，投资价格涨到每股0.97美元（见表6－2）。

表6－2　　苹果电脑分阶段投资的股份与股价变动表

资本来源	日期	投资额（万美元）	总计（万美元）	认股数（千股）	总股数（千股）	认股比（%）	资产值（万美元）	股价（美元）	终期股比（%）
创业企业家	1978.3	1	0.1	16640	16640	100	0.1	0.00	30.7
创业企业家	1978.11	11.5	11.6	10840	27120	38.6	29.8	0.01	19.3
股权投资家	1978.1	51.8	63.4	5520	32640	16.9	306.2	0.09	10.2
创业企业家	1978.7	42.6	106	4736	37376	12.7	336.2	0.09	8.7
股权投资家	1978.9	70.4	176.4	2503	39879	6.3	1121.6	0.28	4.6
股权投资家	1980.12	23.3	409.5	3427	43306	5.5	4206.1	0.97	6.3
上市	1980.12	10120	10529.5	10909	54215	8.5	119273	22.0	20.1

数据来源：刘键钧：《创业投资原理与方略——对“风险投资”范式的反思与超越》，中国经济出版社2003年版，第276页。

另外，可以比较的是，对联邦快递公司的股权投资也分为三期，第一期发生于1973年9月，以每股204.17美元的价格投入了1225万美元；第二期发生于1974年3月，以每股7.34美元投入640万美元；第三期发生于1974年9月，以每股63美分投入388万美元。

有趣的是，在两个分期投资的案例中，投资的股票价格一个随着企业价值的增长而提高，这是符合投资规律的，另一个却随着企业的价值增长而降低，这多少令人费解。经有关专家介绍，这主要是因为股权投资的股票定价参考股票的市场价格，在对联邦快递投资的过程中，正好遇上股票市场价格“大跳水”，所以对联邦快递投资时的股票作价越来越低。

一、不同阶段风险各异

风险企业不同的成长阶段，企业所需的投资、面临的风险以及投资者投资增值的机会和空间都是不同的。例如，产业公司进行股权投资的主要目的不在于某一项具体的投资项目本身带来的高额利润，而在于介入和控制更多的高技术企业，获取和控制更多本行业的最新技术。因此，在种子期和创立期提供资金上具有更多的动力。因为从种子期开始介入，是控制和把握潜在领先技术的有效方法，而对于一般股权投资基金通常具有中度风险偏好，股权投资可集中在风险企业发展的中间阶段（成长期、扩张期）。

中国风险投资研究院（CVCRI）调查研究报告显示，2010年，在披露投资阶段的740个被投资企业中，成长期企业最受股权投资机构关注，投资成长期企业的案例数量占总案例数的30.54%；投资案例数量居第二位的是扩张期企业，占案例总数量的22.16%。从投资金额上看，扩张期企业最受厚爱，所获投资金额占投资总额的27.09%，其次是PIPE类投资，所获投资金额占比17.27%（见表6-3）。

表6-3　　2010年中国股权投资阶段分析

阶　段	初创期	成长期	扩张期	成熟期	Pre-IPO	PIPE	合计
数量（个）	156	226	164	113	51	30	740
比例（%）	21.08	30.54	22.16	15.27	6.89	4.05	100
金额（亿元）	70.20	106.19	192.80	111.62	108.06	122.90	711.78
比例（%）	9.86	14.92	27.09	15.68	15.18	17.27	100

数据来源：CVCRI。

二、美国首轮投资不超三成

在投资轮次上，分期投资策略是美国股权投资机构最常用的方式之一。2010 年，美国股权投资首轮投资金额为 43.49 亿美金，而后续轮次投资为 176.26 亿美金，首轮投资占总投资的比例仅有 19.79%（见图 6－1 和图 6－2）。可以看出美国股权投资机构在首轮投资比重较低，一般首轮投资不会超过总投资额 30%，说明美国股权投资机构对分阶段投资策略较为认可。

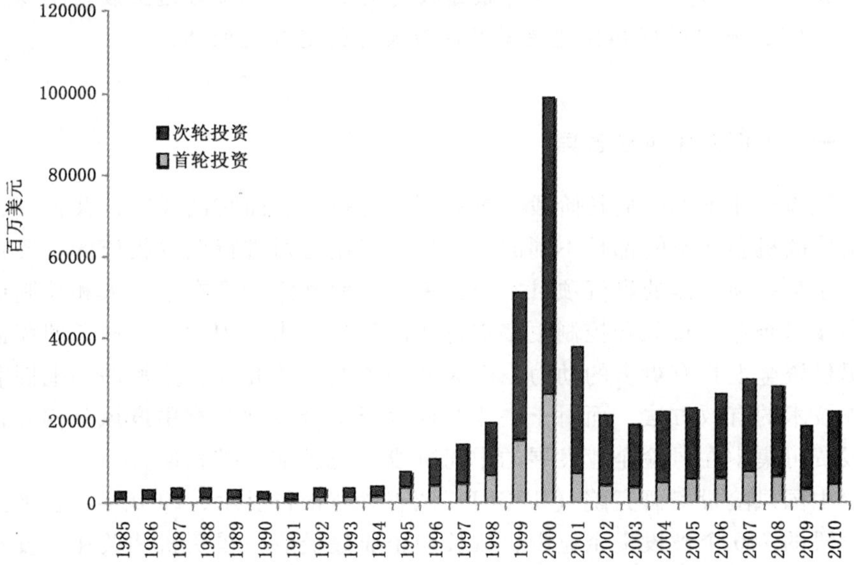

图 6－1　美国股权投资首轮投资和后续轮次投资金额变化情况

三、我国首轮投资过六成

相比之下，我国股权投资机构虽也运用分阶段投资的方式，但由于对企业控制权和投资成本的考虑，首轮投资依旧占据主要份额，多轮投资的案例偏少，说明我国股权投资机构对分阶段资本注入进行相机治理的运用还不成熟。一方面原因在于我国股权投资机构在投资初期对被投资企业控制权的看重，另一方面在于被投资企业与股权投资机构的博弈，对后续投资中股权结构进行限制，可能导致股权投资机构无法运用阶段性资本注入这一方式。

中国风险投资研究院（CVCRI）调查研究报告显示，在调查的共有 712 个项目披露了投资轮次，涉及投资金额 673.65 亿元。其中第一轮的投资项目数量和金额都是最高的，分别占总量的 74.86% 和 64.41%；紧随其后的

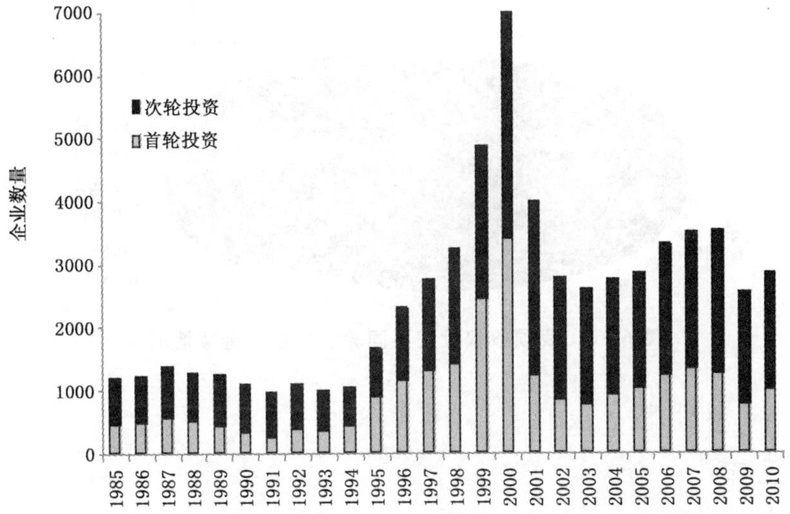

图 6－2　美国股权投资首轮投资和后续轮次投资数量变化情况

是第二轮投资，投资数量和金额分别占总数的 16.15% 和 14.72%（见表 6－4 和图 6－3）。

表 6－4　　我国股权投资不同轮次数量和金额情况

轮　次	第一轮	第二轮	第三轮	第四轮	其他	合计
数量（个）	533	115	36	5	23	712
比例（%）	74.86	16.15	5.06	0.70	3.23	100
金额（亿元）	433.87	99.18	67.53	2.27	70.80	673.5
比例（%）	64.41	14.72	10.03	0.34	10.51	100

数据来源：CVCRI。

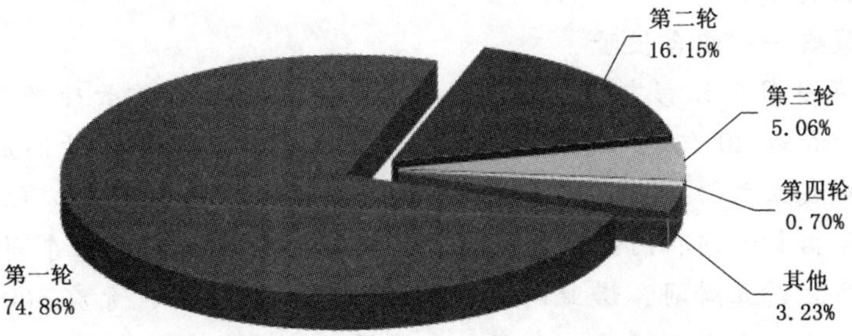

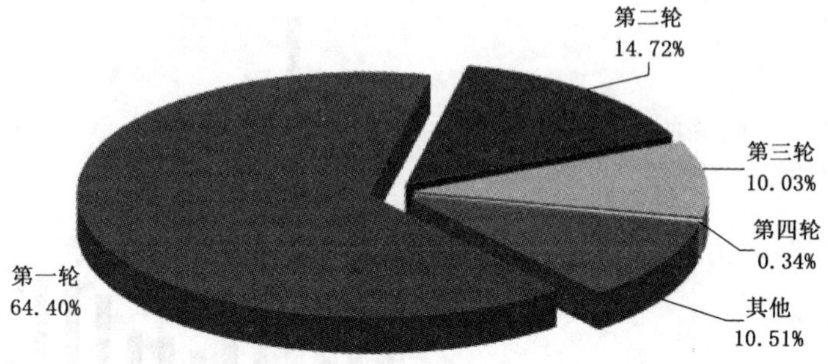

图 6－3　我国股权投资不同轮次数量和金额情况

第三节 投资中的“三十六计”

股权投资是一把双刃剑，高收入与高风险并存。尽管决定股权投资成败的不确定因素很多，但股权投资仍有模式和规律可循。遵循这些模式和规律进行投资操作，有助于控制风险、减少损失、提高效益，使总体收益大于亏损。

【案例】　红杉资本的投资策略

红杉资本于 1972 年在美国硅谷成立，是当今硅谷风头最劲的风险投资家。在成立之后的 30 多年之中，红杉作为第一家机构投资人投资了如 Apple、Google、Cisco、Oracle、Yahoo、Linkedin 等众多创新型的领导潮流的公司。截至目前，总共投资超过 500 家公司，200 多家成功上市，有 100 多个通过兼并收购成功退出的案例。

投资策略一：组合投资

2005 年 9 月，红杉中国成立，红杉资本中国团队目前管理约 20 亿美元的海外基金和近 40 亿元人民币的国内基金，用于投资中国的高成长企业。红杉资本自成立之初，一直秉承着组合投资的理念来分散风险。红杉中国的投资组合包括新浪网、阿里巴巴集团、酒仙网、万学教育、京东商城、文思创新、唯品会、豆瓣网、诺亚财富、高德软件、乐蜂网、奇虎 360、乾照光电、焦点科技、大众点评网、中国利农集团、乡村基餐饮、斯凯网络、博纳影视、开封药业、秦川机床、快乐购，蒙草抗旱、匹克运动等。

投资策略二：专业化投资

作为红杉资本的创始人，唐·瓦伦坦的风格决定了其投资策略方向。所谓唐·瓦伦坦的风格可以归纳为一句话：“投资于一家有着巨大市场需求的公司，要好过投资于需要创造市场需求的公司”。因其过于强调市场对一家公司的意义，多年以来，这句话被引申为更通俗的“下注于赛道，而非赛手”。自此，这一个人倾向的论述成为一家风险投资公司连续30年的风格取向。

投资雅虎和Google正是这种战略的一个成功案例，更为典型的是投资X. com。当多家投资公司同时看好时，它突然经历了一次员工集体辞职，令其他投资商望而却步。但当时红杉资本的资深合伙人迈克·莫瑞茨（Michael Moritz）未改初衷，并最终将其出售给eBay，大赚一笔。当问及为什么当时采取“火中取栗”之举时，莫瑞茨最直接的回答是：“我们依旧相信该市场前景”。此外，红杉资本著名的投资还包括博客公司Sugar Publishing、天气预报网站Weatherbug、一次性相机销售公司Pure Digital、服务于50岁以上人群的网站Eons、借记卡发行公司Greendot、在线游戏租赁服务公司Gamefly、网络通讯簿Plaxo、电子商务公司Red Envelope和Zappos、旅游网站Kayak、手机游戏公司Digital Chocolate、用纳米技术制造下一代锂电池的A123、培训软件公司Saba和印度的商务流程外包服务商24/7 Customer等。所有这些公司都与流行的资本概念毫不沾边，但是所有这些公司，都拥有着广阔的提供增值服务的空间。比如天气预报网站Weatherbug，它费心搭建了一个北美洲最完整的天气预报信息网络，如果这些信息能够让大量用户养成在这里了解天气的习惯，它就能提供与天气情况对应的每天的饮食、衣着、旅游等增值服务——这些内容，都可能成为广告销售源头。

投资策略三：控股投资

2008年2月，红杉资本中国基金正式宣布控股投资邮购巨头麦考林，通过收购其大部分股权成为麦考林的绝对控股方，这是红杉资本中国基金迄今为止单词投资和第一个控股收购项目。麦考林国际邮购有限公司（Mecox Lane）成立于1996年1月8日，是中国第一家获得政府批准的从事邮购业务的三资企业。成立之初，麦考林团队对中国市场缺乏全面认识，战略定位失误，1999年仍然亏损。随着2000年前后互联网的兴起，他们成立了电子商务公司网站，从“邮购”转型为“网购”，并经过随后人员、目标客户和产品线重整“三部曲”之后，2001年，公司现金流转正。经过随后的进一步战略调整，麦考林核心竞争力获得了大大提升。2007年9月，红杉资本开始接触麦考林公司，2008年2月28日，红杉资本用8000万美元收购了华平集团以及其他少数股东持有的股份。至此，麦考林成为红杉中国控股收购模式下的处女作。

投资策略四：联合投资

2007 年 5 月 10 日，红杉资本中国联合英特尔资本（Intel Capital）、美国红点创业投资（Redpoint Ventures）（为美国知名社交网络公司 MySpace 的投资商）和 SIG 联合投资千万美元给中国最大博客社区 51. com。红杉资本先后两次参与 51. com 投资，2006 年 5 月，红杉资本中国（Sequoia Capital China）领头，海纳亚洲（SIG）参与 51. com 第一轮投资，2007 年 5 月是红杉资本联合参与 51. com 的第二轮投资。

上述案例介绍了红杉资本的投资策略和风格，这是一家风险投资基金所采取的典型投资策略，事实上，不同的股权投资基金所采取的投资策略也会有所不同，尤其是对于不同投资阶段的投资基金而言，其投资策略更会因针对企业所处投资阶段的不同，投资策略和风格迥异。为更好地分析股权投资基金的投资策略特征，下面，我们按基金的投资阶段分类，选取其中主要的、有特点的类型进行分析。

一、风险投资基金的投资策略

风险投资基金（Venture Capital Investment Fund）也即创投基金，主要投资种子期和成长期的高风险企业。作为股权投资最早的形式，VC 是当今国际股权投资基金的主要构成，它主要投资 TMT（Technology，Media，Telecom）领域，通过发现那些新近成立或快速成长的新兴公司（主要是高科技公司），在承担很大风险的基础上，为融资人提供长期股权投资和增值服务，培育企业快速成长，数年后再通过上市、兼并或其他股权转让方式撤出投资，取得高额投资回报的一种投资方式。

风险投资的特点、性质决定了必须采取与之相适应的投资方式，才能降低失败率，提高成功率，确保高收益；否则，投资效果不理想，损兵折将，严重者，全军覆没。只有高风险，没有高收益。组合投资，联合投资，控股或联合控股、序列投资、事前签约等为常用的投资方式、投资策略。

（一）组合投资

Markowitz 等人的现代投资组合理论说明，若干投资的总收益等于这些个别投资收益的加权平均，若干投资的总风险不等于个别投资风险的加权平均，而是比它要小。相反，投资组合的风险，将随着组合的投资种类的增加而降低。在美国风险投资家已经注意到，风险资本分散投到 30 个以上的项目时，就会形成一个平均收益率，这一收益接近于美国全部运营风险资本的平均收益率。实践说明，分散投资的项目应在 30 个以下较好。国外风险投资家投资的企业数一般都在 10 个以上。如硅谷的创业投资家钱伯斯（Frank Chambers）就投资创立了 50 多家公司，投资家罗克（Arthur Rock）也参与创立了 50 多家公司，其中其中包括英特尔的苹果公司。梅尔彻（Jack Melchor）在硅谷资助创立了 70 家公司。他们投资的公司数都超过 30 家以上，这不是同时投资这么多公司，而是滚动投资先后总共投资的公司数。

（二）联合投资

联合投资是风险投资公司常用的另一方法。这样做的目的，一是为了分散风险。有些项目需要巨额投资，风险大，单靠一家风险投资公司投资，难以承受，二是为了获得投资数量规模效益。要选择合适的伙伴进行联合投资，风险投资家必须拥有储存其他风险投资家信息的数据库，方便联络。对风险极高和投资量极大的项目来说，选择有丰富经验的其他风险投资家来说是很重要的。

（三）控股或联合控股

风险投资是以企业上市转让股权或股票获取丰厚收益为原则。尽管风险投资不以控制企业的所有权为目的，但如果不持有股份，对企业不拥有部分管理权与控制权，即使风险企业发展壮大，净资产大幅度增加，投资者也难以分享这一成果。因此，风险投资家在企业的早期阶段，一般要求拥有企业经理的授予权与罢免权，从而有效地控制和防范风险，确保风险投资的高回报率。

（四）序列投资

风险投资投入到风险企业中去并不是一次性的，要分几轮分批投资。在每轮的投资后，风险投资家要时时地与风险企业保持联系，及时发现问题。发现问题后，经过认真研究和对企业考察一段时间后，如认为企业已无发展前途，就应当机立断，放弃该企业。尽管这可能使原先的投资只能得到部分补偿或血本无归，但这也比继续投资好。如果继续投资，损失会继续扩大；立即停止，损失就会被控制在一定的范围内。如果企业发展的趋势良好，则可以继续追加投资，扩大成果。

（五）事前签约

一项规范、考虑周到的协议合同，不仅能很好地保护双方的利益，而且还可以在出现问题时处于主动地位。风险企业是高风险企业，未来发展过程中肯定会遇到各种问题或麻烦，如果事先能预见到这些问题并在协议中规定，就可以避免双方的冲突，一般来讲，投资协议主要包括确定股份和资本结构、保护投资等信息。

二、并购基金的投资策略

并购基金（Buyout Fund，BF），是专注于对目标企业进行并购的基金，其投资手法是，通过收购目标企业股权，获得对目标企业的控制权，然后对其进行一定的重组改造，持有一定时期后再出售。

并购基金在国际私人股权投资基金行业中占据着统治地位，占据每年流入私人股权投资基金的过半资金，相当于风险投资基金所获资金的一倍以上。并购基金与其他类型投资的不同表现在：风险投资主要投资于创业型企业，并购基金选择的对象是成熟企业；其他私募股权投资对企业控制权无兴趣，而并购基金意在获得目标企业的控制权。并购基金经常出现在 MBO（Management Buy Outs，管理层收购）和 MBI（Management Buy In，管理层换购）。

（一）杠杆收购

杠杆收购（Leveraged Buyout LBO）是企业并购的一种特殊形式，其实质是以债务资本为主要资本来源，通过收购者的大量举债支付并购所需资金，而这些债务大多是以目标公司的资产或者未来现金流为担保获得的。它主要是运用财务杠杆加大负债比例，以较少的资本融得数倍的资金，完成对目标企业的收购，然后通过加强管理，使目标企业产生较高的盈利能力，再伺机出售或者进行经营的一种资本运作方式。从本质上看，这是一种以小搏大、高风险、高收益、高技术性的经济运作方式，因而对资本充满了诱惑力。

（二）收购后的资本增值管理

随着全球金融市场的逐步成熟，收购后通过对目标公司的公司治理和价值创造来实现股东价值最大化将是私募股权基金的重要目的和任务。

并购基金对企业收购的成功离不开对企业的成功管理，从而实现资本的增值，而其中最关键的就是企业的整合战略，整合战略是否成功决定了并购基金能否实现高收益并顺利推出，简单来说，收购后的整合主要分为以下几个方面：一是要妥善且迅速地进行企业整合以保证持续的价值创造；二是要确定有利的产业发展方向，尤其是主营业务突出；三是要保证企业禁得起风险的考验，保证其持续经营；四是，对收购企业管理层的有效激励是收购之后必不可少的工作，主要有两个方面，即管理层收购和股票期权。

三、夹层基金的投资策略

夹层基金（Mezzanine Fund）是杠杆收购特别是管理层收购（MBO）中

的一种融资来源，它提供的是介于股权与债权之间的资金，它的作用是填补一项收购在考虑了股权资金、普通债权资金之后仍然不足的收购资金缺口。国内目前采用的术语 MBO 基金，实际上指的就是夹层基金。对目标企业来说，夹层资本通常提供形式非常灵活的较长期的融资，这种融资对股本的稀释程度小于股市，并能根据特殊需求作出调整。夹层资本的主要投资形式是可转换债券和可转换优先股等投资工具。对于一个夹层基金而言，其投资策略主要要考虑如下几条：

（一）基金收购方式

夹层基金收购的支付支付方式是全现金收购，而非换股收购，所以收购融资至关重要。在一项典型的 MBO 融资结构中，资金来源包括三个部分：

1. 购买价格的10%由管理层团队提供，这部分资金形成了购并完成后重组企业的股本资本。

2. 购买价格的50%～60%由银行贷款提供，这部分资金形成了高级债权，有企业资产作抵押，一般是由多家银行组成的银团贷款。

3. 30%～40%的购买资金由夹层基金提供。

（二）基金贷款利率

夹层基金一般提供的是无抵押担保的贷款，因此，贷款偿还主要依靠企业经营产生的现金流（不过有时也考虑企业资产出售带来的现金流），基金的贷款利率要求比银行贷款利率高。一般夹层基金贷款的利率是标准货币市场资金利率（如 LIBOR）加上3%～5%。另外，如果在三五年后企业运行顺利，基金一般还要求获得一笔最终支付，这笔最终支付一般是由企业发行可认购普通股的认股权证（WARRANTS）予夹层基金。

（三）基金的投资模式

根据目标企业的的融资需求，夹层投资可以采取的投资模式主要有如下五大类：第一，针对业务发展的夹层投资模式，包括对目标企业增资或收购母公司所控子公司的部分股权，使母公司获得发展需要的资金。第二，针对新项目的夹层投资模式，包括直接投资新项目的建设，或者收购母公司所控股子公司的部分股权，资金回到母公司层面，用于新项目。第三，针对并购的夹层投资模式，具体是指与企业共同对目标公司实施并购，提供资金杠杆。第四，针对特殊目的的夹层投资模式。企业发展过程当中，总有一些特殊目的的发展诉求，比如管理层收购、解决上市公司资产注入问题、替换软贷款等等，夹层投资可以针对这种企业特殊的目的进行投资。第五，其他类，比如企业发展前景好，有资本金需求，这就可能存在夹层投资的机会。

四、重振资本的投资策略

重振资本（Turnaround）是专门针对已经成熟，但在经营过程中曾受到某方面的打击而遭受挫折的企业进行投资的基金。这些企业通常都曾经历辉煌，只要有资金注入即可重振雄风。2007 年新增的唯一一起重振资本案例，中投公司（CIC）首笔投资而逐渐走进国人视野的黑石集团所投。2007 年 9 月，黑石集团正式宣布出资 6 亿美元购入蓝星集团 20% 的股权，这是黑石集团对中国企业的首笔投资，也是目前私募股权投资基金在中国非金融类企业的最大一笔单笔投资，在 2008 年 1 月 10 日已经由发改委审批通过。

尽管大多数重振资本都是不同的，没有固定的模式，但是它们的成功还是具有一些共同的要素：第一，企业具有核心的生存能力；第二，重组的技巧和经验；第三，重振的财务支持；第四，重振的经营管理。经验表明，一旦企业具有核心的生存能力，重组的目标就较容易实现。接受重振资本的企业不一定是未上市的企业，也有可能是已经上市的但是发展陷入困境的企业。重整资本可能通过收购这类上市公司的股份，帮助公司重新发展，从而实现公司的重新上市，或者把公司从退市的边缘挽救回来。

五、上市前资本的投资策略

上市前资本投资（Pre－IPO），又称过桥投资，是专门针对投资过渡期的企业或者上市前企业，用于解决目标企业改善财务结构的上市前融资需求而投资的基金。同投资于种子期、初创期的风险投资不同，该基金的投资时点在企业规模与盈收已达可上市水平时，甚至企业已经站在股市门口。因此，该基金的投资具有风险小，回收快的优点，并且在企业股票受到投资者推崇情况下，可以获得较高的投资回报。在近几年，在美国、欧洲、香港等资本市场上，已经有基金管理公司专注投资于上市前期企业。规模较大的投资基金，如高盛、摩根士丹利等，在其投资组合中，Pre－IPO 投资也是重要的组成部分。此类投资的着重点在于目标企业已初步达到首次公开发行（IPO）的条件，其资金在短期内即能获利套现。如蒙牛乳业就是在 IPO 前获得摩根士丹利、鼎晖投资和英联投资三家 PE 的过桥投资，改善了财务结构，从而顺利在香港上市。

Pre－IPO 基金投资收益的实现，主要通过两种策略来实现。

（一）提高企业自身的能力

一些实力较强的投资基金或战略型的投资基金，还会为企业引入管理、客户、技术、上市服务等资源，为保护自身利益，也会要求企业建立规范的法人治理结构。如投资无锡尚德的高盛可以为其提供高质量投资银行服务，投资于李宁公司的 SGIC 帮助李宁公司实现家族式管理向规范化管理的过渡，投资于百度的 GOOGLE、建设银行的美国银行可以为其提供专业经验等，这些也有助于提高企业的盈利能力与资本市场运作能力。

（二）提高企业的资本市场形象

从 Pre - IPO 基金的投资管理流程上讲，Pre - IPO 基金为了控制自己的投资风险，在投资之前，将会对企业的业务、法律、财务、管理团队、上市的可能性进行详尽的尽职调查，并且 Pre - IPO 基金作为专业机构，具有强于普通投资者的行业分析与价值判断能力，因此 Pre - IPO 在对普通投资者起到了“先吃螃蟹”的示范作用，特别是声誉良好的一些基金会提升企业的资本市场形象，如摩根士丹利对于蒙牛乳业，这些均有助于提升公开市场上投资者的信心。但是，也有观点认为，Pre - IPO 基金为了投资获利，其进入企业时，对企业股份的估值要求低于企业股份在资本市场上的预期值，如果企业如果将 Pre - IPO 基金进入占有的股份在公开资本市场上出售，其所融入的资金将高于引入 Pre - IPO 基金获得的资金。Pre - IPO 基金将逐步退出，如果其退出速度过快，会引起企业股价大幅下降，不利于企业后续再融资。从香港与美国股票市场的经验来看，应该采用市场化原则的方法来发展 PRE - IPO 基金，这是至关重要的。通过市场化的运作，在竞争中优胜劣汰，这些基金才汗重树立良好的信用，去保护小股东与企业的利润，争取其信任。但如果同以往一样，采用核准制、牌照等行政方式，只会产生一批效率低下的基金管理企业。从实务完全可以证明这一点，目前国内有大量的资金在寻找 PRE - IPO 期的企业，在竞争中已经浮现一些具有较好品牌与较强实力的 PRE - IPO 基金管理公司。

第四篇

投资方视角之 投资之策

第七章
选择创业企业的考察标准：独具慧眼

股权投资基金到底青睐什么样的项目？他们选择项目的标准是什么？是不是仅仅偏好高科技、新技术一类的公司？实际上，伴随股权投资行业的发展，其所投行业也越来越广泛，从高科技的互联网公司到生物基因公司，从养奶牛的到卖鸡蛋的，从洗脚房到美容院，从种玉米的到卖大米的，风投早已把触角伸到了各行各业。

我们先看一个案例。

【案例】　　　　　　　　　　　　　如　家

一、融资方简介

如家的创立源于2001年，携程网的一位网友在网站上发了帖子，抱怨携程网上预订宾馆的价格偏高，这引起了商业嗅觉极其敏感的季琦的注意，于是他对携程网上的订房数据进行了分析。发现在携程提供预订的酒店中，客房出租率平均在70%~80%，但有两家没有星级评定的小酒店，客房出租率却保持在90%以上，甚至常常客满，这就是中国最早引入连锁经营模式的经济型酒店——锦江之星和新亚之星。

携程的团队很快对经济型酒店相关资料和市场需求进行调研分析。最终，携程团队决定进军经济型酒店市场。2002年6月，由中国资产最大的酒店集团首旅国际酒店和中国最大的酒店分销商携程旅行服务公司共同出资组建如家快捷酒店。经过短短几年的发展，如家后来者居上，成为中国最大额经济型连锁酒店企业，2006年10月赴纳斯达克上市，成为中国酒店业海外上市第一股。

二、投资动因分析——IDGVC为何投资如家

IDGVC的投资向来瞄准中国的高科技企业，尤其是在国际互联网、信息

服务、软件、通讯、网络技术、生物工程以及生命科学等领域。而如家处于传统的酒店行业，2002 年携程最初向 IDGVC 寻求投资时，起初 IDGVC 并没有太大的兴趣，那么最终选择投资如家的原因为何？

1. 目标市场前景广阔。经济的连续增长和旅游需求的逐渐旺盛，正催生出一个庞大的住宿市场，但当时国内酒店行业的发展呈现出不均衡现象，2002 年我国建成的酒店呈现明星的“中间小、两头大”的不合理态势，即质好价高的高星级酒店和质次价低的社会旅馆数量大，而质量与价格较适中的很少，特别是在国内有一定规模的连锁的经济型酒店就更加少了。如家创立之前，国内稍有规模的就是锦江之星和新亚之星，且旗下 13 家酒店集中在华东地区。可见，2002 年前后国内经济型酒店行业竞争非常小。

在这样弱竞争环境下，仅有的锦江之星坚持认为土地增值的收益不容小看，而忽视了发展连锁店的经济利益，因此一直采取以自建直营模式为主的全国市场拓展策略。这一模式所造成额巨大资金压力，直接限制了企业的发展速度。考虑潜在的新进入者，尽管进入经济型酒店的门槛较低，但当时中国国内的经济型酒店行业才刚刚起步，根据发达国家经济型酒店与星级酒店 7∶3 的比例，国内经济型酒店市场远未达到饱和。另外，如家的上市目标明确，因此放弃了锦江之星的自建直营模式，而采取租赁的扩张方式，可避免因资金压力导致的减缓连锁扩张速度。

2. 优秀的管理团队。在 IDGVC 投资如家的决策过程中，团队是最核心的考察因素。被称为“永不停歇的创业者”在 IT 技术及应用方面经验丰富的季琦；有着深厚投行背景并深知资本市场运作规律的沈南鹏；理性务实并有酒店行业管理经验的梁建章；善于经营的范敏，他们曾经成功创办了携程旅行网。“由原来搞旅店的专家，加上新兴行业如从 IT 出来的人，把这些东西揉到一起，组建一个连锁酒店运营的团队，这种思路的做法在国内来讲如家是第一家。原来搞酒店的专家加上 IT 精英，产生的竞争力会非常强。”IDGVC 副总裁章苏阳曾说。如家的这个和谐团队组合是 IDGVC 选择投资如家的关键因素之一。

3. 上市目标明确、盈利能力显著。在 IDGVC 进入如家之前，如家已经经营了七八个月，共创营业额 2000 万元，实现了盈亏平衡，甚至略有盈利（100 万元人民币左右），而在宾馆酒店行业，通常新店的前 3 ~ 4 年是亏损的。这一数据显示了如家强劲的盈利能力。与锦江之星不同的是，如家采取的是租赁经营模式，发展快速，并荣获 2002 年“中国饭店业集团 20 强”。

表 7 - 1 所示是位于二级城市一级地段的如家酒店模拟收益。以一家建筑面积 4200 平方米，120 间客房，年平均出租率 80%，平均房价 164 元，特

许 8 年期的酒店为例，保守估计，如家酒店的收益率还是相当高的。(来源：如家官方网站)

表 7-1　一家特许经营的如家快捷酒店的收益率和回报期估计（保守估计）

项　目	主要费用
年均销售收入	120 间客房 ×80% ×164 元 ×365 天 ×（1+9.5%）= 629.25 万元
年均经营毛利润率（假设）	50%
年均经营毛利润	629.25×50% =314.63 万元
固定资产和装修费摊销	120 间客房 ×5 万元装修费/8 年 =75 万元
特许经营主要费用（经营费和管理费）	629.25 万元 ×4.5% +629.25×1.5% =37.76 万元
系统维护费	1 万元
租赁费和房产税	4200 平方米 ×0.9 元 ×365 天 =137.97 万元
营业利润	314.63 元 -75 万元 -37.76 万元 -137.97 万元 =63.9 万元
营业所得税金	63.9 万元 ×25% =15.96 万元
税后利润	63.9 万元 -15.96 万元 =47.94 万元
营运现金流	47.94 万元 +75 万元折旧摊销费 =122.94 万元
初始投资	600 万元装修费 +36 万元加盟费 +1.5 万元安装使用费 = 637.5 万元
年投资回报率	122.94 万元/637.5 万元 =19.28%

从另外一方面看，在西方国家，经济型饭店已经成为旅游住宿业的主流趋势，美国酒店业协会统计表明，美国经济型酒店约有 6 万家，客房平均出租率 70%，经济型连锁酒店的收入占美国酒店行业收入的 64%，每年创利数千亿美元。而中国经济型连锁酒店业发展才刚起步，如家在经济型酒店行业的捷足先登保障了其后的盈利能力，能为引入的股权投资带来丰厚回报。

此外，在创业之初如家就定下了境外上市的目标，计划用 4~5 年的时间把如家送到美国上市，如家的管理团队也完全是按这一目标运行的，这与股权投资的获利推出模式相吻合，因此融资工商与投资公司目标一致。

4. 连锁化的商业模式清晰。2002 年，中国的互联网公司正在低谷徘徊。早期进入中国的 VC/PE 们开始放缓脚步并在除了 TMT 之外的一些领域寻找项目。一些具有良好商业模式的行业企业开始进入投资者眼球。对于良好的商业模式可简单定义为营利性、足够清晰、简单和可扩张、可复制性。连锁经营作为当时一种较为创新的商业模式符合了其中清晰简单和可扩张的特征。

连锁经营是以标准化管理为核心，以规模经济为理论依据的商业模式。这种经营模式的最大优势在于管理和运作模式的标准化和规范化，可以迅速复制到各个加盟店和分店。连锁的魅力在于成功的不断复制，是一个价值杠杆。如家成立之初的市场定位就时分准确，是面向供给不足的中低档市场，主要客户群为中小企业商务人群和休闲游客，致力于用一个连锁复制的商业模式打造经济型酒店品牌，建立统一的质量、服务模式，规范的客源销售网络和管理系统。

三、案例小结

IDGVC 投资如家酒店连锁可谓是一个相当成功的股权投资案例，案例的成功给了我们以下几个方面启示：

1. 经济型酒店行业机遇与风险并存。自如家成功登录纳斯达克，一夜之间造就了四个亿万富翁那一刻起，人们就开始认为，经济型酒店是一部“富翁制造机器”，是一个高出租率、高经营利润率和高投资回报率的三高产业。因而，各方资本纷纷加入这场疯狂的游戏，中国一下子出现上百个经济型酒店品牌，盲目圈地抢楼。在飞速扩张的同时，经济型酒店开始出现泡沫，并逐步暴露出管理模式落后、服务产品单一、硬件设施转换困难、人力资源缺乏等一系列问题。2008 年由于全球金融危机的影响，使得原本获得巨资风投准备赴海上市的中国经济型酒店纷纷延后上市计划。同时，由于经济型酒店物业的租赁成本继续高涨，而酒店出租率和价格下降，经济型酒店的投资回报率有一定下降，延长了投资的回收周期。在这样背景下，投资经济型酒店的风险是巨大的。

另外，危机中也伴随的机遇，数据显示，经济型酒店受危机的影响较小，在经济周期中有较强的抗跌能力。在中国饭店业整体利润水平还是亏损的情况下，经济型酒店经营利润却能达到 50%，而 2010 年上海世博会的成功举办也为经济型酒店的新一轮扩张计划打开市场。

2. 项目选择——独具慧眼。IDGVC 是一家以投资于互联网、通讯、无线、数字媒体、半导体和生命科学等高科技领域出名的股权投资机构，如家显然不属于 IDGVC 传统的投资范围。但从上面的分析中可以发现，IDGVC 在此投资如家的过程中表现出了其宽阔的视角和创新的投资理念，独具慧眼地投资了如家，并获得丰厚回报。在如家成功登录纳市后，一时间投资连锁经营行业成为热潮，由于连锁经营行业要追求规模效应，单店投资小、整体投资大的投资特征很容易将其与股权投资联系在一起。股权投资的最大目标是获得高额回报，因此不仅仅将目光局限于已有的投资行业，寻找更具有价值的投资行业是股权投资者不断的追求。

3. 投资就是投资团队。融资企业的管理团队是股权投资机构在选择项目时必须考虑的因素。如家的成功离不开它的创业团队四人敏锐的视角，资深的资本市场运作经验，以及酒店管理行业多年积累的经营经验。

第一节 好市场的指标特点

【案例】　　高盛在中国的股权投资

高盛在中国的股权投资就非常注意行业的选择。根据 China Venture 提供的数据，截至 2010 年 5 月 21 日，高盛在中国一共投了 71 个项目，其中 11 个是制造业，9 个是食品饮料行业，其他的包括户外媒体和环保节能等。这些项目都与中国经济发展的大方向保持一致，而其中 50% 以上都在相对不发达的内陆。均较早地把握住了中国制造业崛起、消费升级以及腹地区域经济跃进的大趋势。作为“正向循环”的印证，按照高盛自己的统计，高盛所投企业创造的就业机会逾 32 万个，帮助所投资企业从资本市场上融资 100 多亿美金，而在高盛持有期内，其投资组合公司的平均年复合盈利达到 30% 以上。

对目标市场考察一般包括了目标市场容量、客户价值体现、重复购买率等指标，具体落实到实践中，主要体现在以下三个层次：

第一层次——市场容量。投资人最关心的问题实际上是市场大小的问题，上述股权投资公司的回报要求——五年十倍，两三亿元的年营业额，三四千万元人民币的利润，并且高速成长——这一切都与目标市场容量直接相关。从市场角度进行换算，年营业额两三亿元人民币，那么目标市场至少要大于等于 10 亿元人民币！一般行业领先的公司大约可以占到同行业市场份额的 20% ~30%，达到这个市场占有率的公司已经非常优秀，不是每一个市场都能够像搜索引擎行业的 Google 那样，能够在全球拥有超过 70% 的市场占有率。所以，市场要有一定规模才能够容纳下足够大的公司，这就是俗话说的“小池塘里不会有大鱼”。

第二层次——高速成长性。有时市场很大，但无法快速发展与成长，这与市场格局以及公司的商业模式密切相关。例如，早点市场有人曾经统计过，全国的早点规模有几百亿，但这个市场很难集中，都是在公司门口或家门口，由个体经营，并由不大的服务提供者提供。所以，市场虽大但没有行业领跑者也不行。研究一个行业，除了市场容量大小外，还要看这个行业的内在规律中是否可以产生一个有20%以上市场占有率的市场领先者，这样的行业集中就是将来的重要投资机会。如永和豆浆、真功夫、一茶一座等连锁快餐得到股权投资商的投资，就是看到了未来市场集中可能产生的投资机会。

保证市场快速成长的另一个条件就是商业模式的可复制性，只有可复制性才能保障市场成长的爆破性发展。如以明星专家为基础的咨询公司，可能领头人加几个合作者，维持稳定增长没问题，但由于明星专家的可复制性不强，所以市场的快速成长性也不高，很难成为风投眷顾的对象。

第三层次——行业结构的吸引力。正在迅速成长的产品/服务市场很多，比如PC市场、物流市场、生物技术市场等等，但这个行业是否在结构上具备吸引力是公司可持续发展的必备条件。例如，轮胎行业中厂商制造产品满足汽车制造商和终端用户现有需求，但行业中技术的变化或顾客所用基础设备的重大变化都会使得行业受到影响，其竞争的日趋激烈也会使价格越来越低。这样的行业要想建立一个可持续运营获利的企业非常困难，因而缺乏吸引力。而生物技术行业创造新产品后可以通过专利的形式得到一定程度的竞争保护，要想持续运行并提高竞争门槛相对容易得多，所以结构上更具吸引力。

第二节 好企业的财务特征

对目标企业财务信息的把控，是股权投资家们最为重要的工作之一。作为有经验的专业投资人及其财务调查团队，都是围绕着信息发现和信息披露两方对目标企业的财务进行调查的，这项工作实践的就是消除或减少信息不对称对企业风险的估计，通过全面披露，对目标企业进行客观的估值，避免乐观估值导致投资谈判的价格过高而造成的退出收益较少，甚至投资失败。

一、注意现金流的变化

所有的PE/VC都关心项目企业的利润，利润不仅是企业盈利能力的表现，也是投资者洽谈投资价格的依据。但千万不要忘记，利润是根据会计准则"算"出来的，它和企业的现金流入并无直接的关系。会计政策的选择和会计处理方法的不同，会导致企业利润的不同。再则，利润中可能包含政府补贴、税收优惠等很多非经常性损益的内容，把这些利润也乘上市盈率对要投资的项目企业进行估值，肯定不合适。从这个角度讲，利润在很大程度上并不具备很好的可比性，息税折摊前的利润对评价企业真实的经营或许更具参考意义。

从判断项目企业投资价值的角度看，利润表的第一行（收入）可能远比最后一行（利润）重要得多。收入是客户用真金白银给企业的投票，是最能反映企业价值的指标。此外，判断收入真实性的唯一重要依据是收入是否有真实现金流支持。

看资产负债表要特别关注项目企业的资产流动性，流动性越强的企业，财务弹性和盈利能力越好。要知道，企业的利润直接来源于流动资产的"流动"而不是固定资产的"折旧"，因此，对于那种资产规模很大、流动性却很差的企业，要特别小心。

项目企业的经营性现金流是现金流量表上最为重要的指标，如果企业有很大的销售量，但应收账款过大、经营性现金长期为负，就会出现有利润没有现金的尴尬情形。创造持续的现金流动能力是企业生命力和竞争力所在，只赚利润不赚钱的企业不是好企业，这些企业将会经常面临很多经营性的问题。

二、关注硬的财务指标

【案例】 **海 普 瑞**

高盛选择的海普瑞是一家有着非凡盈利能力的优质公司。财报显示，2007~2009年，海普瑞公司主营业务收入分别为2.97亿元、4.35亿元和22.24亿元，持续保持较快增长，其中2009年较2007年增长649.55%，年均复合增长率达到173.78%，处于较高水平。2009年，海普瑞销售额为22亿元，利润8亿多元，毛利率近60%，成长性十分突出。

对项目企业真实经营情况进行判断，还要学会利用那些经过第三方验证的"硬数据"，也就是一些经常可能被忽视的非主流信息。这些信息对审计来说可能不是很重要，但对PE/VC判断企业投资价值有着不小的参考意义。

比如，工资表可以判断企业的人才竞争优势，水电费、运费单可判断企业的生产、销售能力，供应商账单可以判断企业的行业竞争力能等。

三、挤掉财报水分

面对五彩斑斓的肥皂泡，PE/VC 只有进行严格的财务尽职调查，才能挤掉财务数据中的水分。股权投资中，判断项目企业财务数据真实性和可靠性是尽职调查中一项非常重要的工作，业内称之为财务核数。针对本土企业，特别是中小民营企业进行财务核数，是一件有难度的事情，投资者经常会有雾里看花的感觉，稍不留神便会被云山雾罩的数字弄得满头雾水。财务核数是投资的一门科学，也是一门艺术。

财务核数和财务审计一样，一定要在现场进行。要学会在短时间内围绕核心的财务数据对企业的真实经营情况进行验证，并对企业未来成长的持续性进行判断。注重细节与其行业地位有很高的契合度，注重细节的企业，一般行业地位、管理水平和盈利能力比较高。因此，注重细节的财务现场测试，对判断企业价值非常有用。企业的接待方式，沟通时的自信程度、语气、眼神，工作的专业化程度，提供有关敏感资料的坦率程度等，都会提供一些有用的信息。

第三节 “团队、团队、团队”

【案例】　IDGVC 投资如家

在 IDGVC 投资如家的决策过程中，团队是最核心的考察因素。被称为“永不停歇的创业者”在 IT 技术及应用方面经验丰富的季琦；有着深厚投行背景并深知资本市场运作规律的沈南鹏；理性务实并有酒店行业管理经验的梁建章；善于经营的范敏，他们曾经成功创办了携程旅行网。“由原来搞旅店的专家，加上新兴行业如从 IT 出来的人，把这些东西揉到一起，组建一个连锁酒店运营的团队，这种思路的做法在国内来讲如家是第一家。原来搞酒店的专家加上 IT 精英，产生的竞争力会非常强。IDGVC 副总裁章苏阳曾说，如家的这个和谐团队组合是 IDGVC 选择投资如家的关键因素之一。

融资企业的管理团队是股权投资机构在选择项目时必须考虑黑天鹅因素。如家的成功离不开它的创业团队四人敏锐的视角，资深的资本市场运作经验以及酒店管理行业多年积累的经营经验。

投资就是投管理团队，这是所有股权投资商的共识，甚至有 VC/PE 开玩笑说评估项目最重要的三个指标是："团队、团队、团队"。早期企业离企业成功很远，还不能像成熟企业那样聘用职业经理人管理，创业者的特质会决定企业的走向。有能力的创业者，在创业遭遇挫折的时候，他可以找到好的解决方案；在市场需求发生变化的时候，他还可以发现别的市场需求，甚至可以创造需求。

第四节 选择适当投资额的企业

【案例】

假设某 VC 管理一只 3 亿美元的基金，并且拥有 5 位合伙人和 10 位投资经理（国内较为典型的外资 VC），还假设每位合伙人能够管理 10 家公司，投资经理能够管理 5 家公司，那么：

$$最小单笔投资 = \frac{3\text{ 亿美元}}{5 \times 10 + 10 \times 5} = 300\text{ 万美元}$$

如果企业的融资需求达不到 300 万美元，上述股权投资者是不会感兴趣的。

适当投资额在这里有两层含义，一是达到公司成长目标、收入目标和市场占有率目标需要投资多少钱，二是公司的价格高低，即公司愿意以多少百分比的股份换取多少人民币或美元的投资额度。前一个问题与后一个问题相关联，因为融资的目标就是利用投资人的投资来帮助公司达到成长目标，而投资人的投资又以公司的股份为交换代价。

达到公司成长目标、收入目标和市场占有率目标需要多少钱，跟市场和商业模式息息相关。如果一个市场需要好几十亿美元的投资才能撬动，或者需要同样多的钱才能给后来者制造无法逾越的进入壁垒，这样的项目是不会有人投资的。投资商不是仅仅看这个公司这一轮融资要多少钱，而且要考虑第二轮，甚至第三轮融资的问题，基本上是算出达到上市目标总共需要投入多少的一个总账，同时考虑到公司收入/利润的贡献。

至于公司价格估值中，投资者通常会要求获得企业20% ~40%的股份（第一轮投资时），以保证企业在经过后续融资，甚至IPO的时候，股权投资者仍然有足够比例的股份。

当然，为保障分散投资风险，基金一般也会设置投资下限，目的是不至于投资太多的项目，以防股权投资人没精力管理，没精力“看好篮子里的鸡蛋”。通常，可以通过一个简单公式计算VC单笔最小投资额度：

$$最小单笔=\frac{基金资金总额}{VC合作人数\times每个合伙人能够管理的公司数量}$$

综上所述，股权投资人实践中最关心的要素是市场（Market），其次是管理团队（Management），再其次是商业模式（Model），最后才是所需要的钱（Money）。越排在前面的因素，从股权投资者的角度看，越属于先天因素，无论靠公司还是股权投资人的力量都难以改变的；而排在后面的因素，属于后天因素，靠公司或者股权投资者的努力可以加以影响和改变。

之所以目标市场排在最前面，是因为市场的大小和发展速度不是单个公司或者单个人可以左右的。例如，1998年前后，股权投资商就开始在中国投资许多互联网公司，但当时中国的互联网处于初级阶段，不少拿到巨额投资的互联网公司，用尽一切手段企图加快互联网用户发展，连公交车上刷的都是互联网广告，但并未起到多大作用。携程网的故事就是一个很好的例子，他们从互联网推广向靠呼叫中心和人海战术发展携程网来适应市场，反而走出了一条成功的道路。

为什么把钱放在最后？这就是股权投资者有力量去影响和改变的部分。VC不是捡便宜的项目做，而是认定某个项目好的时候，其支票可以多开一些。

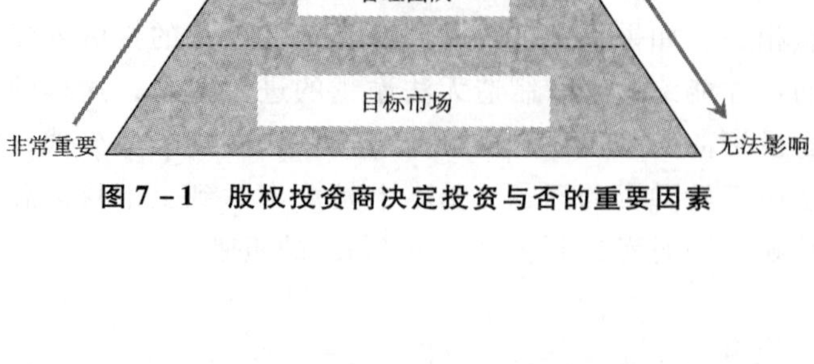

图7-1　股权投资商决定投资与否的重要因素

第八章
股权投资者对创业企业的估值：账该怎么算

对于股权投资者来说，最重要的投资环节就是对所要投资的企业进行评估。企业估值并非是越高越好，要考虑到长期的投资回报。创业企业的估值与普通企业的估值有所不同。创业企业具有“三高”特征，即高成长性、高风险性和高不确定性，所以确定一个公允的价值不能用一般的定价模型。股权投资的定价不是一种交易买断价，而是一种参与型的定价。

第一节 眼光不妨放长远

【案例】

A游艇休闲俱乐部创立了1年左右，老板已经投资2亿元，并进行了一些前期规划、关系梳理、海域租赁等方面的工作。但是，因为企业目前尚未发展会员，也就没有任何业务收入。俱乐部的财务人员了解一些常用的估值方法，但认为都不太适合用在他们企业身上。更重要的是，公司前期已经投入了2亿元资金，估值如果少于这个金额，老板绝对不会答应。笔者给的建议是：先按常规的估值方法做出一个估值，去跟投资人谈，但是以已经投入的资金额（2亿元）作为底线。

其实，企业在和VC进行估值谈判时，完全可以忽略各种看似纷繁复杂的财务估值方法，创业者自己应该先认真地自问：企业是不是一定需要VC的资金？没有这笔资金企业就无法长大或者经营下去了吗？另外创业者还需要换位思考：如果 VC 不投资你的企业，那企业是不是经营不下去？他的资金是不是没有其他地方可以投资了？

企业如果和 VC 达成三五年的长期合作，那么，即使在估值上有所让步，这点所谓的损失也是微乎其微的。因为 VC 的资金及其他增值的服务，能帮企业把蛋糕做大。对长期合作而言，投资协议上的关于企业经营管理方面的条款，可能对创业者更为重要，这些条款对企业未来价值的影响更为重大。创业者为使 VC 在其他条款上宽松友好，而在估值上做些让步，这是值得的。

对于企业估值，创业者的一般心态是估值越高越好。其实并不尽然，有很多例子可以证明，多付的投资额只会损害公司的长远增长和企业的可持续发展。同样，公司被低价投资或并购，也常会损害企业创业者与投资者的长期合作。

对于股权投资家而言，除了关心市场估值外，更要对企业的商业模式、团队、规模、发展趋势、财务状况等密切关注，正如前面章节所述，这些因素都决定了未来市场的大小，这才是投资商真正的目的所在。这和我们在市场上买东西的道理是一样的：消费者不仅对产品价格敏感，还要对产品的质量和功能满意。因此，我们在这里提醒创业者，不要把精力只放在价格上，还有看投资人能不能给企业带来其他增值服务。

毕竟，股权投资有着比一般投资长得多的投资时间，从投资到退出，企业家要和投资人一起度过短则三五年，长则七八年的一段时间。公司期初得到较高的股价，这初看起来是不错的，但是如果公司未能交付预期的业务成果，投资者的回报得不到满足，便会给公司带来麻烦。公司估值太高，投资者进来的心态就不会好，对今后公司犯错误或者走弯路的容忍程度就相当低。作为投资人，他看到的不是任何企业都会有“成长的烦恼”，相反，由于投资额巨大，因此仅仅顾忌到投资可能会出问题，于是，迫于巨大压力就会出手干涉，这样会给创业团队带来更大的压力，试想一下，大家在一个压力很大的环境中相处，自然就会在合作中产生种种矛盾与不愉快。况且，前一轮的高估值直接给下一轮融资设下了较高的壁垒，也提高了公司之后出售和并购的壁垒。毕竟，不到万不得已，没有投资人愿意低过当初的投资估值出售公司。股权投资不是一锤子买卖，除了这一轮的价格，还要考虑后续融资的需要。

另外，投资的成交价格也是有很多附加条件（详见后续章节的投资协议条款解读）。有时即便企业家讨价还价得到了高估值，但把那些后续的附加条件一个个算出来，你会发现，也许辛苦挣出来的那 30% 价钱，早就让那些附加条款给抵消了。而那些附加条款对公司估值的影响又比较复杂，股权投资家无疑比企业家更了解整个市场的情况，懂得如何设计复杂的条款、法律结构。要是只看到价格高，没注意研究那些附加条件，一高兴就签了字，将会追悔莫及。

第二节 最常见的估值错误

下面我们谈谈企业对于在估值中最为常见的五大错误看法，这将影响到后续合作问题：

错误1：我的公司的价值可以通过本行业的某个收益乘数（如3倍的EBITDA等）来确定这是最常见的错误

收益乘数可以用来大概的衡量行业内企业的基本价值，可是这并不适用于同行业中的所有企业。举个例子，你家附近的商店绝对不会跟大型连锁超市Safeway有相同的收益乘数。还有其他很多因素，如供应商影响力、技术领先地位等，都可能导致同行业间不同公司在估值上的差异。而且，（就算企业老板或者是投资人愿意）有时候外部第三方可不接受行业收益乘数的估值方式，比如，税收机构、银行、法院、财产受托人等其他利益相关机构。

错误2：估值做好之后就一直保持不变

企业的估值跟政府债券可不一样，（政府债券很稳定），企业会面临竞争、商业环境会变化，如果某个行业有利可图会有新的企业进入，有些企业会被卖掉、有些竞争对手会放弃某些产品线，而有的企业进入某个领域则是认为自己比竞争对手有更强的盈利能力。企业本身是动态的，而非静止不动，因此企业的估值也是会随着时间，不断变化的。

错误3：不管用什么估值方法，只会得到一个绝对的企业价值

事实上，如果你让5个评估师来给同一个企业估值，他们会给出5个不同的结果。这是因为每个评估师在估值时，可能会采用不同的模型、方法、折现率、风险水平及其他变量。但是，只要评估师选择的估值模型和方法是合理的，你就可以认为他们做出的估值结果就是合理的（一般来说，估值报告里面都会列出所有重要的假设，只要看看这些假设条件是否靠谱，就可以判定得到的估值是不是合理的了）。

错误4：我的会计师或者律师也可以做估值

尽管（会计师和律师）这些专业人士看起来也可以评估企业的价值，但他们可能缺乏必要的专业技能和资格，也没有正确操作估值的经验。即便是他们有合适的资质给你的企业做估值，你也最好三思而行。理由是有内在的利益冲突，因为你的会计师或律师在做完估值之后，仍然跟你的企业保持利益上的关系，所以他们做出的估值有可能存在偏差——或高或低，所以他们为了迎合你的需求做出相应的结果。这不仅是为了保证估值的正确性，也是为了遵守某类项目的规则。举个例子，假如你亟待解决的某项法律纠纷需要独立第三方的企业估值报告，这时候你就不能请你的会计师或者律师来做，否则就是违规。

错误5：企业估值只需要财务报表就足够了

公司财务报表是企业估值的基础，但是还有很多其他因素影响企业的估值，如同业竞争、行业情况、经济形势、组织结构、管理团队、资本性资产、企业或产品生命周期等。这些因素基本上都会出现在估值模型的基本假设中，如果你的模型不考虑这些，绝对不能称为一个合格的估值模型。

可以看到，在企业估值过程中，有相当多的因素会影响到估值的结果，上述这五大估值错误，就没有运用公认的模型和最佳的方法。如果在企业估值时，采用错误的方法，可能会让你在时间上遭受损失——出售或融资流程拖延，也可能让你在金钱上遭受损失——解决法律纠纷时缺少公正第三方意见，或者导致融资不能获得优惠的条款。

这五大错误基本点明了一点，就是为什么从长远来看，要让你的企业获得最大化价值，最好的办法还是精心挑选一个合适的专业企业财务顾问。

第三节
不要用传统眼光看创业企业

一、创业企业的“四高一无”

相对成熟企业而言，创业企业具有独特的价值特征——高成长性、高不确定性、高风险性、高收益性和无形资产的关键作用。

1. 高成长性与高不确定性相结合的特征。创业企业往往是高科技产业或新兴行业发展的开拓者，它们依靠核心技术开发出新产品并在较短时间内迅速成长壮大，具有较大的发展潜力和高成长性。但创业企业总与高度不确定性联系在一起，在管理、市场、技术等多方面都有较大不稳定性，经营前景不明确。企业也易受到宏观经济政策变化及经济周期变化的影响，在经济紧缩时受到的冲击比成熟企业大。不确定性将会明显影响投资者提供资本的意愿及创业团队的管理决策。如果创业团队不愿意承担风险或经验不足，那么就很难作出正确的决策；不确定性也会影响投资安排及投资时机的选择，投资者是选择一次性资金投入还是分阶段逐步投入，往往都取决于对不确定性的管理和可控程度。不确定性意味着投资者和创业企业无法自信地预测企业将来究竟会如何发展，使创业企业价值存在明显的高成长性与高不确定性共存的特征。

2. 高收益性与高风险性共存的特征。创业企业具备的高成长性使得高收益成为可能，但将高成长性转化为高收益需要一个时间过程和一定外部环境条件的配合，从而使创业企业盈利特征体现为滞后性，即当期的潜在高成长性并不能带来即时的高收益。而创业企业未来发展的不确定性使得其未来盈利具有非常大的模糊性和波动性，从而使收益特征又体现为较大的风险性。同时，创业管理团队负责企业的日常经营活动，他们比投资者、供应商和战略合作伙伴更了解企业的前途。信息不对称使道德风险和逆向选择的发生成为可能，管理团队可能会利用他们比投资者对项目或它们自身能力更为了解的便利条件谋取福利，降低努力程度。例如创业管理团队可能会采取某些投资者察觉不到的有害行为损害投资者的利益；或者投资于可能给自己带来声誉但给投资者造成损失的项目。这些都使创业企业的价值特征体现为高收益性和高风险性。

3. 无形资产发挥价值主导地位作用的特征。创业企业拥有的专利或其他非专利技术等因素是影响其创业成功的关键所在。作为新创企业，它们的资产主要是无形资产，有形资产相对较少；同时由于技术独特性，其设备具有较强的专用性，通用性不强。故此，在创业企业的经营资产中实际上更多是无形资产发挥作用，占据着企业资产份额中的主导地位，从而使创业企业价值体现为无形资产占据价值主导地位作用的特征。

二、传统价值评估方法不能完全用于创业企业

【案例】 **传统企业的估值**

L公司成立于2004年6月，注册资本为人民币10000万元，专注于地面数字电视高新技术的产业化、工程化和市场化工作，是集营运、开发、生

产、系统集成的工程与设计于一体的实业公司。上市公司F拟收购L公司股权，遂聘请S资产评估事务所对L公司所拥有的整体资产进行评估。评估人员根据L公司的具体经济情况和所处的行业环境，结合评估目的和方法的特点，选择收益法进行评估。该评估方法一般需要先进行行业环境分析、企业经营战略等分析，这里略去。

收益法的计算公式：

评估值=未来收益期内各期收益的现值之和，即：

其中：P——评估值（折现值）；

r——所选取的折现率；

t——收益年限（收益期）；

F_i——未来第i个收益期的非等额预期收益额：

F_t——期末可收回的资产价值

在进行以上公式计算之前，需要对企业的经营数据进行整理，并根据市场发展状况，预测企业未来几年的收益状况。再将预测的数据，一一代入到上述的计算公式中，即得出一个评估值。

这是典型的传统企业估值方法，因为企业经营发展较为稳定，基本不用考虑高成长、高风险以及无形资产对预测造成的不确定性。而创业企业在预测时，就必须对这些情况进行考虑，这在下文中会阐述到。

传统价值评估方法主要以企业历史经营为基础，依据已有资产的内在价值，根据未来净现金流和分红作为基础，按照一定的折现率折现来评估相应的资产的价值，很难应用于对创业企业的价值评估。

1. 创业企业缺乏历史数据。创业企业成长时间较短，即便有一些企业设立时间略长，但也很难取得具有较强说服力、较稳定的历史数据。如果评估人员利用过去的数据来估计当前的输入变量以及估算未来的增长率，历史数据的相对缺乏将使得预测和推断缺乏有说服力的依据。

2. 创业企业成长速度较快。对于评估人员而言，分析其未来的发展趋势，把握其高成长性和不确定性是进行价值评估的关键。但创业企业成长变化速度非常快，未来发展不确定性大，很难用单一的价值评估方法进行估值。

3. 创业企业普遍缺乏可比公司。一方面是因为创业企业往往是具有较大的创新性，由于科学技术和市场细分的较大关系性，要寻找与该企业规模、市场、产品、技术等具较强相似性的企业比较困难；另一方面由于我国风险资本市场的不健全，导致整个市场交易数据不充分。加之国内企业科技产业化程度还不高，故对于相当部分创业企业选择可比对象尚不具备条件，增加了对创业企业的价值评估难度。

4. 创业企业无形资产对企业发展起到主导作用，但很难或极少在企业会计账面上得以反映。这需要评估人员对此进行准确判断并正确反映其价值。综上所述，由于创业企业独特的运作特点及成长约束，使得传统的以一般企业为对象的价值评估理论和方法很难能应用到该领域，需要结合股权投资价值评估的特点进行合理分析和设计。

三、股权投资估值不是一成不变的

创业企业所存在的特有风险以及股权投资运作特点和价值评估风险特性决定了股权投资价值评估具有主观性、不完全性和渐进性三个显著经济特征。

1. 股权投资价值评估具有主观性。Holger Erchinger 在其《内部收益率方法可用于评价私人权益性投资目标的相对吸引力》一文中写道：就股权投资价值评估而言，它更像一门艺术而非精确的科学，它更依重于判断而非事实，它更多地依靠市场分歧和市场机会而非单纯技术本身的价值，它的艺术性就在于对将来的判断和预测。不同评估者会因为背景、经历及知识结构等方面的差异对同一项目价值认识产生较大差异，从而产生价值评估认知偏差，使股权投资价值评估体系难以标准化。

2. 股权投资项目价值评估具有不完全性。股权投资投资对象未来发展大多具有较大的不确定性、信息不对称程度比较严重、企业资产性质大多是无形资产、盈利滞后、内部管理相对不规范等，这些创业企业的典型特点都增加了股权投资对其价值准确评估的难度，而信息收集的成本又导致股权投资价值评估的准确性和清晰程度具有相对性或不完全性，价值评估的不完全性使部分潜在价值可能被置放在公共领域，导致潜在产权纠纷风险，从而增加股权投资投资项目未来价值实现的难度。

3. 股权投资价值评估具有渐进性。股权投资价值评估的主观性和不完全性决定了股权投资价值评估过程必然是在变化且不完全信息条件下对投资对象价值逐步发现、认可并最终实现的动态过程。鉴于价值评估渐进性特点，股权投资通常采用阶段投资等手段降低项目价值由隐性向显性过渡过程中可能存在的风险，并通过项目监管和重复评估来提高价值评估的准确性。Gompers 和 Lerner（1999）认为，分期投资对股权投资和其投资的新创企业非常重要，分期投资可为股权投资保留放弃继续投资解散企业的权力。每一次的阶段投资时间越短，股权投资对企业的评估次数越多，所获得的信息越多，就能做出更好的投资评估决策。同时，随着阶段投资的不断深入，意味着创业企业所有权结构的重新定义，新的所有权结构不仅表示了未来资本的流动性，还会影响企业的控制权，从而影响股权投资价值的有效实现。

4. 股权投资价值评估是科学与经验的结合。在实际运作中，创业企业股权的估值通常都是以双方谈判的基础，然后再根据风险企业家的具体要求和股权投资家的丰富经验，最后达成一个双方都可以接受的价格。投资条款谈判的核心是项目企业的估值，对非上市企业，尤其是创业企业的估值谈判，极富挑战性。对股权投资定价，股权投资家和风险企业家的态度往往是相悖的。风险企业家对企业未来价值的评估一般是乐观的，他们总是希望能获得更高的价格；而股权投资家出于控制风险和保证收益的目的，则通常会提出一个较低的价格。正因为如此，最终的交易定价结果是协商决定的一个双方都可以接受的价格。整个定价过程是一个复杂的过程，是科学方法与经验判断的结合。

总之，企业估值是股权投资家和企业家协商的结果。仁者见仁，智者见智，没有所谓真正的公允值，重要的是，企业家要理解投资人估值的合理性。另外，企业估值也会受到众多因素的影响，尤其是对于初创企业。所以，估值也要考虑股权投资家的增值服务能力和投资协议中的其他重要条款对企业的长期影响，要比估值条款大得多。时间不等人，市场不等人。股权投资家和企业家，不应该因为估值分歧而错过投资和被投资机会。投资方及融资方都应该尽快找到适合自己的合作伙伴。

第四节 创业企业估值的常用方法

股权投资家在向风险企业投资的过程中，除了寻找值得投资的企业外，最为重要的是给拟投资的企业确定一个公允的价值。风险企业不同于成熟企业，在投资期结束之前几乎不产生任何回报。这种高风险性和高成长性意味着，即使存在一个股权投资企业的定价模型，也很可能因为涉及太多的不确定性和信息不对称而失去现实性和可操作性。因此，股权投资的定价是在协商过程中最具争议的一个方面，是股权投资家和风险企业家双方交易洽谈能否成功、股权投资基金能否获得预期收益的一个重要因素。另外需要强调的是：股权投资的定价不是一种交易买断价，而是一种参与型的定价。理论上，被广泛接受用于创业企业股权估值的方法包括市场法、收入法和资产法，这些方法的具体内容介绍如下：

一、市场法

【案例】

A公司是位于浙江以生产搪瓷新材料为主业的民营企业。主要产品为建筑装饰用搪瓷钢板和搪瓷波纹板传热元件，主要应用于地铁、城市隧道以及电厂脱硫工程、节能设施等领域。公司率先将静电干法先进工艺成功应用于搪瓷新材料领域，实现了进口替代，造就了公司在该领域绝对的优势地位。公司目前收入主要来自于地铁隧道立面装饰以及火电厂脱硫。我国地铁隧道建设处于提速阶段，未来增长潜力非常大。而火电厂脱硫在环保政策趋严的背景下以及消耗品的特性市场空间较大。上述两块市场受宏观经济波动的影响较小，行业趋势确定。

某投资研究机构对企业的未来发展做出以下假设条件：宏观经济保持稳定发展，地铁和隧道建设继续快速推进，国家对火电厂脱硫脱硝的环保政策继续执行；公司市场开拓顺利，订单保持较快的增长；公司市场竞争优势继续保持，毛利率仅小幅度的下降；原材料价格不发生剧烈波动。在上述假设条件满足的前提下，该投资研究机构预计企业将有30%的增长速度，并对企业未来三年的收入和盈利情况预测如下：2011年到2013年企业预计EPS为0.63元、0.87元、1.18元。该企业没有同行业上市公司可比，跟公司行业地位、技术实力、发展阶段相似的是创业板上市公司金刚玻璃、纳川股份，相近上市公司相对2010年的平均市盈率为54.03倍，相对于2011年平均市盈率为26.95倍。近期创业板上市新股估值为2010年44.88倍，2011年28.91倍。根据相对估值，同时考虑到公司未来较高的成长预期，该研究机构认为开尔新材的合理价值区间为18.50~23.00元，该价格相对2010年摊薄市盈率为45.12~56.10倍，相对2011年市盈率为29.37~36.51倍。

需要说明的是，创业企业往往没有类似的可比上市公司，因此参考公司的选择成为定价合理的关键。此外，对于非上市创业企业的定价则需要考虑非流动性折价，这在后面会专门介绍。

市场要挑选与待估值公司同行业可比或参照的上市公司（上市公司参考

法）或在估值前一段合适时期被收购的公司（兼并收购参考法）。基于上市公司或并购交易的定价依据作为参考，从市场得到的定价乘数则从各种基础财务指标（如：利润，现金流，收入，账面值，等）中导出。

首先要挑选与非上市公司同行业可比或可参照的上市公司，以同类公司的股价与财务数据为依据，计算出主要财务比率，然后用这些比率作为市场价格乘数来推断目标公司的价值，比如 P/E（市盈率，价格/利润）、P/S 法（价格/销售额）。

市盈率（PE）（在每股赢利为负值时，该乘数也即失去了意义）。目前在国内的股权投资（VC）市场，P/E 法是比较常见的估值方法。通常我们所说的上市公司市盈率有两种：

历史市盈率（Trailing P/E）——即当前市值/公司上一个财务年度的利润（或前 12 个月的利润）。

预测市盈率（Forward P/E）——即当前市值/公司当前财务年度的利润（或未来 12 个月的利润）。

投资人是投资一个公司的未来，是对公司未来的经营能力给出目前的价格，所以他们用 P/E 法估值就是：

公司价值 = 预测市盈率 × 公司未来 12 个月利润

公司未来 12 个月的利润可以通过公司的财务预测进行估算，那么估值的最大问题在于如何确定预测市盈率了。一般说来，预测市盈率是历史市盈率的一个折扣，比如说 NASDAQ 某个行业的平均历史市盈率是 40，预测市盈率大概是 30 左右，对于同行业、同等规模的非上市公司，参考的预测市盈率需要再打个折扣，15 ~ 20 左右，对于同行业且规模较小的初创企业，参考的预测市盈率需要在再打个折扣，就成了 7 ~ 10 了。这也就目前国内主流的外资 VC 投资是对企业估值的大致 P/E 倍数。

市净率（PB）（在账面价值为负值时，该乘数也即失去了意义），比较适用于周期性较强行业，拥有大量固定资产并且账面价值相对较为稳定的企业；银行、保险和其他流动资产比例高的公司。PB 估值方法不适用于账面价值的重置成本变动较快的公司；固定资产较少的，商誉或知识财产权较多的服务行业。

市销率（PS）：市销率估值法的优点是，销售收入最稳定，波动性小；并且营业收入不受公司折旧、存货、非经常性收支的影响，不像利润那样易操控；收入不会出现负值，不会出现没有意义的情况，即使净利润为负也可用。所以，市销率估值法可以和市盈率估值法形成良好的补充。缺点是，它无法反映公司的成本控制能力，即使成本上升、利润下降，不影响销售收入，市销率依然不变。另外，市销率（PS）会随着公司销售收入规模扩大而下降；营业收入规模较大的公司，PS较低。

价值－EBITDA比率（EV/EBITDA）：

EV代表企业价值＝市值＋（总负债－总现金）＝市值＋净负债

EBITDA代表未扣除利息、所得税、折旧与摊销前的盈余：

EBITDA＝营业利润＋折旧费用＋摊销费用

营业利润＝毛利－营业费用－管理费用

EV/EBITDA估值方法一般适用于资本密集、准垄断或者具有巨额商誉的收购型公司，这样的公司往往因为大量折旧摊销而压低了账面利润；EV/EBITDA还适用于净利润亏损，但毛利、营业利益并不亏损的公司。

对目标公司的基础财务指标运用定价乘数，以估计一个公平的市场参考价值。但是，由于创业企业有限的经营历史并且通常尚未盈利，大部分的财务指标对估值没有什么意义，这种估值方法唯一适用的指标是基于收入的倍数。

市场法中的另外一个方法是预测参考上市公司方法。这种方法从参考公司的预测利润中导出市场定价乘数，再对目标公司的预测利润运用定价乘数。但是，很多创业公司处于初创期，很多年也不能实现正的预测利润。另外，对于生物科技、互联网等行业中的参考公司，分析师也不预测盈利，所以也就没有有意义的定价乘数。

运用市场法对创业企业估值的另外一个难点是选取合适的参考公司。大部分有经营记录的上市公司在收入和资产规模上要比创业企业大得多，而且经营更多样化。创业企业的预测增长水平通常比参考公司高一些，这使得对比更为困难。

以上的每一个因素都会使市场法的应用变得困难，但是，创业企业与同行业的上市公司进行对比还是有好处的，同时还可以提供一个潜在的利润增长指标。另外，行业的P/E（价格/利润）乘数在第三方投资者贴现率和回报率预期方面能够提供有用的信息。如果运用适当，与其他估值方法联合使用时，市场法是很有用的。

二、收入法

【案例】　Facebook千亿估值与麦当劳身价相当

大型社交网站（SNS）Facebook将于近期以750亿到1000亿美元的估值通过IPO融资100亿美元，这将是美国科技界有史以来规模最大的一次上市募资，也有望成为 VC 投资回报率最高的一个项目。若 Facebook 估值达 1000 亿美元，那么这家年仅 8 岁的网络新贵身价已与麦当劳相当。

在过去几年，Facebook 已经成功创造了一个基于社交图谱的完整的生态系统。据 Facebook 披露的信息显示，该公司在全球有超过 8 亿的注册用户，具有不容小视的影响力，而庞大的用户数量可为公司营造出更大的利润想象空间。在这个相互关联的数亿人群的基础上，Facebook 确实有很大广告营收潜力。研究表明，美国互联网广告市场去年达到近 300 亿美元。其中 Facebook 去年的营业收入为 30 多亿美元，占了百分之十几。我们可以做个很粗略的简单算术。假设三年后达到 500 亿美元，而 Facebook 占 20% 的话，则营业收入可能达到 100 亿美元。考虑到全球市场的扩张，我们可以再乘以 2，为 200 亿美元。假设毛利率为 40%，市盈率为 30，Facebook 三年后为 2400 亿美元市值。如果以 20% ~30% 的折现率，今天 Facebook 如果上市，市值接近或达到 1000 亿美元看来也算合理。这完全取决于个人对市场的判断以及对风险的偏好。如果希望有足够大的安全边际，那么 Facebook 的估值就过高了。

收入法通过以合理贴现率计算预测现金流的现值的方式确认未来收益。收入法对风险企业的定价涉及三个要件，即投资期末的收益、投资期末的市盈率和折现率。在理想的情况下，以正确的市盈率乘以预测的期末盈利，再用某一调整风险的折现率进行折现，即可得出风险企业现在的价值。

第一步，对可以达到的长期目标的实现情况进行预测（投资收回的时间 n 年，财务数据包括各年的税后利润 C_1、C_2……C_N）；

第二步，股权投资家估计在第 n 年投资收回时整个风险企业的可能价值 V_n；

第三步，根据风险企业所处行业及阶段特点选择适合的折现率将投资收回时的企业价值 V_n 折为现值 P_n；

第四步，按所需投资额（现值）除以企业价值来计算股权投资机构所应该得到的股权比例。

股权投资家要求的股份 $= I/P_n$

$P_n = V_n/(1+r)^n$

$V_n = C_n \times$ 第 n 年市盈率

股权投资的贴现率根据创业企业估值的关键因素（见表 8－1）。

表 8-1　股权投资家要求的贴现率

阶段名称	阶段特征	要求的折现率
种子期（Start - up）	在开始阶段，公司拥有初步的商业计划产品	80%
创业期（Development）	产品已经成型，但是企业还没有通过销售获得收入	50% ~70%
第二创业期（Beta）	对于从事信息技术的企业来说，就是产品正在被有限的顾客检验，但是还未被大量销售。对于生物科学公司来说是指药物经过临床试验或者设备的检验	40% ~60%
成长期（Shipping）	产品及设备销售给顾客，公司从销售中获得收入，但是未达到盈亏平衡点	30% ~50%
扩张期（Profitable）	产品及设备大量销售并且获得净利润	20% ~35%
成熟期（Restart）	产品成本及价值降低，同时进行新产品开发或市场重点转移	10% ~25%

尽管依赖于众多预测来估算公平市场价值，收入法通常是创业企业最有用的估值方法。只有这种方法是仅仅基于公司未来经济表现，也是创业企业绝大部分的价值所在。

收入法的关键是预测，对于一项还没有推出的业务，怎样预测它的产出？怎样预测在一个尚不存在的市场中的销售情况？下面就是做销售/收入预测的要点：

从 TAM 开始：TAM 的意思是总市场容量，比如，全世界电视观众；

专注于 SAM：SAM 的意思是目标市场容量，比如，能连接到宽带互联网、年龄在 25 ~35 岁的 TAM，这些人是你关注的“理想客户”（“目标客户”）；

分解 SAM：也许你会从自己的国家开始，然后进入其他国家（欧洲从英国开始）。或者从 25 ~35 岁用户开始，然后 35 ~55 岁、55 岁以上。将这些细分市场加在一起就是你的目标市场容量，每个细分市场的增长率是不一样的；

对于你的第一个产品/服务，估计一个用户接受率。产品/服务推出的第一年，你可以按中等的比率计算，但是，如果你是做游戏或者 SNS，推出 1 年半左右，你就有可能获得飞速的普及流行；

对比你与同类产品/服务的接受率：类似的创业企业会让你在现实中找到自己的位置，在网上是比较容易找到这类数据的，最近上市的公司的招股说明书中有详细数据。

总结：创业者在为新的创业企业做收入预测的时候，就是做到这种详细程度。市场工作是第一位的，然后是销售工作，谁是你的理想客户？有多少客户？在哪里？有多少比例的客户会接受？注意：没有什么行业报告可以帮你，你的市场不存在，只是你的预测。同时，你的目标是宏大的，但也要从小事情做起。就是这样，这些你要建立胜人一筹的优势所需要的技能之一。

【案例】 电影票房量化分析系统

2011 年度，国家广电总局公布的全国电影总票房已经高达 131.15 亿元。从 2006 年至 2011 年，电影票房数字增长了四倍。近年来，资本已然嗅到了影视产业中蕴含的商机，国内外投资者对电影产业热情空前高涨。然而，上映的电影中究竟有多少能够盈利？报告显示，在上映的电影中，只有 20% 左右是赚钱的，10% 打平，剩下的 70% 都是亏损。由于缺乏理性的分析工具，使得投资者、参与者只能通过“多投几部”来对冲风险，而无法把握影响一部电影是否能赢利的最关键因素。

2012 年，中影集团联合艾亿新融资本推出了电影票房量化分析系统（BRP）。该系统是国内首个基于电影票房预测的估值与定价分析系统，将帮助电影投资人、银行和金融机构、制片人量化一部电影可能的收益。

据艾亿新融资本 BRP 系统总工程师张文云介绍，BRP 是在系统考察电影的各个参数，如导演、编剧、主要演员、制片、发行及市场营销策略等影响电影票房的诸多因素基础上，基于资产估值和定价的基本原理，采用金融工程技术和神经网络算法研发出的电影票房预测系统。“它能分析预测不同种类电影的票房价值，成为电影产业投融资重要参考工具，对电影产品定价及衍生产品开发都具有较强的指导作用。”张文云说。

张文云表示，针对电影投资的参与者，BRP 将使投资人与制片方全面了解电影投资的整体风险敞口，以及影响投资收益的各个因素，从而可以调整各项投入，以控制风险，提高收益稳定性。同时，通过 BRP 系统的应用，也可以使电影项目投资的各参与方更透明的了解风险，一方面为企业管理者、投资人、发行方及政府相关部门投资、监督管理、项目审批及预算审查等决策提供有力依据；另一方面，由于有了对电影资产估值和定价的工具，也使投资方、制片人在与投融资机构进行融资合作时获得更多的金融支持。

三、资产法

【案例】

某网络游戏公司创立了1年左右，老板已经投资1亿元人民币，并进行了一些前期规划、人员招聘、设备采购和游戏开发等方面的工作。但是，因为公司目前开发的游戏正式上线运营，也就没有任何业务收入。网络游戏公司的财务人员了解一些常用的估值方法，但认为都不太适合用在他们企业身上。更重要的是，公司前期已经投入了1亿元资金，估值如果少于这个金额，老板绝对不会答应。因此按照资产法估值，可以先按常规的估值方法做出一个估值，去跟投资人谈，但是以已经投入的资金额（1亿元）作为底线。

资产法是基于置换原则，这个基本的经济原则认为资产的置换成本是资产的公平市场价值，换句话说，一个谨慎的投资者不会支付超过与目标公司同样效用的置换资产的收购成本。比如中海油竞购尤尼科，根据其石油储量对公司进行估值。

这个方法给出了最现实的数据，通常是以初创公司发展所支出的资金为基础。资产法的不足之处在于假定价值等同于使用的资金，投资者没有考虑与初创公司运营相关的所有无形价值。另外，资产法没有考虑到预测经济收益的价值。所以，对于初创公司，资产法会给出最低的价值。

四、非流动性折价

【案例】

低市盈率参股。由于非流动性折价，股权投资参股非上市创业企业的市盈率通常低于类似上市公司在二级市场的市盈率。近年来创投参股企业的价格波动较大，2006年时投资市盈率一般在5~8倍，2007年则达到了12~15倍。2009年，创业板开板前后，市场价格开始往上飙，目前PE投资的平均价格已经被推至15倍市盈率以上。通常，8~10倍PE是创投企业正常情况下投资的一个上限价格，超过10倍，对股权投资企业来说就不是很划算了。

具有上市资源的券商系直投公司，还可以在一个普遍低于市场整体的价格拿到这些项目，而同期非券商系创投企业很难以同样价格拿到。统计表明，以券商直投公司入股前一年的企业净利润为基准计算投资市盈率，12家“保荐+直投”公司平均投资市盈率为9.38倍，8家已上市企业的投资市盈率算术平均值为9.71倍。其中，投资市盈率最低的为国信弘盛在2009年6月参股的三川股份（300066.SZ），投资780万元、市盈率只有4.4倍；广发信德在2009年3月入股的青龙管业，投资400万元，市盈率也只有约6.3倍。保荐机构方面，国信证券通过国信弘盛参股的阳普医疗（300030.SZ）、金龙机电（300032.SZ）、钢研高纳（300034.SZ）、三川股份、隆基硅材5家公司平均投资市盈率为8.9倍；中信证券旗下金石投资参股的神州泰岳、机器人平均投资市盈率为9.5倍；广发证券直投广发信德参股华仁药业和青龙管业的平均市盈率为8.7倍。而这些公司在创业板上市后，市盈率普遍都高于50倍，流动性溢价十分明显。

运用以上所有的企业估值方法估算的公平市场价值都假定所有者权益随时可以交易并且很容易变现，但是，创业企业需要估值的普通股并没有上市交易，所以不是可交易的。

一旦交易性降低，就产生了额外的投资风险。这种投资风险叫做“流动性风险”。通常，需要对“流动性风险”在价格上进行让步，足以抵消非公开招股股票与相应的公开交易投资的风险/回报关系。

缺少交易性的折扣在对创业企业估值时会放大，创业企业的特点是未来有高速成长的机会，并导致有额外的风险。原意投资这类公司的投资人也有限。无法在一个合理期限内出售所有权，交易性的缺乏就需要一个比非公开招股企业的平均折扣率高的折扣率来补偿。根据其特殊环境，估算每个公司的折扣率是评估师的评估范围。

第五篇

企业视角之 吸引金凤凰

第九章
选择适合你的投资人：如何寻觅橄榄枝

创业者对资金的需求是一直存在的，公司创业之初需要小钱，公司成长壮大之后，需要资金扩大发展。所以，如何选择合适公司发展需要的投资人问题变得及其重要。创业者通常需要了解可以从哪些渠道获得资金支持，哪些渠道靠得住、哪些靠不住，不要白白浪费融资的时间和精力。

另外，在向股权投资者融资之前，创业者也应深刻了解自己需要的是什么？你的公司是否对得上股权投资者的胃口？股权投资者进来之后对公司会有什么变化？如何选择适合自己公司的股权投资人？找股权投资人融资金额多少恰当等等？当然，股权融资通常是比较困难和漫长的，创业者要了解其中的一般流程，并小心上当受骗。

第一节 外部融资前的自我测试

很多创业者都认为当自己的企业发展到一定规模，产品设计出了市场反映不错就可以找天使投资、风险投资、PE 等等来融资了。但是，最近几年统计数据表明，投资早期项目的股权投资人越来越少，不仅是收益回报率的关系，更重要的是这些企业融资人很多都没有想清楚自己到底是否已经到了必须外部融资的阶段，引入投资人后会给企业带来什么样的变化？企业是否已经做好接受融资成功或是失败的考验？下面我们先看一个失败的融资案例，从中说明外部融资并不像你所想的那么美好：

【案例】 一次失败的融资经历——澳柯玛收购视美乐双输结局

曾被誉为中国第一家高科技学生创业公司的视美乐，如今几乎销声匿迹。视美乐的创始人之一徐中对外公开表示："我们几个人当初满怀理想创立了视美乐，希望三五年能够上市，20 年能发展成为中国的索尼、爱普生。现在，公司已不是当初所想象的样子了，我们几个都转变了方向，可以说是壮志未酬。"

1999 年 3 月，王科、邱虹云和徐中组队参加了清华大学第二届学生创业计划竞赛，并作为最优秀的 5 个团队之一参加了全国大学生创业计划竞赛的决赛，获得了金奖。同年 5 月，视美乐诞生，注册资金 50 万元，邱虹云任公司总工程师，王科任总裁，徐中任总经理。其核心技术为多媒体超大屏幕投影电视，被专家称为"具有革命意义的产品"。

创业初期视美乐急需大笔资金的注入，因此他们开始了艰难的融资工作。

2000 年 4 月 25 日，视美乐公司与青岛澳柯玛集团有限责任公司共同组建北京澳柯玛视美乐信息技术有限公司，注册资金 3000 万元，双方各占 50% 的股份。原视美乐公司的主要技术人员全部进入澳视公司。

如今，青岛澳柯玛集团控股澳视 70% 的股份，三位视美乐创始人只作为小股东存在，相继退出了公司管理层。基于某项技术的新生企业，往往因其技术的先进性而具有极强的生命力，从而能在市场竞争中凭借技术优势占据有利地位。但是仅仅依靠技术，是无法使企业在市场中存活下去的。对于过去的创业经历以及后来的退出，这些曾经的创业大学生都不愿意再谈。而随着澳柯玛侵占上市公司资金案发的伤筋动骨，视美乐也从此一蹶不振。

视美乐的失败并非一个特例。在上海举行的一个"创业大奖赛"中获奖的 20 多名大学生，最终都遭遇创业"滑铁卢"。实际上，好高骛远、资金渠道不畅通、缺乏财务、税法和市场经济相关知识及经验，是学生创业的"软肋"。如果创业的是理科生，在财务、企划、管理、文案等方面先天不足，而纯文科生创业则缺乏一定的技术背景，对事物的分析也可能相对表面化。

视美乐的失败给创业者们敲响了警钟，在企业发展初期，特别是遇到困难的时候，应该怎样选择企业发展的路线，直接关系到企业的未来。首先，创业者必须明确创业的目的是什么，这应该在管理者的头脑中有一个清晰的轮廓。如果仅仅是为了被收购，那也要选择一个合适的收购者，才能使企业的利益得到最大化的满足。

我国企业在创始阶段，基本都在为资金发愁。国家的贷款政策比较严格，风险投资成了他们最佳的选择。但是风险投资介入的目的非常明确，就是索取回报，分享股权是最常见的要求。这样一来创业者们就应该考虑：有没有必要为了眼前的一点投资把企业的命运交到别人的手中。股权融资，有时候并不一定是好东西。它可以给企业解决困难，带来短期内的形势好转，但是也可能使企业丧失自主权。在没有对企业的未来做出完整规划的时候，为了眼前利益而融资，很容易丧失企业管理经营的主动权。最初澳柯玛收购视美乐，可能是件皆大欢喜的事情，这也是澳柯玛这样的大企业多元化道路上的一部分。但是从现在的结果看，这是一个双输的结局。

因此，要在国内找股权投资者融资，创业者要先审视一下自己：

一、你能给投资者带来多少回报？

假设某小公司，两个创始人各持有 40% 的股份，公司的产品有一定的客户基础。公司以前融过 150 万元的天使资金，天使投资人占 20% 的股份。他们想找下一轮投资人融资 2000 万元，用于发展客户和提升品牌。

对于创始人来说，如果他们马上将公司以 3000 万元的价格卖掉，这样他们每人可以拿到 1200 万元，这对于才创业几年的创业者来说，已经很不错了。

如果他们向投资人融资 2000 万元，投资前估值 3000 万元，并给未来的管理团队留下 15% 的期权池，这样，公司的股权结构将变为：VC 为 40%、两个创业者各为 18%、天使为 9%、期权池为 15%，如果创始人还要挣 1200 万元的话，公司必须以 7000 万元左右的价格出售。要获得这个级别的估值不是一件容易的事，这样的公司通常需要有一定的品牌、完善的商业模式和一定的客户基础。

而对于后续投资人来说，他们对 7000 万元的收购是不会有兴趣的。他们只能拿回 2800 万元，对股权投资人来说这样的回报情况可以忽略不计。由于有很高的投资失败率，所以股权投资对每个投资项目，都会期待有 10 倍以上的回报率。因此，股权投资人倾向于推动公司继续发展，拓展市场、研发新产品等，这些都会增加风险，需要更多资金，并会对股东的股权进一步稀释。

这家股权投资公司给企业投资了 2000 万元，占 40% 的股份，那他期望退出时他的股份能值 2 亿元，对应的公司的价值就是 5 亿元。这是最简单的情况，而通常情况下，下一轮的投资人融资还会对他的股份产生稀释（假定他不追加投资），所以在最终退出的时候，这个 VC 的股份很有可能已远远不到 40%。假设是 20%，那么，公司很可能需要值 10 亿元才行！那你的公司能成为价值 10 亿元的公司吗？价值 10 亿元的公司要到达什么财务指标？每年需要至少 3000 万元或 5000 万元的利润，销售收入很可能是 3 亿元或 5 亿元以上，并且公司收入及利润还是每年 50% 以上的高速增长！创业者需要掂量一下，这样的标准你能做到吗？

二、你能承受投资人带来的压力吗？

股权投资人的工作是给出资人（LP）创造回报，要实现这个目标，他们就要去发掘能成为超级利润创造的企业。所以，对于一些有出色技术和稳定团队的公司来说，不要轻易接受投资人的钱。假如公司只需要很少的资金就可以起步、成长，或者由于产品的特性面临的竞争、商业模式的限制、市场容量的限制，如果被并购是一个更可行的出路，那么远离股权投资人，而找周围的朋友筹一点钱才是更好的选择。

创业者如果拿到股权投资人的钱，至少会面临以下几个麻烦：

1. 公司小规模退出的可能性没有了，即便有，创始人也不太可能挣到什么钱。比如上面那个例子，即便公司最后以 1 亿元的价格出售了，创始人 18% 的股权能够得到多少呢？是 1800 万元吗？错！因为投资人通常在投资协议中会要求优先清算权、参与分配权和最低回报倍数，假如投资人要求的最低回报倍数是 3 倍，并且有参与分配权的话，投资人先拿走投资额 2000 万元的 3 倍，即 6000 万元。对于剩下的 4000 万元，包括投资人在内的全体股东按照股权比例分配，所以，创始人最后只能得到 720 万元，而投资人（40% 股权）还可以分配到 1600 万元，合计获得 7600 万元。

2. 幸福的日子没有了。投资人的钱就像是火箭燃料，希望能够尽快把你的公司送上“太空轨道”，使得公司快速发展，收入规模大幅提升。但是，这可能跟你的经济利益并不一致（你原本每年可以有百八十万分红的），或者超出了你的能力范围，在投资人的助力下，公司可能会朝着一个不一定合适或者最佳的方向“飞”去。

3. 被投资人绑定。公司的未来通常是维系在创始人团队身上的，投资人一旦投资，一定要给创始人带上三副“手铐”和一个“紧箍”。第一，业绩对赌：达不到既定经营目标，股权要被股权投资人稀释；第二，股份锁定：股权投资人通常会要求创始人把股份锁定，需要 3 ~ 4 年才能逐步兑现（Vesting），如果创始人提前离开公司，尚未兑现的股份就被公司收回了；第三，竞业竞争：如果创始人跟投资人合不来，执意要走人，股份也不要了，但是竞业禁止协议也不允许创始人去做类似的、竞争性的业务；第四，董事会席位及保护性条款：投资人对公司经营上的监督和决策。带上“手铐”和“紧箍”的创始人，只有华山一条路了。

三、你愿意放弃一部分股权和控制权吗？

真的要做股权融资吗？这好比是开车上高速公路，中途没有出口，出口在遥远的地方，叫做“IPO上市”或者“被并购”。创业者只有在这条路上一直开下去，要么顺顺利利开到底，要么人仰马翻地冲破高速公路护栏，公司破产清算结束。在这条高速公路上开车是有规则的，走上股权融资道路的公司也是有规则的。

第一，你要给投资人一部分股权，可能是比较大的比例。比如，第一轮投资人就出让超过30%，第二轮、第三轮融资之后，你剩下的股权就不到50%了。这很正常，不要说不想放弃公司的所有权，不愿出让太多的股份，可是除此之外你还能给投资人什么呢？投资人不需要你的好创意，他们只希望能从自己投下去的钱里获得合理回报。如果你现在就在抱怨他们抢夺了你的利益，并且你有把握融到钱的话，那就别向投资人融资。

把蛋糕做大才是关键，创业者只有把公司做大了，股份比例才有意义，一家长不大的小公司100%股权又能怎么样，还不如换成一家大公司10%的股权有价值。

第二，公司以后重大决策不再是你一个人说了算了。你可能习惯了自己在公司“一言堂”，但股权投资人也是股东，通常是“优先股东”，他们拥有一些特殊的权利，用来保护自己的利益。最直接的就是董事会了，他们通常会在董事会上占上一两个席位，对公司的重大事情有举手表决的权利，可能很多事情他们还拥有一票否决的权利。你会发现有人管着你了，不能“为所欲为”了。

第三，财务规范化和透明化。你不能再偷税漏税了，该补的补、该交的交，免得以后有大麻烦。报表要正式编制了，不能只找个会计记记流水账，而且每个季度还得给投资人看看报表，年底还要给投资人作下年度的预算。公司的每一笔超过一定额度的资金支出都需要投资人点头。更有甚者，投资人可能直接派一个财务总监过来，把持公司的财务，以便清清楚楚地知道公司的每一笔钱是怎么挣的、每一笔钱又是怎么花的。这是公司走向正规和做大做强的基础，你要做好这个准备。

除了对上述三个问题已经有了足够的思想准备之外，创业者还需要明确具备以下条件：

第一，你的团队是不是曾经让投资者赚过钱，如果是，那么你再创业的话，会有投资者关注的，甚至你一个新的创意也有可能获得投资者的投资。

第二，你的商业模式是不是在国外或国内已经有成功融资、并购、上市的先例，如果是，那么只要你的公司在行业能排名靠前，融资的机会就会有很多。

第三，如果你从事的是传统行业，而收入已经达到千万人民币级别，甚至上亿，那你具备了向 PE/VC 融资初步条件。

如果上面几个问题都是肯定的，你可以精心筹备一下融资的事，也许会有投资人向你伸出橄榄枝。

但是，一般来说，下面几种情况下的公司，不要向 PE/VC 融资：

（1）还只有想法、专利、产品原形等，而没有成形的产品或服务；

（2）市场容量太小，没有市场的延展性；

（3）融资额太小，只需要两三百万；

（4）创业的目的不是为了赚大钱、收获名利，而是为了社会公益、闷头挣钱。

当然，以上仅是一些基本的准则，还有大量的例外存在。一般来说，一家创业企业三分之一投资来自于首位投资人，另外三分之一的投资来自于追随首位投资人的投资者，最后三分之一的投资具有随机性。因此，找到最合适的首位投资者至关重要。

第二节 阿里巴巴寻觅“意中人”的启示

曾任阿里巴巴董事局主席马云这样看待创业者和投资者的关系：“投资者可以炒我们，我们当然也可以换投资者，这个世界上投资者多得很。我希望给中国所有的创业者一个声音——投资者是跟着优秀的创业者走的，创业者不能跟着投资者走。”我们首先看一下当初阿里是怎么寻找理想的投资人的：

【案例】 **阿里巴巴融资过程**

1. 创业伊始，第一笔风险投资救急

1999 年初，马云决定回到杭州创办一家能为全世界中小企业服务的电子商务站点。回到杭州后，马云和最初的创业团队开始谋划一次轰轰烈烈的创业。大家集资了50万元，在马云位于杭州湖畔花园的100多平方米的家里，阿里巴巴诞生了。

阿里巴巴成立初期，公司是小到不能再小，18个创业者往往是身兼数职。好在网站的建立让阿里巴巴开始逐渐被很多人知道。来自美国的《商业周刊》还有英文版的《南华早报》最早主动报道了阿里巴巴，并且令这个名不见经传的小网站开始在海外有了一定的名气。实际上，《商业周刊》报道反映的事实是，阿里巴巴的流量已经在商业网站中脱颖而出了，在1999年底，阿里巴巴的网站流量已经达到了8万人次/天。

虽然有了一定名气，但阿里巴巴很快也面临到资金的瓶颈：公司账上没钱了。正当马云最需资金的时候，也是互联网最疯狂的时候，在杭州马云家中办公的阿里巴巴工作人员会经常接到投资者打来的电话，每一个电话都是一次离资本更近的信号。但是在具体的谈判中，马云拒绝了至少38家投资商，这38家投资商大多是内地的投资者。

在如此火热的投资面前，马云并没有被这种疯狂冲昏头脑，在拒绝了一些投资的同时，马云带着风险投资经理人出身的蔡崇信仍在为阿里巴巴找寻资本的注入而四处奔波。在这个时候，蔡崇信的一个在投行高盛的旧关系为阿里巴巴解了燃眉之急，最终，阿里巴巴接受了以高盛为主的一批投资银行的500万美元投资。这一笔“天使基金”让马云喘了口气。

实际上，第一轮融资中，马云选择了国际资本的介入是经过深思熟虑的。主要选择的两个原因：第一，阿里巴巴的目标是成为一个国际性的公司，因此在公司资本的结构设计上，就需要为国际资本的介入预留空间；第二，风险资本的引入需要一整套导入、退出机制，而此时国内相应的法规、制度尚不健全，国内私募也缺乏相应的经验。

另外，第一轮融资马云也严格控制了融资规模。尽管他曾因数学不好两次落榜，但是对于融资这个问题，马云的脑袋似乎比任何人都灵光。他清楚地知道被他人控股的后果，他也清楚地知道自己控股可能出现的问题。所以在这个问题上，马云对钱的态度一方面是很冷漠的，另一方面却又十分重视。他希望投资商尽量少控股，因为也许不知道哪一天他又会想出什么大家不可接受的怪点子。同时马云认为自己控股又不如让员工也从中获利，因为所有的阿里人都是马云患难与共的朋友，深信“有福同享，有难同当”的马云一直以朋友为事业的中心。

2. 第二轮投资，挺过互联网寒冬

2000年，阿里巴巴的发展进入了一个全新的阶段。而随着新世纪的到来，对资本的呼声也日益增长。此时的阿里巴巴开始着手进行第二轮融资了。因为有过一次融资的经历，加之阿里巴巴保持了良好的发展趋势，使其具备了底气十足的对话资本，这一次的融资于马云个人而言显得更为轻松与愉快。

1999年夏末秋初，在北京奔忙的马云突然接到来自摩根士丹利亚洲公司资深分析师古塔的电话，他向马云询问了有关阿里巴巴及其融资的一些基本情况。四个星期之后，马云收到了古塔的电子邮件，在邮件中古塔告知马云有一个人"想和你秘密见个面，这个人对你一定有用"。

当马云赶到约定的地点时，古塔告诉他的秘密约会其实并非马云原本想象中的二人会谈，而是一次规模比较大的项目评介会。而那个据古塔说对马云"有用"的人也让马云大吃一惊，因为马云并没有想到他将要见到的人竟会是软银的总裁孙正义。

因来访的人太多，孙正义只给了每人20分钟时间。当投影仪调出了阿里巴巴网站的页面时，马云顺势站起来作了几分钟的演讲，介绍阿里巴巴为何物，阿里巴巴正在做的和将要做的。马云仅仅开讲了6分钟，就被孙正义打住了。孙正义当即表示了他略显强烈的投资意向，他问马云需要多少钱，然而在这位投资家面前，马云的回答十分令人吃惊：他不缺钱。孙正义反问道："不缺钱，你来找我干什么？"马云的回答则显得有些孩子气，当然这与他的个性有关："又不是我要找你，是人家叫我来见你的。"

这个经典的回答并没有触怒孙正义。第一次见面之后，马云和蔡崇信很快就在东京又见到了孙正义。一见面，孙正义单刀直入，"What's the detail?"马云提出三个条件：第一，希望孙正义本人亲自做这个项目。孙正义表示，虽然他从来不担任公司董事，但他可以做阿里巴巴的顾问；第二，软银旗下有很多基金，其中很多是贴上了软银的名字，马云希望用软银自己的钱，孙同意了；第三，公司必须以客户为中心，以阿里巴巴长远发展为中心，不能只顾风险投资的短期利益，这点也得到了孙的首肯。

谈到价格，孙正义提出投资4000万美元，蔡崇信提出异议，最后谈成了3000万美元，占30%的股份。马云考虑了五六分钟后，点了头。可是回国后马云却反悔了——一向不贪心的马云不是嫌钱少了，而是嫌钱太多了。马云对孙正义的助手说："我们只需要足够的钱，2000万美元，太多的钱是坏事。"孙正义的助手立刻跳了起来，这简直就是一件不可思议的事情，谁会嫌孙正义的投资太多？

在暴跳如雷的孙正义助手面前，马云当即给孙正义发了一封电子邮件，他说："……希望与孙正义先生手牵手共同闯荡互联网……如果没有缘分合作，那么还会是很好的朋友。"5分钟后，马云很快接到了孙正义的回复：

"谢谢您给了我一个商业机会。我们一定会使阿里巴巴名扬世界，变成像雅虎一样的网站。"

从2000年4月起，纳斯达克指数开始暴跌，长达两年的熊市寒冬开始了，很多互联网公司陷入困境，甚至关门大吉。但是阿里巴巴却安然无恙，很重要的一个原因是阿里巴巴获得了2500万美元的融资（见表9－1）。

表9－1　　阿里巴巴重大融资事件概要

阶段	时间	融资背景	投资人	融资金额
第一轮	1999年10月	1999年3月投入运作半年，会员数达41000	高盛、富达投资、AB等	500万美元
第二轮	2000年1月	阿里巴巴会员数达10万，来自全球180个国家和地区	软银、富达、汇亚、TDF等	2500万美元
第三轮	2004年2月	阿里巴巴网站连续四年被评为全球最佳B2B网站，2003年实现日收入过百万	软银、富达投资、GGV	8200万美元
第四轮	2005年8月	雅虎希望阿里巴巴与雅虎中国形成战略业务紧密合作关系，同时为早期投资人提供退出渠道；阿里巴巴借力扩张	雅虎	阿里巴巴收购雅虎中国，同时得到雅虎10亿美元投资
第五轮	2007年11月	2007年上半年，实体经济和全球股市过热，金融危机初露苗头，有风险	IPO公众及基础投资人	近17亿美元

当然，不会每一个创业企业都会做到阿里巴巴这么优秀，有足够的资本再拒绝38家风险投资后等待到自己理想的战略投资人。但是，案例告诉创业者，你依然需要在引入外部投资之前深入了解并筛选合适的投资人。

选择合适投资人的第一步目的应该是挑选那些可能会投资你的，不是每一个股权投资者都适合你，你也不会适合所有的投资人。一旦你知道哪些投资人可能与你匹配，就不必在不相关投资人身上浪费时间，而要集中全部时间和精力，定点攻克有机会的投资人。通过以下步骤可以挑选出潜在投资人：

一、搜寻投资基金的门户网站

不管是针对大项目投资的基金，或者是专门投资早期的，抑或是国际知名品牌投资机构，还是中国人自己品牌的PE/VC机构，通常筛选和甄别的方法类似，通过分析基金的历史、合伙人情况和投资项目，就能容易地对可能投资人进行有的放矢地接触。

筛选潜在投资人范围的最好办法，就是先进入天使投资、风险投资、股权投资等专业类门户网站，上面将会有很多基金公司的情况介绍和网站连接。可以初步查询排行榜一类的指标（见表9-2），对这些基金有总体了解。一些关键信息是你要注意的：这个股权投资人有没有投过你这个行业？合伙人背景？能否把你的公司与他的背景或其投资挂上钩？过去投资金额多大，是一百万美金还是几千万美金？了解这些，会让你的选择范围逐渐缩小。

表9-2　2006~2008年在中国投资最多的十家VC

机构排行榜	投资金额
1. 软银赛富	4.18亿美元
2. IDGVC	1.38亿美元
3. 华平	1.21亿美元
4. 红杉中国	1.12亿美元
5. 永威投资	9604万美元
6. 崇德投资	9000万美元
7. 英特尔投资	8719万美元
8. 凯雷集团	8600万美元
9. 兰馨亚洲	8571万美元
10. 凯鹏华盈	8500万美元

数据来源：www.chinaventure.com.cn。

如果你有了初步的目标范围，接下来就可以直接分别进入这些股权投资基金的网站，更为详细地了解这些基金的投资事件、历史等等。国内外常用的股权投资市场门户网站布局图如下：

（一）私募股权网站（http://www.privateequity.com）

这一网站相当于私募股权的搜索引擎或门户网站，可以满足风险投资和私募股权投资者市场分析的需求。私募股权社区包括了全球约2500家公司，其中的2000家每年大概投资1000亿元于创业阶段的公司、成长阶段的公司以及收购机会。在这一网站上可以找到提供资本的公司及其链接。

（二）创投中国网（http://www.chinaventure.com.cn）

国内最大的创业投资咨询网站，提供各类股权投资机构排名信息、投资信息及行业研究报告等。

• 6000 家 VC/PE、券商、战投类投资机构、8000 位投资人、3100 家投行、律所、会所等中介机构档案；

• 4900 支股权投资基金分析；

• 3600 家有限合伙人机构（LP）分析；

• 40000 条企业并购、新股发行、再融资记录及分析；

• 12000 条私募投资记录及 5000 条退出记录；

• 3000 条细分行业研究数据覆盖六大行业，日更新量约 30 条；

• 600 万家企业财务数据，30 万家重点企业拥有 2009 ~ 2011 年连续财务；

• 16000 条交易情报覆盖各个行业，独家情报日更新量 15 条以上。

（三）清科投资界（http：// ww. pedaily. cn）

国内较为领先创业投资与私募股权投资领域综合服务网站，提供专业的股权投资机构/行业/企业信息、数据、研究和咨询服务。并涉及 TMT、传统行业、清洁技术、生技健康等行业关于创投的市场研究。同时，每年利用其平台在海内外举办百余次股权投资行业高端论坛，以及逾 100 期创业投资俱乐部活动，每年参会人数总和逾万人次，是目前国内影响力最大的投资人及企业家交流平台，并拥有国内最强的投资人关系网络。

旗下会议论坛品牌包括中国创业投资暨私募股权投资论坛、中国有限合伙人峰会、中国高成长企业 CEO 峰会、行业投资峰会、清科创业投资俱乐部、清科培训中心、“中国最具投资价值企业 50 强”评选等。

（四）天使基金网（http：//www. tsjj888. com）

国内天使投资门户网站，为创业者和天使投资人之间搭建资本之桥，网站搭建各种项目信息平台、股权交易平台信息、天使资本俱乐部等。

（五）私募股权在线（http：//www. privateequityonline. com）

紧密跟踪私募股权市场的变化，提供每天新闻，范围覆盖了欧洲、北美和亚洲。伦敦和纽约的杂志每天上传一些故事，包括行业的投资人、交易信息和被投资的公司。有些信息也可以通过查阅他们办的杂志 Private Equity International 获得。

（六）道琼斯私募股权网站（http：//www. privateequity. doujones. com）

基于美国私募股权投资市场提供分析报告和市场情况。

• 机构投资者对私募股权基金的新承付资本；

• 风险投资和收购基金筹集的资本；

• 接受融资的公司信息；

• 交易资料和接触信息；

- 关注最新发行和关闭的基金；
- 对私募股权基金的趋势和公司行为进行历史分析；
- 提供深度的分析文章。

（七）普华永道金钱树网站（http：//www. pwcmoneytree. com）

提供美国、欧洲、以色列历年来的风险投资数据，细化到每一季度以及对不同阶段、不同州的公司的数据。

（八）可选择资产投资网站（http：//www. altassets. net）

提供全球超过 1000 个机构投资者以及 2000 个私募股权和风险投资公司的新闻和研究报告。有超过 18000 个专业投资家使用这一网站。

- 全球私募股权市场的每日新闻和交易动态；
- 对全球私募股权市场的回顾和展望；
- 描述行业信息的每月文摘；
- 不同国家、不同行业、不同市场的研究报告；
- 不同国家的案例；
- 不同行业的案例。

（九）美国风险投资协会（http：//www. nvca. org）

此网站与其他国家风险投资协会建立了链接，可以容易进入其他风险投资协会的网站。

二、分析基金管理资金的规模

基金管理资金的规模直接关系到创业者融资成功率第一步。这个数字并非越大对你的融资计划越好，千万别以为资金规模大的基金就会投很多项目，到处洒钱，容易蒙；基金规模小的投资人钱少因此行事小心谨慎，不敢随便乱投，难对付。基金资金的多少不等于谁穷谁更有钱，基金是一个专业分工非常明确的行业。

如果一个基金管理 1 亿美元以上，那么他投资 100 万美元以下的项目机会就很少，而管理 5 亿美元左右的基金，他投资起点可能是一两千万美元的项目。这并非基金嫌贫爱富，而是由于基金的基本运作规律导致的，管理海量数额的基金合伙人不会有时间和精力投资和管理很多小额的项目。所以，特别初期创业企业找投资机构不是看他越大越好、管理的钱越多越好、越有名越好，而是看他是不是可能投资中小型项目、初创期企业的基金。

总体来说，每个股权投资基金都有自己的投资规模和阶段：种子期、早期、成长期。千万别瞎猜，一般来说，不同阶段的股权投资基金规模为：

1. 种子期：10 万～100 万美金。

2. 早期：100 万～1000 万美金。

3. 成长期：1000 万～5000 万美金。

如果要你找 10 万美金，别去自讨没趣去敲成长期投资人的门；你如果需要 3000 万资金给自己的企业发发后劲，根本也不用跑去求种子期的投资人，即使他们把整个基金都投给你，可能还填不饱你的肚子。

除了选择股权投资基金跟公司资金需求相匹配的投资人外，创业者还应搞清楚基金的状况：每家投资公司最后一笔基金是何时募集的？总额有多少？然后再跟你公司目前的状况进行比较，五六年前募集基金的要删除掉。

三、研究基金过去投资事件

可以从一个基金投资的过往历史，推测其未来可能的投资模式。因此，需要对投资机构过去投资事件的投资阶段、投资数额、退出方式等信息进行详细调查。一个股权投资基金从成立到结束大概是十年的生命周期，最开始的两到三年是投资期，中间的三到五年是退出期。基金过去的表现如何？是一切顺利还是前途坎坷？是已经有了成功的 IPO 还是就等你这个“能下金蛋的母鸡？”这些可能都会影响到投资达成以后，这个基金对你的期望以及退出的迫切程度。

如果你正在和某个基金接触并有可能达成交易，那么同他们过去投资过的公司 CEO 谈谈绝对是有必要的。了解基金的投资风格怎样，平常介入公司的程度如何，是否喜欢没事经常来公司看看，还是只会出现在公司董事会上，等等。毕竟，你以股权牺牲为代价引入股权投资者不仅仅是为了借款，能够带来其他附加值的投资才是对你合算的买卖。这些附加值包含很多东西，有的时候是政府关系，有的时候是战略合作伙伴，有的时候是一个现代合理的股权治理结构。所以，非资金因素也要考虑清楚。

另外，股权投资人虽然投资范围比较广，但也并不是什么行业都投、或者只要好项目就投。每一个 VC/PE 都有它们自己擅长投资领域，比如互联网、媒体、新能源、生物工程、现代服务业……在你和投资人接触之前，好好地挨个儿做一番回家作业，搞清楚这些投资人的投资方向是否契合你公司的业务方向。把那些和你不门当户对的投资人名字划掉，专攻那些和你业务方向相关的，别浪费无用功。

实际上，投资人擅长的领域跟你从事的行业比较对口那是很理想的状态。行业内专家一方面能够很好了理解你的业务，在尽职调查等环节就能高效运作，而且给你带来的增值服务也相对会更容易些。不管是介绍一些合作伙伴，还是帮你招聘人才，业内人士总是比外行人好办得多。

还有就是，查看你选定的投资人清单中他们都有哪些投资案例，是不是有你的竞争对手在其中，通常不要去找这些投资人。原因很简单，大部分投资人不会投资互相竞争的公司，这样会带来很多麻烦。有些投资人如果觉得有用的话，甚至还会把你的所有材料给你的竞争对手。毕竟，一张保密协议是无法完全保护你的所有商业机密和业务模式创新的。

四、调查合伙人的情况

合伙人的简历也许能够告诉你他是从哪里毕业的，没准能帮你套个校友关系什么的，这样你下次见到他的时候可以更加有的放矢地“套瓷”。不过这不是重点，多看看他过去的投资项目，理解他的投资风格和投资模式才是最重要的。

另外，请注意一下他目前担任投资公司董事会的情况。如果他已经有七八个董事职位，这么多公司等他每季去参加会议，也许他能给你的时间就会不多，做不到像他许诺的那样，帮你寻找战略合作伙伴什么的。

企业家找投资人的时候，那个负责你项目合伙人的风格、个性、过去经历、对行业的理解程度，都会直接影响到你项目成败与否。不是谁更有名，谁是“年度十大风险投资家”才更好，最好还是同样找他以前投资过的项目CEO谈谈，了解一下投资人的做事风格。做好这一系列的研究准备工作，对你的融资成功帮助重大。

第三节 如何迈开第一步

选出合适的投资人范围之后，就可以按照清单目录着手联系和并开始一轮轮的面谈了。当然，这个过程将是无比艰辛而又耗时的，有可能你将四处碰壁导致心灰意冷，也有可能你很幸运获得了数家投资机构的青睐。但无论如何，你都需要在一轮又一轮的面试、谈判中不断总结经验、不断修改商业计划书等等，最终获得成功。张朝阳首笔创业投资获得的坎坷路径向我们证明了这一点。

【案例】 **张朝阳首笔创业投资融资之路**

第一桶金

1996年7月，张朝阳正式开始了他的融资之旅。在最初的两三个月里，他经常往返于中国、纽约和波士顿之间。实际上，那时候美国的风险投资人根本不相信远在中国的创业者。为了给投资人打电话，他在美国大街上的公用电话亭排队，他甚至尝到过被投资人赶出办公室的狼狈滋味。经过五个多月的不懈努力，张朝阳见到了MIT媒体实验室主任、《数字化生存》的作者尼葛罗庞蒂（由张朝阳原就读的麻省理工学院教授引荐），这位风云人物在与张朝阳会谈之后答应给他的爱特信公司进行天使投资。

1996年8月，ITC爱特信电子技术公司（北京）有限公司正式注册。10月13日，张朝阳终于在自己的账户上看到了15万美元，这是爱特信公司获得第一笔风险投资，投资者包括麻省理工学院教授尼葛罗庞蒂和斯隆管理学院的教授爱德华。尼葛罗庞蒂的另外两万美元在1997年到位。

拿到了钱的张朝阳终于可以开始做他想做的公司了，但是具体到做什么样的业务、怎么做，成了摆在他面前的一个重大问题。他用了两个月的时间对此进行探索，做技术提供者，还是做信息提供者？

当时股东之一尼葛罗庞蒂还投资了美国的另一家互联网网站"热连线"。正是"热连线"最初发明了网络广告的商业模式。这也给张朝阳带来了很大启发，他去美国拜访了"热连线"。当时的"热连线"雇用了大量记者去采写新闻，他们写了大量高质量的短文章，图片新颖，报道方式也与当时的报纸杂志不同，特别适合数字化时代人们的阅读习惯，流量非常大。

此时的中国互联网界，例如东方网景、瑞德在线等等一些小网站已经有了一些服务性的介绍，张朝阳尝试着将这些内容用超链接的方式列在自己网站的一个栏目里，居然收到了出其不意的良好效果。很快，爱特信的网站上就开始彻底放弃做内容，整体转向到超链接上。

华尔街的脸色

第一笔投资17万美元到了1997年9月已经消耗大半，张朝阳又开始了长达半年之久的融资之旅。如果说第一次天使融资的股东多少是基于对张朝阳个人的信任以及私交的话，那么第二次融资则再也没有这样的情感因素帮忙。对张朝阳来讲，这次融资的过程几经起伏，这次融资的经历铭心刻骨。

那个时候，在美国只有网景公司上市，雅虎尚未上市，投资人不相信一个中国的网络公司能够取得什么成功。当时几乎没有投资人愿意听他的计划。在罗伯特和尼葛罗庞蒂的引荐下，张朝阳自费去美国加州见那些亿万富豪。

他先在加州的一个小旅馆住下，用绿卡租了辆车，然后用了两天时间不停地打电话与实现圈定的几位可能改变他公司命运的人约定见面时间。1997年的9月11日让张朝阳终生难忘，——在这一天中他马不停蹄地见了四个风险投资人，并且有两个答应了给他投资。

按照事先约好的时间，他应该在早上九点先去见英特尔投资公司的人，接着是十二点与世纪投资的负责人会谈，下午三点是软银，下午五点则是后来给王志东投资的亿万富翁罗宾逊斯蒂文。前三位投资人都在硅谷附近，而最后一位则在旧金山。

谁知道第一个与英特尔的会面就被推后了半个小时，虽然这是一次非常成功的会面，但当会面结束时，已经十二点了。张匆匆在麦当劳买了食物然后一边开车一边吃赶往世纪投资。当张朝阳见完前三位投资人的时候，时间已经晚了，再加上那天赶上旧金山的地铁罢工，严重的堵车迫使张朝阳勉强开下高速公路。到了距离罗宾逊斯蒂文还有7个街区的时候，他将车弃置在一个停车场后就提着笔记本电脑飞奔着跑到了见面地点，他到的时候，罗宾逊斯蒂文已经等了他将近一个半小时。会谈的结果是，罗宾逊斯蒂文当场表示要给张朝阳投资25万美元，尽管这笔钱事后并没有到位，但当时已经足以令张朝阳无比兴奋。

英特尔公司则不那么迅速表态。他们对张朝阳进行了前后长达6个月的问题"审问"，平均每天6个问题。有一天晚上英特尔的投资人打长途过来说还有一个问题想问。张当时在发烧，但是生怕投资人觉得他身体不好最后不再投资，所以咬牙回答完问题。

坚持就是胜利

事实上，张朝阳从海外融资的行为在那个时代绝无仅有。在融资的那段日子里，张朝阳几乎每天晚上都会在那间办公室兼卧室的桌子上、地上，或坐，或躺，或趴着写他的商业计划书。每次会谈或者电话沟通之后，他又会根据提出的问题或意见继续修改完善商业计划书。最后，他那份完备的商业计划书在当时具有空前的前瞻性，例如他预言了一个商业网站应该是资讯和导航，也形容了门户的特征是信息的集合者而不是制造者，甚至还描述出了广告收入的曲线，以及对页面点击率与广告之间成长关系的算法、收入模式等等。

终于，1998年4月搜狐公司等到了第二笔风险投资，投资者包括英特尔公司、道·琼斯、晨兴公司、IDG等，共220多万美元。

从上述案例中可以看到，面对寻找投资人艰难的路径，创业者唯有坚持不懈面对一切，踏实做好以下步骤的联系工作：

一、与谁联系

绝大部分股权投资基金都采用“合伙人”制。因为股权投资是一个需要高度个人能力和经验的行业，每个投资机构都必须有高度成熟的合伙人来相对独立地具体负责投资项目，所以不能像一个企业那样用“总经理负责”的方法，而要采取“合伙人”的管理制度。建立一个基金后，投资公司的合伙人按照经验各自找项目、看项目、评估项目，但真正要投资的话，需要公司内部集体决定。所以，创业者要想获得投资，就得先说服股权投资公司里的某个恰当的合伙人，由他来负责推进你的项目，并说服其他合伙人。

比如，某投资公司有6个合伙人，1个负责通信行业，2个负责半导体，3个负责软件和互联网行业。如果你是一家通信相关的公司，你需要说服那个负责通信行业的合伙人。一旦说服他了，他在作尽职调查的时候，会验证你的公司是不是真的有价值，并说服其他合伙人。但通常，其他合伙人也会有很多项目需要推进。大部分投资公司是一票否决，只要有一个合伙人不认同，任何项目都要放弃投资。

二、怎么联系

找到相应的合伙人或投资经理之后，跟他们联系的最好方法是找人推荐。看看你的朋友圈，有没有可以做推荐的人。如果你找了融资顾问帮你的话，这项工作就简单多了。另外，参加一些风险投资的会议、论坛也可以认识一些股权投资人。记住，除非你已经很有名，做过成功的企业，不然你一份 email 给一个不认得的股权投资人，收到回复的机遇是很小的。

当然实在找不到人，如果在写 email 时把下面几点做好，还是有可能的。第一点，在 email 里要用简短几句话，把企业能带给用户的核心价值（或解决的问题）讲清楚，并把自己（或团队）的背景优势说清；第二点，不要问问题。有些融资者的 email 里面有一长串问关于企业的问题。记住，一个投资人不可能有时间来回答这些问题，除非他对你的企业已经有很大兴趣；第三点，email 不要超过半页，附上商业计划。

三、什么时候联系

一开始先寄给几个股权投资人，直到有一个正面回音。与这个投资人见面，听取意见，修改商业计划和 email，再发给更多的投资人。目标是同时能与3～5个投资合伙人谈。同时谈的投资人太少，你会没有negotiatingleverage（谈判的筹码）。太多的话，又会耗费太多的时间。而且，如果很多行业的投资人都跟你谈过，而且没有兴趣的话，你可能会得到个名声，是没人要的东西，那事情将变得很糟糕。

如果条件允许，先找2～3家行业规模合适但近期基金缺钱的投资人演练，看看你的融资演示文件准备得怎么样，你的演讲水平如何，他们有什么样的问题等。演练完后，再对你的商业计划书进行修改和完善，然后去找真正有可能给你投资的人。跟这些投资人联系要在尽可能短的周期内集中2～3个批次完成，一次10～20家。不要这周联系几个，下周联系几个，下个月又联系几个。集中联系的好处是，你就可以比较哪家投资意向书中条款好，哪家的报价高，也可以在投资人之中形成竞争，增加自己的negotiatingleverage（谈判的筹码）。

第四节 选择几家投资机构才合适

许多创业者都会认为，在股权结构表里有多家投资机构是很吸引人的，认为越多的投资人坐在一起，你将拥有越多的推荐、收到越多英明的建议、在外人看来公司越有吸引力。尽管这些都是真的，同样这么好的事情是不可能没有代价的，下面就是一些问题：

比如你有5个创业投资人（加上天使投资人），每个投资人都持有5%的股份，这样你本轮融资就被稀释了25%。当然，这些投资人会将你看作是一种“选择权”——如果你做得很好，他们可能会参与你的下一轮融资。除非是有财务动力，没有投资人会对只占5%股份的创业公司感兴趣。那么，如果不是当作下一轮参与的选择权，那他们为什么要投资？即便是按照各家5%股权进行投资了，当你遇到经营困难时，问题就来了。大部分公司在发展中的某个时候都会遇到坎坷，这时5家占比相同的投资人都不会有足够动力在你的困难时期帮助你。

首先，他们没有真正通过领投的方式声明公司是他们的项目，他们可以似乎合情合理地告诉别人：“是啊，但我们实际上只是公司的小股东，那些问题跟我们真的没什么关系。”

其次，在困难时期，他们也要考虑所投资的全部其他企业。假如这5个

VC 合伙人每人还要照顾 7 家其他的公司，在困难时期，他们的时间和精力一定会分配到那些投资了更多资金或者持有更大股份比例的公司。

现在假设市场环境很好，你也处于非常热门的地位。现在你有 5 个投资人，他们中至少有一部分将会争取能在你的下一轮融资中拿到更多的股份。当然，你不可能让 3 个投资人的股份都从 5% 变成 20%，否则你就出局了。这只是一个内部分配的斗争，如果你想引入新的投资人来领投下一轮并设定目标价格的话，也有会看到更多的斗争。

那么，到底选择几家投资人才是最合适的呢？我们从一个具体案例分析来看：

【案例】　选择 VC 的合理家数

1. 仅选 1 家 VC 的缺陷

一轮融资只有 1 家 VC 是很普遍的，这种情况在很大程度上是因为大部分 VC 都有最低 20% 股份比例的门槛。因为会稀释你的股份，引入多家 VC 的成本是非常高的。因此很明显，在同意与 VC 合作之前，你最好确信你已经按照上一节说的做好了背景调查。

只找 1 家 VC 有一个非常明显的缺陷：如果你跟他不再合作，你会很麻烦。下面是一些 VC 不支持他们投资过的项目的理由：

（1）最常见的情况是负责你这个项目的合伙人离职了，这时你就成了进退两难的投资组合公司。通常情况是 VC 派过来接收的新人会说他将支持你，但这永远都不会是他的项目。一旦公司出现什么问题，他总是会离你远远的，以防有任何关联。

（2）投资你的 VC，可能已处于他们基金的末期，如果你经营中遇到困难，他们没有资金支持你。

（3）这家 VC 可能已经对你失去信心。你跟 VC 可能在公司方向/战略或者如何应付困难的状况等问题上有不同的看法。

（4）一些 VC 不再支持某些他们曾经关注的行业。比如很多 VC 放弃了网络视频 1.0 这个领域，还有很多削减了投资。

不管是什么原因，当你只有 1 个投资人而又陷入进退两难的困境时，唯一的解决办法是引入新的外部投资人。如果当前的投资人不给予支持的话，引入新投资人无疑是非常困难的。新投资人希望从他的前任 VC 那里听到的标准意见是："我们 100% 支持这家公司，我们愿意完全等比例追加投资，甚至可能会多投一点。"如果你的 VC 让你处于两难境地，那么，你是不会听到这些话的。

尽管如此，需要明确的是，大部分项目只有一家 VC。

2. 找两家 VC 的相互争夺问题

融资时找 2 个投资人分享是最具诱惑力、最佳的情形。你可以得到多家 VC 投资时的好处，又能避免其中的缺陷。如果你的公司做得很好，但需要更多的资金来证明自己，让当前 VC 分享一个内部融资轮是非常容易的。既不需要大额资金，也是给外界想要投资的人一个信心。

两家 VC 投资时最大的问题是相互争夺。所有的 VC 都希望能获得公司 25% ~33% 的股份，这个比例是他们认为值得在可能是 7 ~10 年的投资期内，付出时间和资源的。他们几乎都有自己的最低股份要求——20%。

因此，为了让两家 VC 投资，就需要稀释 40%，这对于初创期的公司来说却是很糟糕的。如果考虑到他们还会要求公司预留 15% ~20% 的期权池，那创始人在一轮融资之后就只剩下 40% 了。如果公司只有 1 个创始人，这说起来还不算太糟糕，但是如果公司有 4 个创始人，每人就只有 10% 了，更不要说后续的三轮融资！

所以，你要寻求的最简单配置是下面两者之一：

（1）1 家投资机构领投，获得 20% ~25% 的股份，1 家小型投资机构跟投，获得 7.5% ~15% 的股份；

（2）2 家投资机构领投，各获得 15% ~17% 的股份（见图 9 -1）。

1家VC	2家VC	3～5+家VC
大多数情况 如果他们失去兴趣，会很艰难 在困难时期融资更难	多家VC的最佳平衡，都能获得足够的股权 在困难时期融资更容易 不稀释40%的项目很难达成	在困难时期，没有VC持有值得关注的股份 在顺利的时候，为后续持股比例争斗 很难召集一致行动

图 9 -1　投资机构家数不同的优缺点

我们选择投资机构家数时应把握的原则：

一、必须要有领投的投资人

不管你采取上述哪种方案，都必须要有一个领投的投资人。如果你想找多家投资机构，那么将本轮出让股份的一半给一家投资人，让其他 4 家投资机构分配剩余的一半。没有领投的，就等于在公司遇到困难时没人管，也就等于没有人因为投入较多而该谴责。必须始终要有一个领投机构，不仅仅是为了度过困难时期，也为了解决常见的冲突。

二、确信他们能合作愉快

在融资时，常常看到一些表现强硬的投资机构，他们会强行争夺股份比例，驱赶其他投资人或天使。建议创业者这么思考："如果这家投资机构在对你满意的时候都不能友好合作并表现出自己最好的一面，想象一下在公司困难的时候或者最后要分配利益的时候，他们的做法将是什么样子？"

三、先向外部投资人推销后续融资

原因如下：俗话说"好篱笆，才有好邻居。"对外部推销，能够让你同样获得好的内部投资人，这就是投资中的集聚效应。当你的项目被后续的外部投资人看中并且热捧时，你前一轮的投资人必然也会很感兴趣要求追加投资。所以，如果你的内部投资人希望领投下一轮，并给你一个合理的价格，你就没有必要过分推销你的项目，并期望获得可能最高的价格。获得外部投资人合理的价格或至少检验一下市场的兴趣水平。

第十章
写好商业计划书：重要的“敲门砖”

商业计划书从本质上讲，是投资人用投资的支票换来的企业创始人对投资商投资本企业达成的一个承诺。公司在投资之后会做什么业务，今年收入多少，明年利润多少，占有什么样的市场，什么时候能做大等等，都体现在商业计划书中。一份好的商业计划书，不仅有助于将创业者头脑中的创意和想法逻辑化、结构化、而且在很多时候，它是争取与投资商面谈机会的一块“敲门砖”。本章将重点介绍如何才能写出一份吸引外部投资人的商业计划书。

第一节 商业计划书的执行摘要

根据融资的需求，商业计划书可以分解成以下几份材料：

(1) 商业计划书执行摘要：Word 格式，篇幅为 1~2 页，5 分钟可以看完。

(2) 演示文件：PPT 格式，篇幅为 20 页左右，适用于 30 分钟的演讲。

(3) 完整版的商业计划：Word 格式，篇幅为 30~100 页，包含详细、完整的内容。

其中，执行摘要是商业计划书的精华提炼，是吸引潜在投资人的关键信息传达方式。执行摘要就好比是让 VC 用最短的时间将“珍珠从沙粒中挑出来”，然后再比较“珍珠”质量的优劣。因此，执行摘要要涵盖商业计划书的要点，以求一目了然，这是对创业者描述自己的公司和写作功底的最高挑战。下面是一家做电子图书和杂志的互联网公司的执行摘要。

【案例】 ABC公司商业计划书 执行摘要①

投资亮点：ABC公司为集团客户和个人用户提供图书及杂志的数字版权内容，满足用户通过网络对海量、优质内容的检索和合法使用。

产品及服务：公司已与全国200多家出版社及1000多家杂志社签订数字资源合作关系，通过其专利DRM（数字版权管理）技术，对数字内容进行加密管理，实现安全可靠传播；通过其专有算法保证数字图文内容的高保真显示。

公司为学校、图书馆、企业等集团客户提供数字图书馆及在线支撑软件；为个人用户提供客户端和在线两种方式的免费阅读服务和打印、拷贝、标注、聚合、去除广告等收费增值服务。

商业模式：公司通过与出版社及杂志社合作，获得授权的数字内容，所有销售收入与之分成。集团客户的开发通过公司销售团队和全国50个省级代理商共同完成；公司已与合作伙伴ZY发行集团签约，通过其分布全国的超过50000个网点推广销售个人用户充值卡。同时，公司还会通过网络进行推广和网上支付。对于集团客户购买数字图书数据库，收取镜像安装包库费或IP段使用费；对于个人用户，通过充值的方式，收取增值服务费。

市场机会：中国出版科学研究所第5次国民阅读调查显示，互联网阅读率为36.5%，仅次于报纸（74.5%）和杂志（50%）排第三位，图书阅读率仅为34.7%，网络阅读首次超过图书阅读。据调查，2008年电子图书和杂志的市场规模为100亿元人民币左右，预测到2015年，市场规模将增长为2000亿元人民币。新出版的图书和杂志中95%将可以通过电脑、手机、手持阅读器进行阅读。

竞争优势：公司主要竞争对手是F公司、C公司、S公司和L公司。其中F是直接竞争对手，其技术水平与公司相当，领先于其他3家，并解决了C和L公司在内容上大量侵犯版权的行为，实现与出版社及杂志社的共赢。此外，公司在数字内容的选取和互联网平台应用上，避免了L公司的局限性。此外，公司通过与合作伙伴的紧密合作，拥有领先对手的庞大资源优势和线下销售网络。

目前公司在专科学校、独立学院图书馆等渠道领域超越竞争对手，授权合作出版社及杂志社数量位居全国第二，正版数字内容数量位居全国第二

① 桂曙光：《创业之初你不可不知的融资知识》，机械工业出版社2011年3月第四版，第130~131页。

(见表 10 - 1)。

表 10 - 1　　历史和预计财务收入　　(单位：户，元)

年份	2008 年	2009 年	2010 年预计	2011 年预计	2012 年预计
集团客户数	200	500	1500	4000	100000
个人用户数	100000	3000000	10000000	30000000	50000000
收入	7000000	40000000	200000000	500000000	1000000000
净利润	2000000	12000000	55000000	125000000	300000000

融资计划及用途：计划募集 1000 万元。主要用于研发、市场营销、购买数字资源及运营流动资金。

管理团队：林 × ×，总经理，15 年的 IT 传媒和互联网经历，擅长市场营销，曾供职于人民邮电出版社、曾任国家信息中心某网站副总经理、赛迪网市场总监。还曾创立两本期刊并任总编。

刘 × ×，CTO，12 年 Unix 操作系统、数字版权保护技术（DRM）、电子商务等领域的软件开发经验。曾任 A 公司技术总监、B 公司总经理。

由上述案例可以看到，执行摘要相当于商业计划书的“迷你版”精华，所以应该让投资者一目了然地看清楚三个关键问题——企业能为客户创造什么价值？项目能为投资人带来什么回报？你怎么去做到这一点？

根据上述目标和案例，我们总结出一份执行摘要的样本，有股权融资计划的企业可以参考这份样本以了解投资人关注的问题，使得写作更具有针对性。

公司概要/公司背景

1. 公司在何时何地成立？从事何种业务？

2. 近期财务信息，如销售额、利息、税收、折旧、摊销前收益，等等。

3. 公司的市场地位或市场份额如何？谁是最主要竞争者？

4. 雇员情况、股权结构情况。

5. 目前的客户是谁？为客户提供了哪些产品和服务？

市场机遇

6. 公司的目标市场是什么？

7. 公司的价值主张是什么？即关键产品优势和能给客户带来的关键好处。

8. 市场驱动因素有哪些？（需求方面、供给方面、监管方面）

9. 公司产品的市场容量有多大？市场趋势是怎样的？是增长、下降还是稳定？如果是增长的，则市场增长率估计是多少？作出判断的依据是什么？

技术

10. 公司在制造产品时应用何种技术？是否拥有专利或知识产权？

11. 该项技术在哪些方面具有特殊性？它是否为客户解决了某个特殊问题，或满足了客户的某种未被满足的需求？竞争者在做什么？

12. 公司的研发能力如何？研发团队有多少成员？在开发/改进这项技术时，这些成员拥有怎样的学历和背景/经验？

13. 在产品设计方面，该项技术是独一无二的吗？

产品和服务

14. 根据价值主张，公司的产品或服务能够为客户做些什么？在市场中是否存在可获得的替代产品？

15. 公司的产品与竞争者的产品性能比较。

16. 除了本产品和服务之外，公司还能为客户提供哪些服务？是什么因素决定客户继续购买贵公司的产品？

17. 描述产品的当前状况，在研发阶段、试生产阶段还是大规模生产阶段？

竞争

18. 谁是主要的竞争者，他们的市场份额有多大？

19. 与竞争者比较，公司的优势何在、劣势何在？

20. 如果存在的话，市场进入壁垒有哪些？

营销和销售战略

21. 公司将运用哪些营销渠道，是自身销售力量、代理商或者其他？

22. 公司采用哪些市场渗透战略，是价格战略、产品定位或其他？

管理团队

23. 关键的雇员是谁？描述他们的教育/工作背景/经验等。

24. 如有请附组织架构图。

融资需求

25. 资金需求是多少？

26. 资金的使用计划是什么？

27. 融资后的股权结构如何？

财务信息要点

28. 将损益表、资产负债表、现金流量表中的重要财务数据披露。

29. 未来三年的财务预测，并给出相应的合理依据。

第二节 如何写到点子上

商业计划书要能做到：清晰介绍公司的基本状况，描绘出公司的宏伟前景，最终引起投资人的兴趣，他拿起电话想见你一下，更进一步了解你和你的公司，这就是一份成功商业计划书的标志。好的投资计划书并不需要很长篇幅，但要写到点上，当然依然是围绕三个关键问题——企业能为客户创造什么价值？项目能为投资人带来什么回报？你怎么去做到这一点？在讲商业计划书一定要覆盖的写作内容时，我们先看一个项目计划书例子。

【案例】 A酿造食品有限公司年产30万吨调味品的项目计划概要

一、建设规模与内容

1. 建设规模：年生产能力30万吨调味品。

2. 建设内容：酱油生产线、醋生产线、酱生产线、腐乳生产线。

二、建设地点：某市高新技术产业开发区

三、建设期限：2008年8月至2009年8月

四、产品方案

1. 年产酱油15万吨，其中，高盐稀态工艺10万吨、原池浇淋工艺5万吨。

2. 年产食醋10万吨，其中，深层发酵工艺6万吨、固体发酵工艺4万吨。

3. 年产酱3.5万吨，其中，大豆酱2.5万吨、脱脂大豆酱1万吨。

4. 腐乳1.5万吨。

五、投资规模即融资方案

投资规模：计划总投资为42000万元。

固定资产投资37000万元，其中，建设投资27500万元，设备投资5000万元，其他工程费用5500万元，流动资金5000万元。

六、主要经济指标

1. 达产后可以实现销售收入30亿元，实现3.8亿元。

2. 投资回收期5年，解决就业人数1500人。

七、项目优势

1. 技术优势：采用国际先进生产技术；拥有五菌种原池回浇高盐固稀发酵、五菌种分酿高盐固稀发酵专利技术；采用天然发酵工艺。

2. 规模优势：年生产规模30万吨，占地80000平方米，国内调味品生产企业前三名；引进国际先进检验设备、灌装设备，灌装区洁净区程度达到10万级标准，设备先进程度国内领先。

3. 品牌优势：A品牌具有近百年发展历史，是在某省市场占有绝对优势的地方性品牌；卫生部确定的全国11家铁强化酱油生产企业之一，中国调味品著名品牌企业50强；A牌酱油、醋被评为国家免检产品，腐乳被评为全国腐乳十强。

4. 原料优势：所在地区是主要原料的主要产区，产量大、质量高。

八、发展规模

由地方性品牌向全国性品牌发展。

未来5年成为国内调味品著名企业前三强，中国名牌产品，实现销售30亿元。

九、融资合作方式

寻找风险投资伙伴。

这份看似市场发展空间巨大、各项优势突出的项目，却在当年融资时被多家风投认为是企业家“想之当然”的美好愿景。实际上，我们粗略对照商业计划书执行摘要样本，也能大概明白这个案例中项目书的缺陷：

- 公司背景：未介绍成立时间/地点、近期财务信息、市场份额、股权结构等方面；
- 市场机遇：未介绍；
- 技术：未介绍技术的先进性、研发能力、竞争者的情况等方面；
- 产品与服务：没有详细介绍产品、替代品、其产品与竞争者的比较；
- 竞争：未介绍；
- 营销和销售战略：未介绍；
- 管理团队：未介绍；
- 融资需求：未介绍细节和依据；
- 财务信息要点：未介绍历史数据，收入与利润的预测没有合理依据。

实际上，每一份商业计划书各项内容次序没有一成不变的，并且行业、产品之间的差别也不可能要求一个模子写作。但是，一份好的商业计划书至少应写明白三大部分内容，以及十个具体要素。

计划书的第一阶段要介绍你的公司是一个什么样的公司，提供哪些产品和服务，未来的一些计划和想法，通过哪些产品和服务来实现这些目标；第二阶段要介绍清楚市场是什么样的，目标客户是谁，为什么你的产品和服务对客户具有吸引力和竞争力。当你有一个好的想法，客户也需要你的产品和服务，你与竞争对手相比优势何在；第三阶段，具体列出一些运营计划、财务预测等等。

下面，我们具体介绍商业计划书一定要写清晰的具体内容。

一、业务的实质

开宗明义，写清楚你的公司是干什么的，提供什么样的产品和服务，解决什么问题。你卖的是你公司的未来，在推荐你的计划或项目时，要先用几句简短的话引起潜在投资者的注意，让其有想了解的愿望和冲动。

举个例子，你可以说，“我公司设计、生产、销售、维修微机基础软件，这些软件控制用于监看门诊病人的医疗诊断设备”。用一个精练的句子阐述你公司是干什么的，这也许是最好的开头。接下来，你要以概括的语句来描述你的产品或是服务。你需要用尽可能少的话来让投资者了解你的产品或服务。

复杂、笼统是不少计划书存在的普遍问题。其中，大量的篇幅不是在定量、有逻辑地描述想法，而是在堆砌对这些想法的溢美之词。有的人上来就谈产品的社会意义，谈产业发展，谈国际国内需求形势，谈了几十页，投资商还不明白他到底要卖什么东西。

二、市场前景

提到业务前景就必须对这个行业的前景进行分析，通常对市场规模或市场容量的说明是必不可少的。所谓市场规模就是在特定市场中，如果所有的目标客户都购买你的产品时，所能产生的全部销售额。注意，市场规模不是目标客户的规模，而是你能从这些潜在客户身上产生的收入总额。说明产业销售额时，绝对不要把整个市场的数额都说成是你的，而实际上，你的产品只是此行业中的一小部分。典型的例子是打算生产计算机磁盘驱动器的公司。在它的商业计划书中，它把整个计算机磁盘驱动器市场列为它的市场。实际上，它打算生产的计算机磁盘只和一个厂商相匹配。那个厂商只占10%的市场份额。投资者急于了解行业销售的细节和你的产品在此行业中的深入程度。在这个地方你要做个行家才行。

这就好比如果把创业者的公司看作一条小鱼的话，那市场就是一个池塘。如果市场规模不够大，也就是池塘面积太小，这样的池塘是不可能长出大鱼的。但是，也不是有了大池塘，你就能养出大鱼。小鱼要长大，一方面要池塘本身足够大，另外一方面，池塘的水域最好能不断扩大，甚至联通到河流、大海。因此，匡算出市场规模不仅仅是在商业计划书上写上一个巨大的数字那么简单，这个过程，创业者应认真考虑收入的来源以及如何吸引用户，如何达到这样的市场规模。

三、竞争分析

企业在任何领域经营必然遇到竞争者，哪怕是全新的商业模式，也将会遭遇对手的挑战。投资人的收益不仅与被投资方是否做得好有关，也与其竞争对手的强弱变化紧密联系。同行中的前三、五、十位的竞争对手的情况分析，对于投资前景的判断和项目收益预测必不可少。融资方在制作商业计划书时，存在回避或不愿意正视竞争对手的倾向，轻描淡写地处理市场竞争分析，不仅误导了投资方，也麻痹了自己。经常看到融资方在计划书中写着“没有竞争对手”或随便提到几个同行企业，并没有针对性地就所涉及业务领域进行对比分析。对于经验丰富的投资人而言，不会轻易相信“太平无事”这样的分析。即便是利基市场，也只有暂时的平静。如何有的放矢地对待已有的竞争者，提出有效防范未来竞争者进入的对策，是确保投资方利益、降低投资风险的必要环节。

在作竞争分析的时候，要提到以下几点：

1. 为什么有人要做类似或相同的产品和服务？

2. 进入这个领域有什么门槛？

3. 有哪些公司已经或者可能会进入这个领域？

要对每一个当前的或潜在的竞争对手进行剖析，他们从哪儿来的？是一帮什么团队？他们有什么经验？他们的优势在哪里？找一些关键的对比指标，将你的公司与竞争对手进行比较，你就能一目了然地看出你的竞争实力。另外，除了当前正在市场上正面竞争的对手，还会有其他潜在的或者准备进入的竞争对手，你要有“打击”和遏制竞争对手的办法。然后换位思考一下，如果你处于被别人“打击”的地位，将如何应对？你还要有“防打击”的对策。

四、营销和销售战略

明确了市场前景和竞争对手之后，就应该具体写你的市场占有率目标未来将如何实现。实际上，比起前景预测来，投资者更想了解你如何在五年内从现在所处的状况发展到你想要达到的状况。

你的目标客户在哪里？你准备如何找到你的客户，如何使他们买你的商品或服务？市场渗透战略如何实施？采取直销还是分销模式？是找代理商合作还是自己建立销售团队？是通过电视、报纸做传统媒体广告还是通过网络宣传推广？具体的市场推广计划是什么？具体销售手段有哪些？很多好产品和服务，未能做好市场推广和销售。但通常市场及销售成本远远大于生产成本，很多创业者，忽略销售的艰苦和成本，如果在你的商业模式里算进你市场和营销成本，那你还能不能赚钱？

另外，还要提一下市场营销计划的执行程度。比如，你的目标是今年在上海开 30 家连锁云南米线餐厅，本年度前 5 个月已经开设了 10 家，另外 20 家已经有 60 个备选目标店址，如果投资到位，可以在 3 个月内直接谈判、装修，开业 5 ~10 家。这就是一个非常好的、有足够细节的执行计划。这样的计划可以让投资人感到企业的管理者做事有计划，有准备。而且，这些计划的可信度、执行度非常高。

五、商业模式

商业模式的描述关键是讲清楚你是怎样挣钱的，从什么类型的客户那儿拿到多少收入，利润如何。商业模式的分析包括，针对的客户是谁，以及不同客户的收入模型。是少量的大客户、政府和大型企业，还是大量的个人客户？是一次性的收入，还是月费、年费形式？每个公司都有不同的选择，没有哪个是最好的，即使你已经预测到了公司十年之后的远大前程，也要集中精力写好一两种商业模式。

商业模式最重要的是可行性，能否产生收入和利润。几乎没有哪个生意第一天就盈利，开家面包店要买烤炉、付房租、买原料；做互联网要租服务器、带宽。问题是，你现在有没有从业务上获得收入？如果没有，你还需要多长时间才能产生收入？需要多久能达到盈亏平衡？多久产生利润？哪些因素对你的收入和利润有直接影响？比如，如果你的销售合同是固定的价格，但你的供应商可以自由提价，那你承担的风险就太高了。

你的商业模式能不能自我保护，只要是赚钱的生意就会吸引竞争对手，竞争对手来了怎么办？你需要一些保护机制，比如专利、品牌、排他性的销售渠道协议、商业秘密以及先行者的优势。需要提醒的是，在中国的商务环境中，政策也是个非常大的保护机制。但如果商业模式中过分依赖于政策，会有潜在的风险。比如，移动增值业务受到运营商的影响。

简洁清晰是最重要的，伟大公司的商业模式都是最简单的。任何商业模式其实最终就是买和卖。你只要搞清楚，如何提供能满足客户需求的东西即可，不管你是卖白菜的还是卖软件的，道理一样。你如果宣称你的商业模式是世界唯一、全球首创，那往往意味着你的商业模式很复杂，一般人看不懂，当然你的合作伙伴、客户也都看不懂，这样投资人一定会离你远远的。

六、财务预测

商业计划书的财务预测部分往往是“水分”最大的地方。融资方无论出于何种目的“掺水”，投资方总希望能把多余的水分挤掉。我们常常可以看到，计划书中的收益预测会超过实际可达目标值的一倍以上，有些更高达两三倍。对于初次进入一个新行业的创业者或者公司而言，几乎没有可能在开始的 3 年实现收入或利润的大幅度增长，或者是从开始 1 年的百万元级的销售额，很快形成几何级数增长。

高估收益往往也和行业分析不足有关。很多商业计划书在预测收益时，只是简单地将行业总量数据乘以一个比例，比如理想中的市场占有率。但总量数据本身就超过细分行业数据时，再加上对市场的过分乐观，就不难理解为什么得出的数据高得离谱了。在常见的商业计划书里，收益预测部分往往是最简略的部分，很多只是一张简单的两三行的表，未提供预测的假设条件或依据，年度间的增长似乎也是按照简单的增长率计算的。这样的收益预测既无法令投资方信服，也无法依此计算投入和回报。总之，财务预测应该是抱着严谨认真的态度来进行。

对于历史财务数据，创业者只需记住一条：实事求是。因为任何的隐瞒和欺骗，都很难经得起投资人聘请的专业机构的审查，即便蒙混过关，创业者未来跟投资人合作时，也会暴露出来，这样可能导致更多的纠纷和麻烦。创业者只需要将三张财务报表：损益表、资产负债表、现金流量表中的财务数据，如实呈上即可。

对于未来三年的财务预测，创业者要想建立一个财务预测模型，要注意的问题主要是假设条件要合理，要经得起推敲。这些假设条件主要包括公司的收入结构、成本和费用结构等。以互联网公司为例，现在的收入还是以广告为主，那就要说明每年的广告费是多少？怎么卖广告？广告的价格是多少？把广告卖给谁？怎么投放广告？同时还要结合自己网站的客户群估算访问量，从而得出合理的收入。至于成本费用，还是以互联网公司为例，主要包括租用服务器的费用、市场营销费用、房租水电的费用、人员工资等费用，不同的行业会有不同的成本费用支出，但是，要求这些假设的条件要合理，要经得起推敲。

七、管理团队

在计划书写作时不要吝啬篇幅介绍团队，因为投资人在决定是否跟创业者面谈的时候，最重要的因素是创业者和他的团队。团队真的比创意还要重要吗？答案是肯定的，尤其是对于早期项目。比如现在马云想做物流的项目，不是他去寻找投资人，而是所有的投资人都趋之若鹜地争抢。投资人之所以愿意跟各种这样的创业者见面、开会讨论项目，原因在于他们对这些人感兴趣。

创业者要确信你的团队看起来搭配合理、经验丰富，能够吸引投资人的兴趣，获得一个面谈的机会。一个团队最好具备这样的条件：有相关行业成功的经验，有几年的合作经验，有明确的核心人物，有合适的股权结构，有执行力和效率。当然，也许不是每个公司团队都那么完善，在这里实话实说也对你有帮助。商业计划书中指出管理团队缺少的关键技术或能力也没问题，告诉投资人你的团队的不足，可以让投资人推荐一个他喜欢的、合格的人来弥补这个缺陷。

在行文介绍团队时，最忌讳简单罗列管理团队的学历、职业、简介等。投资人想看到的是你从事的行业面临的主要挑战，以及你的团队是否有能力应付这样的挑战。因此，应该确定行业的关键成功因素，并展示出团队成员的专业能力和具体经验跟这些因素是匹配的。如果商业计划书中还列举了一个或多个团队成员曾有过的失败的创业经历，并从这个失败经历中能够学到一些经验教训，那对于投资人来说，这个过程会被看做是别人帮助你交了学费。这样就很有可能吸引投资人的注意，至少也会让他们多看几眼你的商业计划书。我们来看一个互联网行业团队的不同介绍方法带来的迥异结果：

【案例】　　互联网行业管理团队介绍方法辨析

“CEO 张××在管理、财务、技术开发、销售、团队等领域有超过 25 年的经验，他主导公司的市场战略和客户关系，是我们团队的领军人物。他毕业于 XYZ 大学。”

从这个简介 VC 能得到什么？除了让 VC 知道这个 CEO 已经 40 岁以上之外，什么也没有。VC 无法知道，这个 CEO 是否成功地做过什么事？他以前的工作职位是什么？他以前的公司运营情况如何？他有相关的行业经验吗？

修改一下，就会完全不一样：

“CEO 张××在加入公司之前，是雅虎客户部的高级副总裁。在雅虎工作期间，他领导 500 人的团队，实现收入超过 20 亿美元。在此之前，他曾任微软南太平洋区域总监，在他的领导下，该区域取得了80%的增长，利润率增加了10个百分点。在此之前，他是某校园社区网站的副总裁，他在任期间为网站赢得了4亿美元的风险投资，该网站已成长为中国最大的SNS网站。他之前曾在Myspace公司担任研发和管理的职务。他拥有清华大学计算机学士学位及美国耶鲁大学的信息技术博士学位。”

在介绍团队的时候，不要过于谦虚。这份简介列出了CEO之前工作过的公司和他的职位，以及令人兴奋的成就。如果这些背景情况都是真实的，这也根本算不上是吹牛皮。通过这样的介绍，任何投资商人都会有兴趣跟这个CEO见面的。

八、融资规模和使用

这部分要写清楚，你需要融资多少，在什么时候需要这些资金，通过这些资金的投入你的公司能够做到什么程度（具体融资规模测算在本书第九章中论述）。因此，写作时要和前面的市场分析、发展规划、财务预测对应上，而且要在计划和预测里面确定几个清楚的关键点或者里程碑，就是公司在什么时候能够达到什么目标。

另外，投资人一般在投入金额大的时候会希望分期分批投资金，或者在企业达到某个关键点或者里程碑的时候再投入下一期资金。对你花钱的计划，他也希望你分期分批地花，而不是一上来就投入所有的资金。

【案例】　算好达到里程碑时点的资金需求

假如你做了一家广告公司，打算在全中国100所“211”工程校园里，仿效分众传媒在每个校园放上50面液晶显示器用于播放广告。你拿到了教育部的批文，跟北大、清华都谈好了，就做了如下的预算：

100×50=5000（台）

40寸平板电视，约7000元一台，买这么多台假设可以打8折，那就需要：

5000×7000×0.8=28000000（元）

总要留个富裕，就算3000万元好了。

有个投资人对你的项目感兴趣，不过，可能他会希望你改一下计划，先覆盖北京、上海、广州、西安的30所高校。这算第一阶段，也就是第一个里程碑，那先投1000万元好了，如果做到了，再说后面的。这时候，你四处铺点，突然发现，北大要你交租金，清华要你交进校费，这些都忘了算进去。而液晶显示器由于购买量不够大，八折也没有啦。这下子，1000万元根本完不成第一阶段的里程碑。

九、筹资说明

在这部分主要说明你想采用的筹资类型和相关条款。具体包括以下几个方面的内容：首先你要说明你想卖给投资者的普通股、优先股或是可转换债券。要提供足够的细节使你要卖的东西不至于让人产生疑问。

如果你想卖普通股，普通股是否有红利？要是你忘了领取红利它是否会累积？一段时间以后会赎回股票让投资者取回资金吗？要投资者为普通股付怎样的价钱？对股票会有何限制？普通股股东的投票权如何？普通股股东享有怎样的注册权？也就是说，投资者会误以为你公开上市而这样做使你成为公开发行股份公司吗？

如果你销售优先股，你将支付怎样的红利？红利会累积吗（意味着如果你有一年或一季度没有支付，你必须在别的年份或季度作出补偿）？优先股怎样赎回？例如，在五年以后，你是否需要跨年度赎回股票返还投资者的资金？可以转换成普通股吗？如果可以，转换价又是多少？这些股票有何限制，优先股有否投票权？它控制董事会吗？会有什么优待吗？

如果是可转换债券，解释一下条款。是五年期还是十年期的？是否有一段只支付利息的时期？你给的利率是多少？利率是固定的还是浮动的？可以转换成普通股或优先股吗？这些条款都要有。如果你还未决定用何种结构，在这部分注明这重要的一点。

如在以上任一条件下提供股票购买权，你要考虑当投资者购买你公司的股票购买权时他会出的价钱。要考虑投资者会支付多少钱来把购买权转换为普通股或优先股。购买权将转换成多少股票？购买权何时终止？五年？十年？你要说清楚所有这些有关股票购买权的事情。如果筹资类型或筹资条款是可变通的，在这儿说明你的协商意愿。

十、风险控制

没有哪个项目没有风险，所以在商业计划书中，最后也要写一下项目的风险分析和能想到的规避办法。

商业计划书中列出潜在的风险和解决办法，不光要减轻投资人的疑虑和对风险的担心，毕竟，风险投资要的就是和高风险对应的高回报。但是，能够估计和预测风险，并能提供相应的解决方案，本身也表明了创业团队的能力和对市场的理解、对政策的把握，这些都是投资人非常看重的，看不到投资项目风险或者盲目乐观，才是投资人最担心的。

第三节 会被扔进垃圾桶的商业计划书

现在很多企业在套用一些商业计划书和文字材料上的模板，毫无策划技术可言。其实，他们走进了一个误区。要知道不同的项目有不同的计划书内容和侧重点，而套用出来的计划书会存在很多的相似之处；待计划书送致投资人手中的时候，专业的投资人能在很短的时间内便发现计划书是套用制成的，可见求资企业并没有用心去制定商业计划，这在投资人心中求资企业的诚信度就迅速降低了，甚至，投资人会考虑到利益风险，而终止对计划书的继续阅读，常常使一个优质的项目流产在最初了。所以，寻求资金支持的企业不要盲目、更不要走捷径去编制商业计划书，先将融资路径设计好，然后调研、整理各方面的基础资料，接下来才可以考虑策划高质量专业的计划书，这才能使得事半功倍。

这里，我们列举了几种常见类型的商业计划书，如果按照这样的模板进行套用，会很快被投资人扔进垃圾桶。因此，也是创业者书写商业计划书时应尽量避免的。

一、"一石数鸟"型

曾有一位项目中介与很多民营企业家有良好的私人关系。但在他刚入行时，急于求成，未经充分调查准备情况下就向股权投资人提供了很多信息量太少的项目。有一次，竟然在一页纸中推荐了6个项目，并希望投资人立即回复对某个项目感兴趣。

【案例】　　在一页纸中推荐六个项目①

以下项目，你们是否感兴趣，盼速答复：

(1) 原料药制造商，10亿美元销售，计划2008年底上市，2007年下半年做私募，已经做好境外结构，新的项目是为国外大药厂做研发外包。

(2) 物流公司，2008年利润1100万美元，正在做私募，已经做好境外结构，规划2008年底上市，向供应链管理方向发展。

① 叶有明：《股权投资基金运作》，复旦大学出版社2011年3月版，第66~67页。

(3) 连锁眼科医院，考虑私募，但对外资投资国内医院是否可以得到批准有怀疑。

(4) 色浆生产和技术服务，国内唯一，销售1亿美元，利润2500万美元。

(5) 珍珠加工企业，4亿美元销售，4000万美元利润，希望引进国外首饰品牌商，做大批发和零售业务。

(6) 消防器材和压力容器生产商，今年销售12亿~15亿元人民币，准备上市，预计3年后销售50亿元人民币。

有志于从事项目中介行业的人士应该了解：一般而言，股权投资人的投资领域都较为广泛（除了行业专业基金之外），而且团队成员结构十分精简。尽管投资机构团队成员大多有很丰富的投资经验，但他们不可能谙熟每一个行业的现状与远景，更不可能仅仅凭借一两句的介绍材料就判断出企业的好坏。不要浪费你的热情和时间，要做好充分准备工作，协助企业家制作完整的商业计划书，不要辜负他们对你的信任。

二、“想之当然”型

【案例】 某M电源设备公司关于城市路灯节能项目市场预测摘要

在人们的生活水平越来越高的今天，城市的光亮工程已经成为美化城市和美化生活的一个重要组成部分。繁华路灯日益消耗着大量的电力，而我国的能源供应却日益紧张，因此大力发展路灯节电已经是摆在各级政府面前的紧迫之事。建设部统计数据显示，目前城市照明（仅计算景观照明和路灯等功能）的年用电量占全国总发电量的4%~5%，相当于在建三峡水力发电工程投产后的年发电能力（840亿度）。据《发展中的中国城市照明》2007年数据，全国路灯总数为111余万盏，道路照明年总经费为62.93亿元。因此，路灯节电，意义重大。

以我国沿海某中等规模城市（以下简称A市）为例，目前全国已建成路灯5.2万盏，景观灯2.7万盏，其中，近8成的路灯集中在城区，宽敞的道路、彻夜长明的路灯，成为A市亮丽迷人的风景线。但是，道路照明电费、灯杆灯具工程维护费、灯具的老化更新费，都将成为地方政府沉重的财政开支。

根据《2007年路灯单位名录、设施统计资料汇编》统计，2007年A市共有路灯5.25万盏，路灯电费2500万元，以平均每100盏路灯按照一台30KW节电设备，若以电源设备M公司的数控式路灯节能控制系统进行节能改造，总投资约为1716万元，以平均30%节电率计算，每年电费约可节约2500万×30% =750万元，投资回收期为1716万元/750万=2.3年，三年不到即可回收投资成本。如果算上节能改造后带来的维修及延长灯具使用寿命收益，则每年可为A市政府节约费用约1000多万元，M公司的数控式路灯节能控制系统设计寿命在10年以上，10年下来可为A市政府节约1亿元的费用开支，与此同时，也大量降低了城市电耗，形成了很好的社会效益和环境效益。

这个案例中对市场容量的分析很有“想当然”的意味。切记：股权投资人更关心历史数据，而根据逻辑推算出来的潜在市场容量只能作为市场前景判断的参考信息，而不能作为投资决策的依据。“潜在的”转化成“现实的”是需要条件的，没有前景的市场固然不值得去做，而有前景的市场也未必适合现在去做并且由你去做。

这一类的商业计划书常常是拿出一些二手的数据，想展示出一个巨大的、高速发展的市场。然后，创业者会假定公司将获得一定的市场份额——比如1%、10%、30%等。商业计划书上会这么写：“当然，由于市场中巨大的客户基础，我们很容易就能获得足够的客户。我们只需要很小的市场份额就能成为一家很棒的公司。”

这样的计划书表明创业者并不确定自己的初始市场定位。但相对于要在一个容量巨大的市场中获得一个小的份额，还不如在一个清晰定位而容量不大的市场获得一个较大的份额，比如Nike。

而且，要进入一个新的市场，就需要获得客户的认知，并要有配套的销售系统。“每个孩子一瓶可乐”的计划忽略了这些环节，这些商业计划都忽略了最困难的工作——制定策略、提升市场认知度，获得客户购买意愿，建立销售系统等，更不要说对应高昂的费用支出了。

这种商业计划书给出的一个信号就是创业者不愿意从公司的电脑后面走出来，去跟潜在的客户沟通。跟客户沟通是很辛苦的事情，但是，这不仅可以给商业计划书的写作带来各种好处和认识，对于公司的业务本身也有很大好处。这种沟通可以发现客户的真实需求，并有利于公司对产品进行针对性调整。

也许你可以找到一些二手数据来支持你关于市场容量、市场发展走向等方面的观点。并且所有这种数据要注明来源，以证明数据本身和你本人的可靠性和可信度。但这只是开始，你还需要从你跟客户的沟通和调查中获得的一手数据，两者综合得出的结论才能证明客户购买你的产品的可能性。

你还可以做些试验，比如市场测试。在你写商业计划书之前，验证的假设越多，你的商业计划书就越有说服力。但是要注意：如果你要把所有的东西都验证了，才开始写商业计划书，机会可能就错失了，有人可能赶在你的前面占领市场了。商业计划书中每一个陈述都要有证据支持，如果没有，就删掉它。

三、"专业技术"型

在这种商业计划书中，创业者很迷恋他的技术优势。计划书一开始不是指出要解决潜在客户面临的问题，而是详细解释他的技术原理、为什么会领先、这个技术是如何比目前的其他方案更好、更快、更便宜。

这种商业计划书通常只有那些已经对特定的技术领域很熟悉的人才看得懂，但遗憾的是，经验老到的投资人知道，更好的技术并不是总能在商业上获得成功。这种自以为是的商业计划书给投资人表达了一个清晰的信号：创业者把优先次序搞混淆了。因为，比伟大的技术或创意更重要的是该技术或创意能够解决客户面临的问题或麻烦。

前面已经说到，好的商业计划书一开始就明确定义公司的产品或服务要解决客户的什么问题——真正麻烦或引人关注的问题，并有市场研究、购买意向等材料证明，来说明这种问题是真实存在的。下一步，确定哪些客户面临这种问题，即使初始目标市场的容量很小。投资人知道，如果在初始目标市场能够站稳脚跟的话，随着公司的成长，细分市场的成功可以成为进入其他市场领域的平台。

我们以领先的运动鞋品牌耐克（Nike）为例，创始人菲尔·奈特（Phil Knight）和比尔·鲍尔曼（Bill Bowerman）分别是一个长跑运动员和田径教练。他们把产品定位于解决长跑运动员的脚踝扭伤、胫骨损伤及其他由于穿着跑鞋或长期在野外粗糙道路上训练导致的损伤。Nike 的新乳胶鞋底就是为了缓解运动员的痛苦，Nike 最初的鞋是定位于专业的长跑运动员，这绝对不是一个大市场。但是，当长跑运动员穿着 Nike 运动鞋赢得奥运会金牌的时候，其他项目的运动员就跟着他们学了，纷纷穿上了 Nike 运动鞋。

四、"完美无缺"型

在那些最常见的和最先被扔进垃圾桶的商业计划书中，创业者写的全是好话，找不到自己的公司和业务的任何问题。

投资人知道，在现实世界中，大部分的商业机会，即便是很好的机会，也有一些缺点。通常，对于早期公司，客户是否愿意购买或者是否愿意承受你设定的价格你是不清楚的。另外，在当前全球经济产能过剩的背景下，大部分行业并不是到处都有机会。有经验的创业者对于创业机会有深入了解，他们知道在市场和行业中有很多潜在的陷阱。

大部分的创业机会有很大的不确定性，大部分的创业公司会失败。那些成功的少数公司——获得资金、客户和正现金流。通常都不是因为他们最初那份写出来的 A 计划，而是因为一份还不知道的 B 计划。

这里，实事求是还是关键。你的商业计划书中也许会包含一些没有得到解决的问题。诸如：你的解决方案可行吗？客户会买账吗？他们愿意花多少钱购买？竞争对手会如何对付你？创业团队有需要的专业能力和经验吗？

在商业计划书中不要试图掩盖那些不足和不确定的地方，要明确提出来并坦率应对。不要把这些都当作投资风险，并想方设法阐述为什么这些风险将不会发生。

第六篇

博　弈　共　赢

第十一章
沟通、谈判博弈进行时：推销自己的艺术

当我们与股权投资人正式接触后，沟通、谈判阶段说明企业已经有了获得投资的希望。这是一个相互博弈的过程，能否最终取得双方皆大欢喜的结果，就要看创业者的有效沟通和谈判能力了。虽然对于双方未来的合作来说，坦诚最为重要，但的确在具体问题的沟通上还是要讲一些技巧，把握好尺度方能成就愉快的合作。本章将给大家讲述一些融资谈判中的技巧和谈判时应注意的问题。

第一节 融资演示的技巧

在向投资者进行融资演示的时候，创业者需要成为 PPT 专家和 Excel 专家。与投资人的首次会面通常持续 30 分钟至 1 个小时，时间非常宝贵。为了给投资人留出足够的时间提出他们关心的问题，创业者一定要确保用简洁有力的陈述向投资人展示你的公司，激发起他们的兴趣，然后才能进入下一步。演讲者应当尽量避免在介绍的过程中陷入讨论或者技术性漏洞。我们先来看一个案例，一位创业者一年内凭借 5 张幻灯片，通过 3 轮融资，为两家公司获得了 1000 万美金风险投资的传奇故事：

【案例】　　如何用 5 张幻灯片筹得 1000 万美元?①

拥有两家公司的创业者 Young 为了抓住融资演示时间，采取了非常极端

① 《ReachVC 创业融资指南》，原文网址：http://www.reachvc.com/post/1388.html。

的做法，他将所有的演示内容囊括在5张幻灯片中。其典型的开场白是："我用简短的5张幻灯片清晰地勾勒出我们的业务框架，跟各位分享一下。"接下来就是这5张神奇的幻灯片，它们介绍了创业公司的愿景、策略、价值观和潜力。

幻灯片0：封面——加公司Logo和日期

幻灯片1：公司简介

简要介绍公司的主要成员，包括：创始人（Founder）、投资人（Investors，包括天使投资人、亲戚朋友等），主要员工（Key Employees），顾问（Advisors），财务（Financial，包括已获得投资额和目前融资额），技术（Technology使用什么语言平台等?），客户（Customers，包括主要客户、活跃用户数等）。

幻灯片2：数据

公司的数据状况，收入状况（净收入、目前每月支出等）。

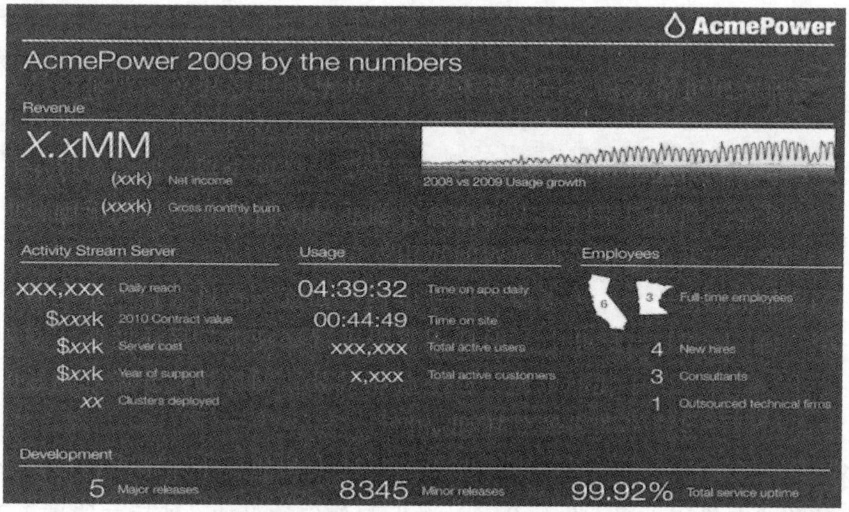

幻灯片2：数据总结

幻灯片3：时间表（即黄金页）

这张幻灯片是最有价值的一页，也是要花费许多精力的一页。Young所知道的另外5家创业公司使用了这张模式的幻灯片，在过去半年中他们都已经成功筹集到资本。这是整个演示中的精华篇章！在这里你建立起趋势模型，向投资人传达你所知道的未来，然后立即通过产品演示向投资人展示你所描述的未来，这将构成非常有力的陈述。Young用下面的幻灯片向投资人展示了活动流（Activity Stream）的兴起。

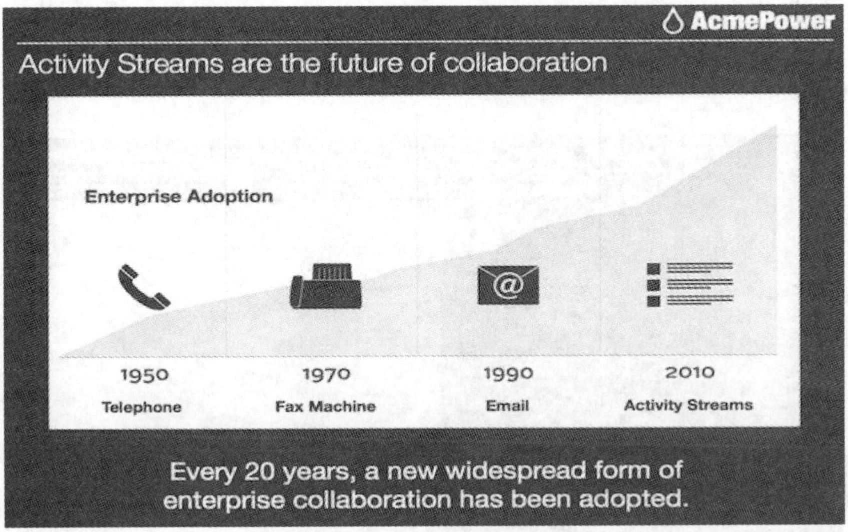

幻灯片 3：未来时间安排

空白幻灯片：产品展示。在向投资人演示过程中 Young 经常会碰到一个问题：每当他要陈述自己的观点时，总有人试图回去讨论当前或之前幻灯片的内容。碰到两次这种情形以后，Young 设计出这张空白幻灯片。空白幻灯片一般会插在 Young 想要陈述一个重要观点或者演示过度的时候。

幻灯片 4：项目投资的吸引力/客户概览

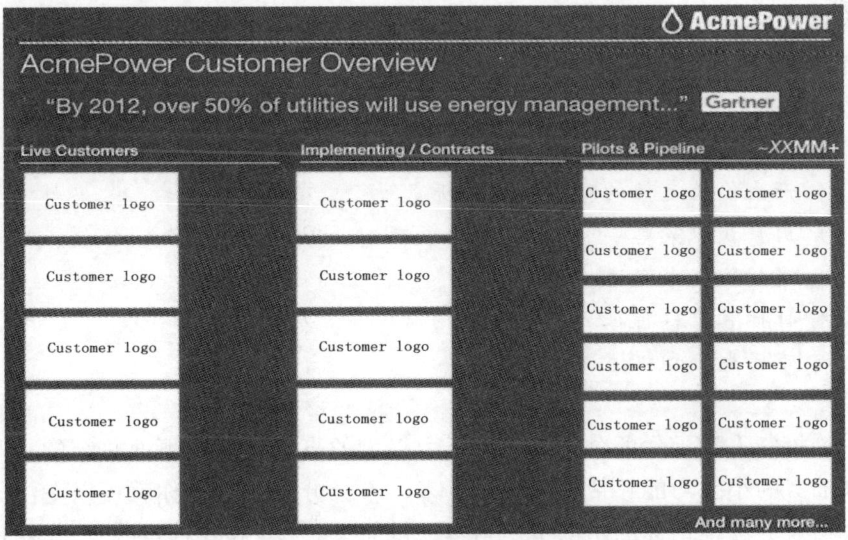

幻灯片 4：项目投资吸引力

幻灯片 5：我们的方向

首先列出公司当前最重要的 3 个目标方向，同时要说明投资人在其中能起到什么作用。

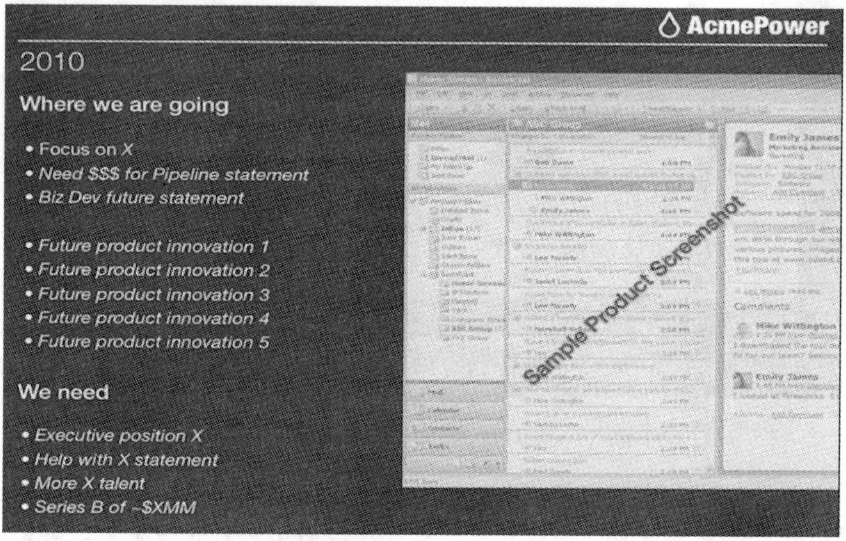

幻灯片 5：未来方向

辅助性幻灯片

除了上面的 5 张幻灯片以外，Young 还准备了约 40 张辅助性幻灯片。这些幻灯片在与投资人的首次见面中一般不会用到，但是它们对之后的会面会很有帮助。当讨论过程中涉及更深层次的背景知识时，这些辅助性幻灯片就会派上用场。Young 的辅助幻灯片的内容可分为以下几部分：

* 每个团队成员的详细背景介绍
* 产生价值定位的现有用户群研究
* 用户获取策略
* 深层次技术概述
* 目标客户群特征
* 市场大小和机遇

给投资人演示你的公司是一件压力很大的事情，希望下面总结的一些看起来拙劣的小技巧能够帮助你放松下来、不会分心，这样你就可以专注于介绍公司业务和推销你的团队了。当然，任何一条技巧都不会直接让你获得投资，但是可以让融资演示过程更流畅。

技巧1：每家VC都有自己的风格

在融资演示之前，你应该了解每家投资公司的喜好，尽量多地收集内部信息。他们有主要关注的投资领域和行业选择？他们是关注当前财务状况还是长远发展目标？他们真正关注创业者的什么特质？他们喜欢什么形式的演示？如果你无法事先找到这些背景信息，那么你在演示的过程中，要注意观察一些信号，并及时做出调整。

在融资过程中，跟不同的投资人演示的PPT内容基本相同，但对每家投资公司也要有一些针对性的修改。

技巧2：保持平常心

创业者在作融资演示的时候，不要感情用事，这一点说起来容易做起来难。不要因为投资人提了一些五花八门的问题而丧气或者生气，不要为那些不理解、不喜欢、不相信你的想法的投资人而苦恼。投资人很多，形形色色，每家对你的反馈都会不同。他们也是普通人，没什么特别的。

你事先对他们了解得越多，你就越容易调整好自己的状态，与他们顺利沟通。如果你知道某个投资人跟创业者第一次见面时总是很粗暴，那就随他去吧不要和他计较。即便你什么都没准备，也不要担心什么。并不是要每个人都喜欢你，也不是要每个人都理解你。你越不在乎他，你越会觉得从容和放松，演示也会越成功。

技巧3：提高PPT的效率

PPT本身是不会说服投资人投资你或你的企业的，投资人更不可能在私下看了你的PPT，然后就告诉你："我是给你签支票呢还是直接现在就给你现金？"PPT只不过是你的辅助工具。关键是怎样尽量有效使用它。对于新手来说，一定要做一个有视觉冲击力的PPT，充斥着大量提纲、大段文字、很多细节，而没有视觉冲击的PPT是只会让人昏昏欲睡的。一张图片抵得上千言万语，通过运用图片和寻找能够表达你意思的图片，你会更认真地考虑PPT中你要表达的意思及如何表达。

投资人跟所有普通人一样也喜欢好看一点的PPT，加上一些让人眼前一亮的东西会让PPT看起来更专业和认真。

技巧4：调好财务模型格式

如果你把Excel格式的财务模式发送给投资人，要确保至少财务模型的摘要部分调整成便于打印的格式。这可能听起来有点愚蠢——毕竟，你是要为企业的成长去融资，而不是凭Microsoft Excel技巧去赢得什么奖项。但你要知道投资人可能会怎样查看并且使用这个模型。通常，模型会由一名助理直接在E-mail中打开并打印，并在投资人走进会议室跟你见面之前，把它递交到其手上。这个时候，投资人会看着模型，然后想："这个创业者都不知道怎么预测公司的资金需求。"

这听起来有点荒谬？但是的确有个真实的故事：一位著名投资人和基金的几个合伙人与一个创业者会谈。在之前几天，创业者曾通过 E－mail 将财务模型（和融资 PPT 文件）发给了基金的一个合伙人和他的助理——这些都是对的。这个合伙人看着他电脑里的这两份文件，并让他的助理打印出来，给参加会议的其他投资人看。当谈到公司资金需求及资金用途时，所有合伙人都拿起了那份打印的财务模型，它已经被分解成了 40 页，因为没有调整成便于打印的格式，有一半的打印页上只有一列数字，让人几乎难以解读，创业者也花了几分钟才意识到这样的混乱是由于格式错误引起的。当 CEO 试图在投影仪上演示财务模型时，一个合伙人提出来说创业者似乎并没有搞清楚公司的现金需求。

这很不公平，因为创业者能建立这个模型就已经很不错了，只不过是没有把格式调整到便于打印而已。但是，对于参加会议的大部分合伙人，这是他们第一次看到你的财务预测模型。现在合伙人和创业者不得不对财务预测和创业者的能力进行"攻防对抗"，公司的资金使用计划的战略意义已经不再讨论了。这种让他们转移重点的事情也是可以很容易避免的。

因此，当你把财务模型（或者其他材料）发给投资人的时候，就要想到投资人的助理可能会把它打印出来。把格式调整好，让它在电脑里看起来不错，打印后看起来也不错。

技巧 5：投资人想要多听听你们团队的介绍

对于创业企业来说，团队介绍是其中最重要的内容之一。投资人愿意对这些创始人有尽量多的了解。这可能是一种感觉，因为大部分公司投资的是创意，但这些创意还没有转化成真正的业务。所以，创始人和管理团队就是你的业务。

不管什么原因，CEO 在谈论他们的业务的时候，有时会忘记介绍团队的背景和辉煌的历史成就，这种事比你想象的要频繁得多。不要被投资人"给我再多介绍一点你的团队"这样的问题搞得措手不及——准备好一个完美的回答！让投资人印象深刻！不要让他觉得你是在吹牛皮，要给投资人提及你的重大成就及你在其中所扮演的角色。比如，这样的说法就很棒："我是 × 公司的第三位员工，在我加入两年后，我们将公司以 × 百万美元的价格出售了。"或者"我手下有 30 个人。"或者"我上一家公司在 XYZ 领域获得了重要的知识产权。"

技巧6：不要展示投资后能够获得的投资回报率（IRR）

给投资人作退出分析、计算出他们投资你的公司之后能够获得巨大回报，这是你能犯的最大而且是最初级的错误之一。投资人不需要你告诉他投资之后能够赚多少钱，计算退出回报是投资人的一项工作内容。下面这样的话或者内容会让投资人感觉不舒服：

给我们投资500万美元，4年后将会变成1.5亿美元。

按投资前1200万美元估值，投资人可以获得25.32倍的投资回报。

很明显，如果公司能够在3年内从零做到5000万美元的收入，肯定能获得投资回报。你试图告诉投资人他们确切能够获得多少回报是没有必要的。你应该详细解释公司是如何从零成长到5000万美元收入水平的，而把退出模型留给VC自己做吧。

技巧7：技术型的投资人喜欢产品和服务演示

关注IT的投资人特别喜欢新产品和新服务的演示，当然，前提是你的产品是可以拿出来演示的。很显然这对于很多创业企业来说，是行不通的，特别是“动物排泄物转变生物燃料”的创业者，就不必把他们的转换器拿到投资人的办公室里了。但是，如果你能够把你的“存储硬件设备”的样品让投资人传看，这会让你的融资演示更能给投资者留下印象。

如果你给潜在投资人展示你的产品可以使用，让他们想象一下你的产品如何解决用户面临的某些问题，这将让投资人眼前一亮。所以，你在融资的时候，要利用这一点。

技巧8：不要急着要钱

都说谈钱伤感情，跟潜在投资人也是这样，一开口就要多少多少钱是没有用的。当你作演示的时候，需要向投资人展示你创业的激情，这一点并不难。你当然也希望投资人跟你一样兴奋，但是你无法平白无故地把你的兴奋传递给投资人，你也无法仅仅凭着一个概念说服他们。你需要给他们实实在在的想法和做法才能让他们兴奋：你卖什么东西？怎么卖？收入模式是怎样的？一旦哪个投资者能够理解你，并通过他自己的判断，把你的激情、想法和做法这三者牢牢地联系在一起，那你离拿到钱就更近了一步。

向投资人融资是很困难的一件事，需要做大量的准备，还要结合技巧与经验，而创业者很少具备这些。你需要很好的演讲技巧、无穷的热情和一份完美的并且内容充实的推销计划。当然，这还需要一点运气。

第二节 如何进行有效推销

当我们谈到沟通与谈判技巧时，必须要提到的是第一次与投资人接触时应怎样进行有效推销，第一次成功的推销将是后续沟通和谈判的基础，要知道投资人每年只能投资不到95%的项目，因此成功推销自己是关键的第一步。

【案例】　　怎么打动风险资本家？我比别人更像弄潮儿

2005年11月谱瑞成立，还没有任何产品生产上线的情况下，联想投资、UMC Capital等风险投资曾为谱瑞提供了第一轮700万美元投资。在2008年1月，它又获得了永威投资领投，英特尔投资和联想投资参与融资的1450万美元，第二轮融的资金将用于加速实施公司的发展策略，尤其是DisplayPort、HDMI等数字视频播放接口技术、产品研发及市场推广。

当生产线上还没有产品下线，精明的VC们怎么愿意慷慨地掏出腰包？

创业者曲明说到："你要让VC给你投钱，你就要回答他最基本的一个问题，凭什么我有办法为你赚钱。而这是很多年轻创业者回答不好的问题。"他的经验之谈是，任何一个行业的创业者都要清晰地向VC展现四点：第一，我是做什么的。第二，我是市场的弄潮儿。第三，我比别人更像弄潮儿。第四，我需要多少钱。在这其中最关键的是你的唯一性，要让风险投资家认识到你在某一方面或某几方面比别人强，具有无可替代性。

谱瑞靠什么打动VC呢？"首先我深入浅出地告诉他们，你的眼睛还没有得到满足，我就是来解决这个问题的。第二，我已经认识到这个问题，而别人还没有意识到。"

那么，曲明是怎么向不懂技术的风险资本家介绍谱瑞的呢？实际上，曲明坚持用浅显易懂的语言来让对方获得感性上的认识，两轮融资基本是如下介绍的：

"其实我们在做的是供大众娱乐的消费品。娱乐性的大众消费品，绝大部分是为了满足人类视觉和听觉的感受，像mp3、电视机、电脑等等。但你有没有发觉，在听觉方面技术已经没有障碍，高保真音响已经可以满足绝大部分人的需求，除非你是贝多芬。但是视觉呢？由于数据采集量很大，在视频里看到的事物还远远达不到现实生活中所见，我们就是来解决这个问题的，让大众在视觉感受上得到最大的满足。原来我们用的都是CRT视频技术，即电脑电视显示屏的厚重时代，到了2005年开始才转向轻薄的LCD（液晶显示屏）时代。那时候电脑有2/3还是CRT，1/3是LCD，但价格都要上万。电视机有70%～80%还是CRT，但显示屏已经在进行革命性的变化了。信息革命有三大要素：存储、计算、传输。谱瑞制造的芯片正是将巨大的数据信号从主板传输到显示屏，主要为第三环节服务，即它的官方介绍，生产应用高速通信技术的接口芯片。”

另外，曲明每一个脚印也都在为自己和企业加分。当过老师，所以沟通能力很棒，在互联网衰落的18个月给VC三倍的回报，这在VC圈子里已经存在一定知名度。在第一家公司时，跟Intel的核心技术人员以及中国信息行业的人员共事过，具有影响力，也有一帮优秀的人才愿意再跟着干。三年读完美国博士的经历也在融资中派上了用场，我们还有两个合伙人在显示屏行业涉足十五年以上。当这些因素都集聚在一起时，VC恐怕就很难抗拒了。

归纳总结上述案例经验，向潜在投资人推销自己时应把握好以下方面：

一、推销内容的建议

一个项目来源充足的投资公司一年大约可以看到1000个项目，对于经验丰富的投资人而言，简明扼要并且清晰地阐述问题很重要：

（一）简明扼要

用两三句话告诉投资人你是做什么的——假设投资人刚在一次会议上作完演讲，有20个人等着跟他交流，下一个就是你。做好快速向他推销的准备，你会发现很多人啰嗦半天都说不到点子上。记住，你并不是要在这里完成交易，你只不过是要尽量得到一个不错的印象，以便继续跟进。最懂得推销的人知道什么时候该结束，让其他人也有机会说话，而不是一直逗留、依依不舍。还有，记得后续跟进，在愉快沟通之后一定记得保持与投资人的联系。让人惊讶的是，在许多创业者告诉投资人他们将随后跟他联系之后，实际上只有很少的人与投资人联系。

（二）明确问题

你应该做的最重要的事，就是说服投资人某些人有某个需要解决的问题。可能是人们的手机话费太高了，或者人们很难知道城里正在开什么音乐会，或者网站的站长很难通过Banner广告赚到足够的钱等相关问题。如果投资人不能看到你所说的问题，他就不会认可你的产品或服务能够被大量用户接受。

（三）如何解决问题

比如说，你生产一种新品牌的咖啡，投资人就会意识到这样的问题：有2300万的消费者对咖啡过敏，不能喝咖啡。告诉他你在过去18个月开发的、能降低咖啡过敏反应的制作方法，从而让这些人也可以开始享用以前从来没有享用过的产品。告诉投资人你怎么做产品的市场推广，客户为什么喜欢你的产品？所有这些都要简明扼要。

（四）目标市场是什么

哪些人、哪些公司是你的目标客户？不要跟投资人说什么服务行业的市场容量是2.3万亿美元，这样会让他觉得你不切实际。投资人的脑袋里就会思考别的东西，而你也就没有机会了。实际一点，比如，你可以说，"我们之所以为中小型公司开发了一种搜索和发现优质物业服务的解决方案，是因为中小型公司每年花费40亿元在物业管理上。"好的，他知道你的目标市场了。

（五）取得的成果

如果你想快速获得我的信任，就告诉我你已经做了些什么。如果你还只是处于创意阶段，建议等你有了更多进展再来找我吧。这种没有深入调查的酒会推销是最糟糕的。如果你的公司已经开始运转了，你就要这样推销："我们已经设计一款手机应用程序，可以帮助用户发现所在区域内的测速摄像头。我们在3个月前推出市场，已经有800人注册试用了。我们准备融资250万元来进行更广泛的市场推广。"

（六）团队的卓越性

在许多投资公司的投资决策中，80%是取决于团队，大多投资人认为一流的团队比一流的想法或一流的市场更重要。随着时间推移，伟大的团队更善于找到合适的创意和市场，并且大部分的好创意、好公司都是经常变革的。他们更看重你已经在当前所做的事情上积累了经验，这样你不至于用投资人的钱去学习一个新的市场。很可能有人比你更了解这个行业的运行状况，并最终跟你竞争。

二、推销方式的建议

（一）展示活力与激情

激情可以促销，展示你的活力，认真对待你的推销方式，这样你才能给人留下深刻的印象。情绪低落、说话含糊不清、握手软绵无力或者缺乏自信会浪费你的机会。但并不是说要你"过度兴奋"，但你对自己创意的激情是有传染性的。如果你内向害羞，但故意装作兴奋，那样会很虚伪。但至少你要多练习几次，直到你能充满激情地把推销词说出来。

（二）用简单的语言

很多推销的创业者喜欢使用行话，特别是技术型创业公司。实际上，如果你不能用简单的语言说清楚你所做的事情，投资者会认为你不知道自己在说什么，即使你企图用专业名词来让自己看起来更内行。即便是最深奥的话题也可以用常用的语言解释清楚。

（三）数据会说话

完备的数据表格是你所说故事真实性的最好证明，它们可以让别人相信你说的内容的真实性。

（四）说清想要获得的

在推销结束时，要告诉投资人你下一步怎么做，怎样才能帮助你？如果你不急于融资，别总是把见面约定在下个星期。可以简单地这样说："我只是想跟你打个招呼，告诉你我在做什么，这样明年我们需要融资的时候，可以找你。你不会介意我把我的联系方式给你吧？"

如果投资人感兴趣，请做好深入讨论的准备——如果你在酒会上向投资人推销，你最好做好深入讨论的准备。投资者可能正想投资一个做自动售货机的公司，如果你的产品刚好类似那就太好了。

第三节 谈判中的四大原则

创业者与股权投资者之间的谈判，风险之高、不确定性之大、个人情感之强，是其他商业谈判所无法比拟的。在这种情况之下，就连最老练的谈判专家也会犯错误，而且多半是可预见的系统性错误。要避免这些错误，创业者与投资者对话应尽可能追求以下四大要素的最大化：筹码、信任、价值（而非估值）以及理解。不同于多数简单的谈判，投资人和创业者签订合同之后要合作很多年，所以，与投资人的谈判，从本质上来说，其实是选择合适的长期伙伴，建立巩固的合作关系，最终把双方共同奋斗得到的成果化为金钱。

只有坚持这种思维方式，你才能充分利用手中的筹码，打造出互信的合作关系，拟定出价值最大化而非估值最高的合同，并与投资者达成一定的共识，确保双方都能从未来的成功中获益。接下来，我们依此谈论每一个原则。

一、了解自己的筹码

谈判者最关心的两个问题莫过于谁手中的筹码更有分量，以及如何充分运用一切可能的影响力。令人费解的是，许多谈判者常常忽略了至关重要的筹码，或是将自己置于不必要的弱势地位。

在任何谈判中，最显而易见的变量就是你有多少备选项。在与投资人谈判中，对你的共识感兴趣的投资者数量越多，你手中的筹码越有分量。应充分利用手中的备选项，争取到对你最重要的条件。因为一旦协议签订，那些未被选中的备选公司就失去了分量，你也就不得不另寻筹码了。

另外，很多创业者太关心他们在谈判投资协议的时候有多少影响力，却不考虑在协议签订之后还有多少影响力。

【案例】

在一个真实的案例里，某家正处于初创阶段的高科技公司，他们意外发现手头剩余的资金只能坚持三四个月，远远早于最初的计划，根本来不及完成产品的开发。这家公司最初的愿望是想寻找一家大公司，快速建立战略伙伴关系，让对方预付一笔许可费，购买他们的技术。但他们很快意识到公司如果要进一步发展，采取这样的方式极其不明智。于是，被迫寻求第二轮风险融资。或许是由于公司面临资金短缺的困境，他们没有多少选择余地，唯一一家对其有兴趣的风投公司给出的估值很低，投资额却很大，这就意味着公司创业者的股权会被严重压缩。公司的 CEO 拒绝了这一提议，开始寻找第三种解决方案，即请求他们目前的风投提供过桥贷款。过桥贷款相当于投资界的“发薪贷”，是一种万不得已的融资手段，通常附有苛刻的条款。尽管投资人对初创公司的困境表示同情，但他们必须保护自己的投资。如果初创公司接受他们的条件，管理层的股权将会被严重摊薄。

上述“弹尽粮绝”的案例实际上是相当普遍的问题。创业者往往高估自己的商业模型，却低谷自己消耗的速度，又抱着股权不肯松手，结果就是未能在早期融资中积累足够的资金。而这家高科技初创企业当初在第一轮融资中本来握有大批备选项，如果那时他们吸收了更多的资金，如今就不必沦落到廉价出售股权的地步。

许多创业者发现，将第一轮融资的规模适当扩大，或一开始就为未来的过桥贷款谈好一个能接受的方案，从长远看是值得的。如果你面前没有多少选择，情况固然不妙，但总比既没有选择有没有资金好多了。

不过，上面这个故事倒有个出人意料的好结局。

【案例】

初创公司的 CEO 再次去找风投谈判时换了一种策略，对自己的困境避而不谈，而是强调对方的利益。他以一种优雅的姿态，简单诠释了当前的局面："没错，我们搞砸了。现在你们有能力在股权上压榨我们，但我们不妨想想接下来会怎样。如果我们摊薄公司高层的股权，还有多少人会留在呢？你们虽然现在能大赚一笔，但公司管理层的士气会大受打击，整个公司的成功受到威胁，这样做值得吗？"他告诉投资人，强迫他接受苛刻的条款其实得不偿失，因为股权摊薄会导致初创公司出现危机，甚至一败涂地，投资也将打了水漂。投资人被他说服了，最终同意按公司的发展分期付款，同时不摊薄股权。

这个例子很好地说明谈判者要将手中的筹码最大化，就不能只考虑自己手中的选项或是自身的困境，而要充分评估对方的利益取向。在弹尽粮绝、看似无路可走的情况下，更要准确判断手中有哪些筹码，并充分运用自己的影响力。在这个故事里，谈判的核心原本是风投如何利用初创公司的弱势地位达成短期目标，但初创公司的 CEO 扭转了话题，转而探讨投资人乘人之危的做法是否有益于实现他们的最终目标。

如果你能看清另一方的长远利益取向，并找到一种合适他们的方案，即使没有较好的备选项，你也能掌握一定的筹码。归根结底，谈判中的权力来自于你能给对方带来多少价值，这意味着你需要花一定时间去理解对方关心什么、担忧什么、想要什么。

二、诚信为本

一位成功的连锁企业家讲过其创业初期的融资故事。他与一家风投机构谈定一轮千万美金的融资，马上就要签协议了。最初联系之时，他的生意正蓬勃发展，因此他提出的财务目标野心十足。不料没过一个多月，竟遭遇了一连串麻烦：一位战略合作伙伴突然摇摆，公司的定价策略可能出现失误，一位核心员工提出辞职。这位创业者犹豫要不要告诉投资人，从法律上来说，他没有义务在融资结束前披露公司的最新情况，但他感到自己有道德上的责任。然而，他担心一旦投资人知道公司的现状，就会趁火打劫或是放弃合作。

最终，这位创业者还是如实告诉了投资人，出乎他意料的是，投资人既没有撤资走人，也没有乘机压价，而是给出了积极回应。投资人认为，这个电话很不寻常，创业者的坦诚不但没有使得其对公司前景丧失信心，反倒让他们对创业者刮目相看。如果这时乘机压价，就会强化“传达坏消息的人会受到惩罚”的观念。

投资人对诚信的重视程度非同小可，不诚信的行为对谈判造成的破坏则更加难以估量。另一个案例讲述了非诚信的故事：

【案例】

一位创业者与投资者谈判时，坦率地表示自己也在跟其他投资人谈，虽然他更倾向于与这边合作，但对开出的条件不太满意。后来，投资者主动提出了一些重大让步，创业者表示接受，双方握手确认成交。过了几天，投资人却得知这家初创企业将他们谈好的条件到处宣扬，继续再和其他的 VC 讨价还价。这位投资人立刻打电话给创业者，宣布取消交易。创业者百般道歉，公司多位董事会成员也出面干涉，但这位投资人心意已决。

投资人不介意你讨价还价、货比三家、待价而沽，但一旦达成协议就不能这么做了。或许你会觉得这位创业者太不明智、太不道德，但谈判进入白热化阶段，平时聪明冷静、不走歪路的人也可能被种种投资协议和财务估值冲昏头脑。他们忘记了，风险投资谈判不是一锤子买卖，而是寻找长期合作伙伴。双方产生信任固然不容易，但一旦失去对方的信任，想重新建立起来就更加困难。如果你跟投资人谈定条件之后又觉得欠妥，或者无法信守自己的承诺，最好的办法是实话实说：“我想我可能答应了一些我不太喜欢的条件。”这种情况也比较尴尬，投资人也未必愿意重新谈判，但总比等事态恶化之后再食言要好。股权投资这个圈子很小，正如一位企业家所说：“做我们这一行没有简历，只有口碑。”

三、价值第一，估值第二

谈判时，人们往往拿捏不好哪些因素重要，哪些因素不重要，这种情况在投资谈判中可能尤为典型。而许多创业者都把估值看得太重要。的确，估值是大多数科技类公司最关注的问题，但签署合同仅仅是合作关系的开始，只看价格而不考虑长期价值就大错特错了。例如在择业谈判中，许多人对起薪斤斤计较，却忽略了地理位置、职责范围、进修机会乃至交通条件等因素，而这些因素对他们未来的职业生涯是否快乐、能否成功可能会产生更大的影响。

不止一位投资家表示，目光短浅、过于重视估值是创业者最大的错误之一。大多数创业者对于他们想创建的企业、企业的使命和企业的未来都满怀热情，谈判时却如此轻率，实在让人费解。一旦创业者牺牲了董事会的控制权或者是放弃了某些决策的投票权，至少理论上可以说，他们就再也无法干预这些决策了。大多数投资者都不愿意轻易动用手中的控制权违逆公司管理层的意愿，但如果管理层和董事会之间出现矛盾或信任危机，创业者会发现自己处处受到束缚，甚至被取代。这并不是说不必考虑估值，毕竟这是一项重要的考量因素。但是，大多数创业者对自己在公司中的地位、威望、身份、自主权等因素也极为重视，因此，绝不能把估值与价值混为一谈。

四、追求共识

即使不涉及控制权的问题，也应该对估值条款以外的协议内容仔细研究。在谈判中，当你仔细研究那些投资者提出的条件时，就会看出对方实际关心哪些问题，又是如何看待你的公司未来发展。

例如，当投资者坚持优先清算权，可能意味着他们认为创业者提出的估值过高，因为清算优先权相当于一项保险措施，旨在减少投资人的风险，防止他们因创业者盲目自信而亏本。如果投资人同意给创业者较高的估值，但要求高额清算优先权作为回报，就相当于双方打了一个赌，看谁的预期更准确。

与清算优先权相比，参与分配权更像买彩票。如果初创公司大获成功，投资人就可以凭参与分配权大捞一票；所以，如果一家投资公司重视完全参与分配权，那他们可能相当看好这家初创公司。

如果投资人关注的是董事会席位、投票权等与控制权相关的问题，那他们有可能对初创公司的管理团队心存疑虑，甚至开始在考虑日后如何洗牌。无论哪种情况，创业者都应当充分认识其中的利害关系，这样才能在谈判中有的放矢，提高对话的建设性，并确保选中与自身目标相契合的合作伙伴。

除了上述几项，投资谈判中还有许多内容也需要仔细斟酌，在这里仅仅强调投资协议中那些看似深奥的条款往往会产生深远影响，而投资人在商谈协议时做出的取舍可能包含大量的有用信息。尽管投资者与创业者的结合可能产生巨大价值，双方的谈判却可能很不顺利，甚至造成恶果。当双方遇到权力、信任、控制等问题的时候，当初谈判中犯下的错误就会显出来。我们要记住的是，投资谈判中有一些错误是可以预见的系统性错误，因而也可以避免。许多投资者和创业者一样，都是一心想公司发展壮大，有些投资人更是富有远见的战略家。但是，所有的投资者都是人，凡是和人打交道就不能只看合同，更不能只看眼前。因此，依据上述四大原则，总结了一些与投资人谈判中的经验谈。

第四节 筛选会的团队方案

创业团队与投资人的第一次会面，可以称之为“筛选会”，因为通常情况下，投资公司这边至多只有一位合伙人会参加，有时候甚至没有合伙人，只有投资经理或者投资总监参加。

方案一：创始人 CEO 单独出席

跟投资人的第一次会面，可以考虑 CEO 单独参加。一方面，对于 CEO 来说，这是他跟合伙人建立良好关系的机会，并且这种“一对一”的方式无疑是最好的选择；另一方面，一个人参加会议的话，其他人就可以专注于公司业务，而且如果需要差旅费用的话，这样做也可以把成本控制到最低。如果在公司有两位联合创始人的情况下，只要另外一位创始人不是纯粹搞技术的，而是既了解商业运作又善于与人沟通，那么也可以让他一起参加。

方案二：CEO 带上一个或几个管理团队成员

投资人投资的是一个创业团队，而不是某一个人。即使是世界上最有能力的人，也需要一个好的团队支持他。能够集优秀的商业、技术、产品开发等技能于一身、拥有卓越的沟通能力、领导能力及管理能力、并且还知道如何赚钱，这样的人是非常罕见的。所以如果你的团队很优秀，带他们一起参加可以让投资人知道你有实力强劲的“后援团队”。假如跟你会面的是合伙人的话，这样会更有用，如果安排投资经理跟你见面，那就需要你考虑是不是要带其他人一起去。

如果你第一次会面时要带上全部创业团队成员，那么你要事先确保将整个项目演示流程安排好，让他们都知道你想让融资演示如何进行。哪一页幻灯片由谁来讲、哪个问题由谁来回答、比较棘手的问题该如何应付（这些问题都应该事先写下来并且加以练习）。切忌“即兴表演”，事先应多练习几次，看看每个团队成员的表现如何。

下面的几个问题是在创业者融资演示过程中可能会遇到的，创业者要尽量避免：

1. 当着投资人的面产生意见分歧。投资人或许会问一些有争议的问题，想看看团队成员们的反应，有时候就会看到团队成员在某个问题上产生分歧。一个团队中私下里存在分歧是很重要的，但是在给投资人作演示时这显然不是一个恰当的时机。如果团队中有人回答了投资人的问题，而你认为这个回答不是最恰当的，那么尽量用一种有建设性的方式进行补充，而不要抛出跟团队成员不一致的回答。让投资人认为你们是第一次讨论他所问的问题或者你们对于问题的答案不一致，此时出现这种情况是不太明智的。你应该不会当着客户的面出现意见分歧，那么也不要在投资人面前出现这种情况。对于跟投资人的会面，把它当作跟销售员召开销售会议——如果对于一个麻烦的问题，负责回答的同事没有给出答复，那么暂时沉默一会儿，让会议室里最资深的团队成员来出面解决。或者这个同事也可以简单应付，说："我可以让 Mike 来回答这个问题。"

2. CEO 与员工讨论。在融资演示过程中，还会出现 CEO 跟员工讨论问题的情况，这个现象比内部争论更常见的。作为 CEO，你要做的是在进行投资人融资演示之前，明确哪些问题由你的团队成员回答，哪些幻灯片由他们来讲，并进行练习。一旦正式开始融资演示，你就要把它当作是一场"现场表演"并接受现场结果。哪怕团队成员回答错了一个问题，CEO 也不要现场与他们讨论。

3. 让"小角色"作融资演示。有一些创业公司的 CEO 在第一次融资演示时让负责的业务发展部经理在独当一面，自己却没有参见会议。或许 CEO 觉得自己不擅长演讲，于是让负责此事的经理全权处理，但这将会铸成大错，是完全错误的认识。CEO 最重要的技能就是游说能力——说服投资人给你投钱、说服员工跳槽到你这个还缺钱的公司、说服合作伙伴与你这个还没有什么业绩公司做生意、说服记者们对公司进行报道、说服客户购买公司的产品。如果作 CEO 你还没有这种能力，那么你应该慎重考虑是否需要引入一个创业伙伴，这样你只能在公司里承担自己擅长的职责。

4. 让"拎包的人"参加融资演示。还有一个常见的错误是所谓的"拎包的人"参与演示，技术型的公司融资时常常会带公司技术负责人参与会议，但这样的技术负责人千万不要整场会议一言不发，不然你就失去参会的意义了。

第五节 小心回答三类问题

诚实披露固然是件好事，尽早披露麻烦的问题是一件非常好的事（比如，“我跟共同创始人因为公司股权问题正在走法律手续，原因如下”）。但这并不是说你在融资时应该全盘托出。

尤其是，创业者在初期沟通时对下面三个常见问题绝对要小心：

一、你的账上还有多少现金？

对这种问题，不管实际上公司的现金状况多么糟糕，一定要按照这样的思路回答：“我们现在资金充足，投资人对我们很支持。”或者“我们每个月的消耗很低，可以自给自足。”而不要这样回答：“我们两个月后就会用完所有钱，企业陷入困境了。”还有一些其他的说法，说你即将破产或者告诉投资人你什么时候会破产，这样不会给你带来好的结果。你应该清楚地介绍你的财务情况，每个月的开支，但如果告诉投资公司现金能够支撑的具体时间是不明智的，这样，你就丧失了谈判的砝码，即使投资人压低报价你也只好接受了。

二、你同时还在跟哪些其他的投资人谈？

投资人经常会问这个问题，往往也会得到创业者详细的回答。创业者会说：“嗯，红杉跟我们开过两次会，IDG 快要给 Term Sheet 了”。这样的回答通常是不会让投资人感到紧张的，除非是他没有自己独立的判断能力，或者特别看好这个项目。但是，你听到过多少投资人为了避免竞争而跟创业者合谋的故事？

创业者还会面临的另外一个问题，投资人可能会说：“如果你能让 X 领投，我们会跟投。”或者你在找一流投资公司的时候（假定是 X），他会想“投资人 Y 和 Z 是很蠢的，如果他们感兴趣，不可能是好项目。”听起来很傻，但是确实在真实案例中存在。

三、详细的股权结构和上轮融资的估值

这两个问题会告诉投资人两点：他会让哪些投资人从这个项目中赚钱，

以及会让这些投资人赚到多少，而这些可能不利于你的最大利益。管理团队的股权比例很重要，但是要含蓄一点，不要披露太多不需要披露的东西。你要把自己的底牌盖好，保持信息的不对称。当你这么做的时候，关键还不能让投资人觉得你是在装腔作势，而要保持自信："我们正在有选择地跟一些投资人谈，他们有品牌，目前也取得了不错的进展。"

有些投资人只会整天跟其他投资公司沟通，不停问他们"是不是在看Y公司、怎么评价这家公司、能不能一起做这个项目。"

你要牢记的一点是："这个信息对投资人评估是否投资有没有用？对投资人确定价格有没有用？"如果答案是否定的，同时这个信息可以作为其他人的谈判筹码的话，你就没有义务回答。

再说清楚一点，这些信息很有价值、很重要，你应该有选择地披露，这的确有点微妙。比如，投资人应该可以在不了解你的股权结构的情况下，给你一个投资框架。但是，在知道详细股权结构之前，他是不会给你一份详细的 Term Sheet 的（比如，投票权的比例、董事会构成就是其中两个依赖于股权结构的 Term Sheet 条款）。所以，并不是什么时候都应该100%地把信息告诉投资人。

第十二章
交易法律文件及投资条款解读：细节中的魔鬼

在投资交易中，股权交易双方的风险防范措施主要以投资交易的法律文件形式完成。一般来说，这些交易文件中明确自身的各种特定权利和目标企业、初始股东的各种义务，这些权利与义务构成了对投资项目进行风险防范的基础。主要包括但不限于保密协议、投资条款清单、买卖/收购协议或增资条款、退出权协议、雇员协议等。

第一节 一份完整的投资协议条款清单

在融资交易法律文件中最重要的部分是投资协议条款清单（Term Sheet），也称之为“投资意向书”，是投资者与拟被投资企业就未来的投资交易内容所达成的原则性约定，投资条款清单中除约定投资者对被投资企业的估值和计划投资金额外，还包括被投资企业应负的主要义务和投资者要求得到的主要权利，以及投资交易达成的前提条件等内容。

在解读投资条款清单之前，我们先来看一份完整的投资备忘录，从总体上有一个全面的认知，便于之后逐一解读条款。我们以沃顿商学院提供的案例来探讨，是银河投资资本关于 HT 公司的投资备忘录。

【案例】　　HT 公司发行 A 轮优先股的投资条款摘要

待发行证券类型： A 轮优先股

估值： 交易前经双方同意，以目前已发行的 3500000 股普通股以及公司现有的为将来实行对公司员工、咨询师以及高级主管股权激励计划而预留的

1500000股普通股为基础。

投资金额：银河投资资本出资5000000美元

股息条款：年股息率为每股10%，股息可以累计计算，并在清算优先事件发生时支付。除非A轮优先股的所有已宣布且未支付股息全部支付，否则普通股不可以予以股息。

清算优先权：在任何该公司的清算、解散、终止事件发生时，A轮优先股持有者应该优先于普通股持有者被支付给两倍于初始投资的兑价，同时被支付给已宣布但未支付的股息。在A轮优先股持有者的清算优先权被有效的充分满足后，任何剩余的资金可以支付给普通股持有者。

以下情况视为清算：公司与一家公司兼并或合并，或被兼并或被合并进入另一家公司，以致改公司终止存续（除非公司股东持有存续主体至少50%的股份），或者出售/转让公司的全部资产或者公司的实质性全部资产，或公司发起人出售超过其持有的原始公司股份的50%利益。

转换：当以下定义的反摊薄调整出现时，每一股A轮优先股将被首先授予可转换为普通股的权力，以1：1的转换比例，在持有人选择的任何时候，转换为普通股。当以下两种情况之一的任何一个发生时，每一股A轮优先股应该以有效的转换比例自动转换为普通股：（1）以发行价不低于10美元每股或者整体公开发行募集资金超过5000000美元进行的首次公开发行圆满结束时；或（2）经流通的A轮优先股的多数股东书面同意。

反稀释调整：A轮优先股的转换比例应该按照加权平均的狭义基础公式予以调整，且调整之后的转换比例适用于所有的流通的A轮优先股以及流通的可购买A轮优先股的权利。该加权平均的狭义基础公式在任何情况下发生时生效。

董事会条款：A轮优先股持有者应该享有任命两名董事会董事的权利，普通股股东应享有指派一名董事会董事的权利，这名董事应该由公司的首席执行官担任，同时，A轮优先股和普通股可作为同一级别的股票，共同投票任命第四名董事。

优先认购权：A轮优先股持有者应该获得优先购买的权利，这一权利使得A轮优先股持有者可以按照其现有持股比例优先购买公司在未来的进一步融资中任何新发行的股份。这一优先购买权在公司首次公开发行完成时失效。

优先购买权：所有公司发起人持有的公司普通股股份必须受制于优先受偿权协议，即除非A轮优先股持有者有机会购买上述股份，任何上述股东不得出售上述股份。如果优先受偿权没有完全实施，且任一发起人仍持有未出售的股份，则发起人不得再出售上述股份。这一优先承买权在公司首次公开发行完成时失效。

发起人股权禁售：发起人持有的普通股股份应受制于为期四年的禁售期。当发起人基于任何原因终止在公司的任职时，所有未解禁的股份在上述离职发生时应被公司以原价格回购；倘若，在大于50%的股票权转移控制之后的六个月内，发起人无故被终止任职，该发起人持有的禁售股份的25%应该被自动授权解禁。

上述案例中还另外给出了另外一家投资公司——橡果国际的投资清单，创业者要想能够清楚地比较两家投资机构给出的条件，就必须对这些投资备忘录中具体条款深入了解。投资协议条款清单中最主要的是三个方面的内容：投资工具、投资金额和作价，公司的清算与退出方式，对公司治理结构的要求（如董事会名额、表决权、一票否定权等）。一份标准的投资协议框架大致包括以下内容（见表12－1）：

表12－1　　投资协议条款主要框架

协议框架	条款内容	备注说明
投资相关条款	投资金额	规定投资总金额，购买股数、稀释比等
	购买价	
	价值调整条款	经营业绩的“对赌”
	资金用途	
	投资前估值	
	新的股权结构表	
投资者权利条款	增资权	赋予投资者未来以约定价增资
	股息分配权	为了避免创业者过度分配利润而设
	优先清算权	破产时投资者优先偿付权利
	反稀释条款	保护投资者不会因下一轮增资股权稀释
	最优惠条款	
	对赌协议	与业绩挂钩的奖励或者惩罚条款
	董事会席位和投票权	
	保护性条款	
员工相关条款	员工竞业和保密协议	
	员工期权	
	创始人股份兑现	
	关键人保险	
其他条款	生效条件	
	排他权	

目前，一些天使投资人与部分国内投资公司的投资交易结构相对比较简单，投资工具一般也只有普通股，没有太多的限制性条款。他们在交易过程中往往不签署投资条款清单，而是直接开始尽职调查和合同谈判。但海外私募股权投资者或者国内较为规范的投资基金一般会有详细的条款清单。本章下面的内容，我们将针对一些不太好理解而又较为重要的条款进行深入分析，其他条款就不在一一详解。一方面，每个条款详细解释起来篇幅冗长；另一方面，具体条款跟企业自身情况息息相关，各个投资人的风险控制点也各不相同，投资人会依据企业实际情况来具体设计投资条款。

在这里，我们将权责利条款分为两类进行论述：优先权和特殊权利条款。优先权可以分为优先清算权、优先认购权、优先购买权等；特殊权利条款将重点阐述反稀释条款、董事会条款、对赌协议等。

第二节 系列优先权条款

优先权条款主要包含以下四类：优先分红权、优先清算权、优先认购权和优先购买权。清算优先权我们将用一节的篇幅详细展开讨论，这里仅阐述其余类别的优先权。

一、优先分红权

优先分红权是指股权投资者优先于目标企业其他股东分红的权利。优先分红权的典型条文如下：

“在公司宣告分配股息数额达到投资额的［ ］%时，投资人的分红权比例是［ ］%，其他股东分红的比例是0；在公司宣告分配的股息超过［ ］%时，投资人和其他股东再行按照股份比例分配股息。”

我国《公司法》第一百六十七条规定：“公司弥补亏损和提取公积金后所余税后利润，有限责任公司依照本法第三十五条规定进行分配，即股东按照实缴的出资比例分取红利；公司新增资本时，股东有权优先按照出资比例认缴出资。但全体股东约定不按照出资比例分取红利或者不按照出资比例优先认缴出资的除外。”由此看来，在股东分红方面，《公司法》留给了股东们较大的变化空间，但优先分红权的实现，要求在股东分红的顺序上进行调整，而《公司法》中仅规定了可以不按照出资比例分红，并未明确是否可以在分红顺序上进行调整，本着“法无明文禁止即许可”的原则，优先分红权是可以在现行法律下实现的。

二、优先认购权

优先认购权是指公司发行新股时，股权投资人作为股东拥有以其原先的持股比例优先于第三方进行认购的权利。优先认购权的典型条文如下：

“优先认购权：投资者有权认购最多与其持股比例相当的公司任何新发行的证券的优先认购权，且购买价格、条款、条件应与其他潜在投资者的购买价格、条款和条件相同，如果其他初始股东放弃其优先认购权，则投资者有权认购其放弃的部分。”

我国《公司法》第三十五条已经规定：“股东按照实缴的出资比例分取红利；公司新增资本时，股东有权优先按照出资比例认缴出资。但全体股东约定不按照出资比例分取红利或者不按照出资比例优先认缴出资的除外。”由此看来《公司法》对有限责任公司发行新股的优先认购权措施比较灵活的。

但是，对于股份优先责任公司的老股东并没有发行新股的优先认购权，这一点通常的解决办法是在增资决策阶段进行控制。比如，在签署股东协议或增资补充协议时，明确规定股权投资机构委派的董事享有对公司增资行为的一票否决权；或者与其他股东约定，公司在上市前不得增资或改变股权结构，企业如果增资，必须向股权投资机构定向增资，只有股权投资人明确放弃认购增资的权利时，才可以向第三方增资。当然，这种约定只能作为股东间的特别约定，不能对抗第三方。

三、优先购买权

优先购买权是指公司股东对外出售股权时，在同等条件下，原股东拥有优先受让的权利。优先认购权的典型条文如下：

“优先购买权：经A轮投资者书面同意后，任一初始股东可以出售其持有的全部或者部分公司股份给第三方，但A轮投资者有权且按照公司向潜在投资人发行此类证券的同等价格、同等条款和同等条件优先购买该拟出售的股份。”

我国《公司法》是认可有限责任公司的优先购买权的，《公司法》第七十二条第三款规定：“经股东同意转让的股权，在同等条件下，其他股东有优先购买权。两个以上股东主张行使优先购买权的，协商确定各自的购买比例；协商不成的，按照转让时各自的出资比例行使优先购买权。”

第三节 清算优先权

一、清算优先权的真实意义

清算优先权是 Term Sheet 中一个非常重要的条款，决定公司在清算后蛋糕怎么分配，即资金如何优先分配给持有公司某特定系列股份的股东，然后分配给其他股东。在以可转换优先股（Convertible preferred stock）作为投资工具的情况下，清算优先权实质上是为投资者提供了针对投资失败的最基本的保护。之所以说清算优先权条款对于 VC 很重要，原因在于该条款明确了在任何非 IPO 退出时的资金如何分配，规避了因 IPO 失败导致投资人成本无法收回的风险。当然，如果 IPO 之前优先股就自动转换成普通股，清算优先权问题就不存在了，但不是每个创业企业都能够成功上市并保障投资者顺利退出，为防止可能出现的最坏情况，风险投资者总是会强调这一条款的重要性。

这里讲一个例子，大家就会更容易理解为什么投资人那么看重这一条款？为什么要在清算的时候先分钱？是否真的是不平等条款？

假如一家企业有一个很完美的商业计划，凭借此商业计划吸引了天使投资人，天使投资者给企业估值 100 万元，并且进行了 100 万元的投资。于是，这个企业里就拥有 100 万元的现金和宏伟的商业计划，企业出让了 50% 的股份给天使投资人。然而，如果出现了这样一个极端的情况，就是突然国家政策不允许商业计划往下进行了，或者是突发的事件，这个企业必须清算。这时候，天使投资一看，公司也没有什么其他资产，只有几台电脑、几张办公桌。如果没有清算优先权的保护，那么天使投资人只能分到企业价值（100 万元人民币）的 50%，而这家企业在没创造任何产值情况下，却用伟大的商业思想换走了投资人 50 万元的资金。其实，这种情况并不是夸张，是在历史上出现过，所以才有这样的天使投资清算优先权的条款，这个条款就保护了天使投资人。这样的条款是说不管遇到什么情况，这个企业在清算的时候，风险投资人必须先拿走最少一倍的投资资金，剩下的再看如何分。这样在公司发展到退出价值超过投资人的投资额之前，企业家就不会选择卖公司或者干脆关闭企业。

具体来说，清算优先权（Liquidation Preference）是指投资者在创业企业清算时或结束业务时，有权优先于普通股股东（创业企业家）获得若干倍于其原始投资数额的回报以及宣布但尚未发放的股息。而标准的清算的定义是：公司合并、被并购、出售控股股权，以及出售主要资产，从而导致公司现有股东在占有续存公司已发行股份的比例不高于50%，以上事件都可被视为清算。通常所说的清算优先权由两部分组成：优先权（Preference）和分配权（Participation）。而根据投融资双方的谈判能力、公司受投资人追捧的程度、公司的发展阶段等因素，又可将是否继续参与剩余财产的分配权分为完全参与性（Full participation）、附上限参与分配权（Capped participation）和非参与性（Non - participation）分配权。那么，相应的清算优先权就有三种形式：

1. 有利于投资人的条款：1倍（1X）或几倍清算优先权，附带无上限的参与分配权。在公司清算或结束业务时，A系列优先股股东有权优先于普通股股东获得每股［1］倍于原始购买价格的回报以及宣布但尚未发放的股利（清算优先权）。在支付给A系列优先股股东清算优先权回报之后，剩余资产由普通股股东与A系列优先股股东按相当于转换后股份比例进行分配。

2. 相对中立的条款：1倍（1X）或几倍的清算优先权，附带有上限的参与分配权。在公司清算或结束业务时，A系列优先股股东有权优先于普通股股东获得每股1倍于原始购买价格的回报以及宣布但尚未发放的股利（清算优先权）。在支付给A系列优先股股东清算优先权回报之后，剩余资产由普通股股东与A系列优先股股东按相当于转换后股份比例进行分配；但是一旦A系列优先股股东获得的每股回报达到3倍于原始购买价格（除宣布但尚未发放的股利外）后将停止参与分配。之后，剩余的资产将由普通股股东按比例分配。

这个条款通常双方都愿意接受，但需要在清算优先倍数和回报上限倍数达成一致。通常的清算优先权倍数是1~2倍（1~2X），回报上限倍数通常是2~3倍（2~3X）。

3. 有利于创业者的条款：1倍（1X）清算优先权，无参与分配权。在公司清算或结束业务时，A系列优先股股东有权优先于普通股股东获得每股［1］倍于原始购买价格的回报以及宣布但尚未发放的股利（清算优先权）。在支付给A系列优先股股东清算优先权回报之后，剩余资产由普通股股东按股份比例进行分配。

这是标准的1倍（1X）不参与分配的清算优先权条款。意思是退出时，A系列优先股投资人可以选择要么在其他任何人之前拿回自己的投资额（仅仅是投资额），要么转换成普通股之后跟其他人按比例分配资金。没有比这个对创业者更友好的条款了，但如果创业者没有令人激动的创业经历或者项目没有太多投资人关注，通常在 A 轮 Term Sheet 中不会看到这样的条款。

二、清算优先权的保护作用

首先，清算优先权的优先权是企业的债权（Liability），而参与分配权是企业权益。在风险投资中，投资者之所以要求清算优先权，最主要的原因就在于在创业企业经营失败的情况下，即使走到了清算的地步，投资者仍然可以比普通股股东（主要是创业企业家）优先拿回前期的投资，是对企业债权的赎回；而有参与分配权是优先股股东的一种选择权益，一般只有在公司退出价值较小时拿走优先清算额才合理，这样投资人的利益才能被保护。如果公司运营非常好，投资人不应该按照优先清算的方式参与分配，他们会转换成普通股，然后在 IPO 之后收益增大。

其次，清算优先权初衷是保护投资者，却也无形中将投资者和企业家利益捆绑在一起。优先权的行使能够保障投资人不至于出现上述投资被卷走的情形，避免了创业者从投资人那里不当获利，让 VC 基金蒙受损失。另一方面，也通过这个条款绑住企业家不要过分低价出售自己的公司，而是努力将企业做大，和投资人一起挣大钱。

【案例】

例如，假设公司投资前的估值是 600 万美元，投资后公司价值 1000 万美元，因此投资人分得公司股份 400/1000×100% =40%。

假设情况之一：三年后公司经营不是很顺利，被人以 1000 万美元价格收购。企业主认为按照手上 60% 的股份应分得 600 万元。但投资人告诉之说，根据协议，他要分走投资额的两倍，即 800 万美元，剩下的 200 万美元再四六分账，留给企业主的仅有 80 万美元。那么，企业主一定不会选择卖公司，并感觉被投资人坑了。

假设情况之二：三年后公司经营不错，被人以 5000 万美元收购。根据协议，投资人先拿走 800 万美元，剩下的 4200 万美元按照股权结构的四六分账，投资人获得 800 +4200 ×40% =1680 万美元，而企业家获得 4200 ×60% =2520 万美元。这时，企业家不再感到被欺骗，相反会觉得当初投资人的 400 万美元投资很关键，不然怎么有现在 2520 万美元的收益。

上面的例子清楚地说明了，参与分配的优先权只有在退出价值比较小的时候才会对企业家利益有较大影响。如果公司运营非常好，很快就能上市，投资人是不会随便考虑出售等退出方式。投资人会等到 IPO 的时候把自己的优先股转换成普通股，然后等股价大涨的时候再卖出大赚一笔。因此，这个清算优先权条款就不会起作用，自动失效。

当然，从理论上讲投资者试图追求一种“旱涝保收”的结果，然而实际上如果创业企业已经走到了清算的地步，那么它能否拿出现金或资产支付投资者如此高额的回报也是个关键的问题。尽管如此，在风险投资交易中清算优先权还是被广泛地采用，美国学者 D. Gordon Smith 对 367 个风险投资案例进行了研究，发现在其中 98.37% 的案例中，投资者对清算优先权作出了安排①。毕竟投资者的财产分配序位高于创业企业家，故清算优先权在一定程度上还是能为投资者的利益带来保护。

三、一个清算优先权的典型案例

有这样一个关于 A/B/C/D 轮融资的清算优先权测算典型案例，我们将之借鉴运用于此，以便读者能更好地理解。

第一年：在公司成立时，天使投资 50 万美元，融资后公司估值 200 万美元。

第二年：在 A 轮融资中，VC 投资 400 万美元，融资后公司估值为 1200 万美元。并且，投资人拥有 1 倍的不参与分配的清算优先权和 8% 的年股息。同时，设立了 15% 的期权池，以后每轮融资都保证期权池占总股本的比例为 15% 。

第三年：在 B 轮融资中，VC 投资 800 万美元，融资后公司估值为 4000 万美元，并且投资人拥有 2 倍的可参与分配的清算优先权和 10% 的年股息。

第四年：在 C 轮融资中，VC 投资 2000 万美元，融资后公司估值为 8000 万美元，并且，投资人拥有 3 倍的可参与分配的清算优先权和 10% 的年股息。

第五年：公司以 1.5 亿美元的价格被卖掉。创业者获利多少？

让我们从头开始梳理这个投资及并购过程：

1. 在公司成立时，天使投资 50 万美元，融资后公司估值为 200 万美元。假设公司按 1.00 美元/股的价格，发行了 200 万股，创始人及天使投资人分别持股 75% 和 25% 的股份。如表 12－2 所示。

2. 在 A 轮融资中，VC 投资 400 万美元，融资后公司估值为 1200 万美元，并设立了 15% 的期权池，以后每轮融资都保证期权池占总股本的比例为

---

① See D. Gordon Smith, “Exit Structure of Venture Capital”, 53 UCLA L. Rev. 347, 2005－2006.

15%。看起来融资后公司估值为1200万美元，似乎融资前估值就是1200－400＝800万美元，实际不然。因为15%的期权也需要从公司融资前的估值里出（稀释原始股东，即创始人和天使投资人的股权比例），而15%是融资后的期权比例，其价值是15%×1200＝180万美元，这样融资前估值就是800－180＝620万美元。而已发行的股份数为200万股，因此，该公司股票的每股价格为3.1美元，公司根据A轮VC的400万美元投资及15%期权的价值，增发相应的股份。A轮VC投资人所持优先股为33.33%（见表12－3）。

表12－2　　　　天使投资　　　　单位：美元

投资后估值	$2000000		投资后期权池比例	0%
投资前估值	$1500000		股价	1.00
实际投资前估值	$1500000			
	投资额	股份数	%	股份价值
普通股				
创始人		1500000	75.00%	$1500000
天使投资人	$500000	500000	25.00%	$500000
合计		2000000	100.00%	

数据来源：原始数据依据桂曙光《创业之初你不可不知的融资知识》整理计算而得。

表12－3　　　　A轮融资　　　　单位：美元

投资后估值	$12000000		投资后期权池比例	15%
投资前估值	$8000000		股价	$3.10
实际投资前估值	$6200000			
	投资额	股份数	%	股份价值
普通股				
创始人	—	1500000	38.75%	$4650000
天使投资人	—	500000	12.92%	$1550000
期权池	—	580645	15.00%	$1800000
优先股				
投资人A	$4000000	1290323	33.33%	$4000000
合计	$4000000	3870968	100.00%	$12000000

数据来源：桂曙光创业投资网 http：//www.reachvc.com/post/866.html，下同。

3. 在B轮融资中，VC投资800万美元，融资后公司估值为4000万美元。跟A轮融资类似，公司在融资后估值为4000万美元也不表示融资前估值就是4000－800＝3200万美元，这里15%的期权也需要从公司融资前的估值里出（稀释原始股东，即创始人、天使投资人和 A 轮 VC 的股权比例），同样 15% 是融资后的期权比例，其价值是 15% ×4000 = 600 万美元，这样该公司融资前估值就是 3200 - 600 = 2600 万美元，因此，该公司股票的每股价格为 7.9 美元，公司根据 B 轮 VC 的 800 万美元投资和 15% 期权的价值，增发相应的股份，B 轮 VC 的优先股；股份比例是 20%（见表 12 - 4）。

表 12 - 4　　　　B　轮　融　资　　　　单位：美元

投资后估值	$40000000		投资后期权池比例	15%
投资前估值	$32000000		股价	$7.90
实际投资前估值	$26000000			
	投资额	股份数	%	股份价值
普通股				
创始人	—	1500000	29.63%	$11852941
天使投资人	—	500000	9.88%	$3950980
期权池	—	759305	15.00%	$6000000
优先股				
投资人 A	—	1290323	25.49%	$10196078
投资人 B	$8000000	1012407	20.00%	$8000000
合计	$8000000	5062035	100.00%	$40000000

4. 在 C 轮融资中，VC 投资 2000 万美元，融资后公司估值为 8000 万美元。跟 A、B 轮融资类似，公司在融资前估值不是 6000 万美元，而是 4800 万美元，每股价格为 11.16 美元，C 轮 VC 的优先股股份比例是 25%（见表 12 - 5）。

表 12 - 5　　　　C　轮　融　资　　　　单位：美元

投资后估值	$80000000		投资后期权池比例	15%
投资前估值	$60000000		股价	$11.16
实际投资前估值	$48000000			
	投资额	股份数	%	股份价值
普通股				
创始人	—	1500000	20.92%	$16733564
天使投资人	—	500000	6.97%	$5577855
期权池	—	1075682	15.00%	$12000000
优先股				
投资人 A	—	1290323	17.99%	$14394464
投资人 B		1012407	14.12%	$11294118
投资人 C	$20000000	1792804	25.00%	$20000000
合计	$20000000	7171216	100.00%	$80000000

5. 公司以1.5亿美元的价格卖掉。公司以1.5亿美元的价格卖掉时，如果所有VC股东的股份都是普通股的话，按照各自的股权比例，他们的回报倍数分别为6.7倍、2.6倍和1.9倍（见表12－6）：

表12－6 **M&A退出** 单位：美元

M&A估值	$150000000					
	清算倍数	年回报率	股份数	%	股份价值	回报倍数
普通股						
创始人			1500000	20.92%	$31375433	
天使投资人			500000	6.97%	$10458478	20.9
期权池			1075682	15.00%	$22500000	
优先股						
投资人A	1	8%	1290323	17.99%	$26989619	6.7
投资人B	2	10%	1012407	14.12%	$21176471	2.6
投资人C	3	10%	1792804	25.00%	$37500000	1.9
合计			7171216	100.00%	$150000000	

实际结果当然不会是这样了。那在详细了解之前，我们需要先看看优先清算权的“Non－participating”（不可参与分配）与“Participating”（参与分配）属性。

Non－participating代表投资者在公司被卖掉或清算的时候，可以拿走以下两者中的一个：第一，他们投资的本金；第二，他们所占股份的价值。也就是说，当每股价格在清算时比投资者投资时的价格高，优先清算权是不起作用的，因为投资者一定不会选择拿回本金。这里A轮的投资者就拥有这项权利，这也是比较合理的选择。

B轮投资者要了“Participating”，并且是2倍的清算优先权。什么意思？如果公司被卖掉，那么投资者先拿800万美元的2倍，即1600万美元，再加上8%的利息，然后，他们还要在剩下的钱里按照股份比例分配。“Participating”的结果是投资者鱼和熊掌兼得。B轮的投资者有了这个权利，C轮的投资者更要有。这一点也是要特别注意的，每个后来的VC都会要求和之前的VC至少有同样好的条款，而更普遍的情况是，后来者的条款会对投资者越来越有利，而对创业者越来越不利。

那现在我们来算一下该公司以1.5亿美元退出，创业者最终能拿到多少钱？

首先，C 轮投资人如果按照其股权（假设投资人的优先股都可以按照 1∶1转换成普通股，后同）比例，只能获得 3750 万美元，即 1.9 倍的投资回报，这个回报倍数低于他投资时要求的 3 倍清算优先倍数，所以他一定会执行优先清算权，这样，他可以先拿走：2000 ×3 +2000 ×10% ×1 =6200 万美元。剩下的 8800 万美元，C 轮投资人还要可按转换成普通股后的股权比例，跟其他所有股东一起按比例分配（Participating）。但这之前，B 轮投资人和 A 轮投资人还是优先股股东，还要等他们决定是否行使各自的优先清算权。因此，C 轮投资人的回报倍数暂时为 3.1 倍（见表 12 –7）。

表 12 –7　　M&A 退出投资人 C 优先清算　　单位：美元

M&A 估值	150000000						
投资人 C 优先清算后剩余价值	88000000						
	清算倍数	年回报率	股份数		优先清算价值	股份价值	回报倍数
普通股							
创始人			1500000	20.92%		18406920	
天使投资人			500000	6.97%		6135640	12.3
期权池			1075682	15.00%		13200000	
优先股							
投资人 A	1	8%	1290323	17.99%		15833910	4.0
投资人 B	2	10%	1012407	14.12%		12423529	1.6
投资人 C	3	10%	1792804	25.00%	62000000	22000000	3.1
合计			7171216	100.00%		88000000	

其次，在 C 轮 VC 投资人拿走优先清算的钱之后，该 B 轮 VC 投资人拿了。如表 12 –7，如果他按照股权比例分配剩余的钱，只能获得 1.6 倍回报，低于优先清算的 2 倍要求。所以，B 轮 VC 投资人也会执行优先清算权。B 轮投资人可以先拿走：800 ×2 +800 ×10% ×2 =1760 万美元，剩下的 7040 万美元，B 轮投资人还要按照股权比例，跟其他所有股东一起分配。但这里，他同样要等 A 轮投资人决定是否执行优先清算权。因此，B 轮投资人的回报倍数暂时为 2.2 倍（见表 12 –8）。

这个时候，我们可以看到 A 轮 VC 投资人的回报为 3.2 倍，高于他优先清算的 1 倍回报要求，他当然不会执行优先清算权了，他会选择按照可转换成普通股的股份比例，跟其他剩余股东按股份比例分配剩下的钱。所有 A、B、C 轮投资人拿走了优先清算的钱之后，所有股东都按照可转换成普通股的股份比例，分配剩余 7040 万美元（见表 12－9）。

最终，C 轮投资人的回报倍数为 4.0 倍，B 轮投资人的回报倍数为 3.4 倍。而创业者最终获得约 1473 万美元。

表 12－8　　M&A 退出投资人 B 优先清算　　单位：美元

M&A 估值	150000000						
投资人 C 优先清算后剩余价值	88000000						
投资人 B 优先清算后剩余价值	70400000						
	清算倍数	年回报率	股份数		优先清算价值	股份价值	回报倍数
普通股							
创始人			1500000	20.92%		14725536	
天使投资人			500000	6.97%		4908512	9.8
期权池			1075682	15.00%		10560000	
优先股							
投资人 A	1	8%	1290323	17.99%		12667128	3.2
投资人 B	2	10%	1012407	14.12%	17600000	9938824	2.2
投资人 C	3	10%	1792804	25.00%	62000000	17600000	3.1
合计			7171216	100.00%		70400000	

表 12－9　　M&A 退出投资人 C、B 参与分配　　单位：美元

投资人 B 优先清算后剩余价值	70400000					
	股份数		优先清算价值	股份价值	合计回报额	回报倍数
普通股						
创始人	1500000	20.92%		14725536		
天使投资人	500000	6.97%		4908512		9.8
期权池	1075682	15.00%		10560000		
可转换成的普通股						
投资人 A	1290323	17.99%		12667128		3.2
投资人 B	1012407	14.12%	17600000	9938824	27538824	3.4
投资人 C	1792804	25.00%	62000000	17600000	79600000	4.0
合计	7171216	100.00%		70400000		

当然，上面的案例是个非常理想的状态，简化了很多东西，比如，期权的价格、期权是否发给创始人，在B轮VC投资时，期权是否稀释A轮VC，以及在C轮VC投资时，期权是否稀释A或B轮VC？从这个案例可以看到，一个还算成功项目，成交金额达到1.5亿美元，结果创始人只能拿到1500万美元左右，甚至连10%都不到，主要原因在于最后一轮VC投资额太大、优先回报倍数太高。有时在这种情况下，创业者甚至一分钱都拿不到。

实际上，大部分专业理性的投资人并不愿意榨取企业过高的清算优先权。优先于管理层和员工的优先清算回报越高，管理层和员工权益的潜在价值就越低。每个案例的情况不同，但都会有一个最佳的平衡点，理性的投资人希望获得"最佳价格"的同时保证对管理层和员工"最大的激励"。最后的结果需要谈判，并取决于公司的发展现状、议价能力、资本结构等等。

第四节 反稀释条款

一、正确理解反稀释条款

投资人对目标公司进行投资时，通常是购买某类优先股，该优先股在一定条件下可以按照约定的价格转换成普通股，为防止其股份贬值，投资人一般会在投资协议中加入反稀释条款进行保护权益。

要理解反稀释保护，首先要理解什么是"稀释"。"稀释"意味着某些方面的减少或下降——从资本结构的角度来看，稀释是指新股发行后原有投资者对公司控制力的减弱；表现在资产负债表上，稀释是指每股账面净值的下降。

反稀释条款也称反股权摊薄协议，是用于优先股协议中的一个条款，是指在目标公司进行后续项目融资或者定向增发过程中，私募投资人避免自己的股份贬值及份额被过分稀释而采取的措施。反稀释条款一般规定，投资者拥有企业股份的比例在将来某一特定的时期前不被减少。在这个时期之前，为保证前期投资者的利益，企业扩股行为以双方商定的价格出售给前期投资者股份，如果企业把股份以较低的价格出售给以后的投资者，前期的投资者将获得免费的股份，保证前期投资者的份额不会下降。

因此，制定反稀释条款实际就是投资人保持在目标公司的话语权和控制权，反稀释条款对保障私募投资人的股权利益及后续战略退出至关重要，其往往成为双方在谈判及签订股东协议或者股权认购合同等项目法律文件中的焦点。例如，2004 年 8 月 18 日汇丰银行入股交通银行，持股比例为 19.9%，当时签订的《投资人权利协议》项下约定了反稀释条款。2005 年 6、7 月，在交通银行公开发行 H 股及实施 H 股超额配售权时，汇丰银行行使了该项权利。交通银行在上海登陆 A 股之后，由于股票总数量大增，在股份份额不变的前提下，汇丰的持股比例稀释到了 18.6%。2007 年 10 月 23 日，汇丰采用从二级市场直接增持的做法，使其持股比例从 18.6% 上升到了 19.15%。此举绕开了繁复的行政审批程序，保持其交通银行第二大股东的地位，也正是利用了该反稀释条款。

具体而言，"稀释性事件"包括股票股利、股权分割；收购和合并；现金和资产的分红；公司资产出售并分发利得；普通股的增发；股票期权、认股权证和可转换证券的发行和增发；股票回购，等等。如果没有合约性的保护条款，可转换证券所享有的转换权利随时可能因为公司的各类行动而遭到稀释。

针对上述类型的稀释性事件，可将防稀释条款主要归结为两类：一是防止普通股的结构性稀释；二是在后续融资中防止普通股低价发行导致的持股比例稀释。由于每一事件具有不同性质和程度的信息壁垒和代理成本，因此通常会采取不同形式的反稀释调整。

二、结构性反稀释条款

如果没有反稀释保护，那么创业企业家极有可能通过改变普通股结构的方式（例如股份拆分、股份分红等）把投资者持有的可转换优先股中的价值转移到其持有的普通股中，而这样的行为往往会同时导致比例稀释与经济稀释。

其中，结构性防稀释条款包括两个条款：转换权和优先购买权。

（一）转换权

这个条款是指在公司股份发生送股、股份分拆、合并等股权重组情况时，转换价格随之作相应的调整。例如，条款中写明 A 系列优先股股东可以在任何时候将其股份转换成普通股，初始转换比例为 1：1，此比例在发生股份红利、股份分拆、股份合并及类似事件以及"防稀释条款"中规定的情况时作相应调整。也就是说，如果优先股按照 2 元/股的价格发行给投资人，初始转换价格为 2 元/股。后来公司决定按照每 1 股拆分为 4 股的方式进行股份拆分，则新的转换价格调整成 0.5 元/股，对应每 1 股优先股可以转为 4 股普通股。

（二）优先购股权

这个条款则发生在目标公司后续融资增发新股或者老股东转让股权时，同等条件下，私募投资人享有按比例优先购买或受让的权利，以此来确保其持股比例不会因为后续融资发行新股或股权转让而降低。另外，优先购买权也可能包括当前股东的股份转让，而投资人拥有按比例优先受让的权利。

【案例】

例如，A（创业企业家）拥有 W 公司（创业企业）的 1000 股普通股；B（投资者）拥有 W 公司的 1000 股可转换优先股（约定可转换优先股与普通股的转换比例为 1：1，但可根据股份分红、合股、拆股和类似事件进行相应的调整），W 公司按照 1：9 的比例进行股份拆分。

A 此时拥有了 9000 股的普通股，如果按照原来的转换比例，则 B 行使转换权后会拥有 1000 股的普通股。在这一过程中，B 遭遇了比例稀释（由原来的 50% 下降到后来的 10%），同时 B 也遭遇了经济稀释（股份拆分后每股代表的价值降低）。

如果存在“结构性反稀释”（Structural Anti - dilution）保护的情况下，上面的例子中可转换优先股的转换比例将被自动调整为 1：9，这样投资者的投资利益就得到了有效的保护。同时，转换比例具体可以按照以下方法进行调整[①]：

1. 创业企业以发行新股的方式分派股息红利时，可转换优先股所能转换的普通股数亦应于其增加的范围内增加；

2. 在创业企业进行股份拆分时，可转换优先股所能转换成的普通股数亦均按比例相应增加，若普通股因合并而减少时，其所得转换的普通股数亦应按比例减少；

3. 在因发生其他类似事件而使普通股结构发生改变的情况下，可转换优先股所能转换成的普通股数应适当增加或减少，以保证可转换优先股股东在按照新的转换比例行使转换权后能够获得可转换优先股发行时的期待利益。

三、后续降价融资的反稀释条款

公司在其成长过程中，往往需要多次融资，但谁也无法保证每次融资时股份发行价格都是上涨的，风险投资人往往会担心由于公司下一轮融资可能

---

① 详细的结构性反稀释条款详见：李寿双：《美国风险投资示范合同》中英文对照本，法律出版社 2006 年版。

是降价融资（Down Round），股份的发行价格比自己当前的转换价格低，从而导致手中股份稀释，因此要求获得保护条款。

“转换价格保护”（Conversion Price Protection）作为反稀释保护的一种手段，主要是用来防止因创业企业发行新股的价格不够高所导致的经济稀释。如果创业企业发行新股的价格低于可转换优先股原始的转换价格，那么便会发生相对于原始投资价值的经济稀释。

“转换价格保护”手段可以通过“转换价格公式”（Conversion - Price Formula）防止这种稀释。“转换价格公式”防止相对于原始投资价值的经济稀释，主要是通过在创业企业增发新股时，将可转换优先股的转换价格调整到原来的价格以下来实现的，而最开始的转换价格就是投资人购买优先股的价格（Initial Purchase Price）。“转换价格公式”通常有两种形式：完全棘轮条款（Full - Ratchet）与加权平均条款（Weight - Average）。

（一）完全棘轮条款

“完全棘轮”反稀释保护是指，如果公司后续发行的股份价格低于原投资者原来适用的转换价格，则原投资者所持有的股份的实际转换价格也要降低到新的发行价格。从理论上讲，“完全棘轮”能够充分保护投资者免遭相对于原始投资价值的经济稀释，在用“完全棘轮”公式对可转换优先股的转换价值作出调整之后，原投资者可以通过转换获得的普通股的总价值等于其原始投资价值。

例如，创业企业家拥有400万股普通股。投资者A拥有100万股A序列优先股，原始购买总价为100万美元。A序列优先股原初的转换价格为1美元/股，即100万股A序列优先股可以转换为100万股普通股。投资者A与创业企业家约定了“完全棘轮”的反稀释保护。

后投资者B购买了创业企业新发行的100万股B序列优先股，购买总价为25万美元。B序列优先股原初的转换价格为0.25美元/股，即100万股B序列优先股可以转换为100万股普通股。

运用“完全棘轮”反稀释保护，A序列优先股的转换价格被降低到与B序列优先股相同的转换价格（0.25美元/股），这样100万股A序列优先股可以转换为400万股普通股，实施股份转换后投资者A所持有的普通股总价值为100万美元。如果没有反稀释保护，那么A拥有100万股A序列优先股将转换为100万股普通股，资者A享有的投资价值从100万美元下降到25万美元。

“完全棘轮”条款设计目的是为了完全性地保护投资者们，免受信息壁垒引起的错误定价带来的伤害，该条款假定，在信息壁垒严重情况下，初始投资发生经济稀释的风险在投资定价之初就已经存在，因此，不论公司低价再融资发现规模的大小，该经济稀释的全部风险均由原普通股持有者（特指公司创立者和管理层）承担。

但是，对于企业家而言，除了信息壁垒，市场整体不景气等因素也都可能导致标的资产价值下跌，因此，估值下跌的风险应该由风险投资家和企业家共同承担。而且，风险投资者也意识到，“完全棘轮”条款对普通股股东的股份有重大的稀释影响，从而导致企业家们缺乏股权激励而不思进取的恶果。因此，现实交易契约中该条款并不常见，常用下面方式进行修正：第一，只在后续第一次融资（B 轮）才适用；第二，在本轮投资后的某个时间期限内（比如 1 年）融资时才适用；第三，采用“部分棘轮”（Partial ratchet）的方式，比如“半棘轮”或者“2/3 棘轮”，但这样的条款也很少见。

（二）加权平均条款

为使得投资价值的下降由创业企业家与投资者共担，于是风险投资中又形成了一种更为复杂但相对公平的价格调整方式——“加权平均”反稀释保护。在加权平均条款下，如果后续发行的股份价格低于 A 轮的转换价格，那么新的转换价格就会降低为 A 轮转换价格与后续融资发行价格的加权平均值，即给 A 系列优先股重新确定转换价格时不仅要考虑低价发行的股份价格，还要考虑其权重（发行的股份数量）。

与“完全棘轮”反稀释保护不同，在利用“加权平均”反稀释保护来调整转换价格的时候，创业企业低价增发股份的数量越多，则转换价格调整的幅度越大；反之，创业企业低价增发股份的数量越少，则转换价格调整的幅度越小。而且，在加权平均价格条款下，调整后的价格高度依赖于初始转换价格的高低。这两点特点从理论上来说都是缺乏基本的合理性[①]：一是初始投资经济稀释的风险早在初始投资定价之时就埋下，与后续新增发行的规模并不相关；二是初始转换价格与调整后的转换价格毫无干系，因为在信息壁垒的作用下，初始转换价格本身就是一个错误定价。因此，加权平均价格条款在理论上是站不住脚的，尽管这样，现在投资人的 Term Sheet 里，但现在最常见的防稀释条款还是加权平均条款。

“加权平均”反稀释条款通常这样安排[②]：

如果创业企业以低于现行 A 序列优先股转换价的价格发行新的股份，则

---

① Wornoff, Michael and Rosen, Jonathan. “Undensanding Anti - dilution Provision in Convertible Securities”.

② 李寿双主编：《美国风险投资示范合同》（中英文对照本），法律出版社 2006 年版。详细的反稀释条款条款请参见《美国风险投资示范合同》第 279 ~285 页。

A 序列优先股的转化价格应根据下述公式进行调整：

$CP_2 = CP_1 \times (A+B) / (A+C)$

CP_2 是 A 序列优先股新的转换价格；

CP_1 是即将发行新股时 A 序列优先股的转换价格；

A 是即将进行新股发行时视为已发行的普通股数量（包括所有已发行普通股，在视为转换基础上的所有已发行 A 序列优先股和在视为执行基础上的所有已发行的期权；不包括任何转入本次融资的可转换证券）；

B 是创业企业因发行新股所取得的对价除以 CP_1；

C 是新发行的股份数量。

【案例解析】依然以上个案例为例，A 序列优先股原初的转换价格（CP_1 为 1 美元/股；在新股发行前普通股（其中包括优先股可能转换成的普通股）的数量（A）为 4000000 + 1000000 = 5000000 股；创业企业在发行新股过程中所接受的对价为 250000 美元，除以 A 序列优先股原初的转换价格 CP_1 等于 250000 股，即 B 为 250000 股；创业企业发行新股的数量（C）为 1000000 股。带入上述公式计算，可以得到 A 序列优先股调整后的转换价格 CP_1 应为 0.875 美元/股。由此可见，利用“加权平均”的方法进行反稀释保护要比利用“完全棘轮”的方法要温和得多。

第五节 董事会条款

一、董事会条款的“控制功能”

风险投资人在投资时，通常会在关注两个方面：一是价值，包括投资时的价格和投资后的回报；二是控制，即投资后如何保障投资人自己的利益和监管公司的运营。因此，投资者给企业家的投资协议条款清单（Term Sheet）中的条款也就相应地有两个维度的功能：一个维度是“价值功能”；另一维度是“控制功能”。有些条款主要是“经济功能”，比如，投资额、估值、清算优先权等，有些条款主要是“控制功能”，比如，保护性条款、董事会等。

董事会条款无疑是“控制功能”中最重要的条款之一。在创业天堂——硅谷流行这么一句话：“Good boards don't create good companies, but a bad board will kill a company every time.”（好的董事会不一定能成就好公司，但一个糟糕的董事会一定能毁掉公司。）实际上，企业家在私募融资时关注“董事会”条款，并不是说通过董事会能创造伟大的公司，而是防止组建一个糟糕的董事会，使创始人失去对企业运营的控制。一个合理的董事会应该是保持投资人、企业、创始人以及外部独立董事之间合适的制衡，为企业的所有股东创造财富。

对企业家而言，组建一个好的董事会在A轮融资时的重要性，有时甚至超过在投资条款上对于企业估值的讨价还价，因为估值的损失是一时的，而董事会控制权会影响到整个企业的生命期。但很多企业家常常没有意识到这一点，而把眼光主要放在企业估值等条款上。设想一下，如果融资完成后，企业的董事会批准了以下某个决议，企业家或创始人是否还会后悔把主要精力放在企业估值的谈判上：

- 开除创始人管理团队，并使其失去了尚未承兑（unvested）的股票。因为公司章程规定CEO/CFO/COO等高级管理人员是由董事会负责聘任的，离开公司股票还没有兑换的已作废处理；

- 拒绝其他投资人的投资意向，直到公司几乎现金短缺，然后强迫公司以低估值从当前投资人那里募集B轮融资，这样就可以控制你的公司了。因为公司章程规定，发行新股、引入投资人，需要由董事会通过；
- 将公司廉价卖给目前公司投资人投资过的其他公司。同样，出售公司也要董事会批准。

在A轮融资之前，大部分私营公司的创始人或CEO是老板，董事会也是由自己人构成，基本上还是创始人或CEO说了算。但融资之后，新组建的董事会将成为公司的新老板。不管是中国的公司法还是外国的公司法，董事会都是公司的最高权力机构，股东对于公司的管理权是通过董事会董事的选举与指派行使的。这也就是为何常出现投资人“逼迫”董事会换人“下课”的重要原因。

【案例】

2011年9月，雅虎公司股东、著名对冲基金投资人丹尼尔·勒布（Daniel Loeb）要求雅虎董事会进行改组，他已经致信雅虎董事会要求董事会主席罗伊·波斯托克（Roy Bostock）以及另外三名董事会成员立即辞职。此前雅虎方面已经宣布公司首席执行官卡罗尔·巴茨（Carol Bartz）“下课”。

事实上，雅虎公司高层在2008年也遭遇过激进投资者卡尔·伊坎（Carl Icahn）的“逼宫”，当时由于微软与雅虎之间有关收购的谈判最终破裂，时任公司首席执行官的雅虎创始人杨致远被迫辞职，巴茨也是在这次危机之后走马上任成为杨致远（Jerry Yang）的继任者。勒布在给雅虎董事会的信中指出，雅虎选择巴茨担任首席执行官是一个失败的选择，而在此之后董事会在是否开除巴茨的问题上又耽误了太多时间。勒布指责巴茨在雅虎网络搜索广告业务的发展中出现领导错误，而她在日本雅虎和中国阿里巴巴集团这两大雅虎重点投资项目中却又显得不够热情。

自巴茨离职之后，雅虎公司的股价涨计增幅达到了15%，勒布对此表示更换首席执行官对于振兴雅虎来说还远不足够，他认为公司董事会还需要更具专业知识的新面孔。

下面是一个看起来“完全没问题”的董事会条款，你也许会直接签署，但它可能会给你造成意想不到的麻烦。当然，我们并不是说每个投资人都会给你挖陷阱，但你需要做“最坏情况”的推演。

【案例】

“董事会：董事会由3人构成，1个普通股股东+1个投资人+1个独立董事=3个董事会成员。”

这个是一个最常规不过的董事会组成。如果我们做一个最坏情况的推演。投资人可能会推荐一个有头有脸的大人物做独立董事，这样对公司未来的影响力和发展将会有好处，通常创业者是无法拒绝的。但是，一般这个推荐的名人一定也是投资人的朋友，如此一来，独立董事自然维护投资人的利益了。这样，普通股股东（创业者）在董事会上就失去了主导地位，上述讲到的最坏情况就有可能发生。

二、公平的董事会结构设立

（一）董事会体现公司所有权关系

创业者一旦引进风险投资商，其未来权益的保护以及公司的下一步发展自然而然地就交由了董事会。风险投资商对公司管理和监督的跟进就是通过董事会实现的，因此当投资商进入时，关于董事会架构的谈判往往是最激烈的，这也是为什么即使持股比例还不够拥有一个董事会席位的投资商，也一定要在董事会内设定一个观察员（没有投资票权）席位的原因。那么，如何才能有效地设立一个合理的董事会呢？

一个合理的董事会人数设计，是保证该公司董事会正常运行，又能保证股东权益的基础。根据中国《公司法》规定，有限责任公司至少要有3名董事，而股份制公司则需要5名董事，但这并不是世界范围内通行的版本。在开曼群岛、英属维尔京群岛以及美国的许多州（如特拉华州），其法律允许公司只设一名董事。他们之中一个共同的规律是：董事人数一定是单数。增加或减少董事的数量通常要受到风险投资商所要求的保护性条款的限制，风险投资商也可以只是要求公司董事数量的改变必须经过修改公司章程后方可为之，而这种修改最终往往受制于投资商的否决权。但如何在众多的投资商进入后设定合理的董事数量呢？一般来说，创业企业最为理想的董事人数为3～5人。

通常在A轮融资完成以后，普通股股东（创始人）还拥有公司的绝大部分所有权，因此，普通股股东就应该占有大部分的董事会席位。假设，在A轮融资完成以后，普通股股东持有公司大约60%的股份，如果A轮是两个投资人的话，董事会的构成就应该是：

3个普通股股东+2个投资人=5个董事会成员

如果只有1个投资人，那么董事会的构成就应该是：

2个普通股股东+1个投资人=3个董事会成员

不管是以上哪一种情况，普通股东都应该按简单多数的方式选举出他们的董事。

但对于一个股东成分比较复杂的企业而言，3～5人的董事会设置在保证效率的同时，并不能全面反应股东的合理权益。为此，累计投票制（Cumulative Voting）以维护少数股股东的利益。这一机制是通过将一名股东的投票加以合计，然后进行重新分配，以便给那些持有少数股权的股东表达自己意见的机会。尽管这一机制更适合于那些上市公司的公共股东，它也可以被用来在多个投资人的创业公司中公平地分配董事会席位。例如，如果只有5只A级优先股股票发行在外，且这些股票仅为两名投资人A和B所持有，其中A持有3股股票，B持有2股股票。如果该A级股票可以有权选举两名董事，则如果没有累积投票制的话，投资人A将能够自行任命这两名董事，因为他拥有A级股票的简单多数。但是，如果采用累积投票制，通过将投票加以合计（所持有的股票数量乘以需选举的董事的数量），则A可以有6张选票，B可以拥有4张选票。投资人B可以将他拥有的4张选票全部投给自己提名的人选，而无论投资人A怎样在其提名的人选之间分配选票，B所提名的人选总能至少得到第二多的选票，从而B可以确保获得一个董事会席位。

总之，在融资谈判中，创始人需要明确和坚持两点：

——公司董事会的组成方式应该根据公司的所有权来决定。

——投资人（优先股股东）的利益由Term Sheet中的保护性条款（Protective Provisions）来保障。董事会是保障公司全体股东利益，既包括优先股股东也包括普通股股东。

(二) 设立独立董事席位

融资谈判地位有时会决定谈判的结果。如果创业企业的条件很好，在A轮融资时投资人会认可上述的董事会安排。但是如果投资人不答应这种董事会结构，而创业者又希望得到他们投资的话，创业者可以采用下面这个偏向投资人的方案（设立一个独立董事）：

2个普通股股东+2个投资人+1个独立董事=5个董事会成员；

或 1个普通股股东+1个投资人+1个独立董事=3个董事会成员

偏向投资人方案的董事会给予不同类型股份的股东相同的董事会席位，而不管他们的股份数量（股权比例）。这有点不合道理，但这就是风险投资！

如果最终签署的条款是以上方案的话，那么创业者要让投资人同意：在任何时候公司增加1个新投资人席位的时候（比如，B轮投资人），也要相应增加1个普通股席位。这样是为了防止在B轮融资后，投资人接管了董事会。

投资人可能会推荐一个有头有脸的大人物做独立董事，创业者通常是无法拒绝的。但是这个大人物跟VC的交往和业务关系通常会比你多，当然他更倾向于维护投资人的利益。这样，普通股股东（创业者）在董事会上就面临失去主导地位了，解决这个困境的最简单办法是在融资之前就设立独立董事。至少也是选择你信任的、有信誉的人来做独立董事。如果融资之前，你无法或没有设立独立董事，谈判时要争取下面的权利：

——独立董事的选择要由董事会一致同意。

——由普通股股东推荐独立董事。

(三) 设立CEO席位

投资人通常会要求公司的CEO占据一个董事会的普通股席位，这看起来似乎挺合理，因为在公司融资时创始人股东通常担任CEO。但创业者一定要小心这个条款，因为公司一旦更换CEO，那新CEO将会在董事会中占一个普通股席位，假如这个新CEO跟投资人是一条心的话，那么这种“CEO+投资人”的联盟将会控制董事会。

新的CEO也许是一名职业经理人，通常他与VC合作的机会远比与你们公司合作的机会多。VC通常会向有前景的公司推荐CEO，还会让这名CEO共同参与公司的投资。他们决定公司支付给这个CEO报酬数量。你认为CEO会忠诚于谁呢？

“CEO+投资人”联盟可能会给公司、公司创始人和员工都带来伤害，一个发生在硅谷的简单例子可以参考：

公司需要募集B轮融资，在投资人授意下，CEO并不积极全力运作，导致公司无法从其他地方筹措资金。结果，公司只能从当前的投资人那里以很低的价格获得 B 轮融资。投资人在公司估值较低的时候注入更多资金，获得更多股份。几个月之后，CEO 也按照市场行情获得了“合理数额”的股份。但创始人和员工的股份比例却被稀释了。

上面的故事告诉我们，一个新 CEO 并不一定是你在董事会中的朋友。如果你正打算雇佣一个新的 CEO，不妨为他在董事会中设立一个新的席位。例如，对于投资人倾斜的董事会中，投资人已占有两个席位，专门增设 1 个 CEO 席位：

1 个普通股东 +1 个投资人 +1 个 CEO（目前是创始人 XXX） =3 个董事会成员

1 个普通股东 +1 个投资人 +1 个独立董事 +1 个 CEO（目前是创始人 XXX） =4 个董事会成员

董事会中的普通股席位应该永远由普通股股东选举产生。另外，如果你希望董事会的成员数是奇数的话，那就再多加一个独立董事的席位。

在融资谈判中，创始人需要明确：

——尽管 CEO 持有的也是普通股，但新的 CEO 很可能要同投资人结盟，CEO 席位会在事实上对投资人更有利。

——CEO 并不在董事会中代表普通股股东，他的工作是让公司所有类型的股权增值。

综上所述，目前国内 VC 的 A 轮投资 Term Sheet 中，董事会条款的主流是：“创始人 + 创始人及 CEO + A 轮投资人”的结构。

通常而言，下面的 A 轮投资后的董事会结构也算公平：

单一创始人情形：1 个创始人席位、1 个 A 轮投资人席位及 1 个由创始人提名董事会一致同意并批准的独立董事。

多个创始人情形：1 个创始人席位（XXX）、1 个 CEO 席位（目前是创始人 YYY）、1 个 A 轮投资人席位及 1 个由 CEO 提名董事会一致同意并批准的独立董事。

第六节 对赌协议怎么签

一、对赌的真实意义

对赌协议是一种舶来品，而在西方国家实质是指，企业与投资人之间建立一种估值调整机制（Valuation Adjustment Mechanism，VAM），目的是通过设定目标盈利水平和触发条件，来避免不可预知的盈利能力风险。估值调整机制在中国被翻译成“对赌协议”。我们买东西时常说“多退少补”，对赌协议的原理也是一样。风险投资机构做投资时，企业说的是未来的故事，投资人对企业的估值主要基于对未来的预期，如果预期没有实现，原来协商的估值就必须重新调整。投资人为了控制投资风险，根据“现在业绩”初步作价和确定投资条件，根据“未来业绩”调整作价和投资条件，即如果约定的条件出现，投资方可以行使一种权利；如果约定的条件不出现，融资方则行使一种权利。这其实也是“多退少补”。

对赌协议的形式其实多种多样，不仅可以赌被投资企业的销售收入、净利润等财务绩效，还可以涉及非财务绩效、赎回补偿、企业行为、股票发行和管理层去向等方面。例如，对赌互联网企业的用户数量、技术研发企业的技术实现阶段、连锁企业的店面数量等非财务指标。在中国，投资机构通常只采用财务绩效条款，双方对公司未来数年的收入、净利润等关键指标为标尺，以“股权调整”或“现金补偿”为筹码。例如，当投资方与被投资方确定一个预期的财务标准目标，如在期限内不能达到此目标，投资方将获得股权或现金上的一些补偿，如可低价获得更多股票、有权要求将现持有的股票回购等。而如果财务目标提前达成或超额完成，投资方则可能提供一些现金或股权方面的“奖励”。

当然，相对于估值调整协议在国际投行和投资机构广泛应用情景来看，对赌协议在中国资本市场的应用显得隐蔽了许多。迄今为止，创业板和中小板上市公司的招股说明书中曾披露过类似“对赌协议”条款的不过10%，但业界普遍认为，对赌协议实际的存在率远远高于这个数字，大部分对赌协议都被掩盖掉了。

原因在于，我国《首次公开发行股票并上市管理办法》要求企业做到股权稳定清晰，而涉及股权的对赌协议，往往可能带来上市之后的重大股权变动。五类对赌协议实际上成了IPO审核禁区：上市时间对赌、股权对赌协议、业绩对赌协议、董事会一票否决权安排、企业清算优先受偿协议，存在这类PE对赌协议的公司都必须在上市前清理干净，否则很难过会。因此，我们看到的情景是，2009年创业板开板以来，鉴于中小创新型企业上市前接受PE或产业投资人投资的情况非常普遍，且投资协议中存在对赌条款的比例很高，于是在上市前的招股说明书中这些大多被潜伏起来了。

抛开监管因素，存在对赌协议的投资案例比比皆是。摩根士丹利等机构投资蒙牛，是对赌协议在创业型企业中应用的典型案例。根据投资机构与蒙牛管理层签署的基于业绩增长的对赌协议，2003～2006年蒙牛乳业的复合年增长率须不低于50%，否则公司管理层将以1美元价格转让给投资机构约6000万～7000万股的上市公司股份；如果业绩增长达到目标，投资机构就要拿出自己的相应股份奖励给蒙牛管理层。

对赌协议也为本土投资机构所使用。2007年11月，东方富海等机构投资8000万元于无锡某太阳能公司，其中5000万元以增资方式进入公司股本，另外3000万元以委托银行贷款的方式借给企业，增资的资金直接换取企业股权，委托银行贷款的资金作为“业绩对赌”的筹码。协议约定，如果该企业完成2007、2008年预期目标，则3000万元的委托银行贷款无须归还投资人，且投资人在该企业中股权比例不变，从而令企业的估值得到提升。2007年，该公司超过预计业绩目标将近20%，并于2008年10月提前完成年度业绩目标，对赌实现双赢。

除了风险投资机构，上市公司在对赌协议方面也进行了尝试。2005年7月19日，华联综超披露“流通股股东每10股获付2.3股”的股改对价方案，同时设置了一项对赌协议：如果公司2004～2006年度扣除非经常性损益后净利润的年复合增长率低于25%，则非流通股股东按每10股送0.7股的比例无偿向流通股股东追加支付对价，追加支付对价的股份总计为700万股；如果上述增长率达到或高于25%，这700万股将转用于公司管理层的股权激励，管理层可按每股8元的行权价购买这部分股票。

从本意而言，投资人希望通过对赌，激励创业团队对企业的价值和未来成长作出稳健可靠的判断，不要用不着边际的未来计划忽悠资本。但风险投资一般期限较长，投资人进入企业后往往都是小股东，不参与具体的经营管理事务，加之国内目前没有更多的机制和手段保护投资人的利益，对赌逐渐成为投资者控制投资成本、保护自己的手段。不过，我们也应看到对赌容易引发短期行为。例如，2004～2006年蒙牛在对赌中虽然赢了，但是在2006年之后的不到两年时间里，2008年三聚氰胺事件给中国奶制品行业带来了极大的不良影响，虽然三鹿是始作俑者，为什么蒙牛这个中国奶制品行业的领头人也不能幸免呢？不能不说当初蒙牛在成长的压力下，选择不投资奶源，不投资质量管理，而是花巨资投资市场，种下了祸根。

况且，也不是每一个企业都能像蒙牛一样能够赌赢。企业发展情况不同，市场竞争条件不同，不是企业家对于企业有信心就能赌赢。同样是摩根士丹利投资的永乐家电的执行董事兼副总裁周猛却感叹：“当时与大摩签订对赌协议时，我们预测可能过于乐观”。永乐就是一个赌输的例子。

那么，到底该不该签对赌协议呢？笔者认为，对赌协议不是一个解决问题的好办法。对赌协议的执行只可能有两个结果，要么双赢，要么双输。创业团队输的时候，投资人肯定也要输，这似乎有悖于市场上普遍的认识——创业团队达到协议要求，投资人虽然付出了部分股权，却得到估值上升的回报；未达到协议要求，投资人则可通过更多的股权甚至企业控制权来弥补股价下跌的损失，因此，外界认为无论创业团队能否达到对赌目标，投资人都能获利。这一逻辑忽略了一个重要前提，即资本的募集不可能没有代价，一个错误的投资决策，即使收回了成本，也难以弥补其融资成本，更不用说在风险投资中还有众多连成本都收不回的项目。另外，对赌协议虽然可以弥补投资人的投资回报，但却把投资人和企业管理者放在了对立的一面，而双方本应该同心协力为企业的发展一起努力的。尤其是在早期的风险投资，市场的不确定性太强，更是要坚持长期发展、共同努力。签太复杂和太单项压迫管理层的对赌协议，对企业没好处，对投资人也没好处。大家在信任的基础上去应变，才是一个良好的做事方式。

可以说，对赌协议只是一种财务工具，从本质上没有对错可言。对于创业者而言，在与投资人签订“对赌协议”时应当注意以下事项：

第一，人贵有自知之明。创业团队要对影响企业自身发展的内外因素如商业模式、人力资源、市场发展、竞争对手、资金、客户、原材料等作充分了解和合理分析，制定合理的发展目标。

第二，识时务者为俊杰。企业要结合资本市场的起落和融资环境的好坏为自己定价，漫天要价往往会令投资人就地还钱。

第三，配合投资人做好尽职调查。公开透明地向投资人开放信息，使投资人经过认真的尽职调查，在充分了解企业状况而不是仅凭“对赌”机制保护自身利益的情况下，与创业团队共同制定预期目标。

第四，对赌目标应该明确、可考核。如果以财务绩效为业绩目标，应该明确审计标准；如果以非财务绩效如用户数等为目标，则应该明确以什么方式核定的用户数为最终认可的目标。

第五，事先约定弹性标准。“对赌”企业未来业绩，可以约定一个向下浮动的弹性标准。另外，在上市时间上，企业也应该与投资人做一个较为宽松的预期。即使在上市方面，也可以跟投资人作弹性的约定，比如企业达到上市条件但不愿上市，可以讨论增加利息允许企业回购股权。

二、案例分析：蒙牛的对赌协议解读

1999 年 1 月，牛根生创立了“蒙牛乳业有限公司”，公司注册资本 100 万元，后更名为“内蒙古蒙牛乳业股份有限公司”（以下简称“蒙牛乳

业”）。2001年底摩根士丹利等机构与其开始接触，2002年6月，摩根士丹利等机构投资者在开曼群岛注册了开曼公司。2002年9月，蒙牛乳业的发起人在英属维尔京群岛注册成立了金牛公司。同日，蒙牛乳业的投资人、业务联系人和雇员注册成立了银牛公司。金牛和银牛各以1美元的价格收购了开曼群岛公司50%的股权，其后设立了开曼公司的全资子公司——毛里求斯公司。同年10月，摩根士丹利等三家国际投资机构以认股方式向开曼公司注入约2597万美元（折合人民币约2.16亿元），取得该公司90.6%的股权和49%的投票权，所投资金经毛里求斯最终换取了大陆蒙牛乳业66.7%的股权，蒙牛乳业也变更为合资企业。

2003年，摩根士丹利等投资机构与蒙牛乳业签署了类似于国内证券市场可转债的“可换股文据”，未来换股价格仅为0.74港元/股。通过“可换股文据”向蒙牛乳业注资3523万美元，折合人民币2.9亿元。“可换股文据”实际上是股票的看涨期权。不过，这种期权价值的高低最终取决于蒙牛乳业未来的业绩。如果蒙牛乳业未来业绩好，“可换股文据”的高期权价值就可以兑现；反之，则成为废纸一张（见图12－1）。

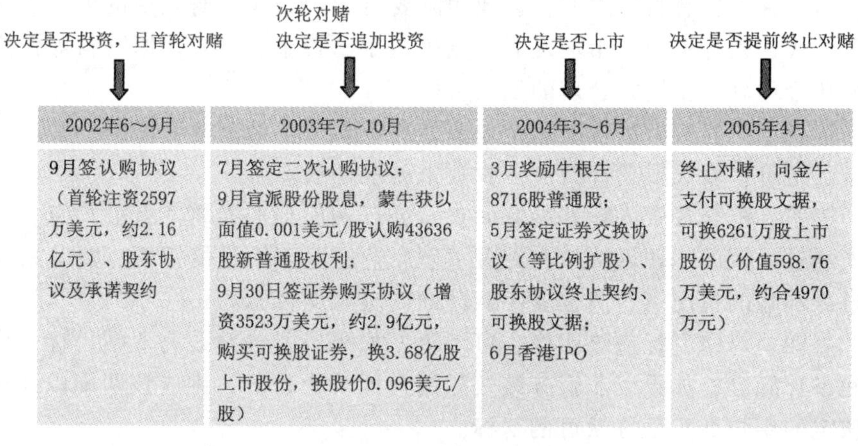

图12－1　历次对赌及起止时间

为了使预期增值的目标能够兑现，摩根士丹利等投资者与蒙牛管理层再次签署了基于业绩增长的对赌协议。双方约定，从2003～2006年，蒙牛乳业的复合年增长率不低于50%。若达不到，公司管理层将输给摩根士丹利约6000万～7000万股的上市公司股份；如果业绩增长达到目标，摩根士丹利等机构就要拿出自己的相应股份奖励给蒙牛管理层（见表12－10）。

表 12-10　　对赌协议后股权变动情况分析

股份	金银牛	牛根生	投资机构	公众	合计
02.10 首轮投资后	5102，9.4%		48980，90.6%		A/B 股区分
03.09A 转 B 股后	51020，51%		48980，49%		100000，100%
03.09~10 宣派 43636 股后（二次增资不影响股权）	94656，65.9% =35.5% +30.4%		48980，34.1%		143686，100%
04.03 奖励牛根生后	94656，65.9%	8716，6.1%	40264，27%		143686，100%
04.06 准备 IPO 前扩股本（5 月签证券交换协议）	4.94 亿股，65.9%	0.46 亿股，6.1%	2.1 亿股，27%		7.5 亿股
04.06 IPO 后	4.94 亿股，49.4%	0.46 亿股，4.6%	2.1 亿股，21%	2.5 亿股，25%	10 亿股
04.06 IPO 且投资机构减持后	4.94 亿股，49.4%	0.46 亿股，4.6%	1.1 亿股，11%（减持 1 亿股）	3.5 亿股，35%	10 亿股
04.06 IPO 减持且超额配售后	4.94 亿股，49.4%	0.46 亿股，4.6%	0.58 亿股，5.8%	4.02 亿股，40.2%	10 亿股（投资机构超额配售 5250 万股给公众）
04.12 IPO6 月转换 30%后	4.94 亿股，44.6%	0.46 亿股，4.1%	1.68 亿股，15.1%	4.02 亿股，36.2%	11.1 亿股（投资机构转换 1.1 亿股）
04.12 转换且减持后	4.94 亿股，44.6%	0.46 亿股，4.1%	0	5.71 亿股，51.3%	11.1 亿股（投资机构减持 1.68 亿股）
05.06 转换另 70%且对赌估值调整后	5.56 亿股，40.6%	0.46 亿股，3.4%	1.95 亿股，14.3%	5.71 亿股，41.7%	13.68 亿股，估值调整 6261 万股给金银牛，70% 票据转换 2.58 亿股，价值 2.05 亿元

2004 年 6 月，蒙牛业绩增长达到预期目标。摩根士丹利等机构“可换股文据”的期权价值得以兑现，换股时蒙牛乳业股票价格达到 6 港元以上；给予蒙牛乳业管理层的股份奖励也都得以兑现。摩根士丹利等机构投资者投资

于蒙牛乳业的业绩对赌，让各方都成为赢家（见表12－11）。

表12－11　　对赌双赢——税后利润与净利润差异对比　　单位：亿元人民币

蒙牛集团					
	2001年	2002年 （对赌一）	2003年	2001年～2003年12月	
收入	7.24	16.7，131%	40.7，144%	收入复合年增长率137%，01～04年复合增长率超100%	
税后利润	0.334	0.779，133%	2.303，195%	净利润复合年增长率160%，01～04利润复合增长率没低于120%	
净利润	0.335	0.767，129%	2.257，194%		
蒙牛乳业					
	2002年6月～2002年12月	2003年 （对赌二）	2004年	2005年 （终止对赌）	2006年
收入	4.59	40.72	72.14，77%	108.25，50%	162.46，50%
税后利润	0.276	2.323	3.92，70	5.555，42%	8.663，56%
净利润	0.185	1.644	3.19，94%	4.568，43%	7.274，59%
基本每股盈利	0.025	0.192	0.36，86%	0.365，2%	0.532，46%

摩根士丹利对于蒙牛乳业基于业绩的对赌之所以能够划上圆满句号，总结归纳，该份对赌协议中有如下几个特点：一是投资方在投资以后持有企业的原始股权，如摩根士丹利等三家国际投资机构持有开曼公司90.6%的股权和49%的投票权；二是持有高杠杆性（换股价格仅为0.74港元/股）的"可换股文据"；三是高风险性（可能输给管理层几千万股股份）；四是投资方不是经营乳业，不擅长参与经营管理，仅是财务型投资；五是股份在香港证券市场流动自由；六是蒙牛乳业虽然是创业型企业，但企业管理层原来在同一类型企业工作，富有行业经验。

第十三章
股权投资激励透视：“胡萝卜加大棒”

股权投资活动在国内的迅速发展，不仅得益于企业融资需求不断增大，还得益于其灵活的收益分配机制。然而，现实中也不乏投资机构与被投资企业的高管与核心人员的离职事件，一时间股权投资激励问题成为业内关注的焦点。由于股权投资在国内的发展较晚，投资双方尚未形成科学有效的激励机制，相关制度的构建仍处于探索阶段。本章将详细分析股权投资基金与被投资企业的激励机制存在的问题，鉴于双方激励机制的相关性，提出实现双方激励机制平衡的对策。

第一节 激励创业先锋

对于股权投资公司来说，被投资企业的成长与发展关系到其投资回报问题，因而被投资企业的激励机制是否科学有效，也是股权投资机构十分关切的议题。从现有被投资企业的激励机制运作情况看，主要内容涉及两个方面：对创业者的激励与对创业团队的激励。

【案例】微软的股权激励

微软公司是世界上最大的股票期权使用者之一。公司为董事、管理人员和雇员订立了股票期权计划，该计划提供非限制股票期权和激励股票期权。1995 年之前授予的期权一般在从授予日开始的 4 年半之后开始行权，并在 10 年内终止。在 1995 年和 2001 年之间授予的期权一般从授予日开始的 4 年半之后开始行权，并在 7 年内终止，而其中某些期权在 4 年半之后或者 7 年半之后开始行权，10 年后终止。在 2002 年授予的期权在从授予日开始的 4 年半之后开始行权，并在 10 年内终止。在 2002 年 6 月 30 日，3.71 亿股的期权已被行权，在该计划下尚有 5.43 亿股可以在未来被授予。

微软是第一家用股票期权来奖励普通员工的企业。微软公司职员可以拥有公司的股份，并可享受15%的优惠，公司高级专业人员可享受巨大幅度的优惠，公司还给任职一年的正式雇员一定的股票买卖特权。微软公司职员的主要经济来源并非薪水，股票升值是主要的收益补偿。公司故意把薪水压得比竞争对手还低，创立了一个"低工资高股份"的典范，微软公司雇员拥有股票的比率比其他任何上市公司都要高。不过给股票持有者股息，持股者回收到的利润纯粹来自于市场价格的攀升。在全球 IT 行业持续向上的时候，微软运用这种方法吸引并保留了大量行业内的顶尖人才，大大提高了公司的核心竞争力，使公司持续多年保持全行业领先地位。但是，随着高科技行业的衰落，使得人才市场上人才涌动，公司人才竞争的压力不复存在，微软通过股权激励来吸引人才的压力也大为减小，同时美国股市也一蹶不振，使得股权激励的效果大打折扣，而且实施股权激励的高成本问题也开始进入了公司决策层的视野。微软主席比尔·盖茨最近表示，微软公司将限制使用股票期权，因为股票期权的激励作用并不像有些人所想象的那样大。比尔·盖茨还表示，除非法律有要求，微软还不打算将股票期权作为一项费用处理，从而削减净收入。这充分显示出，在行业景气出现大幅衰减时，不仅公司盈利要出现滑坡，而且公司吸引人才、激励人才的成本也会大大降低，股票期权的高成本问题压倒了它的激励作用问题，成为公司决策层首要考虑的问题。曾经在创造微软辉煌过程中起过重要作用的股票期权制度现在也在微软高层的紧缩范围内，可见股票期权的激励作用要与其成本相比较，只有适当的激励力度才可能起到预期的作用，过大的激励力度不仅难以达到预期的效果，甚至可能反而使公司业绩大幅下降，造成巨大的负面影响。

一、对创业者的激励

实际上，信息不对称情况下常常会出现创业者与投资人激励目标不一致问题，股权投资公司为了使自己的投资利益免受损失，他们在实际操作中会采取以下一些控制机制：

（一）可中断分期投资策略的激励机制

可中断的分期投资策略是对于创业者的一个重要激励机制。阶段性投资使股权投资企业可采用的最有效的形式。因为在股权投资方可中断分期投资策略的威胁下，创业者为了从股权投资方获得生存发展所必需的后续投资，必须提高公司的运营效率，改善公司的经营管理。他们中的成功者将获得被投资企业发展所必需的追加投资，从而发挥了可中断分期投资策略对创业者的激励作用，形成了对创业者的激励机制。

分期投资策略在苹果电脑公司和联邦快递的案例中得到充分体现。对苹果电脑公司的股权投资分为三期，第一期发生于1978年1月，以每股9美分的价格投入了51.8万美元；第二期发生于1978年的9月，以每股28美分的价格投入70.4万美元；第三期发生于1980年12月，以每股97美分的价格投入233.1万美元。对联邦快递公司的股权投资也分为三期，第一期发生于1973年9月，以每股204.17美元的价格投入了1225万美元；第二期发生于1974年3月，以每股7.34美元投入640万美元；第三期发生于1974年9月，以每股63美分投入388万美元。有趣的是，在这两个分期投资的案例中，投资的股票价格一个随着企业价值的增长而提高，这是符合投资规律的，另一个却随着企业的价值增长而降低，这多少令人费解。经有关专家介绍，这主要是因为股权投资的股票定价参考股票的市场价格，在对联邦快递投资的过程中，正好遇上股票市场价格“大跳水”，所以对联邦快递的投资股票作价越来越低。但是，无论股价提高还是降低，分期投资对于企业的激励效用还是非常大的。

（二）可转换优先股的激励机制

一般意义上的可转换优先股是指发行时定下可转换条款，允许持有人在某种情况下转换为普通股的优先股，转换比例可以根据优先股与普通股的价格比例事先确定，持有人一般不享有投票权。优先股的优先权是相对于普通股而言的，具体体现在两个方面：一方面是在企业有赢利时，优先股优先于普通股获得股利；另一方面是在企业破产清算时，优先股获取剩余财产的次序优先于普通股，风险较一般股较小。

被投资企业可转换优先股对创业者的激励作用来自两个方面：①股权投资方持有可转换优先股，而创业者持有普通股，在企业剩余财产分配上，可转换优先股比普通股具有优先权，所以若被投资企业经营不当，必然使创业者遭受更大的风险，从而激励创业者努力提高企业的经营绩效。②股权投资协议中一般规定：可转换优先股的转换比例随企业经营业绩的提高而递减。所以被投资企业创业者为了获取更多的股份，防止对企业控制权削弱，必须努力提高被投资企业经营绩效，避免风险投资方过高的转换比例，由此对创业者构成了激励机制。

（三）剩余索取权与控制权匹配的激励机制

被投资企业家在控制权分配中的博弈目标是：领导企业、合理收益、较高的在职消费水平等。股权投资企业在对企业投资合同中签订股票购买优先权、高层管理人员股份授予计划、股份回购等系列条款保护自身利益。但由于合同不完全性，股权投资过程中存在剩余控制权以及由此带来的剩余价值问题。控制权的剩余价值是股权投资的典型特征，也是影响被投资企业资本结构的重要因素之一。控制权转移构成了企业家努力工作的非现金激励方式。现代企业理论认为，公司的剩余索取权与控制权应尽可能匹配，所以可以给予被投资企业家较高的股份比例，使其收益与企业的经营业绩相联系，激励其努力工作。当然，股权投资公司应综合考虑投资额、预期收益率、被投资企业发展前景及其无形资产价值等因素，确定一个合理的股份比例，以免所占股份比例太小而无所收益。同时，适当的股权比例也可以使被投资企业在不失掉太多收益的同时，获得资金、管理等帮助，使被投资企业家主动与股权投资企业合作，减少不合作带来的道德风险。

（四）对创业者的精神激励

创业者创业可以带来高额的经济回报。然而，经济收益并非激励创业者的唯一因素，甚至不是最重要的因素。应当指出，精神激励对于社会的发展与进步有着重要作用，特别是在艰苦的创业活动中，它对于创业者的作用远非物质激励可比。根据马斯洛需求层次论，满足“自我实现”是创业者重要的需求，因此创业并经营好被投资企业本身就对创业者构成激励。

精神激励的具体做法是：首先，应对创业者（被投资企业家）个人进行激励。总的来说，创业者更在意自身价值的实现，并不满足于被动的完成一般性事务，而是尽力追求适合自身的有挑战性的工作。创业成功的渴望会一直激励被投资企业家实现其事业上的成就欲与满足感。其次，在创业者的带领下，整个创业团队的努力是决定被投资企业成败的关键因素，因此要对整体进行激励。集体激励首先要在满足个人激励的基础上实现，其次才是集体效用最大化。一方面，在企业发展的不同阶段调整团队成员的权重，分别实行不同的领导风格，适应不同的环境，使大家相互合作达到组织目标。另一方面，组织分工应合理，对于不同类型的人才应安排恰当的工作岗位；绩效应科学考核，尽量达到公平，以绩效为基础确定工作报酬。在激发了创业团队的热情后，创业者才能更有效地实现自己的目标。

（五）自有资产激励

对一个完全拥有自有资产企业家而言，他必须为自己的企业家行为负完全的责任，这样，除非他确实具有经营才能，否则他不会拿自己的财产去冒险。具有理性预期的外部人知道，平均而言，在所有想成为企业家的人中，有个人资产的人比没有个人财产的人具有更高的经营能力，且个人财产越多，（预期的）经营能力越高。因此，在可能情况下，促使企业家增加对企业的投入，具有很强的“自激励”作用。

二、对创业团队的激励

被投资企业创业团队特指为除了创业者外持有被投资企业股份并居于重要管理岗位的人员。包括技术总监、财务主管、生产主管、销售主管等，他们一般作为企业的经理层，与创业者一同完成创业目标。他们之间的信任、信用、合作关系对被投资企业的发展起决定性的作用。因此，对被投资企业的激励必然要对创业团队进行激励。中兴通讯对创业团队的股权激励方案值得借鉴：

【案例】　中兴通讯的股权激励

中兴通讯股权激励方案计划将于2007年实施。相对于最初的方案，最终提交股东大会表决的修订案作出了三大修改。首先是提高了激励对象出资比例。原激励方案中激励对象只要付出1股的价格就可以获授3股股票，如今出资比例被提高到每10股必须以授予价格支付5.2股的购股款。其次，激励对象获授股票认购款缴纳时间也被提前到被授予股票时，原方案则是当激励对象申请标的股票解锁时才支付股票认购款。另外，修订案预留10%股权即479.8万股给以后对公司有重大贡献和公司需要引进的重要人才。因此，本次激励计划中3414名关键岗位员工所获得的激励股票由原来的4592万股减少到了4112.2万股。

中兴通讯很早就部分实现了管理层激励。公司高管中，现任董事长侯为贵、总经理殷一民和财务总监韦在胜等均通过法人持股的方式间接持有中兴通讯股权。2006年年初，在《公司法》和《证券法》修订的背景下，中兴通讯重新启动了股权激励方案设计，并于2006年10月和12月分别提出了计划草案和草案修订稿。2007年2月，第一期股权激励计划修订稿正式获得证监会无异议函。韦在胜在评价公司股权激励计划时概括了4个特点：一是覆盖面广，超过3400名员工受益；二是业绩考核条件适中，结合了公司中长期战略目标；三是解锁条件确定，授予的是股票额度而不是股票，不会影响当期每股收益；四是锁定性好，充分发挥了“金手铐”的作用。

参与现场投票的基金公司人士对中兴通讯股权激励方案表示了欢迎，但同时他们也希望公司管理层“不要太关注股价波动，而是勤勉尽责，把主业经营业绩做好”。根据股权激励计划，中兴通讯2007、2008和2009年度的加权平均净资产收益率分别为激励对象先后3次申请标的股票解锁的业绩考核条件，该项指标不低于10%。有基金公司提出，这一因素会否影响到2006年年报业绩的体现？殷一民表示，保持持续的增长是中兴通讯的一贯目标，“2006年的利润我们不会藏起来，（报表）会反映实际的情况，不会刻意调整”。

一个好的激励计划仅有激励是不够的，还要有期限、退出的机制、成本的考量和业绩的约束等等一系列复杂的考虑，最后形成一个全面的方案，企业再配以人力物力去执行，才能够保证股权激励总体上是成功的。

总结起来，常用的管理层激励方案有以下几种：

（一）经理层股票期权激励

在美国，经理层的薪酬包括四个基本组成部分：首先是基本薪资；其次是短期激励收入，主要是奖金；三是长期激励收入，主要是股票期权；最后是额外收入。根据1998年的调查，在美国经理人员的报酬结构中，固定工资、年末奖金和股票期权的比例大约为4：3：3左右，美国86家大公司的行政总裁收入的54%来自股票期权，平均达到了500万美元。被投资企业的经理层通常采用以股票期权为核心的薪酬体系，典型的组合为“较低的基本薪资+较高的股票期权”。

自1952年美国辉瑞制药公司第一个推出股票期权计划后，经理人股票期权逐渐盛行，并自20世纪90年代以来在经理层薪资构成中扮演重要角色。美国高级管理人员的薪资水平随着股票期权计划的引入快速增长，平均收入从1982年的94.5万元上升到1994年的248.8万元，年增长8.4%。股票期权给那些管理能力出众，创新能力突出、经营业绩良好的企业高级管理人员提供丰厚的回报，并起到了良好的激励效果。1996年《财富》杂志评出的全球500强中，89%的公司实施经理人股票期权制度。1998年美国高层管理人员的薪资结构中，基本工资占36%，奖金占15%，股票期权占38%，其他收入占11%，美国86家大公司的行政总裁收入的54%来自股票期权，平均达到了500万美元。在1998年，实施股票期权制的美国总裁年薪达到了天文数字，其中CA公司创办人王嘉廉以6.7亿美元年收入创造纪录。迪斯尼公司的总裁艾斯纳，薪水加奖金不过是576万美元，但是股票期权带来的财富却有5.7亿美元。

由于股票期权不但具有巨大升值潜力，而且以经理层长期服务于企业为前提条件，所以被称为经理人员的“金手铐”。核心层期权作为激励的一个工具成为高层员工的薪酬主体已在美国等主要西方国家的薪酬体系中成为现实。赋予被投资企业经理层期权的做法也可能产生一定副作用，持有较大比例股权或期权的经理层往往偏好从事收益很高但风险很大的项目，可能产生对股权投资方利益的背离。因此，在双方签订的股权投资协议中，一般含有专门的经理层雇佣条款，即赋予风险投资方解雇、撤换经理层的权利，并使企业能够从离职经理层那里购回股份。以此来惩罚那些业绩不佳的经理人员，限制其偏好风险的倾向。

（二）工作稳定的激励

防止被解雇也是激励经理层努力工作的原因之一。根据美国的一项研究，风险投资方解雇管理层主要有三个原因：战略分歧、能力不足和代理问题。因与风险投资方存在战略分歧而被解雇的情况占被解雇总数的37%，能力不足占7%，代理问题占16%。在因代理问题而被解雇的经理人员中，有16%是因为追求个人利益最大化，84%是由于其他原因。该研究还发现，经理层的投机行为与其持有企业股份的比例呈正相关关系。因此，有一部分人会因为担心被解雇而努力工作。

（三）市场的荣誉激励机制

市场的荣誉激励机制在于：工作业绩、经历与聘任与解聘密切相关，被投资企业的经理层为谋求自身职业生涯的发展，具有维持良好声誉的动机，激励其为实现被投资企业股东利益最大化而努力工作。另外，创业团队往往与被投资企业家一样，更在意自身价值的实现，并不满足于被动的完成一般性事务，而是尽力追求适合自身的有挑战性的工作。创业成功的渴望会一直激励他们实现其事业上的成就欲与满足感。

第二节 知名PE基金的激励机制

股权投资基金对被投资企业和基金本身都会设计双重激励方案，那么，对于基金自身常用的激励方案又有哪些呢？让我们先来看一个高盛投资基金的激励案例。

【案例】 **高盛的激励机制与约束机制**

高盛的合伙人制度

高盛是华尔街最后一家保留合伙制的投资银行。尽管1998年8月，高盛公司合伙人会议决议将高盛公司改组成股份有限公司，从而结束了合伙制的投资银行的历史，但是高盛的合伙制度在它的发展进程中起到了至关重要的作用。也正是合伙人制度这种形式，使得西方的投资银行在100多年中，得以将才能最优秀也是流动性最高的业内精英集结在一起，形成了一种独特、稳定而有效的管理架构。

高盛合伙人制度的优势：

1. 吸引优秀人才并长期稳定。高盛全球有2万余名员工，但只有300名合伙人。合伙人年薪达百万美元以上，拥有丰厚的福利待遇，并持有公司股份。因此，有利于吸纳优秀人才并保持长期稳定。

2. 高风险意识与强责任意识。在这100多年承销股票和债券的过程中，合伙制的投行意味着合伙人承担了由于业务失误或是公司业绩下滑、业绩虚假带来的全部连带责任，这种沉重的压力使得合伙人更重视产品质量的控制和风险的把握，也使得证券投资人对这些投行推荐的证券质量产生信心，进而对投行本身产生信任。

3. 避免薪酬攀比过高。长期稳定的合伙人队伍，将从公司利润中分享利益，所以不会带来薪酬的相互攀比过高。

高盛的激励与约束机制

1. 激励机制。

（1）薪酬体系。员工薪酬主要由三部分组成，即基本工资、年终红利与长期福利。高盛的薪酬还要加上股东回报率（股东回报率＝总效益÷总股本），基本工资的确定主要依据市场供需量、岗位对公司效益产生的重要性、员工从业经验和学历水平，当然还要考虑员工的技能水平。普通员工工资一般由部门经理在给定的范围内划定。为了达到吸引和保留人才的目的，高盛等公司将自己公司员工的定位置于不低于75%的同业公司水平。

（2）激励措施。高盛公司的激励措施主要有股票激励计划、特定捐献计划和合伙人薪酬计划。股票激励计划主要针对非合伙人的内部员工。高盛的内部持股比例一度高达80%。合伙人薪酬计划主要针对合伙人，高盛在上市以后，仍然保持着合伙人制度的一些特点。特定捐献计划奖励对象为公司董事会或由其任命的特定捐献计划委员会选择参加特定捐献计划的雇员。

2. 约束机制。高盛的约束机制主要体现在公司与高管人员签署的聘用、非竞争与保证协议上。高盛证券与执行董事中参与公司利润分享的有限合伙人签订了聘用协议、非竞争及保证协议，以下是关于这些协议实质性条款的描述。

（1）聘用协议。每份聘用协议要求执行董事中参与公司利润分享的有限合伙人在事先确定的期限内，将其全部工作时间奉献于高盛公司的事务，当然无论是执行董事还是高盛公司均有权在任何时间提前90天以书面通知的方式终止聘用协议。

高盛证券亦与其他执行董事签署了类似的协议，只不过并未事先确定初步的服务期限。

（2）非竞争协议。每份非竞争协议包括下列内容：

第一，保守秘密。执行董事中参与公司利润分享的每位有限合伙人，均被要求按照高盛公司在内部信息使用及披露方面的规定去保护与使用这些信息。

第二，非竞争。执行董事中参与公司利润分享的有限合伙人在其与高盛公司终止聘用关系12个月以内，不得在任何竞争性企业中取得5%及以上的所有权，投票权或利润分享权；不得加入竞争性企业，或与从事与执行董事在高盛公司的活动有关系的任何活动的协会建立联系。这里的竞争性企业是指从事与高盛公司业务构成竞争的任何营利企业，或在这样的实体中拥有相当利益的企业；

第三，不得带走现有客户。执行董事中参与公司利润分享的有限合伙人在其被高盛公司停止聘用18个月以内，不得直接或间接，以任何方式动员与执行董事合作的或因其被高盛公司聘用而熟悉的任何客户，与高盛公司的竞争性企业进行业务合作，或减少、限制与高盛公司的业务往来；不得干扰或破坏高盛公司与任何现有或潜在客户的任何关系；不得动员高盛公司的任何雇员去申请或接受任何竞争性企业的聘用等。

第四，客户关系的移交。执行董事中参与公司利润分享的有限合伙人一旦终止高盛公司的聘用关系，则被要求在90天的合作期限内采取措施或一切合理的做法维护公司的业务、声誉，及与其合作的客户和公司的业务关系。

第五，损害赔偿。一旦有执行董事在公司上市之日起的5年内违反上述的非竞争或不得带走现有客户的条款，必须就损害做出赔偿。损害赔偿的金额，对自始就服务于公司董事会，管理委员会或合伙人委员会的执行董事是1500万美元，其他执行董事中参与公司利润分享的有限合伙人则是1000万美元。该损害赔偿金额没有将因违反上述条款一同取消的以股权为基础的奖励计算在内，而上述条款同样是实施股权奖励的条件。

（3）保证协议。每份非竞争协议的损害赔偿条款都有最初价值与实际赔偿金额100%等值的股票或其他资产抵押以确保得以实施。每份担保协议在下列任一事件发生时将自行终止：相关执行董事死亡；相关执行董事在聘用关系解除24个月期限过后；公司公开招股5周年后。

例外与裁决：上述讨论的损害赔偿及担保安排并不排除高盛公司有权力就违反非竞争性协议的情况放弃要求赔偿，在担保协议终止后，高盛亦有权就防止违反非竞争协议采取可能的补救措施。聘用、非竞争及担保协议通常规定其产生的任何争端均可通过有约束力的裁决来解决。

一、激励有哪些方式？

有限合伙型私募股权基金的投资对象主要是未上市的以新兴产业为依托的中小企业，能否运作成功存在较高的不确定性，普通合伙人的人力资本在投资经营过程中起着至关重要的作用。现代契约论认为，剩余索取权和剩余控制权的对称性结构是降低代理成本的方法之一，具体就有限合伙型私募股权基金而言，普通合伙人负责日常的投资运营管理，应当拥有较大份额的剩余收益索取权，否则难以有动力尽心尽力为合伙基金工作，而在合伙协议中设置激励条款，可以起到立竿见影地激励普通合伙人的作用。普通合伙人的报酬一般包括：

1. 投资收益。通常情况下，普通合伙人会投入总资金 1% 的资本，因此，普通合伙人可以获取投入到合伙基金的资本所产生的与有限合伙人投入资本同等比例的投资收益。

2. 管理费。管理费是固定的，其标准通常是在普通合伙人实际管理资本总额的 1.5% ~3% 之间浮动，这部分费用通常用于普通合伙人管理基金的日常支出，如房租、差旅费、工资等。管理费的高低与管理人的管理水平和过往业绩有关，但以 2% 居多。

3. 业绩报酬。业绩报酬是有限合伙型私募股权基金最重要、最能吸引人的分配方式，是普通合伙人可以分享到的合伙基金投资收益。目前国际上的业绩报酬比例一般在 20% 左右，可按一个私募股权基金的总体利润来算，也可以按该私募股权基金单个具体项目的利润分别计算。

4. 员工持股。值得一提的是，还有一种与管理层收购相接近的激励方式——员工持股计划（ESOP），它最早诞生于 20 世纪 50 年代的美国，最初是对雇员的一种激励措施，之后发展为通过这一方式获得公司的控制权。到 20 世纪 80 年代，我国也引入了员工持股制度，但该制度目前仍受制于多重因素：一是员工持股不可转让，限制了股票在市场的兑现；二是相关法律不配套；三是持股资金来源单一，多为员工出资，影响了该制度的推行。

二、如何保障有限合伙人的利益？

激励机制在一定程度上固然能促使普通合伙人审慎经营合伙基金，但不能完全防止普通合伙人侵害有限合伙人的利益。那些控制着公司的人，即便他们有大批股票，仍可能会牺牲公司的利益来为自己谋利，而不是为公司谋取利润。故还需对激励机制进行必要的限制，以保护有限合伙人。因此，激励机制的建立应把握以下原则。

（一）保证有限合伙人的投资回报

一般情况下，采用收益分成账户法确保有限合伙人收回出资。收益分成账户法要求普通合伙人从每个投资项目获取的投资收益中取出一定比例存入到基金账户中（又称为收益分成账户）。收益分成账户中的资金一方面用于确保有限合伙人收回其全部实缴出资，另一方面用于弥补亏损项目。当基金的收益与利润分配要求存在距离时，普通合伙人需将收益分成账户中的资金回拨给基金，由全体有限合伙人按照实缴出资比例分配，直至有限合伙人全部收回实缴出资。在此基础上，普通合伙人才可以自由地支配收益分成账户中的剩余资金。倘若直至基金存续期限届满时，有限合伙人仍未能全部收回实缴出资的，普通合伙人应将其从基金中获取的其他收益回拨。

（二）保证有限合伙人回报比例

在普通合伙人提取报酬之前，应保证有限合伙人获得一定比例的回报。就此可以借鉴我国和东盟共同设立的第一家合伙型私募股权基金即中国——东盟投资基金的做法，其利润分配方案是：有限合伙人的基本收益率为8%，普通合伙人的附属权益为20%。当基金内部收益率小于8%时，基金收益全部分配给有限合伙人；当基金内部收益率大于8%而小于10%时，基金内部收益的8%分配给有限合伙人，超过8%的部分则分配给普通合伙人；当基金内部收益率大于10%时，基金收益的80%分配给有限合伙人，20%分配给普通合伙人。允许有限合伙人优先获取回报以保护有限合伙人和约束普通合伙人。

（三）引入分阶段兑现机制

引入普通合伙人利益分配的分阶段兑现机制。可以通过修改合伙协议，不同阶段设置不同的兑现比例，兑现比例逐渐提高，直至基金结束才可以全部兑现，旨在约束普通合伙人频繁流动，保证其对基金始终如一的关注。并限制单个或几个项目的业绩报酬，为了避免基金管理人把精力主要集中在投资收益特别好的少数项目，而对收益平平或亏损的项目不闻不问，可以限制管理人在单个或几个项目的业绩报酬，如约定管理人获得的来自最大的2个或3个投资项目的业绩报酬不得超过其总业绩报酬的一定比例。

三、如何保障激励效果？

作为股权投资企业，业绩受到宏观与行业政策的影响较大，股权投资基金激励计划实施过程难免遇到各种困难，实施效果可能受到影响。对此，股权投资基金在实施过程中应把握以下几条原则：

1. 制度合法。只有建立符合法律和国家政策的激励体系，才能确保避免违规和操作的长期性，激励体系运作的规范化、制度化也可以杜绝收入分配中的非透明成分和灰色成分。

2. 坚持公平。人才是公司发展的根本要素，激励机制只有遵循公平性的原则，才能更好地吸引、激励、保留企业实现战略目标和发展所需要的人才。

3. 匹配对象与战略。股权投资基金实施激励机制，不仅仅需要遵循激励对象的匹配、方案的匹配，还需要符合公司发展战略的需要，以有效引导被激励对象促进战略目标的实现。

4. 强调针对性。正确的激励方案应该具备针对性原则，并根据不同层次员工需求设计激励体系才能有利于公司的良性发展。

5. 正视难点。企业所面临的内外部情况呈动态发展，股权投资基金激励的难点在于，其方案的确定需要根据企业现实发展状况、战略战术目标的调整、组织结构的变动、被激励对象历史贡献与现时岗位价值的权重比、企业现金流的状况等各个方面考虑动态的收益分配。

股权投资基金的激励方案是一项复杂的系统工程，不是简单的收益分配、股权或股份授予就可以的。因此，激励方案应充分考虑到企业内外部环境发展的动态性。

【案例】　　内部人跟投的背后

在激励机制存在种种缺陷的情况下，内部人跟投成了 PE 行业的普遍现象。星星瑞金是一个典型的存在内部跟投的例子，星星瑞金在其公布的招股书中披露，公司二股东国科瑞华曾签下类似管理者跟投协议，通过这一协议，国科瑞华 9 名高管名正言顺地做起了星星瑞金的“股东”，并公布了相关“跟投协议”内容。

星星瑞金的招股书显示，2009 年底，公司拟引入机构投资者国科瑞华和中金资本。根据 2008 年 1 月 29 日签订的《国科瑞华基金创业投资企业合作经营企业合同》，基金管理人及核心投资人必须按基金同等的投资条件对基金拟投资项目跟投，对每个项目的跟投总比例为总投资额度的 3%，由管理人和核心投资人确定人员具体的跟投比例。至此，李海斐、孙华等 9 名国科投资或国科瑞华的管理人员成为星星瑞金的“股东”，这些人员均为国科瑞华该投资项目的负责人或项目组成员，其中孙华和李海斐为核心投资人。此外，佰利联、浙江永强和奥克股份等上市公司也出现过类似 PE 机构内部人士跟投情况。

而除了上述内部人员跟投方式外，据清科研究中心资料显示，IDG 资本和鼎晖投资还通过成立专门的跟投基金方式，帮助公司团队跟投项目。不过，采用该方式的本土 PE 机构似乎并不多。“这主要还是和资金实力等有关系，管理团队资金雄厚才会专门成立基金来跟投，另外也有避免利益冲突的考虑。”德恒上海律师事务所律师李锐说。

深圳一家仅允许内部人士以 LP 形式购买基金的 PE 机构管理人士也认为，由于国内 PE 机构投资经理薪酬相对来说不算高，所以不少机构都是通过允许内部跟投的方式来实施激励，“我们只允许直接购买基金，至于怎样更好地激励到位，我们也在考虑改革，可能主要还是以提高工资、提高投资项目奖励的方式，暂时没有计划放开内部跟投。”在该人士看来，由于当前 PE 行业发展很快，人才竞争激烈，行业流动性较大，如何做到长短结合，达到有效激励和约束是 PE 机构考虑的问题。

第三节 让大家都满意的方案

【案例】受“追捧”的达晨模式

同样拥有国资背景的达晨创投，目前所采用的做法较为国内同行所认同。2006 年，达晨选择主动转型，创立了创投管理公司，以达晨管理团队为主，吸收一些战略伙伴参与，管理公司的激励和决策机制参照国际惯例执行。

据了解，达晨的激励机制，除了允许跟投和项目净利奖励外，管理公司和投资团队有一定的股份，核心团队有了明确的长远预期，在整个利益安排上，股东、团队都比较满意。达晨的这一做法曾引来不少国有机构“取经”。

“达晨的高管团队一直比较稳定，除了董事长和总裁的聚合作用外，与较早采用了比较市场化的激励机制不无关系。”一位曾到达晨取经的业内人士如此评价。不过，达晨的经验未必能被其他国有创投完全复制。“我们想朝这个方向走，但目前来看难度不小。”上述“取经”人士透露。而且，即便是达晨模式，也依然难以留住人才。去年达晨创投晏小平离职投奔鼎晖的事件，让业内震动不小。毕竟，薪水直接从 100 万元跳到 500 万元，这样的薪资待遇即便在达晨也显然难以一步到位。

彼时，达晨创投董事长刘昼曾透露，“下一步会考虑更多市场化的激励机制。”达晨创投的一位员工也坦陈，目前拿到的薪资待遇在业内只属中上水平，不乏有其他机构伸出让人心动的“橄榄枝”。

铁打的营盘流水的兵，企业发展过程中难免会遇到人才流失的问题，在PE这一新兴的行业同样如此。近几年，PE行业的流动性显得尤其高，尤其是许多基金频频发生的高管单飞事件，引起了行业的忧虑。另一方面，被投资企业的主要创业团队成员也出现了出走现象，这对企业发展产生了重要的负面影响。“能共同吃苦的，未必能共同享福”。随着被投资企业的发展壮大，创业团队与企业家的关系，创业团队成员之间的关系都会发生微妙的变化，激励机制是否科学合理，关系到创业团队与企业管理团队的稳定性。而对于投资机构来说，对投资经理的激励同样影响被投资企业的经营绩效。因此，股权投资双方的激励机制是相互影响的，激励机制的不协调会导致双方的利益受损，从而影响整个投资项目。因此，需要设计双方都满意的激励机制是十分必要的，以下是实现均衡激励机制的必备条件。

一、协商机制必不可少

股权投资双方的激励机制关系到双方的权益，合理与否关系项目合作能否持续。因此，激励机制的设立应采取共同参与，共同协商原则，避免单独行动，引发纠纷。

投资方关心的是，被投资企业的激励机制是否真正起到激励作用，并不危害自身的利益。现实存在着不少被投资企业股权激励过大，而威胁到投资方的控股地位，最终合作关系破裂的案例。其根本原因是，被投资方在设立激励机制时，并没有投资方的参与，或者与投资方沟通不畅，导致纠纷的发生。

另一方面，对于被投资企业来说，投资方的投资经理及其团队能否得到合理的激励也是十分专注的。激励不足，投资经理及其团队对参与被投资企业的经营管理恐怕缺乏热情，甚至离职。人员流动频繁对于被投资企业的影响是十分不利的。综合以上分析，可以发现股权投资双方在各自激励机制构建方面存在很多共同利益，建立协商机制机制，既能有助于激发双方员工的积极性，又能维护自身的利益，保持长远的合作关系，是一项双赢的制度。

二、激励与约束双管齐下

对于股权投资机构来说，为了规范有限合伙人及其高管的行为，在建立激励机制的同时往往会制定相对应的约束机制。尽管国内的投资投资机构都非常重视这一点，但是在实际操作中面临着很多不足。例如，合伙人资格约束存在缺失，与投资有关的约束尚待细化，以及外部约束尚未建立等。由于法律规范并不完善，投资机构在实践中缺乏科学的操作规范，为事后引发纠纷埋下了伏笔。

【案例】　　空头支票知多少

在对比过鼎晖投资和达晨创投的 GP 股权结构后，我们或许更明白，为什么晏小平会在主持投资的公司中有 5 家已经上市，还会毅然转投鼎晖创投。类似达晨创投这样的激励机制，广泛的存在于各种背后有娘家的本土机构中。其中既包括背靠大国企、大的民营企业集团的基金，又包括各种券商直投。多位券商直投人士在证监会批准他们可以做直投子基金时，第一反应是“那我们可以做市场化的激励了”。

然而，上述问题，市场化运作的本土机构多半解决了。更为广泛的问题是，一些职位没那么高的员工，在进一家基金工作前，被承诺的回报，到头来可能会落空。PE 基金本是舶来品，一家基金中比较常见的职位，从上而下大约是创始/管理合伙人、合伙人、董事总经理、执行董事、副总裁、高级投资经理、投资经理、分析员。通常来说，合伙人的利益怎么分，是会写进 GP 协议中，这个环节最为严谨，通常是有律师出席，故而得到最强的保障。

高级投资经理以下，一般不分 carry，或者能分到也很有限。他们的激励，更多是来自年终奖。年终奖是合伙人说了算，副总裁、投资经理找来的项目好，投进去了，并且表现也好，那么年终奖就高。

在本土机构中，除了上述激励外，还有一个专门的“退出奖”，即你投的项目退出了，你会有额外的奖金。此外，本土机构的员工多可以甚至被强制跟投项目，项目成功后，有较大获利；在去年 PE 行业最热，一些最为激进的基金，只要员工能投进项目，也给奖金。上述都是理想的状态。而不理想的状态就是，上述一些激励，最终只是“空头支票”。

有业内人士总结，如果你看到有人，他负责的项目上市了，他却离开那家基金，甚至是在没有找好下家公司就离开，那么很有可能是：他该拿的钱没拿到，或者他认为他该拿的没拿到。这种时候，他甚至无处申诉——因为分 carry 这回事，只有董事总经理以上级别，才会写进合约里，其他很多并不写进去，这些都很难用标准的法律语言界定；而且他甚至不能到处抱怨，因为说上一家雇主的坏话，在哪里都是大忌。

本土机构的激励不兑现，多见于“退出奖”这一环节。一位中资机构人士总结：“那些觉得没兑现的，往往是跟上司对贡献的理解不一样。比如有投资经理觉得项目是自己找的，该多分一些，但分退出奖的合伙人不是这么看”。也有本土机构员工跟投后，因为是代持，最终没办法拿到应得的股票。激励最终变“空头支票”并不限于在本土基金，在外资基金中亦不乏案例。只是，人民币基金由于时间短，相对更不规范一些。某基金合伙人指出，PE是一个极度依赖于“人”的行业，那些不给员工合适激励的基金，一定会面临人才流失，很难长久兴盛下去。

参考前一节的案例可以发现，高盛合伙人制度下的激励机制具有强大的生命力，是由于这几方面的因素：第一，美国关于合伙人的法律制度比较完善，对于合伙人的权利与义务已经有明确详细的规定；第二，在合伙人制度框架下，建立了激励与约束相对等的机制；第三，建立了多元化的激励机制，包括完善的薪酬体系和多样化的激励措施；第四，高盛与其高管签订了详细明确的约束条款，能得到高管们认同与执行。以上四个方面可以反映出，实践中激励机制的是否科学有效，与约束机制的对等与认同有很大关系。只要出现激励效应大于约束相应，后者激励效应小于约束效应，就很可能引发纠纷，所以投资机构需要把握两者的平衡。

对于被投资企业来说，同样需要成立激励约束均衡的机制。因为，过分激励会影响投资机构的合法权益，激励不足又会引发核心成员离职，影响企业发展。所以，长远来看，被投资企业需要建立既能发挥员工激励性，又能维护投资方合法权益的激励机制。

三、因地制宜灵活机动

国有PE激励机制不足的负面影响，随着近年来创投行业的蓬勃发展而日益凸显。这让身在体制内的PE人士多少有些坐不住。近年来，国资PE在激励机制上积极寻求突围，即便是在激励机制上已经有所破题的深创投、达晨等也依然没有停止寻求更大的突破可能性。但无论是深创投模式，还是达晨模式，最终还是取决于主管政府部门的态度。国企改革，尤其是在央企限薪的背景下要想有所突破实在不易。而另一方面，市场化创投机构虽有高薪诱惑，但也存在无法兑现的风险。同时，国资PE往往拥有募资、项目资源等优势，一旦去到小型机构，这些优势就不存在了。

解决国有PE激励机制问题应该因地制宜，应反对套用所谓行规或者海外成熟经验，硬性将PE收益分成比例定在20%或是8%。利润分成比例应当由投资人与管理人协商产生，尽量做到双赢。毕竟 PE 是一个长期的事业，只有双赢的事情才能获得长远发展。

对于被投资企业，同样面临该问题。处于不同行业，不同区域的被投资企业，面临不同的薪酬体系，激励机制也存在较大差异。设计合理的激励机制要充分考虑行业特征，地域特征以及公司目前经营状态，而不应武断地照搬某些成功企业或者接收投资方设定的模式。

四、满足不同层次的员工需求

不同层级的员工面临的需求存在差异，对他们的激励应采取有针对性的策略，股权投资双方均应秉持该原则。然而，清科研究中心 2011 年的调查显示，国内许多 PE/VC 机构在实施激励措施时，并没有对员工的需求进行认真的分析，片面地对所有人采用同样的激励手段，结果适得其反。被投资企业的激励机制的设计并没有根据企业的发展状况作出适当的调整，尤其是对员工需求的变化缺乏持续跟踪，激励作用相对滞后。

【案例】 VC/PE 机构人员离职因素调查

2011 年，大中华区著名创业投资与私募股权研究机构清科研究中心发布《中国 VC/PE 机构管理机制及薪酬体系研究》报告，报告对于 PE/VC 机构的离职情况进行了调查（见图 13－1）。

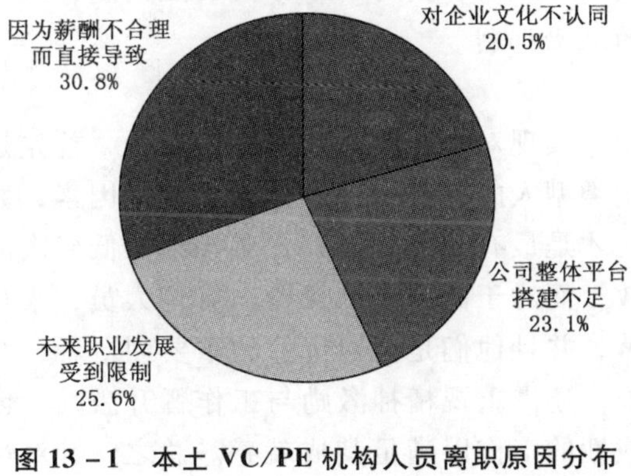

图 13－1 本土 VC/PE 机构人员离职原因分布

资料来源：清科研究中心 2011.01。

受访的本土机构从业人员中，来自公司制与有限合伙制机构的人员占比分别为 76.0% 和 24.0%。参与调研的本土 VC/PE 机构从业人员中，30.8% 的受访者认为薪酬不合理是导致员工离职的最主要原因，其次是因为未来职业发展受到限制。由于公司平台搭建不足和对企业文化不认同而离职的人员占比相对较低（见图13－2）。

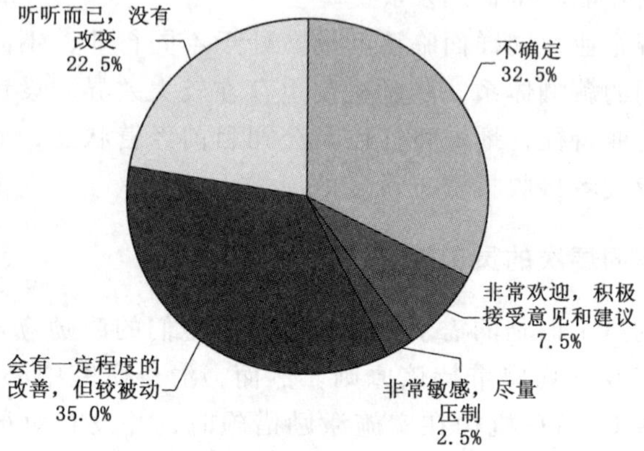

图13－2　本土VC/PE机构对员工所提薪酬建议与意见的态度

资料来源：清科研究中心2011.01。

在对公司提出关于薪酬方面的意见和建议后，大部分受访的本土VC/PE机构的工作人员表示公司会采取较正面的态度，对意见表示欢迎并积极接受的机构占比为7.5%，会有一定程度改善但较被动的机构占比35.0%，但是也有22.5%的受访者表示VC/PE机构在收到员工的建议后没有做出任何改变。这项调查表明，国内VC/PE机构对于离职问题并不十分关心，并没有将人才问题提升到战略层面，同时由于涉及利益问题，机构也难以在短时间内构建科学合理的激励机制。

在管理实践中，实现对企业中个人的有效激励，首先是以对人的认识为基础，通过对不同类型人的分析，找到他们的激励因素，并有针对性地、差异化地进行激励，才是最有效的。例如，对于相对低层次的从业人员，采用物质激励更为有效；而对于高层次的投资与管理人员，来自内在精神、成就感的需求更为显著，并且他们是公司价值的重要创造者，对他们的激励除了优厚的物质待遇外，还需重视精神激励与工作晋升激励，创造宽松的工作环境，提供更有挑战性的工作以满足其成就感。总之，针对性、差异化、满足需求的激励机制有助于最大限度地激发各类员工的工作热情，实现公司价值的最大化。

第七篇

投资方视角之　管理之方

第十四章

股权投资后的项目管理：价值创造

安永会计师事务所2006年的调查显示，PE具有强大的能力帮助被投资企业增强竞争力，获得高于行业平均水平的增长率。美国PE在平均三年的投资期内使得被投资企业的平均价值从12亿美元增至22亿美元，年平均增长率为33%，远高于同期美国上市公司的11%的年均公司价值增长率。而英国私募股权投资的经济影响调查也显示，引入私募股权投资的公司在销售、出口、投资及雇佣劳动力方面的增长率都远远高于国内平均水平。

数字的背后，有着怎样的价值创造的过程？答案是：100多年来，PE凭借优化企业内部管理、提供增值服务、整合内外资源等方式，妙手催花，点石成金。2012年，中国创投行业进入洗牌阶段，创投行业在中国正在从低附加值走向高附加值阶段，未来将更考验创投机构的专业能力、投资眼光以及增值服务能力。当前，越来越多的PE开始致力于对所投资企业精耕细作式的管理，这已经成为优秀PE区别于平庸者，能够迅速崛起的制胜法宝。

第一节 权钱共进的项目监管

有调查显示，越是尽早为企业提供后续的管理支持，项目的回报就越高，在PE行业平均投资收益增值1.6倍的环境下，在第一年就敢于管理的项目平均收益高达3.9倍。史上特别有名的TPG收购大陆航空公司一案，可以说明这一点。

【案例】　　大陆航空公司收购案

1993年成立、位于美国福斯沃斯市的德州太平洋集团（TPG）喜欢在市场低迷时投资，并往往盯住高风险的棘手公司。一旦收购了某个公司，TPG往往喜欢引入新的管理团队，由管理层面自上而下地对公司进行改造，将其建设为运转情况良好的独立公司之后，高价转手卖掉。

其经典收购是1993年收购陷入破产困境的美国大陆航空公司（Continental Airlines Inc.）。诞生于1934年的大陆航空，1983～1986年和1990～1993年曾两次进入破产保护期，10年之内更换了10位CEO，导致士气低落，经营低迷，股价跌至每股3.25美元，服务、营运绩效等指标均列美国航空业界倒数第一。

1993年，TPG注资6000多万美元收购大陆航空，获得这个价值65亿美元的巨型企业的控制权。其计划是引入新的管理团队，提高飞机利用率和以利润丰厚的航线为重点。

1994年，TPG的老板大卫·邦德曼请来波音飞机制造公司企业改造高级主管戈登·贝休恩（Gordon Bethune）任CEO。戈登·贝休恩制定了“全力以赴”（The Go Forward Plan）的改革计划，并以“为赢而飞”为突破，从不被其他同行重视的动物运输和货物运输两大业务入手提升盈利，并于1995年推出了自助登机柜台，开创了美国航空界变革旅客登机手续传统模式之先河，1999年打造了“Web呼叫中心”。2004年，大陆航空成为全球第七大航空公司，并位列美国航空业“五虎”，现金准备超过10亿美元，股价上涨17倍，达每股55.25美元。大陆航空为TPG带来的利润回报约达950%，这一收购案也奠定了TPG这一新兴私募股权公司在投资界的坚实地位。

上述案例鲜明地印证了一点——PE不仅仅提供资金。这个理念最早由黑石提出，如今已经广为人知所知。事实上，不同的PE对企业经营管理的参与程度差别很大。积极的投资者会为企业提供发展战略上的建议，会利用自身网络和渠道帮助公司进入新市场，寻找战略伙伴以发挥协同效应，降低成本以提高收益。另外，为满足引资企业未来公开发行或国际并购的要求，投资者会帮其建立合适的管理体系和法律构架。而消极的投资者除了定期查看企业的财务信息，完全不参与企业的经营，直到退出。

一、掌握主动的秘诀——博弈董事会席位

董事会是公司治理机制的核心，股权投资方基本都会在被投资企业的董

事会中占有席位，并通过董事会对企业的重大决策进行表决，包括追加投资、资产重组、业务发展策略以及管理层的聘用等等。

一般情况下，股权投资方都会在被投资企业的董事会中占有席位，只有部分政府风险投资机构带有“天使基金”性质的投资可能不在董事会中发挥作用，或者是投资于企业的成熟前期，此时股权投资方的目的更多的是等被投资企业上市，从而依靠出售股权而获利。在上述情况下股权投资方可能不介入被投资企业的董事会，只是依据协议定期监管，保证自己的资金不受侵害而已。

往往为了能在被投资企业中享有更多的话语权，股权投资方会尽量多地要求席位。但同时，更多的董事会席位意味着股权投资方要付出更多的成本，因此股权投资方会在成本－效益中进行权衡。另外，被投资企业的管理者（主要是创业者）也会考虑自己在董事会中的地位，因此不会任由股权投资方增加其在董事会中的席位。可见，股权投资方的席位很多时候也是投资双方博弈的结果。

同时，股权投资方为了保证自己的资本不受侵害，往往在被投资企业的董事会中拥有一些特殊的权利。例如股权投资方对被投资企业的一些重大事项拥有一票否决权。一票否决权主要对被投资企业在某一段时期内不得从事某种行为作出限制。例如重大业务方向变更、重大资产变更以及重大投资决策的制定等，必须要经过股权投资机构的同意。

【案例】　　软银赛富对董事会席位的重视

阎焱曾经对媒体表示，他所投资的项目都会要求在董事会中占有一个席位。他同时担任了神州数码、橡果国际、ATA 等多家公司的董事以及独董。阎焱也曾在公开场合表示：“我们投资一个企业，会要求对法律结构重组，因为中国很多企业在法律结构和组织架构上都是有漏洞。另外，对中国企业的财务状况，要按上市要求重新整。第二，要完善企业管理团队。比如说，我们投资一个企业后，第一件事是要帮他找 CFO。第三，在运营上，我们帮他找一些国际上的战略合作伙伴，开拓国际市场。”

2003 年至 2005 年期间，阎焱担任了盛大的董事。盛大是阎焱的代表作。

2002 年，软银赛富接触盛大的时候。盛大正因为与韩国开发商 Actoz 在费用以及盗版责任方面的纠纷陷入四面楚歌的境地。彼时，全球范围内也没有一家上市的在线网游企业。投资盛大在软银赛富内部引起了巨大争议。阎焱带领的投资团队为了盛大这个项目四处奔走。启明创投创始人之一的 Gary Rieschel 当时就在这个团队之中，他负责去美国说服总部的人接受盛大这个项目。韩国 Actoz 也由阎焱这边派去的人负责沟通。

投资之后，周志雄全面负责关于盛大的投后管理工作。周志雄为盛大这个项目付出了大量时间与精力，当时盛大还为他特意准备了一间办公室。2003 年，软银赛富在盛大投资了 4000 万美元。20 个月之后退出，回报达到 5.6 亿美元，约为 14 倍的投资回报。

二、如何参与日常管理？

管理层是企业战略的真正执行者，企业运营能否达到预期目标，很大程度上依赖于管理层的执行和管理能力，因此，越来越多的股权投资机构为了资本的保值增值，已不再仅仅满足于在董事会中一个席位，而是要真正介入到被投资企业的管理层，参与企业日常的管理经营活动。

一般情况下，股权投资方会在被投资企业的财务、人力及销售等关键职能部门派遣管理人员，以保证被投资企业的营运情况真实地被股权投资方所掌握。当然，股权投资方在什么情况下选择参与被投资企业管理层要根据被投资企业所处的成长阶段及风险投资自身的能力情况而定。

在被投资企业生命周期的初始阶段（种子期或创业期），由于此时信息不对称情况最为严重，因此股权投资方与被投资企业管理者之间的交流会非常频繁。尤其是当创业者没有经验时，更应该和风险投资机构进行主动的沟通，而股权投资方也会积极派遣专业管理人员对企业进行监管，此时股权投资方一般会选择参与被投资企业的管理层。

而如果投资于企业的发展阶段，此时企业管理层已基本建立，各项经营活动以步入正轨。股权投资方更应该注重对被投资企业在战略制定等方面的决策性参与和监督，而对于企业的日常管理仅进行定期的检查即可。因此，这时股权投资方主要以参与董事会为主，如果有精力和能力，也可适当的考虑参与被投资企业的管理层。但应注意的是，此时被投资企业管理层已经建立，股权投资方派遣的人员能否与原有管理层处理好相互之间的关系对项目的成功与否至关重要，如果双方产生摩擦，那会对整个投资项目非常不利。

【案例】 **黑石集团不光提供资金**

“看起来每个 PE 都说能带来增值，但事实上，能不能，有没有经验、能力、团队，企业要进行评估。”黑石集团大中华区总裁梁锦松 2012 年在接受媒体采访的时候曾经这么说。像黑石集团这样的直接投资者，自然与小股东仅能“用脚投票”大大不同，身为重要股东可以参与企业管理，并且要求管理层进行改善，包括要求参与设置董事架构，人事委员会、战略委员会、审计委员会等等，让员工参与公司治理。同时，会对公司包括并购、举债或者发行新股等在内的重大事项提供专业意见，甚至有时会要求否决权。此外，还包括更多的信息披露、诸如CFO、COO重要人选的更换、对激励制度的改善等等。还有一点可以说是水到渠成，尤其对于小型品牌企业而言，知名PE的引入还可以提升其品牌价值。

例如，黑石出资6亿美元购入中国化工集团子公司蓝星集团20%股权，在董事会中拥有2个席位。增资后蓝星变成了合资企业，黑石可以提供意见，比如优化资本配置、减低负债率。同时，黑石还帮助企业走出去。2011年蓝星集团购买了挪威一家生产金属硅公司。伴随此次收购，蓝星集团成为全球最大金属硅生产商，改变了国际硅产业的秩序。当然，这是PE对公司管理从多方渗透的结果。

如有必要，管理班子的改善也是必须。按照黑石集团的经验，有些海外案例中，往往拿下控制权后，进去的第一件事情就是更换CEO。而且，就算是参股案例，黑石方面也要求有权参与CFO、COO人选的选择，希望帮助公司有所提高。此外是向来有些敏感的激励制度。黑石进入后，把管理层激励机制和股东利益基本挂钩，盯着的不是短期的股价变动，而是长期的整个企业效益的提高。

三、投后管理的中美差异

知名私募基金KKR的联席创始人兼联席首席执行官Henry Kravis的一句名言所讲的那样：好的股权投资是“耐心的资本，完成一项交易只是所有工作的开始，要以实业家的心态去进行投资”。

在美国，敏锐的PE会时刻关注着哪些公司的管理层掌握着大量的资金却大肆挥霍、不为股东实现利益最大化，并随时准备收购其股权进入董事会，更换管理层。这就迫使大多数管理层为了自身利益而努力尽责。

（一）美国股权投资介入途径

首先，美国股权投资在董事会中的作用是巨大的。据学者统计，在美国如果企业经营出现危机，股权投资机构会平均增加1.75个董事会成员，以对被投资企业进行更多的监督。

其次，美国股权投资在参与管理层时注重人事的安排，特别看重对CEO的任免。研究表明，美国有股权投资支持的企业，在业绩不良的公司中，有74%的总经理被至少更换一次，在业绩尚可的公司中，也有40%的总经理被至少更换一次。随着中小企业的发展，原始创业者在管理方面的经验就显得不够，无法把握迅速发展的企业，许多转为副总裁或部门经理，而由股权投资机构任命新的总经理。据统计，在被投资企业成立后的前20个月中，由最初创业者之外的人担任公司总裁的比例为10%，到了第40个月，这个比例上升为40%，到了第80个月，所有统计的被投资企业中有80%的CEO已不是当初的创业者，而是由股权投资机构任命的专业管理人。

（二）中国股权投资介入途径

在股权投资参与中小企业公司治理的途径方面，王娟（2010）的研究表明，在调查的深圳中小板上市有股权投资背景的72家企业中，在被投资企业董事会中拥有席位的占到近80%，说明我国多数股权投资机构还是积极参与被投资企业监管的，而对被投资企业不进行监管的股权投资多数为地方政府组建的机构，其投资可能带有“天使基金”的性质。但从董事会席位的数量来看，绝大多数股权投资机构都是仅在被投资企业董事会中占有一个席位，而且在投资后基本只是对派遣的董事人员进行变更，而席位数量一般没有变化，这不同与美国根据被投资企业经营状况进行董事席位变化，从这一点也可看出，我国股权投资对被投资企业的监管可能往往是“形式”上的而非“实质”的。

通过调查，深圳中小板上市的有股权投资背景的企业中，股权投资介入管理层的只有27%。与美国相比，目前我国股权投资选择真正参与被投资企业日常经营管理的并不多。产生这个现象的原因是多方面的，一方面，股权投资机构多数选择对被投资企业进行战略型的管理，不愿过多参与日常经营，很大一部分原因是出于对成本的考虑。另一方面，必须正视的是目前我国部分股权投资机构的专业化能力不强，很多时候不参与被投资企业的管理不是“不想”而是“不能”，股权投资缺乏相关的管理经验，或没有相关行业的供销网络，都使得股权投资机构没有能力参与到被投资企业的管理层，发挥风险投资的监管作用。

【案例】　　亚洲战略的先行者——新桥资本

成立于1994年的新桥资本，由TPG和布拉姆资本（Blum Capital Partners）建立，实际上是这两家公司在亚洲业务的延伸。目前新桥管理的资本约为17亿美元，业务辐射范围北至韩国、南至澳大利亚、西至印度、东至日本，其重要投资包括Advanced Interconnect Technologies（AIT）、日本电信、韩国第一银行、联想和深圳发展银行等。

新桥主要从事战略性金融投资，喜欢以较低的价钱投一些质地不是太好的公司，然后通过更换管理层，注入资金、知识、经验、资本等专业要素资源，帮助收购对象实现再造和资源整合，提高收益率，然后售出套现。新桥资本最著名的收购是1999年击败汇丰银行，以4.16亿美元收购韩国第一银行51%的股权，重组后2005年初以33亿美元卖给渣打银行，获得巨利，这是投资界的经典案例。

2004年9月，新桥收购深圳发展银行17.89%的股份，成为第一大股东。新桥于2000年初进入中国，投资百万美元给万网；2000年9月，向中太科技公司注资1350万美元，成为第一大股东；2002年11月，与中国网通、软银亚洲基础设施基金组成财团，以8980万美元收购海底电缆运营商亚洲环球电讯（AGC）约19亿美元的泛亚洲网络资产；此外，它还参股香港嘉里建设，后者已进军内地房地产业。

四、投后管理模式的选择

根据清科研究中心调研，目前活跃于中国境内的股权投资机构有16.1%已设立专职投后管理团队，如达晨、九鼎、中信产业基金等；另有54.8%的机构虽未设置专职投后管理团队，但在将来计划设立。[①] 专业的投后管理必成趋势。在操作过程中，根据项目特点，投资方可以根据实际情况选择不同的管理模式（见图14-1）。

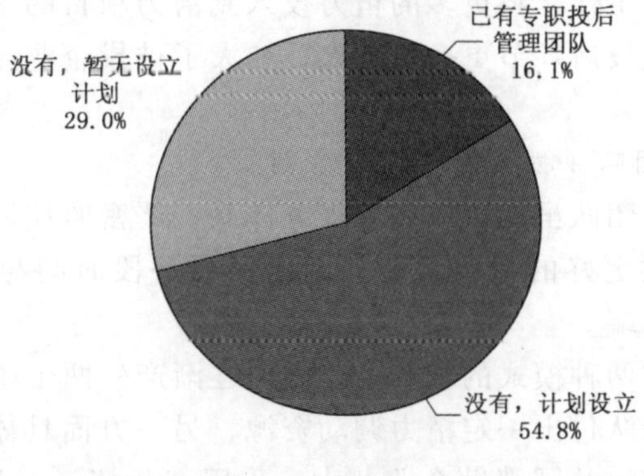

图14-1 活跃于中国境内股权投资机构投后管理团队设置情况

（资料来源：清科数据库2013年2月）

（一）“投资团队”负责制

目前由投资团队负责的增值服务模式是我国增值服务的主要操作方式。在这一模式中，投资项目负责人负责项目的开发、筛选、调查和投资，同时

① 清科研究中心：《2013年中国VC/PE机构增值服务专题研究报告》，2013（01）。

也负责投资完成后对被投企业的管理工作。这一类投后管理的模式主要适用于投资项目总量比较少的机构。

根据清科研究中心调研，活跃于中国境内的股权投资机构有近七成为投资团队负责的增值服务模式。这一策略的优势在于项目负责人从项目初期开始接触企业，对企业情况更为了解，能够为企业做出更有针对性的咨询和建议。劣势则在于，投资经理需要将精力分散到众多流程中，无法集中精力进行项目甄选。

（二）“投后团队”负责制

随着机构投资项目的增多，项目经理项目管理难度加大，近几年也有部分机构将投后管理这一职责独立出来，由专门人员负责，而投资团队更专注于项目开发。

专业化的投后管理团队的建立，是股权投资发展到一定阶段，拥有足够的投资个数，进行专业化分工的客观需要。规模化运作的股权投资基金中，在出资人关系管理、被投项目增值服务、项目退出路径选择与设计及相关中介机构协调等层面的事务越来越多，凭借项目经理的个人力量已经难以兼顾，建立专职的投后管理团队进行专业化操作成为现实的需要。

专职投后管理团队负责增值服务的优势在于投资项目负责人可以逐步淡出企业的后期培育工作，将更多的精力投入到潜力项目的挖掘开发中去。而劣势则在于项目在投后环节更换负责人，加大了被投企业与投资机构的磨合成本。

（三）“投资团队+投后团队”负责制

专门组建服务团队虽然可以完善服务体系，严密监控风险企业的发展动态，加大力度提供更好的增值服务，但仍需要一段时间与被投企业进行磨合，存在一定的弊端。

近年来，在前两种模式的基础上，国内逐渐产生两个团队共同服务的模式。一方面投资团队付出一定精力调动资源，另一方面具体项目的投后服务和管理方面的工作，共同帮助企业壮大。采用“投资+投后团队”的模式，为企业提供的增值服务具有系统性和针对性的特点，对于被投企业帮助最大。

第二节 量体裁衣的重组改造

20世纪80年代是国际PE行业的黄金十年，PE基金对主流公司的影响日益为人所知，并购浪潮伴随而来的是资产剥离、分拆上市、公司分立等重组改造。从某种程度来说，重组和改造是对企业做手术，规模可大可小，必须根据企业的实际情况来决定。这种手法，不仅可以给企业“望闻问切”，某种程度上还能推动整个行业、一国经济的蓬勃发展。

一、“公司袭击者”对美国经济的推动

股权投资方通常会尽力与公司董事会及首席执行官达成一致意见，并肩作战。但是，由于PE基金对于高收益债券融资的高度依赖，为了偿还债务融资，收购者会把收购公司的主要资产出售、削减成本或裁减雇员。因此，股权投资方通常被公众视为“公司袭击者”，即不为被收购的公司管理层所欢迎的发动敌意收购或接管行动的投资者。

不过，并购重组对于经济的推动作用也显而易见。众所周知，美国是消费引领经济，其特殊的纺锤形财富结构形成了电信通讯、媒体、娱乐教育、能源等基础消费产业，人口结构变动也促进了保险和医药产业的特殊变动。黑石等知名PE近年来所涉足的产业即主要集中于这些领域，通过并购重组形成更大的规模经济效应和领域经济效应。

上述产业基本是近20年来支撑推动美国乃至全球消费的重要基础产业，能源甚至是瓶颈产业。在初创阶段，各产业表面是自由竞争，但很快即进入垄断竞争。但在“婴儿潮”一代生产消费能力开始衰退时，这些产业开始难以适应人口结构和文化等引致的消费需求变化，也不能适应全球化下消费变化的影响。股权投资方运用现金流管理技术对其分拆重组，重新梳理其僵化的分配和运作体系，以先破后立气势为其带来生机。

二、资产剥离

20世纪80年代最有名的公司袭击者包括Carl Icahn等人。卡尔在1985年第一收购了环球航空公司，并由此赢得了“冷酷的公司袭击者”的称号。在收购之后，他将该公司的资产分割出售，以偿还他为了完成杠杆收购所借

的债务。这种手法被称为资产剥离。

目前国外学术界对于资产剥离有两种不同的界定方法：

一种是狭义的方法，认为资产剥离指企业将其所拥有的资产、产品线、经营部门、子公司出售给第三方，以获取现金或股票或现金与股票混合形式的回报的一种商业行为。

另一种是广义的方法，认为资产剥离除了资产出售这一种形式以外，还包括企业分立和股权切离等形式。

股权投资方运用资产剥离手法案例中较为经典的是1985年的露华浓收购案。这年6月，美国潘特利公司向露华浓公司提出了善意收购意向，遭到拒绝。随后，潘特利公司发动了敌意收购，以27亿美元的高昂代价完成收购。因为债务沉重，潘特利公司授意露华浓出售了四个部门，其中有两个部门共卖了10亿美元，视力保健部门卖了5.74亿美元，全国健康实验室于1988年完成上市。1996年，露华浓完成IPO后，潘特利公司卖出股票，退出其持有的大部分股权。

除了在杠杆收购中使用资产剥离法外，收购后资产剥离也较为常见。剥离并非是企业经营失败的标志，它是企业发展战略的合理选择。企业通过剥离不适于企业长期战略、没有成长潜力或影响企业整体业务发展的部门、产品生产线或单项资产，可使资源集中于经营重点，从而更具有竞争力。同时剥离还可以使企业资产获得更有效的配置、提高企业资产的质量和资本的市场价值。

【案例】　　贝因美剥离婴童用品业务

11月13日，贝因美发布公告，公司股东J.V.R INTERNATIONAL LIMITED（以下简称J.V.R）提交提案，建议公司专注做精做强婴童食品主业、出售婴童用品等业务。在拟剥离的公司中，除了张丽隶属的杭州贝因美婴童生活馆有限公司外，还包括了杭州比因美特孕婴童用品有限公司、杭州丽儿宝日用品有限公司、杭州宏元保险代理有限公司。

作为持股5.79%且不参与经营的股东，J.V.R提出剥离非主营业务的议案显得十分唐突。一位投行人士表示，作为PE投资者，J.V.R此次议案主要目的是希望通过业务重整带动股价上涨，借此实现资本退出。从上市公司态度来看，J.V.R议案显然已经得到了企业的认可。之所以大股东选择沉默，主要是其此前一直希望打造“孕婴童产业综合运营商”，如果自我否定，会让投资者产生质疑。

从投资历史来看，J.V.R善于博取资本溢价收益。不过，2012年4月限售股解禁之后，贝因美一直维持横盘震荡的走势，而此时的股价相对于上市之初的 50.88 元，已经萎缩了近六成。正是因为对股价表现不满意，J. V. R 在解禁半年多之后，依然按兵不动，并未进行减持。

在市场前景广阔的背景下，贝因美退出母婴用品市场看似难以理解，不过，如果企业规模和管理能力无法支撑多元化，及时退出盈利能力不足的非主营业务不失为一种明智的选择。中投顾问研究员表示，尽管国内婴童用品市场需求旺盛，但是随着诸多专业品牌的出现和扩张，贝因美剥离婴童用品业务可以减轻企业经营压力，有利于企业的长远发展。

三、分拆上市

分拆上市指一个母公司通过将其在子公司中所拥有的股份，按比例分配给现有母公司的股东，从而在法律上和组织上将子公司的经营从母公司的经营中分离出去。在国外成熟资本市场，分拆上市作为一种金融创新工具，已经成为许多企业高速扩张的重要手段。在国内，青鸟天桥和同仁堂分别于 2000 年 7 月和 10 月率先分拆青鸟环宇和同仁堂科技在香港上市，目前也为国内投资界所常用。

分拆上市有广义和狭义之分，广义的分拆包括已上市公司或者未上市公司将部分业务从母公司独立出来单独上市；狭义的分拆指的是已上市公司将其部分业务或者某个子公司独立出来，另行公开招股上市。分拆上市后，原母公司的股东虽然在持股比例和绝对持股数量上没有任何变化，但是可以按照持股比例享有被投资企业的净利润分成，而且最为重要的是，子公司分拆上市成功后，母公司将获得超额的投资收益。

此外，分拆上市可以使母公司的业务更加集中。通过分拆，母公司的主业更加突出，可以专注于某项业务并提高运营效率。一般而言，母公司与被分拆的子公司所在的行业不同，二者之间的相关度越低，母公司获得的公告收益就越高。

分拆上市也有利于提高管理层的积极性。管理层的股权激励对母公司的管理者发挥重要的作用，但子公司管理者的业绩无法与母公司股价直接联系。通过分拆上市，子公司管理者与股东利益之间的联系更加紧密，可以为股东创造更高的价值。反过来，关注自身利益的管理层是不愿意降低他们所管理的资产规模的，有效的公司治理结构可以增加分拆上市可能性。这提醒我们在寻找可供分拆上市标的时，应关注公司的治理结构。

【案例】　　黑石火速分拆 EOP

2007 年情人节的前一天夜晚，施瓦茨曼迎来了他 60 岁的生日，纽约城金融界、政界和演艺界的数百位名流们，身着正式的礼服，前往曼哈顿公园大道夹67街参加了他的生日宴会。就在数天之前，黑石集团刚刚以395亿美元的价格，完成了它对全美最大的房地产信托基金EOP（Equity Office Properties Trust）的收购，这笔交易超过了2006年的HCA收购案——一个由PE组成的财团以330亿美元的价格收购了美国一家医院连锁运营商，成为当时有史以来最大的一宗杠杆收购交易。作为CEO，施瓦兹曼将接管这家美国最大的房地产投资信托基金。

对于EOP这个庞然大物，黑石究竟会如何处置呢？实际上，持有EOP并改善它的盈利能力并不是黑石集团的兴趣所在。收购完成后，格雷以闪电般的速度拆分EOP。在并购交易完成的当天，即2007年2月9日，房地产开发公司麦克洛（Macklowe）以70亿美元购买了EOP旗下8处位于纽约曼哈顿的房产。毕银资本（Beacon Capital Partners）以63.5亿美元购买了华盛顿和西雅图的房产。旧金山的Shorenstei公司在波特兰以12亿美元购买了黑石旗下的房产。2月17日，也就是收购交易结束仅一周左右的时间内，黑石已经卖掉了53座大楼，这些资产的交易价格已达146亿美元。

四、公司分立

公司分立是指公司将其拥有的某一子公司的全部股份，按比例分配给母公司的股东，从而在法律和组织上将子公司的经营从母公司的经营中分离出去。通过这种资本运营方式，形成一个与母公司有着相同股东和股权结构的新公司。在分立过程中，不存在股权和控制权向第三方转移的情况，母公司的价值实际上没有改变，但子公司却有机会单独面对市场，有了自己的独立的价值判断。公司分立通常可分为标准式分立、换股式分立和解散式分立。

在风起云涌的资本市场，分拆上市和资产剥离、公司分立等手法都是常见的重组方式。资产剥离、公司分立和拆分上市三者的共同点就在于，企业把自己拥有的一部分资产、子公司、内部某一部门或分支机构转移到公司之外，从而缩小公司的规模，对公司总规模或主营业务范围进行重组，达到追求企业价值最大以及提高企业运行效率的目的。它们通常是放弃规模小且贡献小的业务，放弃与公司核心业务没有协同或很少协同的业务，支持核心业务的发展。因为当一部分业务被收缩掉后，原来支持这部分业务的资源就相应转移到剩余的重点发展的业务，使母公司可以集中力量开发核心业务，有利于主流核心业务的发展。

【案例】　美国电话电报公司的重组

美国电话电报公司第一笔重要的重组活动是派生分立后形成小贝尔公

司，股东持有美国电话电报公司10股股票可分别获得每个小贝尔1股的股票。1993年，该公司分拆了AT&T资本的部分股权，为母公司筹集到1.075亿美元。随后一家投资公司支付22亿美元购买AT&T资本的全部股权后，AT&T资本上市从母公司剥离。20世纪90年代，美国电话电报公司新设了三个公开上市的全球化公司。一个分公司是朗讯科技，于1996年分拆上市，持股者每拥有美国电话电报公司1股股票，可获得0.324股朗讯的股票。同年9月朗讯公司分立。另两个分公司NCR于1996年12月分立，持股者每拥有美国电话电报公司1股股票，可获得0.0625股NCR的股票。1998年，美国电话电报公司剥离了它的信用卡子公司——全球卡公司。这次剥离是通过出售资产方式进行的，花旗银行支付了35亿美元。

第三节 战略层面的增值服务

在国外，优秀的VC/PE往往设有专业的运营团队为企业提供增值服务，有的大型投资机构还成立了专门的增值服务子公司。如KKR，能够为企业提供自己的运营咨询师、高级顾问以及投资专业人员，给予运营和管理建议，同时KKR拥有一支行业分析团队，这支团队与运营咨询团队以及高级顾问等对提高企业商业收入和业务等提出规划和建议。

【案例】 TPG的“工具箱”与达芙妮

2007年10月，TPG（德太投资，世界最大的私募股权投资机构之一）董事总经理马雪征刚到TPG一个月。这时有个朋友打电话来，希望她“能帮助达芙妮”。

这个女鞋品牌此前一直身处怪圈：它的营收、盈利都在快速增长。据其财报，达芙妮自2005年以来的5年内营收增长都超过10%，2008年更是达到37%；而毛利率更是以每年超过20%的速度在增长。但其市盈率却始终徘徊在12倍左右，而同在香港上市的另一女鞋品牌百丽国际（01880.HK）PE直逼30倍。

达芙妮的管理层很想知道“为什么”？

从“帮忙”转向到投资，马雪征与达芙妮的董事长陈英杰的“相谈甚欢”也许起到了四两拨千斤的作用，她以拉家常的方式点出企业碰到的问题以及问题的根结。陈英杰当时提出：TPG 投资可以，但首先要帮助达芙妮请来 CFO 和 COO。在很长一段时间内，达芙妮的 CFO 缺位。

这个细节让马雪征玩味不已。“就入股价格、董事会席位的拉锯”被认为是 PE 投资的谈判主体，“但现在情况发生了变化”。因为达芙妮并不缺钱，其年报显示：截止到 2009 年 12 月 31 日，达芙妮的现金及银行存款余额超过 16 亿港币。对其更重要的是“TPG 能帮做的事”。

TPG 对此不遗余力，在短短 6 个月时间内帮达芙妮请来了 5 名高管，包括市场总监、人力资源总监和销售渠道总监。在满地都是 PE 时，唯有为公司提供真正的增值服务、帮助其解决实际困难，才是核心竞争力。为了帮达芙妮请 CFO 和 COO，他们马不停蹄地面试了将近 100 个人，然后各自挑出来 7 个候选人让其董事长挑。结果却出乎意料，陈英杰认为这 7 个人“都好”。

TPG 进入后，提出的要求看似都很琐碎：让每个人写三个目标，两个可衡量的目标、一个不可衡量的问题；让每个人知道该开什么会、什么时候开会。事实上这是参照 TPG 内部“工具箱”来运作的，这些年来 TPG 积累了“企业运作的各种方式、方法的成型规定”，相当于是六个西格玛之类的东西。每个执行人员“只要规规矩矩地按着做，一定会有效果”。

投资达芙妮之后，TPG 做的第一件事情就是帮助其“做预算”。达芙妮却对此很不理解：“我们原来就有预算”。马雪征却指出，预算并不是老板“拍脑袋”的结果，它要能分解到每个门店。“而且伸手能摸到或者搭梯子才能够到的都不算合适的指标，助跑三步能够着才是理想的”。

这些问题是达芙妮没有想到的，而预算的达成和 KPI 体系、薪酬制度乃至流程的建立都有关系，这也是 TPG 教给他们的。

由 TPG 投资达芙妮的案例可见，投资方的增值服务可以深入到企业的各个环节，包括：人力资源、市场拓展、财务管理、内部运营、战略规划、外部资源和后续融资。

以下重点分析战略层面，如何从产业链整合、战略规划和资源整合等层面帮助企业可持续性发展，这些往往是企业以自身能力较难解决的问题，也是股权投资方以自身开阔的平台和丰富的资源所能给予的战略层面的增值服务。

一、推动产业链整合

众所周知，由行业内整合而带来的规模效应和协同效应将提高企业的竞争力和盈利能力。企业的触角向上游延伸，可使产业链进入到基础产业环节和技术研发环节，向下游拓展则进入到市场和消费环节。由于行业整合会涉及企业融资、战略规划、经营管理、市场开拓等多个环节，PE 的增值服务也将围绕上述环节展开。他们要为企业确定最佳发展战略或执行方式，为企业提供有价值的信息与资源，共同把蛋糕做大。

【案例】 K 公司收购案例

目前，K 公司（美国）是全球电机与控制系统的先进制造商。首先 PE 收购了 K 公司的控制股权。在接下来的 15 年时间里，PE 帮助 K 公司收购了 13 家目标公司。

第一笔交易是收购 IE 电气公司（美国），接下来的五次收购旨在帮助 IE 电气公司加强核心业务，同时也实现了成本降低和市场开拓的目标。这些收购帮助 K 公司在意大利和德国建立了运营部门，打开了美国产品的欧洲市场，也为欧洲技术在北美的应用开辟了通道。

PE 还帮助 K 公司整合供应链，开拓新的采购通道。PE 调整了 K 公司在墨西哥的新制造基地的采购计划，并在远东开辟了零部件采购与产品销售的渠道。PE 为 K 公司提供资金，帮助它在中国内地建立电机制造基地。

今天，K 集团"枝繁叶茂"，旗下优秀公司云集。其业务覆盖诸多电机制造领域，包括用于自动售货机的电机、升降机\电梯与自动扶梯的动力和控制系统，等等。K 公司在 PE 的帮助下正在不断超越竞争对手。K 公司的成功反映了 PE 在全球范围内整合资源的巨大优势。

二、制定长远的战略规划

相比于被投企业，PE 机构尤其是国际知名 PE，在投融资并购领域具有独特的专业优势，他们对宏观经济和市场规律理解得更为深刻，也拥有更多的投资经验。利用这些优势，PE 可以在战略发展上为企业进行目标设定、阶段设定、实现通路等优化设计。

在国内，已经涌现出一批投后管理的领先者。弘毅投资是 PE 机构中提供增值服务的行业标杆，专门提供的咨询服务很有特色。2008 年，为了帮助企业更为系统化地发现和解决问题，弘毅投资成立了弘毅咨询，为弘毅资本所投资的公司提供管理咨询。

业内鼎鼎大名的九鼎投资也专门成立了一个企业高管培训平台"九鼎商学院"，定期为企业高管提供培训。每一个季度组织一次大型的企业高管培训活动。通过这种方式，将外脑资源带给被投企业，拓展企业高管视野，增强投资机构和被投企业之间的互动和业务合作。

君联资本则以其深厚的产业背景，与被投企业分享更多的创业和管理经验。其增值服务包括：产业资源整合及品牌建设、战略规划及运营管理、并购及融资支持、高管招聘及团队建设、企业文化建设和公司治理结构优化。

【案例】 弘毅投资助力中联重科海外并购

2007 年底，世界排名第三的混凝土机械制造商——意大利工程机械公司（Compagnia Italiana Forme Acciaio S. p. A，下称“CIFA”）的大股东面向全球出售其股份。在此次竞标中，包括三一重工在内的数十家国际国内巨头参与。2008 年 8 月，中联重科及共同投资方最终从全球各路资本中脱颖而出，以 2.71 亿欧元收购了 CIFA 100% 的股权。其中，中联重科以 1.63 亿欧元间接持有 60% 股权，余下部分为弘毅投资（18.04%）、高盛（12.92%）、曼达林基金（9.04%）三家共同投资方拥有。

据了解，除自身出资外，弘毅投资至少在三个投资顾问环节为中联重科提供增值服务：以其整合国际资源的能力，为中联重科提供法律与路径依据；引进谙熟欧美市场的高盛为共同投资方；设定混凝土机械事业部为 CIFA 并购单元，尽可能让中联重科总部规避海外并购风险。

一年后，金融危机席卷全球，至今阴霾未消。不过，中联重科却在这场“聚变”过程中获得了能量，取得了举世瞩目的进展。数据显示：2007 年，收购 CIFA 之前，中联重科混凝土机械实现销售收入只有 35 亿元；2010 年，混凝土机械实现销售收入 141 亿元；2011 年上半年，此项销售收入便达到 111 亿元，稳居全球混凝土机械“领头羊”地位。

2010 年 1 月，中联重科对大吨位起重机产业化、全球融资租赁体系等十大项目定向增发，赵令欢再次下筹，认购额达 9.84 亿元。通过向包括弘毅投资在内的 9 家特定投资者以 18.7 元/股的价格发行 2.98 亿股股票，中联重科首次再融资，共募集资金 54.79 亿元。

而弘毅投资 2010 年认购的这 9.84 亿元中联重科股份，目前市值约 17 亿元，账面浮盈高达 70%。

2010 年 12 月，中联重科在香港联交所主板以 14.98 港元/股发行 H 股 8.7 亿股；2011 年 1 月，中联重科全额行使 1.3 亿股 H 股的超额配售权。在中联重科发行募集的 150 亿港元中，高盛、新加坡淡马锡、香港新鸿基集团董事局主席李兆基、索罗斯等悉数认购。据了解，作为中联重科的股东，弘毅投资于台前幕后全程参与 H 股发行，而把新鸿基、高盛、淡马锡等 PE 投资者介绍给中联重科的“红娘”也正是弘毅投资。

三、跨界整合人脉资源

与被投企业相比，PE 在其他行业及政府层面有着较广和较深的资源及人脉，因此，PE 机构可以对企业开拓销售渠道、引入供应商和战略合作伙伴带来相关的支持。具体内容包括市场定位分析、品牌推广、建设分销渠道、扩展大客户等。值得一提的是，PE 拥有丰富的投资经验，他们过往投资的企业和众多的 LP，有可能开拓被投企业的行业资源，从而产生事半功倍的效果。

在股权投资界，凯雷的总统俱乐部可谓无人不知，无人不晓，其人脉之广令人咋舌。在凯雷发展早期，引入美国前国防部长弗兰克·卡路西是其一大转折点。凭借卡路西在军政界的人脉，1990 年凯雷从美国陆军那里赢得了 200 亿美元的合同，使其赚到了真正的“第一桶金”，并由此摆脱了之前惨淡经营的局面。20 世纪 90 年代，凯雷的绝大部分精力都用于收购从五角大楼拿订单的公司。

这一切，让诺里斯和鲁宾斯坦更加清楚地意识到雇佣前政要的好处。鲁宾斯坦的一句话，可能道破了其中的玄机——“如果你把有钱人和有权人聚到一起，有权人能得到钱，有钱人能得到权。”

在凯雷的交易中，那些前政商界要人起着重要的作用：美国前总统乔治·布什在 1998 ~ 2003 年间出任凯雷亚洲顾问委员会主席；20 世纪 90 年代初期，雇佣小布什担任旗下收购公司 Caterair 的董事，直至其 1994 年参选德州州长；前国务卿詹姆斯·贝克在 1993 ~ 2005 年间担任公司的资深顾问和合伙人；英国前首相约翰·梅杰在 2001 ~ 2004 年间担任凯雷欧洲分公司主席。此外，菲律宾前总统拉莫斯、克林顿政府的白宫办公厅主任麦克拉提以及美国前证券与交易委员会（SEC）主席阿瑟·列维特都先后为凯雷打过工。

在凯雷亚洲市场的开拓过程中，老布什起到了不可或缺的作用。1997 年的东南亚遭遇金融危机，让凯雷觉得介入东亚的时机来了。1999 年，凯雷在曼谷召开了首次亚洲顾问委员会会议，由老布什出面主持，随后老布什代表凯雷先后访问韩国、日本和中国台湾，为凯雷后来在韩国、中国台湾金融方面高达 10 亿美元的投资培养了商业与政治上的纽带。在日本，凯雷也成为从事合并及收购事务的著名大公司。2000 年初，老布什再次访问汉城，并同金大中政府的高级官员会晤。同年 11 月，凯雷以 6.75 亿美元的价格获得了韩国第七大商业银行（最大的私人银行）——韩美银行的控股权。2004 年 4 月，凯雷将改造后的韩美银行以 27 亿美元的价格转手卖给花旗银行，不到 3 年时间获得了 250% 的回报。这以后，凯雷先后动用 24 亿美元的亚洲基金收购了4家公司。

此外，菲律宾前总统、美国前国务卿、泰国前总理、德意志银行前行长等高官，IBM、雀巢、波音、BMW、东芝等世界最大企业的董事长、总裁等富商，先后拥有了凯雷的各种头衔。年轻的凯雷不断复制它的权钱经验，已经编织出了一张覆盖全世界的权力之网。

第十五章
股权投资风险管理：成败之间

近年来，股权投资在国内发展十分迅速，对于中小企业扩大融资需求，提升融资规模起到了重要作用。然而，市场监管却没有跟上其快速发展的步伐，实践中缺乏系统科学的操作规范，这使得股权投资的风险随着市场的发展而提升。股权投资作为一项投资活动，由一系列的流程构成，实践中是由股权投资基金公司实施具体的操作，因此股权投资风险管理可以从投资活动与股权投资基金公司两个方面开展。本章首先以股权投资的流程为切入点，系统分析流程中的风险点，并针对这些风险点提出系统化的风险控制策略。同时，针对股权投资基金自身，本章将对其面临的系统性风险与非系统风险展开深入探讨，最后提出系统化的风险控制策略。

第一节 步步惊心的风险点

股权投资是高风险高回报的投资，从接触项目的第一个环节开始风险就已经存在，直到最后完成退出为止。充分了解每一环节的具体风险是进行风险管理的前提，管理好风险是投资者实现投资目标的基本条件。

【案例】 中创成为“绝唱”

中创公司是定位于专营风险投资的全国性金融机构。它也是中国第一家获得金融权的非银行金融机构，中创公司的主要业务是通过投资、贷款、租赁、财务担保、业务咨询等为科技成果产业化和创新型高新技术企业提供风险资本。中创公司的建立、运作和发展一开始便定位于试验田，这无疑带给中创无限的发展机会，但同时也意味着中创公司这一新兴事物在市场激烈的竞争和极大的风险面前开始了它维难维艰的成长历程，也为其最终的惨败而埋下了伏笔。中创公司自喻为“第一个吃螃蟹的人”。也就是说，中创公司有可能淘出神州大地风险投资事业的第一桶黄金。同时，也有可能从此湮灭成为风险投资公司发展的奠脚石。中创公司早期大量的风险资本注入在长江三角洲和珠江三角洲，中创公司对乡镇企业、中关村科技一条街的发展作出了非常重要的贡献。

此外，中创公司在“八五”期间参与过许多火炬项目，并对其进行资金管理和项目管理，在这批火炬项目中，中创对他们的贷款达 2.3 亿元，参与近百个项目。中创公司发展的速度非常快，在前 5 年内，资产规模不断扩大，几近乎 20 个亿。1991 年，中创公司先后在珠海、深圳投资 3500 万人民币；1992 年，信托存款增长 142%，扩大在长江三角洲和珠江三角洲的投资额。在 1992 年年底；中创公司在这些地区的营运资本高达 41 亿元。此外，中创公司还在外汇、股票等金融市场上大量投资，中创公司还投资了“上海万国证券公司”，与他人联手收购了大众国际投资有限公司。中创公司迅猛的发展使得该公司在中国封闭多年的刚刚复苏的市场上光芒四射，给了人们无限的希望，几尽的感叹！市场是善变的，面对 1993 年的市场风云突变，中创公司遭受了前所未有的危机：资金紧张、负债比例失调，呆账、坏账不时突出来，于是中创公司开始拆东墙补西墙，穷于应付，一方面，宏观背景恶化，通货膨胀性日益加重；另一方面，企业内部权力纷争，上下失撑、内部矛盾使得中创公司两面夹击，腹背受敌，于是，中创公司在大势所趋之下走上了一条不归之路。有人说，“中创的关闭是一个悲剧”。中创企业主要投资项目高达 90 几个，主要从事贷款、债券回购等银行业务，高息揽储就是中创公司被关闭的一个缘由，中创公司在关闭时总债务达到 60 亿元。中创公司在中国的改革中几起几落，为中国风险投资创业积累了丰富的经验，而中创公司的倒闭便是其代价。中创公司从其成立、发展到倒闭演绎了一场风险投资中的悲壮故事，中创公司曾经辉煌过，曾为中国风险投资业立下汗马功劳。最终还是因其先天不足和环境恶劣而难逃一死，终成千古绝唱。

一般情况下，股权投资流程如图 15 - 1 所示，总体分为投资前期、中期和后期三个阶段，每个阶段又细分为多个环节，每个环节又蕴藏着众多不确定性。

股权投资流程中的风险点总体上可以通过图 15 - 2 予以展示。然而，现实中影响股权投资流程的因素非常多，且不同性质的项目存在于各个环节风

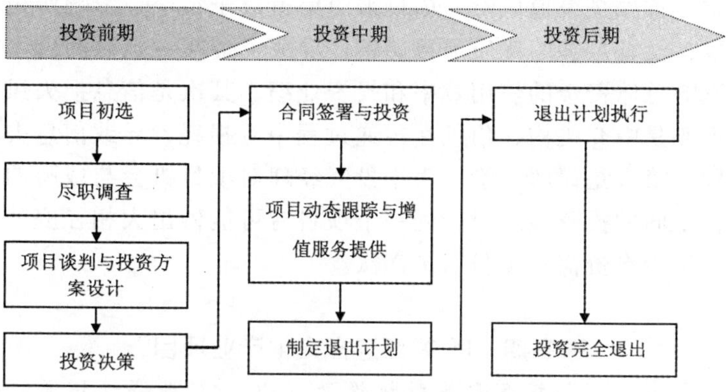

图 15－1　股权投资的基本流程

险的种类、大小均存在差异，所以更为深入的风险识别需要结合项目特征并选择合适的视角进行。

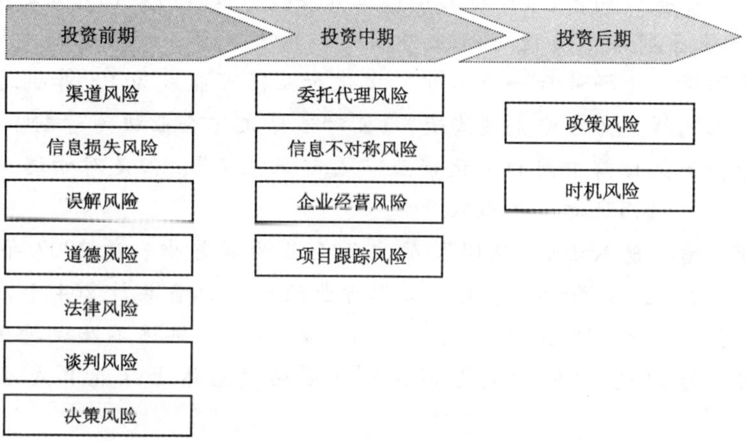

图 15－2　股权投资流程中的风险点

一、投资前期风险

（一）项目初选环节风险

项目初选包括项目拓展与评估，在这个环节投资经理会通过发布投资指南、联系中介机构或直接拜访企业等多种途径拓展和收集项目，经过筛选后进行初步评估，大约会有 20% 的项目能进入尽职调查阶段。这个环节没有明显的投资风险，但因为这个环节是所有后续环节的基础，因此存在一些对后续环节有负面影响的因素，在本文中将这些因素归类为第一环节风险。主要风险因素有：首先是渠道风险。项目来源渠道过于狭窄，影响所拓展项目的数量的质量，没有足够的优质项目储备，导致资金在一定时间内不能按时使用，最终影响总体资金的使用效率和投资业绩。其次是信息损失风险。项目来源渠道主要是中介机构，信息在传递过程中有损耗，导致信息失真，加剧信息不对称。第三是误解风险。由于投资经理对项目机会与威胁的理解存在较大差异，不同的投资经理对于同一个项目有可能做出大相径庭的判断，在这个环节有不少有价值的项目惨遭淘汰。

【案例】　寒冬期，PE如何选择文化产业项目?

过去数年中我国创投及私募股权投资（PE）行业高速增长，规模不断创出新高，但随着宏观经济大环境的急转直下。2012年，中国PE行业遭遇了募资、投资、退出等各个环节的寒冬。此前，在政策红利不断释放的背景下，各路PE对文化产业的投资非常活跃。但随着PE蜂拥进入文化行业以及整个行业寒冬期的到来，PE与文化产业对接的一系列问题也开始逐渐暴露。

PE的寒冬期预示着这一行业将面临一轮大洗牌，于是为避免被淘汰，被称为中国资本市场最后一个富矿的文化行业很可能成为PE蜂拥进入的淘金领域。但同样是为了避免被淘汰，PE对选择文化企业极为苛刻。多位PE人士坦承，虽然目前中国的文化产业“看起来很美”，但是对于这一内容创意产业依然“敬而远之，不敢入手”。

目前来看，能入PE“法眼”的文化企业为数甚少。从2007年至2011年PE对文化产业投资情况来看，文化行业的投资数量共计264个，排到了第9位，投资金额约为30亿美元，排到了第14位，远远不及生物医药、金融等行业。可以说，PE对文化领域的投资热度总体上只能算是居于中游水平。

不过，正如一些资深投资人士所说，现今已不能依靠市盈率增加和企业简单成长的模式来做投资判断，而应更多关注一些早期的机会。这是考验真正风险投资很重要的一环，考验着PE/VC们对行业大趋势的判断，并提早进行布局。

在业内人士看来，未来PE投资方向上，与消费升级有关的文化创意内容提供商将受到重视，提供连锁服务和网络运营服务的企业增长潜力巨大。文化网站、网络游戏、动漫、高端设计等创新型文化项目比较吸引投资者的眼球，传统文化与现代文化综合运营受到创业投资的关注。这也不难理解互联网行业成为目前文化行业中最受PE关注的领域。据统计，2012年11月PE投资共涉及14个一级行业，从案例数来看，互联网行业共发生投资案例

11 起，占总案例数的 30.6%，排在众行业首位；从披露的投资金额来看，互联网行业以约 3.25 亿美元居首位，占总投资金额的 26.6%。

而对于目前诸多转企改制的传统文化企业，虽然获得了各级政府的一系列政策优惠和扶持，然而对于 PE/VC 来说，却依然对其敬而远之。投资界人士普遍认为，转企改制后的传统文化企业，从接触到投资，起码需要一年以上，这比投资市场化企业或其他产业的企业要慢很多。其根本原因是投资者认为转制文化企业涉及从机制到观念的转变，后者有时更难。而按现代公司方式运营，正是 PE 投资的基础和前提。

（二）尽职调查环节风险

项目尽职调查是项目估值、投资方案设计的前提，也是投资机构在投资前期尽量降低信息不对称风险的重要工作。股权投资者几乎是抱着怀疑一切的态度开展调查工作的，这个环节存在的主要风险是信息不对称带来的道德风险。拟融资的企业为了融资成功或者为了融到更多的资金，会对自己的企业进行包装。为隐瞒企业的缺点，甚至于提供假报表，严重干扰尽职调查的客观真实性和信息的完整性。如果投资机构基于这样一份报告展开后续工作，无异于为将来的投资过程埋下地雷，将严重影响投资机构对融资企业股权的估值和未来资本增值预期，更为严重的是让投资机构做出错误的投资方案，甚至于进行错误的投资决策，最终导致投资损失。

【案例】 尽职调查不力，今日资本麻烦缠身

今日资本背景雄厚，不仅坐拥独自管理 2.8 亿美元基金，其资金出资人来路背景更是令人垂涎，其中不乏英国政府基金、世界银行等著名投资机构。但其投资的公司却总是陷入麻烦无法上市。

土豆网与赶集网的“离婚”风波，可能影响上市进程，但尚未对今日资本造成影响。早在 2011 年初，当初作为拟上市公司的土豆网、赶集网掌门人纷纷被自家媳妇告上了法庭。巧合的是，他们都有着共同的投资人——今日资本。

2007 年 4 月，土豆网第三轮融资中获得了今日资本和 General Catalyst Partners 等共计 1900 万美元融资金额。土豆网也不负众望。2010 年 11 月 10 日，土豆网向美国证券交易委员会（SEC）递交了上市申请，拟以红筹形式赴纳斯达克上市，最多融资 1.2 亿美元。然而，不曾预料的是，一场离婚纠纷搅乱了上市进程。土豆网创始人王微之妻杨蕾代理律师周忆向法院提出，对二人婚姻存续期间财产进行分割；并申请将王微名下公司股权进行诉讼财

产保全。最终，内困不断的土豆网被竞争对手优酷吞并。

无独有偶，今日资本投资的另一准上市公司赶集网也被“前后夹击”。三位高管相继辞职、创业夫妻对簿公堂。本指日可待的上市，遭此离婚财产纠纷持久战，给IPO之路蒙上阴影。

此外，今日资本投资的荣庆物流至今未能如愿上市。早在2007年10月，今日资本对山东荣庆投资控股集团注资2000万美元，这是私募股权机构首次对物流行业中冷链物流进行注资。时间到了2008年后，今日资本又与荣庆物流闪电“结合”。当时徐新计划，荣庆物流将在三五年内在国内A股上市。如今五年即将过去，可尴尬的是，荣庆物流迟迟未能如愿上市。

投资项目频出状况，也说明PE机构在投资前考察存在问题，尽职调查报告未做到位。尽职调查通常在交易之前，是买方对目标公司的资产和负债情况、经营和财务情况、法律状况以及目标企业面临的机会和存在的风险进行的调查。一般来讲，专业机构所做的尽职调查包括财务尽职调查、管理尽职调查和法律尽职调查。因此，前期考察到位，做透“尽调”是保障投资项目成功的先决必要条件。

（三）项目谈判和投资方案设计环节的风险

【案例】 对赌协议的成与败

对赌协议是收购方（包括投资方）与出让方（包括融资方）在达成并购（或者融资）协议时，对于未来不确定的情况进行的一种约定。如果约定的条件出现，投资方可以行使一种权利；如果约定的条件不出现，融资方则行使一种权利。“对赌协议”近年来频繁出现在中国的PE市场。2007年11月，东方富海等机构投资8000万元于无锡某太阳能公司，其中5000万元以增资方式进入公司股本，另外3000万元以委托银行贷款的方式借给企业，增资的资金直接换取企业股权，委托银行贷款的资金作为“业绩对赌”的筹码。协议约定，如果该企业完成2007、2008年预期目标，则3000万元的委托银行贷款无须归还投资人，且投资人在该企业中股权比例不变，从而令企业的估值得到提升。2007年，该公司超过预计业绩目标将近20%，并于2008年10月提前完成年度业绩目标，对赌实现双赢。

然而，对赌协议也存在融资方失败情形。永乐2007年（可延至2008年或2009年）的净利润高于7.5亿元人民币，外资方将向永乐管理层转让4697.38万股永乐股份；如果净利润等于或低于6.75亿元，永乐管理层将向外资股东转让4697.38万股；如果净利润不高于6亿元，永乐管理层向外资股东转让的股份最多将达到9394.76万股，相当于永乐上市后已发行股本总数（不计行使超额配股权）的4.1%。最后的状况显示，永乐未能完成目标，导致控制权旁落，最终被国美电器并购。

该环节的主要工作是对融资企业的股权价值进行评估，确定投资工具，讨论确定投资金额和入股比例，确定投资者的权利，以及未来在董事会所占有的席位和相应的权利，对公司的监控权力，确定投资收益的分配，投资双方的权利和义务等，面临的风险主要是法律风险和谈判风险。法律风险是指，如果投资者对中期管理和后期退出的不确定性估计不足，相关内容未在条约中进行限定，或者约定不清，最终导致法律纠纷。谈判风险是指各项合同条款能否取得双方的一致认可。如果投融资双方在投资理念上差异非常大，导致进一步合作难以进行，投资计划只能夭折。

（四）项目决策环节风险

项目决策环节将决定是否投入资金，由于投资具有不可逆性，如果该环节不够严谨，前述三个环节积累的风险都将会变成现实。这个环节的主要风险是决策风险。为防范决策风险，许多投资机构专门设立投资决策委员会和风险控制委员会。然而，现实中存在不少这样的情况，在部分国有投资机构中，两个委员会的委员由一定级别的领导担任，而不是任用精通业务的专家；在民营投资机构中往往是老板一个人说了算，两个委员会形同虚设。另一个问题是决策效率低下，有的投资需要超过两个以上的投资机构进行决策，如果每一家机构决策效率都比较低，相互交叉导致效率更低，导致项目决策长期久议不决，存在决策失误的可能性增大。

二、投资中期的风险

投资资金到位后，进入项目中期管理阶段，这个环节最重要的工作在于动态跟踪监控和提供增值服务。由于投资机构受到自身在人力资源和对管理效率要求的限制，投资机构一般都不希望直接派员进入目标企业直接参与日常经营管理，一般都会采取财务管理的方式达到日常跟踪监控的目的。也就是说，采用对企业财务数据进行定期的跟踪与分析，以了解企业运行处于何种状态，力争实现投资机构管理中期风险的目的。投资机构一般通过在董事会或监事会占有一定的席位，或者要求派驻财务总监，定期或不定期的了解企业的发展情况和相关的财务信息，并及时对相关信息进行分析评估。投资机构提供增值服务涉及多个方面，大到帮助企业制定战略规划、完善治理结构，制定及完善激励制度；帮助企业进行必在的筹资和融资，提供资本运作方案等。

【案例】 **ITAT 经营模式的弊病**

2004 年 9 月，ITAT 的第一家会员店在深圳开业，之后以“零货款、零租金、零库存”的模式，组成合作“铁三角”——手握一系列服装商标品牌的 ITAT、生产过剩又付不起商场“进场费”的中小型服装代工厂、拥有大量闲置物业的地产商，3 年多时间，“爆炸式”地在全国 300 余个城市撒播了近 800 家店。从 2007 年初到 2008 年 5 月，ITAT 门店从 240 多家扩张到 780 多家。ITAT 号称开店速度世界第一，是中国服装百货最大连锁机构。

与其独特模式和发展速度相对应的，是投资人的疯狂追捧。

曾任 IDGVC 深圳首代的刘中青对 ITAT 非常推崇，甚至以天使投资人身份进入 ITAT。2006 年 11 月，由前艺龙网创始人——唐越设立的蓝山中国资本向 ITAT 投资 5000 万美金投资，首期 2500 万美金。其实在此之前，接触 ITAT 的投资方络绎不绝，赛富、联想、达晨创投、东方富海等都看过 ITAT 这个项目，蓝山资本和 ITAT 一时成为私募股权投资市场中的明星。随后，更多的投资方抛来绣球，2007 年 3 月，ITAT 完成第二轮融资，除蓝山中国资本外，投资方还有摩根士丹利和 Citadel Investment Group Ltd.，三方分别出资 3000 万、3000 万和 1000 万美金，后来，美林（亚太）有限公司也进入 ITAT。ITAT 成立仅四年，其估值就被膨胀至千亿元以上，着实令人咂舌。

与投资人追捧不同，顾客并不买 ITAT 的账。ITAT 的众多有拼音构成的所谓“国外品牌”很难让顾客认同，比如英国品牌 Telundun、意大利品牌 Piliya、法国品牌 Aomaha、美国品牌 Huilingdu 等，服装供货商积压库存的质量顾客根本看不上眼，而偏远地段的闲置物业更是鲜有人光顾。但是，为了应付投资人和投行的调查，ITAT 让员工扮成顾客，制造“虚假繁荣”的景象，同时通过内部财务管理软件，大幅虚增销售额。2007 年 ITAT 预计销售额可达 42 亿元，但据知情人透露，真实销售额连 10 亿元都不到。

另外一个不买 ITAT 账的是香港联交所。ITAT 由四家全球最知名的投行——高盛、美林、德意志银行和摩根士丹利担任香港上市的承销商，但 2008 年 3 月，ITAT 在香港联交所的上市聆讯并未通过，联交所对于 ITAT 的担忧在于其业务模式的可持续性。随后，香港联交所收到一封关于 ITAT 的匿名信，举报其存在虚增销售数据等不当会计行为。高盛、美林随后宣布终止与 ITAT 的合作。由此引发了 ITAT 大规模的地震：裁员、关店、拖欠工资、拖欠货款等一系列问题被挖出，此时，上市对于 ITAT 及其投资人来说，基本是奢望。随着 2009 年 8 月，山东如意集团放弃与 ITAT 的并购洽谈，ITAT 最后一根救命稻草也落空了。

ITAT的案例，是一个典型的"击鼓传花"的游戏，也是一个"皇帝的新装"的翻版故事。从创始人、投资人、投行，大家都清楚ITAT商业模式中的问题和运营中出现的问题，但是大家都心照不宣的指望拉更多的人来拯救自己，不断凭空哄抬公司的估值，一起吹起这个巨大的泡沫，直到香港联交所说了一句很简单、也很真实的话："他没穿衣服耶！"事情一下子就非常简单了。否则，不知道ITAT和他的投资人会套走多少股民的血汗钱。

实际上，中期阶段的首要风险在于所有权与管理权相分离而产生的委托代理风险和信息不对称风险。委托代理风险具体表现为投资者与经营者目标不一致，使投资者与管理者存在利益冲突，管理者更为关注个人的价值取向而导致投资者利益受到损害。或者管理者不努力经营，或者能力不符合企业发展的要求，使投资者的资本不能保值和增值。信息不对称风险则是目标企业的经理人不能将日常经营的各种信息完整和及时的通知投资机构，因而也使投资机构不能完整、及时地了解企业现况，造成风险临近和扩大。最为严重的是管理者存在道德风险和诚信问题，轻者粉饰报表，重者窃取未被监控的收入，甚者转移资产，很有可能使投资机构遭受重大的投资损失。

投资中期的另一个主要风险就是企业经营风险。由于目标企业或项目在技术、产品、市场上的不确定性爆发后影响了预期经营业绩；或者由于外部环境和政策干预出现意想不到的突变，使企业陷入难以预料的低谷；或者由于目标企业或项目内部经营与管理期间各种问题积累到一定程度后引发重重经营困难，这些都会影响投资者的最终收益。

投资中期的第三种典型风险是项目跟踪风险。该类风险是由于投资机构缺乏相关人才或者精力，难以覆盖所有的投资项目所造成的。中国的投资机构有相当一部分人员来自于投资银行，这些人比较熟悉资本运作，但缺乏实业管理经验，因此难以满足为所投资企业提供增值服务的需要。投资机构的人员大多忙于投资前期和后期的工作，很多机构没有足够的精力进行细致的中期管理，如果企业不予以配合的话很有可能出现投资失控的情况。

三、投资后期的风险

最后一个阶段是退出。一般情况下退出有四种方式，上市退出是溢价最高的一种，也是投资机构最为向往的一种。第二种是在并购市场上退出，这种方式是成功退出最为普遍的方式。第三种是管理层回购（MBO）或者员工收购（EBO），为确保最终实现退出，许多投资协议中都明确列出管理层回购的相关条款。最后一种是清算，以清算形式退出意味着投资失败，清算往往只能收回原始投入成本的一个部分。

【案例】 PE 并购热遭遇退出冷

2012 年，在国内 IPO 退出渠道收紧的背景下，PE 机构逐渐开始青睐并购退出。根据投中集团统计，2006 年至今，国内 PE 机构通过并购退出案例数量在 2012 年达到最高值 140 起。值得注意的是，尽管退出规模创新高，但退出回报率却仅为 1 倍左右，比 2011 年平均 4.5 倍的回报率大幅下降。分析认为，PE 机构通过 IPO 退出近年来日渐式微，而并购退出回报率较低，PE 机构欲依赖并购退出支撑业绩仍有一段长路要走。

IPO 退出逐渐让位，PE 退出渠道逐渐多元化已成为不争的事实。根据投中集团最新发布的研究报告，2006 年至今共有 612 家 PE 机构通过并购退出，其退出案例数量达到最高值 140 起。报告指出，过去一年，国内 PE 并购市场频现经典交易案例。此前曾在行业内引起轰动的中联重科（9.19，-0.01，-0.11%）联合弘毅、高盛、曼达林收购意大利 CIFA 的案例 2012 年底又有新的进展。2012 年最后一天，中联重科宣布拟以 2.358 亿美元的现金收购香港 CIFA 公司剩余股权。若交易成功，中联重科将全资拥有 CIFA，而弘毅、高盛、曼达林则实现并购退出。据此前清科集团发布的统计数据，截至 2012 年 11 月，国内 PE 通过 IPO 退出的项目降至 60%，通过 MBO、并购和股权转让退出的比例提升至 37%。

值得注意的是，案例数量创新高的同时，并购退出账面回报却呈大幅下滑之势。据投中集团数据，2012 年 140 起并购退出案例合计交易金额为 3.55 亿美元，平均账面回报倍数仅为 1.1 倍，相较 2011 年的平均 4.5 倍一落千丈。这一数字也远逊于同期 IPO 退出回报。投中集团数据显示，2012 年 VC/PE 机构通过境内 IPO 退出实现平均账面回报为 4.38 倍。

由于中国证券市场的发展还不成熟，使股权投资的上市退出存在很大难度，在全流通之前可以说此路不通，因为法人股是不能流通的。很多投资机构选择在境外上市，但是在境外上市又会面临外汇管制方面的问题，境外上市只是迂回曲折的羊肠小道。专业的投资机构只能在打通通向境外上市的通道之后，才能有所作为，但这也会面临政策风险。2005 年外管局 75 号文对红筹上市进行了约束，对投资机构而言是一个重大的利空政策。同时上市退出还面临时机风险，如果证券市场处于熊市，IPO 很困难，即使上市市盈率也会非常低。摩根士丹利在操作南孚电池时，选择将股权卖给吉利，这也是其中原因之一。在国内通过并购退出难度也比较大，溢价幅度相对也较低。证券市场的波动对上市退出时机的选择造成非常大的影响，证券市场上热点板块的轮换也会影响不同行业或不同地域投资项目的上市成功率。时机问题是很多投资者非常重视但也同时是最难以掌控和把握的风险因素。投资机构一般都有投资期限的约束，如果不能退出对投资机构来讲是非常大的风险，因此专业的投资机构只有在充分论证退出方案的前提下才进行投资。

第二节 分期疏散各类风险

由于股权投资的风险隐藏在投资流程的各个环节之中，针对各类风险的控制策略也应当基于投资流程进行实施，并建立有针对性的、系统化的风险控制策略。

一、投资前期的风险控制策略

1. 实现能力与项目的匹配，减少因资源浪费带来的损失。无论是机构投资者还是个人投资者，都有自己对投资项目的选择要求，符合选择要求的项目才能进入立项程序。投资者选择项目的要求和投资哲学是在深刻理解投资机构的风险承受能力和项目操作能力的前提下，根据市场状况和投资环境确定的标准，用这个标准来选择项目，实际上已经淘汰了大量对于投资机构而言风险与收益不相匹配的项目，能有效减少因资源浪费带来的损失。

2. 引入中介机构推荐，扩大优质项目来源渠道。股权投资公司在选择目标企业的过程中可能无法获得对方更多的准确信息，其可以通过一些中介机构和关联机构的推介来筛选打算投资的风险企业。中介机构在项目来源与项目信息搜寻方面有一定优势。通过中介公司的推荐，能在一定程度上可以降低投资公司信息损失风险与渠道风险。

3. 聘请专业机构参与尽职调查，降低道德风险。投资者自身往往缺乏专业的调查与评估能力，因此，实践中的尽职调查除了投资机构的投资人员之外，还要外聘专业的法律和会计中介机构参与调查。尽职调查的过程就是对目标项目所有潜在风险进行盘查的过程。如果存在隐瞒重要信息的行为，被这些专业机构识别的可能性较大。因此，联合专业机构参与尽职调查，能有效降低道德风险。

4. 细化、健全项目条款，减少纠纷。项目条款不明确或者不健全，容易引发纠纷。为保证投资方的权利，条款内容应包括以下几个方面：第一，投资项目估值时扣除风险折现值。投资机构对投资项目进行估值时，会根据风险的大小进行折现，风险越大的扣除就越多。这样如果今后风险因素给投资项目造成损失时，这部分损失也提前从投资项目的估值中扣除，也就是说这些损失是在投资机构完全可能接受的范围之内。第二，采取分段投资策略。分段投资是指股权投资公司只提供确保企业发展到下一阶段的资金、严格进行预算管理，反复评估企业的经营状况和潜力，保留放弃追加投资的权利，可以有效地控制风险，制约企业可能的资金浪费。第三，选择复活式证券工具，确定灵活的转换比价。股权投资者一般采用可转换成普通股或可认购普通股的优先股或债券，这里产生了多种投资证券工具，混合使用可以满足投资者和企业的不同需求，双方磋商的余地较大。第四，条款中载明投资退出的保证措施。如果投资项目通过 IPO 途径退出不成功，还可能保证投资机构以其他方式退出：一是强制原有股东卖出股份的权利。如果被投资企业在一个约定的期限内没有上市，投资机构有权要求原有股东和自己一起向第三方转让股份，二是股票被回购的权利，被投资企业以一个约定的价格买回投资机构所持有的全部或部分的被投资企业的股票。

5. 建立专业的决策机构，降低决策风险。可以在投资公司内部建立一个由多领域专家组成的技术评审委员会或决策委员会，或者建立企业智囊顾问团，依靠专家团队的智慧，深入分析投资项目，多角度分析论证，预估风险，采取措施降低投资失败的可能。

二、投资中期的风险控制策略

1. 设立完善的激励与约束条款。委托代理风险在股权投资行业存在高发性，实际中的防范策略是通过设计一系列的条款进行化解。一般会采取三种措施：第一，“盈利目标法”，即设定某一盈利目标值，当企业达到时会有重奖，如不能达到则以重罚；第二，创始人股东、管理层和主要员工对投资机构的承诺，即签订一定期限的雇佣合同，保密协议，非竞争协议。上市前创始人股东必须保留大部分股票，上市后创始人股东、管理层和主要员工卖出股票有一定的限制。第三，设定肯定与否定条款。肯定条款指被投资企业管理层在投资期内应该从事哪些行为的约定；否定条款是指被投资企业管理层不能在投资期内从事哪些行为的约定。

2. 建立风险体系与预警机制，控制经营风险。投资中期的风险管理，重点在于控制目标企业的经营风险，对此投资机构需要建立系统的风险体系与预警机制，见图 15－3。首先，要建立一套由各个不同层次和子系统的目标企业财务预警指标体系及相应风险阀值，根据企业所处的行业、地区等具体情况。进行动态分析确定风险程度的划分范围。其次，根据目标企业会计环境和实际情况，运用定量与定性相结合的方法对企业运行进行定期和不定期的相关信息采集，并进行风险分析。最后风险预警部门根据风险分析情况得出相应的风险预警报告。风险预警报告提交到业务部门和决策部门之后，根据风险预警的程度安排相应的风险措施，或者启动投资前已设定的各类风险防范条款和措施。

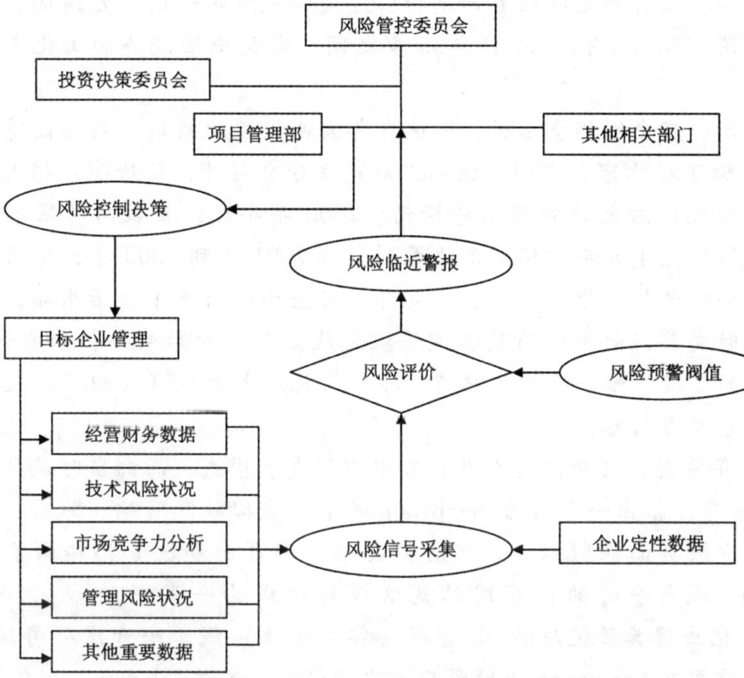

图 15－3　目标企业经营风险的预警机制

3. 强化信息披露，提升对目标企业的监控。现实中，大部分股权投资公司可能同时投资于多个项目，由于公司在资源、设备以及人手方面的限制，不可能对每一个项目进行实时监控，因此要求目标企业定期提交企业经营报告是一项十分必要的措施。对此，投资公司应在签署项目合同时要明确提出建立项目信息的披露制度，并允许投资方对信息的真实性，完整性、及时性等进行核查。

【案例】　　　　亿唐盲目烧钱的悲剧

1999 年，第一次互联网泡沫破灭的前夕，刚刚获得哈佛商学院 MBA 的唐海松创建了亿唐公司，其“梦幻团队”由 5 个哈佛 MBA 和 2 个芝加哥大学 MBA 组成。凭借诱人的创业方案，亿唐从两家著名美国风险投资 DFJ、SevinRosen 手中拿到两期共 5000 万美元左右的融资。直到今天，这也还是中国互联网领域数额最大私募融资案例之一。

亿唐宣称自己不仅仅是互联网公司，也是一个“生活时尚集团”，致力于通过网络、零售和无线服务创造和引进国际先进水平的生活时尚产品，全力服务所谓“明黄 e 代”的 18～35 岁之间、定义中国经济和文化未来的年轻人。

亿唐网一夜之间横空出世、迅速在各大高校攻城略地，在全国范围快速“烧钱”：除了在北京、广州、深圳三地建立分公司外，亿唐还广招人手，并在各地进行规模浩大的宣传造势活动。2000 年年底，互联网的寒冬突如其来，亿唐钱烧光了大半，仍然无法盈利。从 2001 年到 2003 年，亿唐不断通过与专业公司合作，推出了手包、背包、安全套、内衣等生活用品，并在线上线下同时发售，同时还悄然尝试手机无线业务。此后两年，依靠 SP 业务苟延残喘的亿唐，唯一能给用户留下印象的就是成为 CET（四、六级）考试的官方消息发布网站。

2005 年 9 月，亿唐决定全面推翻以前的发展模式，而向当时风靡一时的 Web2.0 看齐，推出一个名为 hompy.cn 的个人虚拟社区网站。随后，除了亿唐邮箱等少数页面保留以外，亿唐将其他全部页面和流量都转向了新网站 hompy.cn，风光一时的亿唐网站就这样转型成为一家新的 web2.0 网站。2006 年，亿唐将其最优质的 SP 资产（牌照资源）贱卖给奇虎公司换得 100 万美元，试图在 hompy.cn 上做最后一次的挣扎。不过，hompy.cn 在 2008 年已经被关闭，亿唐公司也只剩下空壳，昔日的“梦幻团队”在公司烧光钱后也纷纷选择出走。

三、投资后期的风险控制策略

始于 2012 年下半年的 IPO 停发与目前的突击检查，致使很多股权投资机构的 IPO 退出通道又被“堵死”。在当前整体市场环境不景气的情况下，股权投资者面临着较大的时机风险与政策风险。要规避这两类风险，或者减轻这两类风险带来的不利影响，建议募股权投资机构采取以下策略。

1. 分析形势，制定合理的退出方案。上市无疑是私募股权投资机构首选的退出方式，但企业能否上市是由多种因素决定的：一是企业本身的管理基础是不是真正具备上市的基本条件。企业经营环境的不确定性以及内部的管理因素致使企业可能达不到上市的基本条件而导致不能上市；二是即使企业经营能达到预期的目标，但证券市场本身具有的不确定性因素导致企业即使上市也不能实现 PE 机构的收益目标；三是政策环境是不是支持企业上市。在目前中国的资本市场建设中，第三个因素可以说是决定性因素，即政府政策起到了关键性作用。政府政策具有不可预测性，由此导致私募股权投资机构的退出风险大增。因此，在中国这样特定的市场环境中，私募股权投资机构尤其需要对投资的基本形势有深入的研究，同时根据目标企业发展特点制定适宜的方案，实现对退出风险的有效管理。

2. 建立退出方式评估机制，实现最优选择。对退出时机的把握如何，直接关系到股权投资机构的最终收益。实践中，影响退出时机的因素很多，主要包括以下几个方面：第一，目标企业的增值情况。在股权投资正式退出之前，股权投资机构必须关注目标企业的价值增值情况，因为无论选择何种方式退出，只有当目标企业的价值增值足够大时，股权投资机构才有可能获得一个好的“卖出”价格。第二，预期持有成本和预期持有收益。股权投资机构在对目标企业投资时，为了降低代理成本，一般会采用分期投资的方式。股权投资机构应该在每一期投资之前对目标企业的价值以及增值潜力进行评估。一旦发现如果继续对目标企业投资，其预期持有成本大于预期的持有收益的话，就应该考虑选择适当的退出方式退出，第三，股票市场的行情。股权投资机构在选择风险资本退出时机时，应尽量选择股票行情较好的时候。第四，风险资本的退出期限。由于存在风险资本退出的时间限制，因此无论目标企业的价值增值情况如何，投入资本都必须在退出期限之前实现退出。因此，股权投资机构首先要设计好基于多个退出途径的方案，每个方案应建立风险与收益的评估体系，通过专家组统一决策确立最优的退出方式。

3. 评估行业风险与企业风险，实现退出风险最小化。目前，之所以出现大家所认为的“寒冬”现象，是与股权投资机构具有中国特色的投资模式紧密相连的。目前市场上的大部分投资机构都是针对某个特定项目来实现基金的募集，以寄希望于该项目 IPO 从而实现高回报。但这种模式的致命缺陷在于丧失了分散风险的功能，从而不能保证投资者有一个较为稳定的投资收益。因此，对于股权投资机构而言，首先应建立被投资企业所在行业的风险评估制度，预测行业利润的增长情况以及可能出现的波动；其次，针对被投资企业，建立运行风险评估体系，分析其业绩的成长性与隐藏的风险；最后，根据被投资企业的评估设计出多个退出方案，综合行业风险与企业风险敲定风险最小的退出方式。

【案例】 **把握时机，IDGVC实现高效退出**

2007年，正值股市牛市，IDGVC在40天之内成功实现了4家公司上市和并购，创造了中国风险投资业界集中退出的新纪录。2007年12月12日，中华学习网（NASDAQ：CEDU）于美国纳斯达克上市，而仅仅一天之隔，高级芯片传感器和系统解决方案开发商美新半导体（NASDAQ：MEMS）也登陆纳斯达克。除美新半导体和中华学习网以外，IDGVC退出的案子还包括在香港创业板上市的网龙公司（8288.HK），和被美国手机游戏商Glu Mobile所收购的掌中米格。

这4家公司三个IPO一个并购，IDGVC在40天内频频上演成功退出案例。据了解，这4家公司的业务也涉及窗体顶端窗体底端网络游戏、手机游戏、半导体、教育等领域，公司所在地也遍布北京、无锡、福州等。IDGVC称，在这些公司成长的过程中，IDGVC提供的不仅是资金，更是在公司发展战略、行业资源、管理经验等方面都给予了极大的支持，此外当时的股市牛市也为退出创造了良好的时机。

对此一连串的成功退出，IDGVC创始合伙人熊晓鸽告诉新浪科技，"中国不仅是创业者的天堂，也是投资者的天堂。只要勤奋耕耘，持之以恒，最终一定会有好的回报。"熊晓鸽与其所效力的IDGVC，一直是普及风险投资理念和技能、支持创业者创业的倡导者。作为最早在中国从事风险投资的美国公司，IDGVC成功投资了很多互联网、软件、半导体和电信技术、无线增值服务类公司。近几年，除继续注重IT和高科技行业、新能源、医疗电子以及快速消费品市场以外，IDGVC也愈发关注高速增长的传统行业，已成为企业发展的有力助推器。

第三节
系统性风险VS非系统性风险

【案例】 **三聚氰胺之祸**

2007年，太子奶与高盛、摩根士丹利、英联等外资签署引资协议，引入高达7300万美元的注资，但在协议条款中含有如这一内容：在收到7300万美元注资后的前3年，如果太子奶集团业绩增长超过50%，就可调整（降低）对方股权；如完不成30%的业绩增长，李途纯将会失去控股权。

2008年三聚氰胺危机发生后以及金融危机愈演愈烈时，太子奶因大规模扩张导致资金链断裂充分暴露，不得不大规模裁员，关闭位于北京、株洲等多地的连锁店；其在西南地区的生产基地也已经停产，甚至有各地经销商集体逼讨债务。2008年11月21日，太子奶股东达成协议，高盛、摩根士丹利、英联等受让李途纯此前所持太子奶全部股权，李途纯仅保留名誉董事长一职……

与股票一样，股权投资基金同样面临系统性风险与非系统性风险。系统性风险是指由市场外部因素引起的，不能通过组合投资分散的风险。这是所有投资于证券市场的投资者都要承担的，由市场的共同性因素所影响的风险。非系统性风险是指由市场内部因素引起的，可以通过投资组合分散的风险。作为股权投资基金，必须对其面临的风险有充分的认识，在此基础上设计科学有效的风险控制策略。

一、系统性风险

1. 政治风险。一国或地区的经济基础决定政治，但是其政治的急剧变化，也将不可避免的影响到该国或地区的经济政策的变化，从而构成市场的政治风险。这种政治风险主要影响投资者在证券市场的投资收益预期，导致证券市场价格的急剧波动，进而影响到基金的收益。例如，9·11事件发生后，主要国际股市纷纷创出新低。9月11日，纽约股票交易所和商品交易所停止交易后，欧洲各主要股市普遍大幅下挫，伦敦金融时报指数创4年来的最大跌幅，达5.7%。12日，亚洲股市开盘即出现暴跌，香港恒升指数下跌近9%，东京日经指数跌破万点，创17年来的新低；韩国综合指数跌幅达12%。美国市场上，为了稳定投资者信心，联储实施一年内八次降息。因此，对于一个国家来说，其政治活动产生的风波必然对其经济活动产生负面影响，而对于股权投资基金只是其风险的一个重要来源。

2. 政策风险。在整个国家的经济运行中，根据发展的宏观经济目标，政府将运用各种宏观调控手段，包括货币政策、财政政策、税收政策等。这些政策的出台对国民经济及证券市场的发展产生非常深远的影响，从而影响股市的价格，影响股权投资基金的投资收益。当中央银行实行紧缩的货币政策时，将导致股市萎缩，入市资金减少，股市不振，股权投资基金的投资环境严峻，当中央银行实行积极的货币政策时，大量资金涌入股市，股市大热，从而股权投资基金的投资环境大好。可见国家政策对证券市场影响之大。2007年，针对股市过热，财政部决定从5月30日起，调整证券（股票）交易印花税税率，由现行1‰调整为3‰。即对买卖、继承、赠与所书立的A股、B股股权转让书据，由立据双方当事人分别按3‰的税率缴纳证券（股票）交易印花税。2008年4月24日起，又将印花税从现行的3‰调整回1‰，体现了国家运用税收工具调控宏观经济的职能。调高印花税率会增加交易成本，从而可以降低股市的活跃程度，起到控制股市的作用。

3. 利率风险。利率的波动对于证券市场价格和收益率的变动影响巨大，并且影响投资者的融资成本和利润。利率提高，则投资于证券市场的资金成本上升，资金减少，证券市场价格下跌；利率降低，则投资证券市场的资金成本降低，资金增加，证券市场价格上涨。2007年内央行六次上调存贷款基准利率，2007年12月20日宣布一年期存款基准利率上调0.27个百分点，一年期贷款基准利率上调0.18个百分点。12月21日股市开盘，沪、深两市小幅低开，沪综指开盘报5017.19点，下跌26.34点，深成指开盘报16542.93点，下跌82.48点，沪市上涨165家，下跌587家，深市上涨101家，下跌447家。可见利率波动对于证券市场价格和收益率变动影响之大。

4. 购买力风险。购买力风险又可称为"通货膨胀风险"，是指一国经济发生通货膨胀时，现金购买力下降的风险。股权投资基金的购买力风险表现为，基金的收益主要通过现金的形式来分配，而现金在发生通货膨胀时会产生购买力下降的现象，从而使证券投资基金的实际收益下降。

二、非系统性风险

【案例】 **致命的股权纷争**

2013年5月14日，国内最大的家居建材连锁超市东方家园关店。5月6日，在长沙经营了9年之久的长沙东方家园建材超市关门歇业——由于有的商户进场不到一年，加上自进场后就连续亏损，当日上午，数十名商户堵住超市大门讨要说法。2013年元旦刚过，东方家园关闭了北京仅有的5家门店，接下来位于成都二环内的东方家园也宣告关门。

东方家园并非一直是一个亏损的公司。根据东方家园2008年公布的数据，当年东方家园引入瑞寰资本时，净利润为7000万元。但引入PE资本后，境况却急转直下。

东方家园的公开的股东名单中，公司拥有两个最大的股东，分别是其母公司东方集团和龙柏宏易。据东方集团的说法显示：龙柏宏易拥有东方家园65%的股权。而龙柏宏易则给出另外一个说法：东方家园早将东方家园股权转让给另外的公司，自己也未实际控制东方家园，东方家园到底是谁的呢？股权含混不清，大股东之间有矛盾和冲突，东方家园日子能好过吗？大股东之间的冲突导致管理团队也跟着不断地频繁更换。从公开资料看，在2012年一年不到的时间里，东方家园先后走马上任了三位总裁——物美总裁位置上“镀过金”的李凤江，家世界中国副总裁刘皓，2005年曾任东方家园副总裁的丛亮。高管如此频繁更替，除了带来动荡和内耗，没有稳定的团队，几乎很难确定发展方向，也无法理清未来的市场战略与销售。总结原因不难发现，当初PE公司投资东方家园时，投资合同方面并没有对股权划分问题进行深入讨论并签订条款，导致利益分配问题爆发，最后因为股权纷争导致公司关门。

（一）法律风险

股权投资基金的法律风险主要是指由于其未确立法律地位所带来的风险。股权投资基金的发展受到法律环境的制约，对于已经以各种方式大量存在的股权投资基金来说，它们仍然处在法律的边缘地带，它们的地位得不到承认，合法权益得不到法律的有效保护。

目前我国现有的法律法规都不能从根本上解决股权投资基金规范化的问题，因此利用法律法规对股权投资基金进行规范监督就更力不从心了。股权投资基金缺乏合法的外部监管，则很容易引发内部矛盾，增加营运成本。尽管股权投资基金用自己的方式解决了投资者与管理人之间的利益分配问题，但是，投资者之间的利益分配的合理性在制度上仍未得到解决。对于有些股权投资基金管理人来说，虽然采用了西方基金的做法，但股权投资基金做到一定规模后，管理人从自己利益考虑，会将天平倾向于大投资者，以此获利。因此，基金一旦做大又缺少外部监管，就很容易出现违规问题，带来风险。

在法律地位不确定、政府对股权投资基金缺乏足够有效监控的条件下，处于地下状态的股权投资基金市场竞争激烈，基金管理人投资风格激进，短期行为严重，不可避免地会出现内幕交易、操纵市场、欺诈客户等违规行为，降低市场效率，破坏金融市场秩序。因此，法律风险是股权投资基金其他风险产生的源头风险，控制股权投资基金风险必须从股权投资基金规范化开始。

（二）信用风险

与常见的公募基金相比，股权投资基金的投资策略具有隐蔽性。国际上一般都对股权投资基金的信息披露没有严格的限制，这就造成投资者与基金管理人之间的信息不对称，不利于对基金持有人利益的保护。

【案例】　　　　　　　　　　　雷士照明内讧风波

2010年在港交所上市的雷士照明如今已成为国内最大的照明品牌供应商，然而在其成长发展至今，也不只一次出现过投资方与创始人的管理权之争，创始人吴长江更一度被逼辞职。1998年底，吴长江与两位合伙人共同出资成立了雷士照明控股有限公司，可惜有难易同当，有福难同享，2005年在雷士形势一片大好的情况下，三位创始人却开始内讧，这也是吴长江第一次被迫离开公司，后来在全体经销商的协助下，吴长江才得以重掌雷士照明。

然而没想到，类似的情形在2012年再次发生。2012年5月25日，雷士照明突然公告创始人吴长江因个人原因辞去所有公司职务，并由风投大佬阎焱接任。阎焱掌管的赛富亚洲自2006年起投资雷士照明，并且从2008年开始一直持有雷士照明最大比例的股份，因此这次“让位”看起来似乎顺理成章。之后的一段时间里，吴长江和公司方面一直对外宣称其辞职是出于自愿，但外资股东强行夺权的消息还是不胫而走，一个多月后，不堪重负的吴长江终于说出真相，承认自己的离开是遭到“逼宫”，并坦承后悔当初让外行进入了董事会。好在多年经营之下，吴长江在公司仍颇具威望，在雷士照明的员工连续罢工要求之下，吴长江还是成功回到了公司，任职首席执行官并成功迫使阎焱退位，但雷士照明董事长一职至今仍旁落。

股权投资基金中，很多机制的运作是建立在行为人自我约束的基础上的，而行为人的自我约束除了外在约束机制，很大程度上是依靠道德、伦理、职业操守等规范来进行约束的。或者说，是依赖于社会的信用环境的。在股权投资基金中，投资者因信任将资金交给基金管理人操作，给予了基金管理人最大限度地自主权。在这种情况下，基金管理人的操作在一定程度上取决于社会道德、伦理的规范。目前我国的信用制度还不健全，这与特殊的人文环境密不可分。我国人文环境的一个特点是我国正处于经济体制的转轨时期，人们行为短期化，投机心理严重。转轨时期的特点是政策环境的不确定性、不稳定性，这对人们的预期结构产生了重大影响，在可以预见政策环境将时常发生不可预期的变化时，人们最优行为就是行为短期化。这反映在我国股权投资基金身上，就是股权投资基金的各投资主体行为短期化，投资对象行为短期化，市场竞争者行为短期化，证券市场投机行为盛行。我国人文环境的另一个特点是信用环境不成熟。由于信用制度的不健全，中国人目前的信任多是以血统和地域为基础，较为狭隘。这对股权投资基金的影响是，股权投资基金的投资者往往要求股权投资基金的管理人拥有股权投资基金较高的持股比例作为担保，或者是股权投资基金的组建完全是以血统、地域或朋友关系为纽带。

（三）操作风险

由于股权投资基金的信息披露制度不完善和受政府监管力度不够，因此，不可避免地存在内幕交易、操纵市场、损害股东权益等行为。不少股权投资基金公司缺乏监督，也没有一定的内控机制，其操作手法往往以“坐庄”为主，操纵股价。某些股权投资基金的投资具有高杠杆性，一般都运用财务杠杆进行操作。股权投资基金的投资目的是获取高额利润，因此，为了突破基金自身资金不足的限制，经常大规模运用财务杠杆，利用银行信用，以极高的杠杆借贷资金，扩大其资金规模。因此，如果股权投资基金操作不当会面临超额损失的巨大风险，危及银行业，可能引起整个资本市场的震荡，放大了市场风险。

当股权投资基金达到一定规模，有的基金管理人便开始利用手中的资金优势操纵股市，中科创业就是一个典型的案例。在中科创业案中，在“吕梁”的指使下，丁福根、庞博等人在申银万国证券股份有限公司上海陆家洪营业部、中兴信托投资有限责任公司北京亚运村营业部等125家营业部，先后开设股东账户1500余个，同时采取以不转移实际控制权为目的的自买自卖，及利用购买深圳康达尔公司法人股并进入这家上市公司董事会发布信息，从而影响0048股票交易价格等方法，联合或连续买卖0048股票，其间最高持有或控制0048股票共计5600余万股。使中科创业股票价格从1999年4、5月的10多元炒到84元。因此，在缺乏有效监管的情况下，一些股权投资基金暗箱操作、操纵市场的行为将会给证券市场带来极大的风险。

（四）资金风险

这里主要讲的是资金来源问题。由于我国股权投资基金不具有明确的合法地位，并且不能公开募集资金，这就导致股权投资基金因为没有正常的融资渠道，而成为各种灰色资金聚集的理想场所。目前我国股权投资基金的来源主要有：（1）个人资本。由于个人投资者缺乏投资经验和时间等，特别是一些消息较为闭塞地区的个人投资者，便委托“工作室”或有良好记录的朋友代为理财。（2）非上市企业的闲置资金。非上市企业由于一时找不到合适的投资项目，加上银行利率较低，自然就会进入股市，股权投资基金便是一个比较方便的渠道。（3）上市公司。不少上市公司在资金宽裕的情况下，纷纷委托投资公司、证券公司、资产管理公司进行证券投资，获得不菲的收益。业内人士普遍认为，众多上市公司进入股票市场的资金已成为“地下股权投资基金”市场的重要构成部分。

我国《证券法》、《公司法》、《商业银行法》明确规定，上市公司从二级市场通过配股、增发等形式募集的资金和从银行等金融机构获得的贷款不得用于证券市场。然而，据统计，我国股权投资基金约有40%的资金来自于银行的贷款资金，大量银行信贷资金违规注入股市。同时，不少基金管理单位将公益性质的基金委托给股权投资基金，并将投资所得中饱私囊。此外，我国股权投资基金的来源还有一部分是官场上的黑钱及走私的外汇，股权投资基金极易成为洗钱的工具。洗钱从本质上讲，是将违法所得转化为形式上的合法财产的行为，社会危害性极大。

（五）流动性风险

【案例】 高利贷引发的退出困境

2008年10月以来，受资金链断裂影响，浙江江龙控股集团有限公司传出法定代表人陶寿龙夫妻因躲避高利贷而失踪、企业濒临倒闭消息。其在新加坡上市的子公司“中国印染”已于8日请求暂停交易1400小时。

江龙印染（上市名为“中国印染”）曾于2006年4月获得新加坡淡马锡与日本SBI控股株式会社（SBI Holdings Inc.）共同创立的新宏远创基金（New Horizon Fund）700万美元的投资，获得20%的股份（上市前未稀释的股份），并于该年9月7日在新加坡上市。可惜的是，中国印染虽然上市已逾两年，但新宏远创基金仍有8.06%的股份尚未实现退出。江龙控股如果破产清算，新宏远创基金在该项目上的退出恐难以幸免于难，或将遭遇“腰斩”命运。

对基金投资者而言，投资于股权投资基金时有可能发生资金难以“变现”脱手的流动性风险。由于股权投资基金一般都具有很长的期限，这期间资金不准撤出，以此来保证基金运作的持续性和稳定性，对基金经理的投资策略不造成影响。股权投资基金不能上市交易，故一旦发生现金危机，投入基金的钱不能马上变现，持有人只有等待持有期满才能变现，风险不能随时转移，投资者可能面临破产或者其他困境。

第四节 多管齐下扑灭风险火苗

【案例】 **炎黄健康传媒的管理乱象**

2008年6月中旬至7月初，炎黄健康离职人数高达42人，其中总监级别离职10人；而入职只有33人，总监级别共11人。离职人员中，包括炎黄健康传媒首席运营官曹黎明、人力资源总监夏海涛、总裁助理兼公关中心总经理张翼等中高层人员。

持续的中高层人事离职，让炎黄健康传媒处于动荡中，也让投资炎黄健康传媒的各家风投机构对董事长兼CEO赵松青失去耐心。2008年11月，软银赛富、兰馨亚洲投资基金、汇丰直接投资等投资人，在谈判未果的情况下，召开董事会罢免赵松青的职位。但罢免却引发赵松青的强烈反弹。

双方冲突的原因溯其根源在于频繁的中高层人事变动导致管理混乱，炎黄健康一离职员工表示，出现这种情况不是偶然的，“公司用人比较随意，中高层变动过多，人员流失大，导致业绩上不去。投资机构也想改变这种状况”。正是如此才导致投资人意图驱逐创始人的现象。

股权投资基金的特点和运作方式使其具有很多风险，而这些风险对整个金融市场、金融体系乃至整个社会经济产生重大影响。因此，对股权投资基金的风险控制应当分为在内部风险控制方面多管齐下。

一、加强投资者审核门槛

理论上，任何持有富余资金的人都可以投资股权投资基金，无论是企业、个人、甚或其他组织、团体，只要拥有可支配的资金都可以成为股权投资基金的投资人。但实践中，由于投资的期限性和风险性，客观上要求投资资金的稳定和投资人相应的风险承担能力，同时，基于运作需要，股权投资基金既要相应的资金规模又要一定的人数限制，因此，只有那些具有较强和较稳定的资金实力和风险承担能力且具备一定的投资经验和金融知识的人才能成为股权投资基金的“有资格的投资人”。

与公募基金不同，《证券投资基金法》并没对股权投资基金的投资者资格问题进行详细规定。为控制由投资者资格问题引发的风险，有关部门应比照公募基金，规定股权投资者资格管理办法。然而，在相关法规出台之前，股权投资公司自身应建立严格的投资者资格审核制度，具体实施应该参考公募基金的规定，但也要考虑股权投资基本特点。

二、规范基金契约责任

由于法律对股权投资基金的监管比较宽松，股权投资基金也不需披露基金的投资组合和基金表现，股权投资基金的运行只受到投资者和股权投资基金发起人所签订的基金契约的制约，所以股权投资基金契约是相当重要的文件。基金管理人与投资人签订委托投资契约时，应事先保证一定时间供投资人充分审阅信托契约全部内容。禁止契约中约定固定收益率。无论股权投资基金采取何种组织形式，规范其章程和契约也是明确当事人之间的法律关系，减少投资者风险的重要手段。股权投资基金的章程和协议应明确当事人（包括发起人、管理人、托管人）的基本情况，基金设立与运作的原则，基金的投资策略、投资方式和投资方向，基金的形式与发售、申购、交易、赎回的时间和程序问题，当事人的权利与义务，基金的收益分配，管理、托管等费用的收取，有关费用的分摊，信息披露，基金净值的计算，基金的终止与清算，以及违规者的法律责任等等。

三、创建基金管理人排行榜

股权投资基金投资者与管理人之间的信托关系实质决定了股权投资基金所有权与经营权的分离，进而存在“内部人控制”风险。所谓股权投资基金的“内部人控制”风险是指，作为委托人的基金持有人，其目标是追求基金资产投资收益的最大化，而作为代理人的基金管理人，其目标是追求个人的货币收入和非货币收入的最大化，两者的目标并不一致。以下是管理不善的基金频发事件。

【案例】　激励不足引发离职潮

按照业绩对员工进行激励是私募基金较公募基金最大优势所在，也是大批公募“大佬”纷纷奔私募的原因所在。但从近期私募行业动态看，这一优势并无外界所想象得那样鲜明。继私募“大佬”但斌与老东家分手后，原康成亨投资总监韩俊刚近期也刚刚成立了自己的私募公司，并筹备发行新产品。据私募排排网统计显示，2011 年以来已有 8 起私募核心人员发生变动，而激励不足、利益分配失衡同样是导致私募离职潮的主要原因。

2011 年，私募离职潮开始于邓继军出走金中和。随后，向日葵投资总经理兼投资总监金晓斌离职，孙燕军离开北京弘酬投资，彤源投资基金经理顾峰低调出走，私募离职现象大有愈演愈烈之势。2011 年 3 月，华富励勤的卜毅文代替投资经理朱精华走向前台，而崔军则以并购的方式取代了陕西创赢的投资总监周皇仁。到了 4 月，东方港湾的但斌和钟兆民分道扬镳，把私募离职现象推向高潮。

目前来看，很多私募经理选择离开或自立门户，主要的原因是私募公司激励不足、利益分配失衡，某离职私募基金经理的说法验证了上述观点。业内人士指出，在加盟公司时，公司股东和管理层明确许诺未来将给予一定比例的股权激励，但随着产品业绩的提升，公司的允诺一直未能兑现，其间曾与管理层多次沟通未果，选择离开也是无奈之举。一位离职私募基金经理曾表示，当初选择离职是因为其获得的收入远低于为公司创造的价值。在任职私募基金经理两年期间，管理的产品为公司实现上亿元的净收益，而该公司给予的报酬仅以百万计，远远低于自己的预期。

为防范这一风险，作为一般合伙人的基金管理人的资质条件可适当放宽，但要对股东出资额进行限制，因为基金管理人持有的股份比例越高，内部人控制现象越严重，反而不利于有限合伙人。同时为了防止基金管理人利用投资者的资金谋取私利，还应当保持股权投资基金财产的独立性，即管理人的自身财产与股权投资基金信托财产相互独立。

同时，为保障基金业绩，还需要对基金管理人员采取一定的激励制度：第一，建立特殊的报酬方式，制定收益分配指导性原则。股权投资基金通过特殊的报酬方式的设计以求得投资者与基金经理的激励相容。第二，建立基金经理的声誉机制。只有良好声誉的股权投资基金管理人，才有可能取得投资者的信任，才有可能以较低的成本获得投资者的资金。第三，鼓励多采用有限合伙制这种形式。股权投资基金较多地采用有限合伙制形式，由一名普通合伙人和至少一名有限合伙人组成合伙企业，能有效地防止基金经理的道德风险，同时又能较好地保证基金经理享有足够的发挥才华的空间。

第八篇

投资方视角之　退出之选

第十六章
股权投资的退出：以现实主义为准则

对于股权投资方来说，投资创业企业的目的并不在于从创业企业获取短期红利分配，在于选择最恰当的时机进入企业，并在最恰当的时机退出，以便实现股权投资的风险最小和收益最大。不同的退出方式会给股权投资方带来不同的投资收益，同样，选择不同的退出时间其退出收益也会不一样。如果退出太早，不仅难以达到支持创业企业展的目的，也不利于股权投资方获得理想回报；而退出太晚，则可能错过最佳回报期，同时还会影响股权投资方的循环投资，造成比较高的机会成本。因此，对于股权投资方来说，选择合适的退出方式和退出时机都很重要。

【案例】 盈科数码与 IDG 退出腾讯

1999 年下半年，受丁磊海外融资的启发，马化腾拿着改了 6 个版本、20 多页的商业计划书开始寻找国外风险投资。最后 IDG 和盈科数码与腾讯签下 220 万美元的投资合约，分别持有腾讯控股 20% 的股份。在第一笔投资的支持下，腾讯迅速发展。2000 年底，中国移动推出移动梦网，移动梦网推出了手机代收费的“二八分账”协议，运营商分二成、SP 分八成，给腾讯带来前所未有的契机。腾讯迅速开展了收费会员业务，限制页面注册，并开展了移动 QQ 业务，依托庞大的忠实用户群，腾讯轻而易举地在移动梦网业务中取得了高达 70% 的份额。腾讯赚钱的速度也犹如其注册用户疯长的速度一样，2001 年 7 月腾讯就实现了正现金流。2001 年腾讯盈利 1022 万元。2002 年与 2003 年，腾讯一方面推出 QQ 行、QQ 秀等一些新业务，另一方面又学着新浪推出短信和铃声，学着网易推出交友业务 QQ 男女，学着盛大开展网络游戏。2002 年，腾讯净利润达到 1.44 亿元；2003 年，腾讯净利润则达到了 3.38 亿元。2004 年一季度腾讯就盈利 1.073 亿元，比上年同期增长 87%。如此快速的赢利增长能力，为成功上市打下了坚实的基础。然而，不管是盈科数码还是 IDG，他们都过早地退出腾讯。2001 年 6 月，香港盈科以 1260 万美元的价格将其所持腾讯控股 20% 的股权悉数出售给 MIH（米拉德国际控股集团公司，南非的传媒集团 Naspers 全资子公司），以 110 万美元的投资，在不到一年中即获得 1000 余万美元的回报堪称奇迹。同样，IDG 分别于 2001 年 6 月和 2003 年 9 月将其持有的 20% 腾讯股份转让给 MIH 公司及腾讯管理层，获得 2000 万美元以上的收益，资本增值 20 倍左右。但事实证明盈科和 IDG 都低估了腾讯的成长潜力。2004 年 6 月 16 日，腾讯正式在香港联交所挂牌上市，腾讯以每股 3.70 港元的价格发售了 4.202 亿股，募集资金达 15.5 亿港元。由此，腾讯顺利地完成了自己的资本跳跃。若 IDG 选择在腾讯上市之后退出，仅按发行价计算，其将获得 1.2 亿美元收入，增值 100 倍以上，远超过其 20 倍的收益。而且腾讯上市后，股价一路高歌，接手的 MIH 公司退出时就获得了 7 倍的收益。如果按照 IDG 的决策模式，一般项目如果能获得十倍以上的回报，又没有太大的空间，就要考虑退出问题。所以，IDG 第一次转让腾讯 13% 的股份应该说是可以理解，因为当时正值全球互联网泡沫破裂，众多互联网公司纷纷倒闭，IDG 可能对腾讯也有所担心，于是对部分股权早点退出落袋为安也算是一个恰当的选择。但是，在腾讯发展形势一片大好和即将上市之际 IDG 将余下的 7% 的股权卖给腾讯团队则看来是毫无道理，为此错失了获得更大收益的机会。

盈科数码与 IDG 退出腾讯的案例给我们的启示主要有三点：第一，对于退出时机的选择，应该尽可能在经济周期处于高峰时退出，因为此时企业估值价值较高，此时退出可以获得更大的收益。案例中盈科数码和 IDG 选择在互联网泡沫破裂时退出腾讯，此时互联网企业的价值普遍被低估，腾讯也不例外。虽然盈科数码和 IDG 退出时的收益都很可观，但是在经济周期低谷时退出时机肯定不对。第二，对于退出时机，不仅要看宏观经济周期所处的阶段，还要看创业企业所处的发展阶段及其经营情况。一般来说，不要在创业企业处于快速发展阶段时退出，因为这时创业企业的价值不能按照传统模式进行评估，也不能从资本市场找到对比案例，其价值常会被低估。案例中，腾讯一直处于高速发展之中，作为注册用户近亿的行业龙头已经找到好的盈利模式（移动梦网手机代收费业务、移动 QQ 业务、收费会员业务、在线广告等），未来成长空间还十分广阔，其真实价值还没有完全展现，此时选择退出肯定过早。第三，通过 IPO 方式退出是股权投资方最理想的、收益最大的退出方式，当企业有可能上市时，应尽可能通过 IPO 退出。案例中 IDG 第二次股权转让时，腾讯正在积极筹备香港上市，此时选择将股权转让给腾讯管理层并不是好的退出时机。

第一节 国际PE大佬怎么退出

在股权投资发展的过程中，股权投资机构对股权投资的退出方式进行了很多探索，股权投资的退出途径经过实践的检验和探索，主要有四种比较常用的退出方式：首次公开发行上市、企业并购、企业回购和清算。

一、首次公开上市发行

首次公开上市是指股权投资者通过投资企业股份的公开上市，将拥有的私人权益资本转换为公共股权资本，在交易市场取得认可而转手以实现资本增值的方式。首次公开上市既包括在主板市场，也包括二板市场或场外市场。① 根据股权投资退出的实践来看，二板市场是股权投资资本的最佳退出场所，美国大多的创业企业都是选择在二板市场上进行公开上市交易。1971年美国证券商协会设立的专为新兴中小企业服务的纳斯达克电子交易系统（NASDAQ）即二板市场，它以宽松的上市条件和快捷的电子交易系统为一批高新技术企业提供了良好的上市环境，如著名的微软公司、康柏通信公司、苹果计算机公司等就通过IPO实现股权投资资本的退出，并获得了丰厚的投资回报（见表16-1）。

表16-1　各地二板（创业板）市场一览

◆ 香港创业板	美国纳斯达克市场（NASDAQ）
◆ 台湾柜头市场（TOTC）	◆ 英国伦敦另类投资市场（AIM）
◆ 韩国自动报价系统（KOSDAQ）	◆ 日本自动报价系统（JASDAQ）
◆ 新加坡自动报价市场（SESDAQ）	◆ 罗马尼亚自动报价系统（RASDAQ）
◆ 吉隆坡证交所的第二板市场（KLSE）	◆ 温哥华证交所第二板市场（VSE）
◆ 泰国证交所另类投资市场（SET AIM）	◆ 马来西亚自动报价系统（MESDAQ）

① 主板市场是指一般发行人发行股份、上市规则严格的证券市场，其更强调企业的资产规模、营业收入总量和利润率等历史记录，风险企业都难以达到其严格的上市要求。二板市场是指主要供中小风险企业，特别是高科技企业发行上市的市场，有着不同于主板市场的上市条件和运作规则，上市要求相对较低，这是股权投资资本最主要的退出方式。

实践证明在西方发达国家，首次公开上市发行这种退出方式是最受股权投资方青睐也是最常用的退出方式，因为它的投资回报率最高。据统计，在美国首次公开上市发行股票是股权投资资本最常用的退出方式，大约三分之一的股权投资机构都选择采用IPO方式退出。美国首次公开发行股票市场有令人骄傲的历史纪录，尤其是高新科技发展的知识爆炸的年代，创业企业在纳斯达克首次公开行股票，让许多风险资本家一夜暴富。

【案例】 华平创造投资神话

华平对BEA Systems的投资一直是业内的一个神话。在1995~2005年这10年的时间里，华平成功地将5000万美元变成了67.5亿美元。而在华平投资之前，BEA Systems（以下简称BEA）是个名不见经传的小公司，没有任何资金，没有任何产品，没有任何技术，只有三个人和一个策划。如今BEA已成为无可争议的市场领袖了。2001年8月，BEA宣布，自2000年8月至2001年7月的12个月中，BEA的营业总额首次超过10亿美元，成为以最快速度实现10亿美元年收入的软件公司。在外人看来，不论在怎样不同的时代背景和行业环境之下，BEA总是能找到最佳的生存模式，将竞争对手抛在后面。这一切源于公司的三个创始人。

1995年1月，来自Sun Microsystems（太阳微系统公司）的Bill Coleman、Ed Scott和Alfred Chuang（庄思浩）在庄思浩的公寓里创建了BEA系统有限公司，BEA这个公司名称也来源于创始人名字中的三个字母。这3个人，迄今都是BEA成功的保证。Ed Scott，曾经是著名的金字塔公司的执行副总裁，并分管全球业务，有着很强的销售才干；庄思浩，这位中国香港出生，9岁赴美的天才，原是Coleman在Sun公司的首席技术官；而Bill Coleman，在20世纪80年代早期，他就已经是发明了最早的电子数据表软件VisCalc的VisiCorp公司副总。三位创始人组合在一起，无论从管理、技术，还是从全球业务，均能取长补短，形成一个很有力的整合体。

1995年，历来注重投资管理团队的华平非但提供了5000万美元的种子基金，并且和BEA一起，制定了短期经营计划和长期发展战略。

对BEA的投资是华平投资中的一个最成功的案例，也是一个在刚起步时华平进行投资最大的一家公司。有媒体说BEA仅凭325页的商业计划便得到了华平5000万美元的投资，但华平说，BEA能得到投资并不仅仅凭着这纸计划。华平负责投资的Bill Janeway后来说："因为这一计划是我与BEA三位创始人一起工作几个月之后做出来的，此间我对他们的判断能力、经验、知识等各个方面有了更深的了解，并更增强了信心。"

1997 年 4 月 BEA 在纳斯达克成功上市，每股 6 美元，当时 BEA 一共有 7100 万股股票，华平有其中的 4200 万股，股票价值已是当初投资的 5 倍多。而时间仅仅用了一年左右。

二、企业并购

根据中国风险投资研究院（CVCRI）2009 年对中国 556 家投资机构（包括 385 家内资及 171 家外资）的调研结果，在 2009 年的退出案例中，多达 66%是通过股权转让的方式，通过上市退出的不到 30%。即使在美国这样的发达市场，绝大多数的股权投资也是通过并购退出。而在欧洲市场，并购是欧洲股权投资机构最常选择的退出方式，甚至超过了 IPO 方式。

东方高盛创始人陈明建做了这样一个比喻："把 PE 投资比作上高中的话，退出就是上大学。一百个孩子里有十个上大学的，其中只有一两个能上清华北大，这一两个就是 IPO 成功的，其他的就好比是并购退出的。从硅谷来看，100 个创业企业，有十个创业成功的，这十个里面只有一两个是 IPO 的，大部分是被收购的。作为企业，收购别人当然是一种实力，但被收购也是一种价值的体现。"

并非每个企业都具备上市条件，也不是每个企业在上市后都能获得价值增长，若 PE 把眼光局限在上市后退出，未免有些狭隘，投资一些可能会被并购的企业，也会获得不错的收益。当前经济结构调整步伐的加快、产业整合契机的来临，更是给予并购退出难得的发展机遇。

企业并购包括兼并和收购，是企业产权交易的一种主要形式。这主要是当风险企业发展到成熟阶段时，风险企业被股权投资机构包装成一个项目，出售给战略投资者（另一家公司获股权投资机构），实现投资退出，获得风险收益。因而，按照出售的对象来分，企业并购可以分为两种：一是由另一家公司整体购买的"一般收购"；二是由另一家风险投资机构接手的"二期收购"。由于并不是所有的风险企业都可以得到公开发行股票的机会，因此那些不具备条件上市的风险企业会选择企业兼并和收购的风险投资退出方式。这种退出方式虽不能给投资者带来了最佳的收益回报，但它却是一种比较灵活的模式。

在并购的退出方式中，一般收购较为常见。在退出总量上看，并购方式比 IPO 方式要多，但是退出收益却大大低于首次公开上市发行。但是并购仍然对风险投资家有强烈的吸引力。因为通过出售，他们可以立刻收回风险资本并得到投资回报，并能够从创业企业中完全撤出。但是和 IPO 方式相比，并购并不受到创业企业管理层的欢迎。因为一旦企业出售给其他公司，原来的创业企业就不能保持独立性，原来的管理层也不能保持对企业的完全控制权。

【案例】 弘毅·中国玻纤（换股方式）

巨石集团为中国玻纤的控股子公司，中国玻纤持有其51%的股权。2010年4月，中国玻纤发布《发行股份购买资产暨关联交易预案》，拟收购巨石集团剩余49%股权。

本次交易标的——巨石集团49%的股权分别由中国建材股份有限公司（下称中国建材）、振石控股集团有限公司（下称振石集团）、珍成国际有限公司（下称珍成国际）、索瑞斯特财务有限公司（下称索瑞斯特）持有，其中珍成国际的唯一股东为设立于开曼群岛的有限合伙企业 Hony Capital Fund III L. P.（弘毅）主要业务为持有巨石集团的股权。

以2010年3月31日为基准日，标的资产预估价值为29.35亿元，中国玻纤以等值股票作为对价支付，发行价格为其发行股份购买资产的首次董事会决议公告日前20个交易日公司股票的交易均价，即19.03元/股，预计本次发行股份数量约为15425万股，其中，珍成国际受让的股票数量约5824万股。

并购专家、华泰联合证券投行部总监刘晓丹认为："弘毅在此案中便是获取中国玻纤这个上市公司的股权，作为小股东锁定期也较短，日后其变卖上市公司股权也会获益很多。而上市公司通过收购小股东股权对核心资产的控制权益增加了，上市公司的利润也获得相应增加。未来在行业中有一定地位，或者在一些细分领域有突出特点、自我成长会遭遇瓶颈的企业都是被并购的对象。"

三、企业回购

企业回购是指风险企业的管理层或者员工以现金、票据等有价证券购回已经发行在外的风险企业股份，重新取得企业的控制权，从而使得股权投资资本退出风险企业的行为。按照企业回购的意愿来分，企业回购可以分为主动回购和被动回购。如果创业企业的管理层对自己企业的前景十分看好，希望重新得到企业的控制权，主动和股权投资机构协商，回购股权投资方手中的创业企业股权，这就是主动回购。而如果股权投资机构所投资的企业并没有像他们预期的那样发展良好，由于某些原因经营不善，股权投资方失去了信心，并想尽力降低自己的投资损失，此时可以按照回购条款，[①] 按照预先确定的方式将所持有的股份卖回给创业企业的管理层，这种就属于被动回购。

【案例】　　飞鹤乳业对赌失败回购股份

地处黑龙江的飞鹤乳业于2003年登陆美国股市，成为中国第一家海外上市的乳品企业。

2008年三聚氰胺事件使得国内乳企大受打击，而飞鹤成为仅存几家未被波及的乳企之一，在婴幼儿配方奶粉市场占比一度由2.7%蹿升至7.3%。2009年上半年飞鹤销售额达到1.5亿美元，同比增长102.9%；总利润为9670万美元，同比增长258.4%，最高单月销售额同比增幅达600%。

信心满满的飞鹤与红杉资本签订了对赌协议。2009年8月13日，飞鹤乳业宣布以30美元/股的价格，向红杉资本定向增发210万普通股融资6300万美元。而作为红杉资本入主飞鹤的一个条件，还有额外的一个所谓“对赌协议”。协议规定：“如果飞鹤乳业2009年到2010年每股收益未完成预期目标（2009年收益达到3美元/股，2010年达到4.43美元/股），将要向红杉资本再次增发最多不超过52.5万股股份；从本次融资协议执行的第三年后15个交易日中，如果飞鹤乳业流通股的平均收盘价低于每股39美元，红杉资本将有权要求飞鹤乳业将这部分股份全部赎回；如果2009年到2010年公司达到协议规定的盈利目标，将可以原先的认购价来回购；如果未实现盈利目标，则回购价格必须是原始认购价格的130%。此外，飞鹤乳业还承诺，在执行本次交易约3年之内，公司将不再以低于每股30美元的价格发售股票。同时，红杉有权向飞鹤董事会派驻一名董事代表。”

由于2009年未达到收益预期，飞鹤已按照上限向红杉增发52.5万股，至此，红杉持有飞鹤股份上升至13%。这意味着，飞鹤已经在对赌协议的第一条款上失利。

2009年12月底，飞鹤国际股价一度跌破25美元；此后更是一路下探，未再回暖。在股价未能达标的情况下，2010年的业绩能否达标是决定飞鹤以何种价格赎回股票的重要因素。协议要求飞鹤在2009年实现每股收益3美元，或者2010年达到4.3美元。据此测算，2009年飞鹤应实现约6000万美

---

① 一般来说，在股权投资机构和创业企业签订投资协议的时候，都会订立和回购相关的保护性条款，这些条款规定了在某些情况下，创业企业没有达到股权投资机构的预期和发展要求，创业企业的管理层有义务按照开始约定的价格回购股权投资方手中的股权。这些条款在一定程度上保护了股权投资机构的利益，并能在企业经营不良的时候，最大程度降低股权投资资本的投资风险。

元的净利润，或者 2010 年实现约 8600 万美元。

然而，2009 年飞鹤净利仅为 1958 万美元，2010 年全年更是净亏了约 990 万美元。至此，飞鹤“对赌”全面失败已难逃厄运。

飞鹤于 2011 年 8 月宣布，出售了位于黑龙江的两家养殖场，并与购买者 Haerbin City Ruixinda Investment Company（下文简称为 Ruixinda）签署了一项股权收购协议。根据此协议，飞鹤国际将向 Ruixinda 出售该公司位于黑龙江省的两家农场的全部股权，出售价格在 1.318 亿美元左右，其中包括 1780 万美元现金和六个季度的生鲜奶供给（价值约 1.14 亿美元），出售的两家养殖场为黑龙江飞鹤（克东）养殖场和黑龙江飞鹤（甘南）饲养场。

飞鹤国际董事长兼 CEO 冷友斌表示，此项交易有助于提高该公司资产流动性，减少债务杠杆，在保证该公司获得高品质生鲜奶的同时，还能省去公司在养殖场的运营支出。但业内人士分析，由于对赌失败，飞鹤不得不以出售资产的方式，以便向红杉偿还 6300 万美元的投资款。

在这场对赌游戏中，红杉资本 6300 万美元“平进平出”，虽然黯然离场，至少仍实现了平稳退出。

四、清算

美国硅谷有一个科学意义上的大拇指定律，即一般 10 个风险企业中会有 3 个以清算的形式结束，另有 3 个停留在 2000 万～3000 万美元规模的小公司，还有 3 个能够上市的并且有较高的市值，只有一个会成为大拇指——最成功的公司。如果风险企业存在很多不利因素，比如风险企业经营不善导致不能安全运转、经营亏本、成长缓慢等，股权投资方没法实现他们的预定投资回报是，股权投资方会非常果断地选择清算，[①] 从而达到退出风险企业、取回投资资本。

清算退出主要有两种方式：一是破产清算，即公司因不能清偿到期债务，被依法宣告破产的，由法院依照有关法律规定组织清算组对公司进行清算。二是解散清算，即启动清算程序来解散风险企业。这种方式不但清算成本高，而且需要的时间也比较长，因而不是所有的投资失败项目都会采用这种方式。

【案例】　　多家 VC 投资 PPG 血本无归

PPG，2005 年 10 月成立，业务模式是通过互联网售卖衬衫。轻资产、

---

① 清算是指企业因经营管理不善等原因解散或破产，进而对其财产、债权、债务进行清理与处置，股权投资方不得不中途退出。

减少流通环节的概念，加上狂轰滥炸的电视、户外广告，迅速让 PPG 建立起市场领导者的地位，满世界都是“Yes! PPG”的广告语和吴彦祖自信的微笑。

2006 年第三季度，PPG 获得了 TDF 和 JAFCO Asia（集富亚洲）的第一轮 600 万美元的联合投资。2007 年 4 月，PPG 获得了第二轮千万美元的投资，除了第一轮的 TDF 和集富亚洲追加投资之外，还引入了 KPCB（凯鹏华盈），KPCB 公司是美国最大的风险投资基金，与红杉齐名。在 2006 至 2007 年，电子商务在 VC 投资圈非常吃香，而 PPG 更是其中的佼佼者，可谓绝对的明星项目，无数同行都羡慕这几家能有幸投资进去的 VC。

2007 年底，PPG 已经开始被媒体披露出一些问题，比如拖欠货款、货品质量投诉等，但 PPG 仍然受到了数家风投机构的追捧，三山投资公司击退其他竞争对手，向 PPG 投了超过 3000 万美元的资金。三山投资宣称选择 PPG 是因为很看好其市场、模式及团队，并透露 PPG 已计划于 2009 年初去美国纳斯达克上市。

2008 年，PPG 模式出现了 VANCL（凡客诚品）、优衫网、CARRIS 等几十家家模仿者，PPG 不但丢掉了行业老大的地位、官司缠身、高管流散，更传出创始人李亮卷款潜逃一说。李亮称从 2008 年年中起前往美国筹备美国公司开业事宜，之后一直未在国内现身。

2009 年末，商业神话终于还是像肥皂泡那样破碎了。PPG 总部早已人去楼空，一片狼藉，贴在墙上的法院执行裁定书则显示 PPG 已经关门大吉。PPG 累计从上述多家知名 VC 处获得了 5000 万美元左右的投资，彻底关门也意味着 5000 万美元血本无归。

第二节 退出方式大 PK

一、差异在哪里

不同的股权投资退出方式，其投资退出收益水平、退出价格、退出成本以及退出时效性均存在很大的差异。

（一）退出收益

退出收益是衡量股权投资回报情况最基本和最重要的指标。在股权投资四种主要退出方式中，首次公开发行股票退出方式的收益最高，企业并购、企业回购的收益次之。作为创业投资失败的选择，清算方式的退出收益是最低的。一般来说，被投资企业发展越成功，股权投资资本可选择的退出方式越多、退出过程越迅速、退出时增值程度也越高，经营较为成功地被投资企业大多数通过股票上市等增值程度较高的方式实现股权投资资本退出，经营相对不太成功地被投资企业则比较多地借助于股权回购等增值程度较低的方式实现创业资本退出，至于那些投资失败的股权投资只有采用清算方式退出。

虽然清算方式退出对股权投资方来说是痛苦的，但这是在所投目标企业经营状况恶化情况下必须果断采取的措施。如果不能及时退出，这将给股权投资方带来更大的损失。因为对于股权投资方来说，资金的机会成本是非常巨大的。当然股权投资方要想通过破产清算的方式顺利的退出所投目标企业，必须要有完善的法律做后盾，需要法律条文明确规定破产时间、破产程序、清算方法、剩余财产的分配等。

（二）退出价格

不同的股权投资退出方式具有不同的定价模式，因此，其退出价格所反映的资本溢价程度也不尽相同。

首次公开发行是一种基于相对价值的比较定价机制，其退出价格的制定是基于对历史数据和外部市场条件的理性判断，因而极易受外部市场条件的干扰。比如，当证券市场低迷的时候，作为即将上市企业定价的参照对象——其所处行业的平均市盈率也会处于相对低位，这将极大地影响即将上市企业的定价。另一方面，证券市场的低迷也会影响一级市场的参与热情，进而影响即将上市企业的定价。

通过企业并购完成股权投资资金的退出方式对所投目标公司的股份定价更多是取决于双方市场的供需关系，是一种基于市场均衡的定价模型。并购双方在估价时基本依靠以下因素：收购方的目的及经营状况、该风险公司所处行业壁垒的变化，卖方的市场份额、现金流、生意前景、收入和利润增长潜力以及全体公司职员情况都极大的影响着双方在谈判中成交的价格。可见，企业并购的定价方式具有很强的灵活性。

企业回购的定价机制也具有很强的灵活性，关键在于该企业本身的吸引力大小，而且企业回购这种灵活的定价模式，使标价过高的情形成为可能，股权投资退出时也能够获得更多的溢价。

对于破产清算方式，其退出的定价方式更为灵活，因股权投资方在这个阶段考虑更多是尽快脱手、迅速变现，因此，谈判的价格往往是一个妥协的过程。

（三）退出成本

退出成本是创业投资实施退出战略时产生的费用和花费的时间成本。退出成本的大小通常由中介费用、交易时间成本等因素来反映。

从成本上看，首次公开发行股票手续比较繁琐，涉及审计费、律师费等一系列费用，因此成本较高。以美国纳斯达克市场为例，一般投资银行收取的承销费为融资额的5%～10%，此外，上市企业还要承担3万～8万美元的会计费、6万～12万美元的印刷费和6万～14万美元的律师费，当融资规模在1000万美元以上时，这些费用将显著提高，有时会增加1倍。当融资额超过2500万美元时，发行和出售证券的平均费用大约占融资额的15%。

企业并购、企业回购则面对的交易对手相对较少，成本没有首次公开发行股票高。由于申请破产需要交易费用，因此清算也需要一定成本，但破产清算方式的退出成本相对来说是较低的。

（四）退出时效性

退出时效性是股权投资退出方式在退出时机选择上的灵活性。退出时效性是评价股权投资退出方式的一个重要的效率指标。退出时效性通常由退出方式被采用的频率与外部市场条件的相关性来表示。一般说，股权投资都存在严格的退出时间限制。由于退出时效性高的退出方式能够在不同的市场环境中被采纳，这意味着股权投资在最佳退出时机即使面临不利的市场环境，也能顺利实施其退出战略，因此，这样的退出方式具有很高的流动性。

首次公开发行在很大程度上受到IPO市场行情的影响，当IPO市场行情不好或IPO停发的时候，首次公开发行退出方式很难或无法实现。以A股为例，中国股市历史上有过8次的IPO暂停时期，暂停时间短则数月，长则近一年。在IPO停摆期间，对于想通过首次公开发行方式退出的股权投资方来说，不能不说是极大的煎熬。另一方面，为了稳定股票价格，减少市场波动，证券监管机构一般都规定了首次公开发行上市企业的原股东所持有的股票必须有一定的锁定期，不能立即变现，因此，首次公开发行方式退出的时效性最差。

虽然企业并购的投资收益比不上首次公开发行，但是企业并购是通过产权市场来实现股权投资资本的退出的，所以它们具有费用低、时间短、便于操作的优势，有利于股权投资方及时、迅速地退出所投目标企业以实现股权投资收益。因此，企业并购的退出时效性明显优于首次公开发行。

破产清算方式在退出时效性上也具有一定的优势，一旦项目失败则可以迅速退出（见表 16－2）。

表 16－2　四种股权投资退出方式的收益、价格、成本以及时效性对比

	退出收益	退出价格	退出成本	退出时效性
首次公开发行	最高	被动定价	最高	最差
企业并购	一般	相对灵活	一般	灵活
企业回购	一般	相对灵活	一般	灵活
清算	最低	灵活	较低	灵活

二、对双方企业的影响

（一）股权投资方的视角

作为股权投资方投资成功的最好例证，首次公开发行在为股权投资方提供优异投资回报的同时，被投资企业的上市也为股权投资方挣得了良好的社会口碑。当然，在公开发行方式退出中，由于股权投资方所持有的股票有一定的锁定期，其收益不能立即兑现，变现的时效性相对差一些。

在企业并购方式中，股权投资方能够快速收回现金，实现全面退出，而且机制灵活，全过程可以控制。

通过所投资企业回购方式实现投资退出具有操作简便的优点，而且通常可以按照投资时所签署的条款进行操作，操作起来也比扶持企业上市简单，而且股权投资者一般会在企业回购中获得一定的投资增值收益。由于企业回购方式要求被投资企业具有足够的现金，这对被投资企业构成强有力的经营压力。如果所投资企业拿不出足够的现金，就只好以短期或中期汇票方式延期支付，这实际上等于股权投资方对被投资企业的贷款。如果被投资企业的规模较小，股权投资方就要注意这种延期支付的风险。

清算退出可以将股权投资方的损失降到最低，但这也意味着股权投资的失败，有损股权投资方的社会声誉（见表 16－3）。

表 16－3　四种股权投资退出方式对股权投资方的影响

	有利因素	不利因素
首次公开发行	高收益、良好的社会口碑	有出售时间限制，变现时效性差
企业并购	能够快速收回现金，实现全面退出，机制灵活，全过程可以控制	不利于股权投资方知名度和信誉度的建立
企业回购	有收益，产权明晰、操作简单	延期支付风险
清算	将损失降到最低水平	投资失败，有损社会声誉

（二）被投资企业的视角

首次公开发行可以提高被投资企业的社会知名度，发挥激励作用，有利于留住企业核心人才和吸引新人才，同时企业获得大量的现金流入，增强了企业后续进行研发或扩大再生产的能力，而且企业可以利用资本市场平台进行再融资。另一方面，首次公开发行方式退出对被投资企业的经营者提供了有效的内部控制权激励，激励他们在上市前更好地为该企业创造价值。因为对于被投资企业的经营者而言，首次公开发行可以使他们在较大程度上保留对企业的控制权。由于上市企业需定期公开公司财务和经营资料，企业的自主性和保密性都会降低。

企业并购方式可以让被并购企业与其他大企业共享资源，被并购企业可以借力大企业的市场、人才、技术等资源，迅速扩大生产能力、提高市场份额。而且企业回购对于信息披露要求较少，与首次公开发行方式相比具有更高保密性。由于在企业并购方式中，被并购企业会丧失控制权，因此，一般都会招致企业管理层的反对，而且对于被并购企业的员工来说也没有激励作用。这就要求并购双方在并购结束后需要一定得时间和精力，业务的整合上往往不协调，磨合。

企业回购方式虽然有利于企业控制权的进一步集中，对企业经营管理层形成有效的激励，但由于企业回购需要大量的资金，这对一个被投资企业或企业经营管理者来说都是很大的负担。

清算退出方式可以将企业的损失降到最低，但也意味着企业运营的彻底失败（见表16－4）。

表16－4　　四种股权投资退出方式对被投资企业的影响

	有利因素	不利因素
首次公开发行	转变为公众企业，知名度提高	需定期公布公司财务、经营信息，企业自主性和保密性下降
企业并购	能借力大企业的市场、人才、技术；较少的信息披露要求，更高保密性	丧失控制权，降低了对企业管理层的激励
企业回购	企业有控制权进一步集中	对企业经营状况的要求较高
清算	将损失降到最低水平	经营失败，被社会淘汰

第三节 我国股权投资退出方式

一、我国股权投资退出的发展历程

相比美国的股权投资经历了50多年的风雨，我国的股权投资从上世纪80年代才开始发展，只有十几年的历史。虽然我国股权投资的发展迅速，总的来看，但我国股权投资的退出机制相比美国仍有一些差距。

1998年，在政协会议上，成思危提交的“一号提案”在我国掀起了发展股权投资的开端，到2001年我国股权投资行业的发展经历了一段蓬勃向上的时期。2002年开始，经济危机的影响使得整个世界的经济发展速度放缓，国际上的股权投资行业也出现了下降的趋势。我国这一时期股权投资行业的发展也进入了调整时期。2004年深圳设立了中小企业板，2006年，国家对科学和技术的发展规划出台，明确表明要推动我国股权投资行业的发展，股权投资在我国进入了一个新的时期。2009年创业板正式推出，为我国股权投资行业的发展提供了新的退出渠道。这些政策的推动和相关体制的变革，为我国股权投资行业的发展提供了保证。

股权投资对于推动我国经济和科学技术的发展起着非常重要的作用。股权投资对于技术创新的激励作用被许多研究成果所证实，从我国十余年的发展历程来看，股权投资极大地促进了我国高新技术企业的发展。从高新技术企业的发展来看，企业承担着自主创新的重要角色，而广大创新型科技中小企业作为其中最活跃的力量，其在推动我国进行科技进步、自主创新发展等方面发挥着越来越重要的作用。但是目前我国的中小企业特别是创新型的中小企业普遍存在资金不足和管理经验欠缺的问题，而股权投资恰好可以发挥其对中小企业的进行资金及管理支持的作用。股权投资行业的发展有助于提高产业发展效率和促进产业升级。股权投资家对创业企业的筛选过程充分体现了市场经济条件下优胜劣汰的原则。此外股权投资家通过研究评价，以降低其投资风险，取得最佳的投资回报的行为，也间接促进社会资源向优势有竞争力的产业进行流动，促进产业升级和结构的调整。

二、我国股权投资退出的主要途径

我国股权投资行业的发展时间还很短，但是由于中国在整个世界经济中的具有举足轻重的特殊地位，改革开放以来，大量国外股权投资机构纷纷进入中国，同时也将国外股权投资行业的先进经验带到中国。由于我国具有特殊的国情，资本市场还不够发达，产权交易市场规模也比较小，所以在我国股权投资退出方式和渠道和国外相比还有很大的不同。下面是我国常见的股权投资退出方式。

（一）国内 IPO

随着国内深圳创业板市场的发展，金融市场的完善和相关政策的发展，很多股权投资机构选择在深圳创业板上市退出，并得到了较高的回报。也有个别案例在国内主板市场和深圳中小板市场上市，但相对较少，主要因为我国主板市场和深圳中小板市场对上市公司的要求较高，这些都对股权投资机构在国内主板上市带来了很大的难度。但随着深圳创业板的推出，对国内风险企业的上市退出提供了很好的途径。尽管目前相关的政策和监管还不完善，但相信随着创业板市场的不断的发展完善，创业板势必成为我国股权投资行业退出的主要途径。

（二）海外 IPO

由于我国证券市场法规尚不完善，很多股权投资机构选择在境外上市退出，我国股权投资机构选择的海外资本市场主要有：香港主板、香港创业板、美国纳斯达克等。而大量股权投资机构选择海外上市主要是由于：首先我国主板限制比较多，一般企业上市后，股份锁定期较长。而美国和香港创业板股份锁定期相对较短，而且经过锁定期之后全部股份都可以实现全流通。而相反国内的 A 股市场，公司上市后，公司发起人的股票有三年的锁定期，这也意味着股权投资资本不能方便的及时退出；其次在海外上市，海外对公司的盈利等要求相对国内主板宽松，与在国内上市所需要的满足近几年的盈利条件相比，这对于尚处在发展时期的高新科技企业来说，毫无疑问具有很大的吸引力。此外如果股权投资机构在国内上市，股权投资家获利后如果要把利润转交给外国投资者，需要缴纳一定的资本利得税，而选择在境外资本市场上则避免了这一问题。当然海外上市的方式有也存在弊端，例如需要设置境外离岸公司，而且在海外上市，审批的过程也比较复杂，在海外上市对于风险企业的执行者的经验和技巧也具有更高的要求。而且国内的金融管理层也意识到了这种模式对国内资本市场的危害，出台了相关的政策，旨在控制国内优秀企业海外上市的潮流，以免国内优秀高科技企业资源外流。

（三）收购兼并

收购兼并一直是我国本土股权投资机构退出的主要途径，在 2002 年以前，收购兼并在我国股权投资退出方式分布中处于主导地位，但是随着的国内资本市场的不断发展，首次公开发行上市退出逐渐受到股权投资家的青睐，收购兼并所占的比例逐年下降。到 2006 年，收购兼并和 IPO 上市已经成为了我国本土股权投资退出的两个最主要的渠道。2011 年共有 194 起与私募股权投资相关的并购，同比增长高达 113.2%，披露的交易金额为 119.68 亿美元，同比增长 88%。相对于我国公开发行上市股票持有期长、监管多等政策方面的限制，收购兼并在我国是股权投资家首选的比较容易成功的退出方式，受到股权投资机构的普遍欢迎。

【案例】　　九鼎退出三川果汁

2008 年 3 月，九鼎投资以 3000 万元人民币收购了日照三川果汁有限公司（下称三川果汁）20% 股权。三川果汁主要从事果汁产品的生产及出口业务。九鼎看好其销售渠道稳定、成本控制到位、管理团队优秀等，寄希望于经过一段时间的发展能够在创业板上市。在持有一年半以后，三川果汁的发展未达到预期目标。此时，九鼎接触到同类行业中一家德国企业，这家企业非常想并购三川果汁的部分资产，一个新的退出方案由此诞生。这家德国企业希望收购三川果汁百分之百控股的一个制造厂，并且价格令企业管理层和九鼎都比较满意。对方一是看中生产线本身，二是希望借此进入中国市场。而此交易也符合三川果汁产品结构调整的方向。以转让价格计算，九鼎该笔投资的复合收益率为 30%。

（四）股份回购

股份回购是指创业企业或创业企业家以现金或票据等有价证券的形式向股权投资公司回购本公司股权。通过股份回购，股权投资家的资本从风险企业中顺利退出。股份回购的最大优点还在于风险企业被完整地保存下来，股权企业家可以掌握更多的主动权和决策权。但这种方式对风险企业的经营状况也有相当高的要求。目前我国股份回购方式占股权投资退出方式仅 6%。

【案例】　　维众退出 Blogbus

2005 年 4 月 19 日，www.blogbus.com 正式对外宣布已经接受维众（UCI）一笔近 100 万美元的风险投资。正当大家都还在博客融资时代的来临中回味时，几个月后 Blogbus 通过回购，将这场合作终结为“过去式”。Blogbus 总裁窦毅指出，“赎回股份的决定是我们团队一起做出的，基于对我们商业模式的信心、也是基于我们看好自身未来的发展。同时我们也明白，这是一个完全正确的决定……在公司发展的资源和渠道上并未得到维众太多支持，这与我们之前的想法相差甚远，也是 Blogbus 回购股份的原因之一。”尽管合作宣告结束，按照双方的君子协定，合作双方平静地分手，Blogbus 将维众投资的资金原数奉还，并支付了合作过程中消耗掉的费用。

综上所述，可以看出虽然目前我国股权投资行业存在着多种退出方式，首次公开发行还是国内风投企业的最主要的退出方式，兼并收购退居其二，这是和国外成熟市场股权投资退出方式选择上的主要差异。

三、我国股权投资退出的发展趋势

（一）股权投资退出市场日益活跃

2002 年以来，随着中国创业投资市场投资活跃度增加，其在全球资本市场的退出活动也加快了步伐。2007 年以前，中国创业投资整体退出案例数量除 2005 年略有下降外，基本上保持不断增长的态势。金融危机爆发后，特别是 2008 年 9 月国内 IPO 暂停审核，创投机构境内 IPO 退出受阻，导致 2008 年和 2009 年退出案例数量走低。2009 年 6 月，国内 IPO 重启，并且随着当年 10 月深圳创业板开闸，各地积极推动企业多元化融资的政策实施以及境外资本市场的回暖，中国企业在境内外资本市场上市表现出一片火热景象，VC/PE 背景企业更是其中的主要力量，中国创投市场退出案例激增，从之前的 100 多笔激增到近 400 笔。虽然 2011 年以来由于中概股表现欠佳以及“VIE 模式”前景影响投资者信心，投资机构境外 IPO 退出遭遇阻力，同时国内证券市场环境低迷导致创投市场退出数量同比下降 46.1%，中外创投也发生了 246 笔退出交易（见图 16－1）。

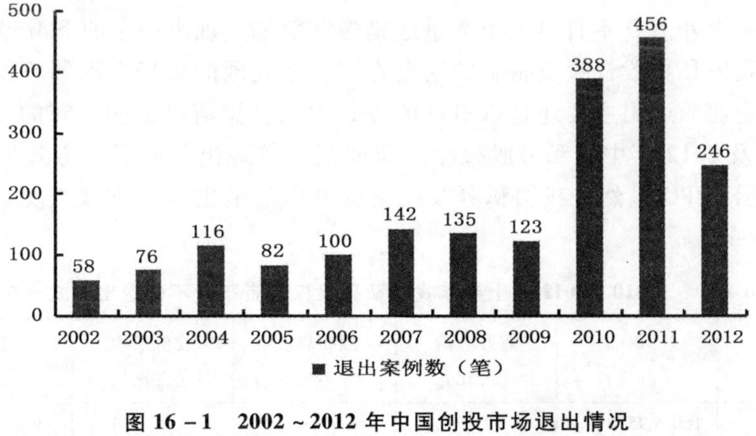

图 16－1　2002～2012 年中国创投市场退出情况

资料来源：清科数据库 2013.01，www.zdbchina.com。

（二）IPO 退出唱响主角

从退出方式来看，中国创业投资市场多年来退出渠道不断拓宽，逐渐形成了以 IPO、M&A、股权转让为主的多层次资本退出渠道和机制，其中 IPO 退出以其可获得较高的投资收益逐渐成为退出主流（见图 16－2）。

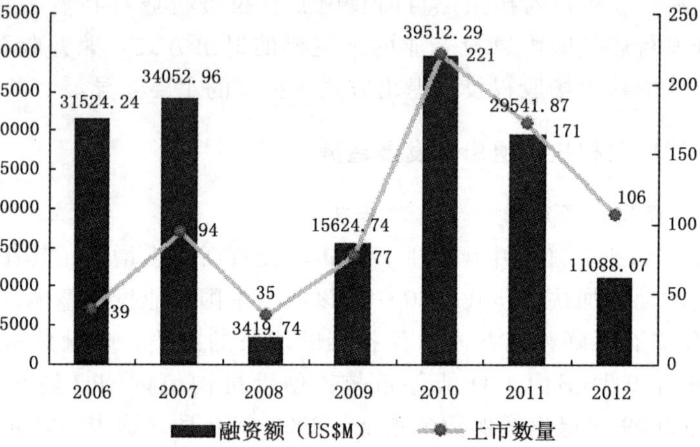

图 16－2　2006 年至 2012 年 VC/PE 支持企业境内外 IPO 情况

资料来源：清科数据库 2012.12，www.zdbchina.com。

从 VC/PE 支持企业境内外 IPO 情况来看，2006 年至 2011 年间，除 2008 由于美国次贷危机爆发的缘故导致企业境内外 IPO 略有下滑外，其余各年 VC/PE 支持企业境内外 IPO 数目呈现逐年上升的趋势，2010 年达到高潮，该年共有 221 家 VC/PE 支持的企业成功实现 IPO，融资额接近 400 亿美元。2010 年之后，由于境内证券市场的低迷和境外融资环境的恶化，VC/PE 支持企业境内外 IPO 不管是上市数量还是融资额都呈现出一定的下滑趋势。

以我国私募股权投资基金的退出为例，在我国的市场上私募股权投资基金投资企业的退出主要还是以 IPO 的方式为主。据清科集团发布的 2010 年、2011 年及 2012 年中国私募股权年度研究报告整理出不同退出方式所占的百分比显示：IPO 显然是我国私募股权投资退出的最主要的方式（见表 16－5 和图 16－3）。

表 16－5　　2010～2013 年上半年我国私募股权投资基金不同退出方式分布

年份	IPO（占比）	兼并收购（占比）	股份转让（占比）	股份回购（占比）	其他（占比）
2010	160（95.8%）	2（1.2%）	5（3%）		
2011	135（90%）	7（4.7%）	5（3.3%）	1（0.7%）	2（1.3%）

续表

年份	IPO（占比）	兼并收购（占比）	股份转让（占比）	股份回购（占比）	其他（占比）
2012	124（70.1%）	9（5.1%）	30（16.9%）	14（7.9%）	
2013 上半年	6（17.1%）	14（40%）	6（17.1%）	8（22.9%）	1（2.9%）

资料来源：根据清科研究中心 2010～2012 年中国私募股权投资年度研究报告整理而制表。

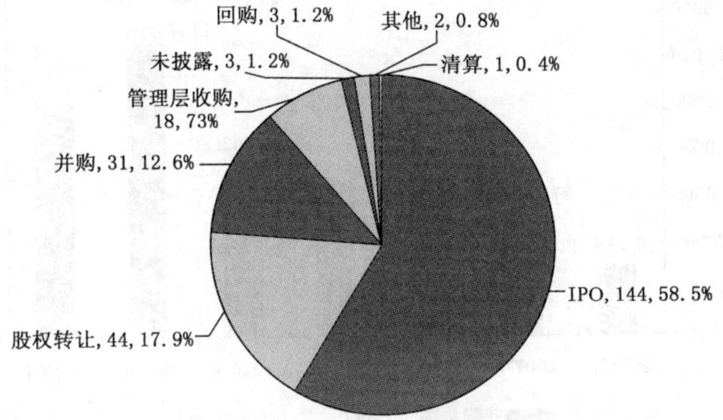

图 16－3　2012 年中国创投市场退出方式分布

资料来源：清科数据库 2013.01，www.zdbchina.com。

对于一直主要依赖 IPO 作为退出渠道的 VC/PE 机构来说，2011 年底以来 IPO 的严峻形势直接影响到 VC/PE 退出和基金回报水平。以 2012 年为例，2012 年共有 67 家 VC 支持的企业 IPO，涉及退出交易 144 笔，占退出交易总数的 58.5%，较 2011 年 68.7% 的占比进一步下滑。与 IPO 的低迷相比，股权转让和并购退出则逐渐活跃。2012 年 VC 以股权转让方式退出共有 44 笔，占比为 17.9%。并购退出 31 笔，占比 12.6%。

特别是 2013 年以来发行审查更趋严格，根据清科研究中心统计，自证监会针对 IPO 排队企业财务核查以来，截至 2013 年 3 月 29 日，共有 123 家企业撤回 IPO 申请。新股发行重启仍有待时日，庞大的在审企业数目也难以在短期内完全消化，对于急需退出的 VC/PE 机构而言，短期内面临较大压力。因此，VC/PE 机构必须寻求多样化的退出方式，以并购、股权转让为代表的退出方式也成为机构退出的重要选择，多元化退出方式也将是市场发展的必然趋势。

（三）并购退出崭露头角

近年来中国并购市场的发展迅猛，不管是在活跃度和市场规模两方面都增长迅速，并购案例数从2006年的171笔激增到2011年的1157笔，增幅超过500%，并购总额从2006年的152.2亿美元激增到2011年的669.2亿美元，增幅超过340%。虽然2012年较2011年略有下滑，但交易笔数也达到近1000笔，交易规模超过500亿美元（见图16－4和表16－6）。

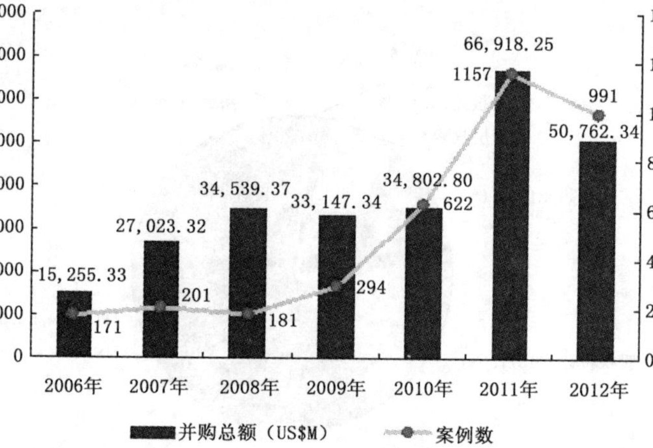

图16－4　2006～2012年中国并购市场发展趋势

资料来源：清科数据库2013.01，www.zdbchina.com。

表16－6　2004～2012H1VC/PE并购退出情况

年份	并购退出案例数	所有退出案例数	并购退出占比
2004	7	90	7.8%
2005	16	93	17.2%
2006	37	115	32.2%
2007	37	260	14.2%
2008	19	112	17.0%
2009	41	252	16.3%
2010	42	600	7.0%
2011	64	561	11.4%
2012H1	11	204	5.4%
合计	274	2287	12.0%

资料来源：清科数据库2012.09，www.zdbchina.com。

在中国并购市场迅猛发展的背景下，并购退出的案例也基本上呈现逐年递增的态势。根据清科研究中心的数据统计，2004 年至 2012 年上半年，中国共发生 2287 起股权投资退出案例，以并购方式退出投资的案例仅 274 起，占总退出案例数的 12%。随着中国经济结构的转型升级，未来并购市场存在巨大的发展空间，并购市场将有望再次出现突破并创造新的纪录。而且并购退出作为欧美国家 VC 主要退出方式，未来其在国内 VC 机构退出中也将占据越来越重要的地位。

由于 2012 年 12 月至今，境内市场一直没有新股发行，境外上市 IPO 也屈指可数，导致退出数量大幅下滑。根据 2013 年上半年的数据显示，中国创业投资市场共发生 38 笔退出交易，并购退出首次成为创投主要退出方式，共 13 笔并购退出，占 34.2%；股权转让退出有 9 笔，占比 23.7%；仅有 2 家 VC 支持的企业上市退出，共涉及 7 笔 VC 退出，占比仅 18.4%，另有 5 笔管理层收购退出和 3 笔回购退出（见图 16-5）。

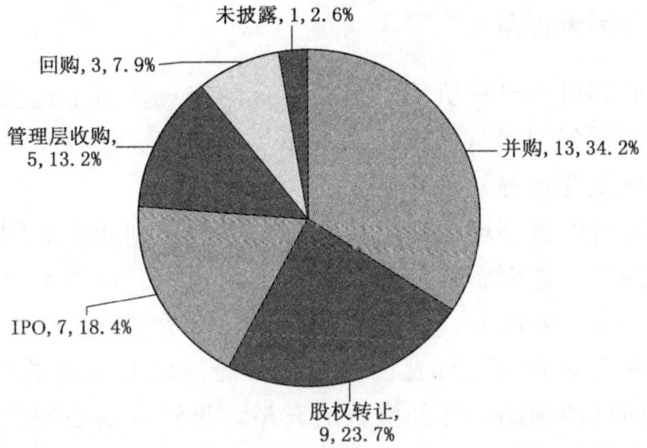

图 16-5　2013 年上半年创投市场退出方式分布（按交易笔数，笔）

资料来源：私募通 2013.07，www.pedata.cn。

（四）股权转让将是未来新亮点

2012 年新三板（即全国中小企业股份转让系统）扩容就为创投机构提供了更多的退出机遇，投资机构将获得“新三板”以及“转板上市”两个不同层面的退出机会。在新三板扩容试点期间挂牌的 73 家企业中，有 13 家企业在挂牌之前获得 VC/PE 机构的投资，占比近 20%。2013 年 6 月，国务院确定将“新三板”试点扩大至全国（此前限制在北京、上海、天津、武汉四地），扩大试点工作即将正式启动。2013 年 7 月的第一周，共有 25 家公司在全国中小企业股份转让系统“新三板”正式挂牌，未来新三板挂牌将步入常规化。高度活跃的新三板交易将为更多的VC/PE机构提供实现部分被投项目股权转让的退出路径。未来股权转让也将成为VC/PE机构的又一重要退出方式。

第四节 选择最合适的退出时机

股权投资的退出时机选择往往受到多种因素的影响。总体来说，退出时机的选择主要受宏观、创业企业以及股权投资方等三个方面因素的影响。因此，股权投资方也总是在客观因素（宏观因素、创业企业因素）和主观因素（股权投资方自身因素）制约下基于自身利益最大化来选择合适的退出时机。

一、宏观因素视角

创业企业和股权投资机构总是在特定的宏观环境中运营，肯定会受到宏观因素（如宏观经济景气状况、资本市场活跃度、产权交易市场成熟程度以及相关政策法规变化等）的影响。

良好的宏观经济环境在一定程度上可以促进创业企业的发展、促进股权投资机构的融资，进而影响创业企业的估值水平。一般来说，宏观经济周期处于向上循环周期阶段时，宏观经济的景气给予创业企业一个良好的外部环境，促进创业企业的经营与成长，有利于提高创业企业的估值水平；同时，对整体经济向好的预期、外部资金的充裕、投资者信心增强也对创业企业获得较高估值有所帮助；另外在经济处于景气周期时，资本市场活跃度的提高也可以为股权投资方提供较多的退出选择；这些都可以促进股权投资方以较高的退出价格实现投资退出。

而资本市场活跃度与产权交易市场成熟程度对于股权投资方能否实现顺利退出也关系密切。根据清科集团发布的报告显示，深圳创业板开板的前两年间，156家国内VC/PE机构合计实现299笔退出，平均账面投资回报为8.84倍；16家外资VC/PE机构合计实现20笔退出，平均账面投资回报为14倍；2家合资VC/PE机构合计实现4笔退出，平均账面投资回报为8.8倍。创业板的开闸拓宽了股权投资机构的退出渠道。而2012年底以来，由于我国资本市场的持续低迷、IPO的停摆让股权投资机构意图通过IPO退出的渠道受阻，股权投资机构们开始转向并购市场寻找“退出之路”。

二、创业企业因素视角

创业企业是创业投资活动的主体，创业企业的运营情况直接关系着股权投资方退出的可行性和退出收益，因此，准确掌握创业企业的动态对于股权投资方退出时机的选择非常关键。

（一）创业企业管理团队

股权投资行业有两句行话：一个是投人，一个是投未来。不管在美国、新加坡还是日本，很多股权投资机构在选择一个项目的时候重点是考察团队、考察人，通常会把创业团队的素质放在最重要的位置考虑。同样，股权投资方在选择退出时机时也要考虑人的问题。如果随着创业企业的发展，创业企业管理团队的素质不足以支撑创业企业的发展时，特别是企业管理、技术开发、财务运作及市场营销等核心管理层发生变动时，要么督促创业企业调整完善管理团队架构，要么就必须考虑退出。云峰基金创始人兼董事会主席虞峰坦言，“创业最关键的一点是创业者能不能坚定信心，只要你坚定信心，我们就支持你做下去，如果你动摇了，事先想好还有哪些路可以走，那对不起，你自己玩。今天回过头来看看国内几大互联网公司，腾讯、阿里巴巴、百度一开始做的事情与今天的事情差别很大，关键是这些团队对市场的适应能力和对技术不断追求的能力，让企业能与市场接轨。这才是最关键的”。

（二）创业企业生命周期

股权投资方在决定是否退出时必须考虑创业企业所处的生命周期阶段。一般而言，创业企业的生命周期包括种子期、导入期、成长期、扩张期和成熟期。从理论上来说，创业企业一经发展成熟，企业的成熟技术往往会使同业竞争中的技术壁垒不断消除，随着竞争者的大量进入，拥有高新技术的创业企业的垄断利润会逐渐消失，创业投资的高回报随即转变为常规利润，创业企业的高成长性的阶段业已结束。此时，股权投资方就必须考虑退出问题。从高盛全资子公司 GSPharma 退出海普瑞的案例我们可以看出，GSPharma 不管是在股权投资的进入还是退出时机方面都把握的非常好，特别是在海普瑞专利保护期结束且同业竞争加剧的背景下，GSPharma 顺利通过二级市场减持实现投资退出。

【案例】　　高盛全资子公司 GSPharma 退出海普瑞

2007 年 9 月 3 日，海普瑞宣布接受 GS Direct Pharma Limited（高盛集团全资子公司）增资 491.7 万美元，折合人民币 3695 万元，投资方获得海普瑞 12.5% 的股份。在高盛投资入股仅 5 个月后，海普瑞便成为国内出口美国肝素钠的唯一供应商。2010 年海普瑞登陆中小板，GS Direct Pharma Limited 当时持有该公司股票 4500 万股，占其首次公开发行后总股本的 11.25%。海普瑞于 2011 年 4 月 29 日实施资本公积金转增股本，GSPharma 持有公司股份增至 9000 万股，持股比例仍为 11.25%，限售期为一年。2011 年 5 月 6 日起，GSPharma 持有的所有股票解禁。

由于肝素钠行业多项制剂的专利保护到期，大量仿制药出现，海普瑞"克赛"等专利药价格和销量受到冲击，而且海普瑞已不再是通过 FDA 认证的唯一国内厂商。目前，在海普瑞的国内主要竞争对手中，至少有 3 家公司获得了美国 FDA 认证。另外据中国生化制药工业协会秘书长徐康生透露，除了海普瑞，目前已有多家肝素钠原料药生产商获得 FDA 认证。于是，在解禁期到来后，GSPharma 没有选择继续留守，而是陆续开始减持海普瑞。根据海普瑞发布的减持公告显示，自 2012 年 5 月 8 日起，GSPharma 开始分批减持海普瑞股票，截至 2013 年 2 月 6 日，GSPharma 累计减持 4999.01 万股，根据公告中的减持均价计算，合计套现 10.02 亿元。根据海普瑞 2013 年一季报显示，GSPharma 持股数为 3870.62 万股，占 4.84%。

分析高盛 GSPharma 在海普瑞身上的一举一动可以看出，在海普瑞最初上市时，高盛给其设计编织了很多冠冕堂皇的故事，从而让其拥有大大高于行业平均发行市盈率，而在业绩美丽童话破灭时，高盛 GSPharma 毅然决然退出。

（三）创业企业盈利状况

创业企业的盈利状况也是影响股权投资方选择退出时机的关键因素。如果创业企业销售额的增长能够使其现金流量实现平衡，标志着企业基本拥有了造血能力，但是由于此时企业的财务报表可能还是亏损的，一个不够漂亮的财务报表不会很好地体现企业的价值，因此，对于着眼于成功退出的股权投资方而言，此时不能急于退出。当创业企业的市场范围已经很大，继续扩张难度加大，此时由于沉没成本的作用，企业的会计利润会有很大程度的提升，企业的财务报表也将表现靓丽。创业企业已完全变成一个具有丰富市场竞争经验、技术成熟和管理团队高效的成熟企业，此时股权投资方可以考虑采用适当的方式退出了。而如果创业无法找到好的盈利模式或在市场竞争中一直表现不佳，创业企业的财务状况持续恶化，此时对于股权投资方来说，应考虑尽快退出控制投资损失。

三、股权投资方自身因素视角

股权投资方是创业投资退出活动的实际执行者，在退出时机的选择方面起主导作用。股权投资方有可能因为其自身的原因而提前退出。

（一）股权投资方的经营情况

如果股权投资方因外部环境恶化导致筹资困难或经营状况不佳导致现金流紧张时，首要考虑的就是尽快退出一些项目，以收回现金，维持公司的正常经营。根据国外媒体报道，2008 年 11 月，在全球经济衰退大背景下，风险投资基金面临严重现金短缺，VC 正在采取极端措施，以确保他们有足够现金投资。不少投资机构开始“打折”出售其投资的创业企业股权。当然，对另一些风险投资人来说，现金匮乏也意味着机遇，他们可以用更低的价格购入创业企业股权。设在加利福尼亚州的 Onset Ventures 公司合伙人 Terry Opdendyk 表示，有资金紧张的风险投资人向他发出要约，期望以 1 折到 6 折的价格出售其投资的公司。Venrock 资本合伙人 Bryan Roberts 说，他最近从一个缺钱的投资人手中以 4 折的价格购买了一家保健创业企业的股份，参与了该公司最后一轮的融资。

如果股权投资方发现更好的投资机会时，由于短期内其管理的资金供给一般是没有弹性，则股权投资方可能会改变原来制定的退出计划，加快从原有投资中部分退出，转向新的投资项目。

（二）对声誉的追求及其对投资项目的期望收益

对于声誉股权投资机构的声誉主要是建立在过往投资业绩的基础上。良好的声誉有助于股权投资机构吸引有成长潜力的项目、募集新的股权投资资金、推进与中介机构会计师事务所和投资银行的合作、吸引专业投资人才的加盟等等。因此，股权投资机构会为了获得良好的业绩表现而提前退出一些投资项目，特别是那些新设立的股权投资公司急切需要在股权投资市场上树立声誉而提早实施投资退出。一般来说，股权投资方为美化其投资业绩往往会在绩效考核前期（如每季度末或每年末）筹划提前退出。

股权投资机构从事股权投资目的就在于获得高于平均收益的风险回报。因此，当投资项目的退出已经达到股权投资方期望收益的时候，股权投资方一般会更倾向于选择退出。

结 束 语

在前面的十六章中，我们详细展现了股权投资的发展历程和现状，分析了投资流程和技巧，希望各位能找到适合自己的投资方法。

事实上，从投资基金的募集、寻找适合的投资项目，到如何选择合适投资人、创业者如何与投资人打交道、怎么准备商业计划书，再到怎样给企业估值、如何谈判投资条款、投资后的管理等等，这些内容将是投融资所需要经历的全过程，每一个过程与步骤都有很强的专业性蕴含其中。书中所涉及的对象选择、交易结构、融资稀释、合约设计等问题均需要读者多多研读、细细思考。

全书的最后，我们向读者提供一份来自沃顿商学院的投资教学案例①，仅供大家后续阅读和思维拓展。案例将为我们展现两家投资公司为争取同一家创业公司所列示的投资备忘录，其中，关于创业企业团队情况、投资人选择背景、创业企业的估值与资金需求测算、股权和管理权控制、风险因素控制的合同设定等问题均一一在案例中得以展现。

希望读者可以带着以下问题阅读本案例，这将为我们提供一个实践全书所涉及股权投资的全部知识点机会，同时，这些思考过程也可能是在以后的投资谈判中你或将面对的问题：

1. 具备怎样特征的高科技公司常常是投资家们青睐的对象？对于这样的高科技企业财务估值如何测算？

2. 对比案例中橡果国际资本与银河投资两家投资公司所提供的投资条款具有什么样的差异，这些差异将会带来怎样的实质性问题与差距？

3. 假如你就是这家创业企业 CEO，你将如何选择投资公司？每家的投资条款与公司的财务预测和目标匹配程度如何？

---

① 教学案例来自中国证券业协会组织的券商高层赴沃顿商学院的培训班课程，感谢沃顿商学院给予的支持。

4. 思考清楚合同中设定的各方面条款的风险触发条件，并预期公司未来经营状况能否达到各项财务指标。

橡果资本背景资料
——LEADER 公司与橡果资本投资基金的投资条款书谈判

LEADER 公司

三名理工大学计算机系的在读研究生在过去的两年中利用业余时间开发出一套全新个性化搜索引擎技术，该技术基于一套复杂的软件算法。这一全新搜索技术能够简便的识别并追踪互联网个人用户的“网上冲浪”习惯，进而使用这些不断积累的信息，个性化搜索用户的兴趣所在，以便于检索网络用户的详细信息。

三个发起人相信他们的新技术能够使网上信息检索的现状获得一个巨大的进步，因而他们决定成立一个公司，即“LEADER“公司。三位发起人的市场调研使得他们更加坚信这项新技术的市场潜力是巨大的，并且能够立刻开发，此外，目前市场上没有能够与这项技术竞争的产品或者技术。

三位发起人之中，仅有一人曾经在一家由风险投资支持的科技公司工作过并获得一些相关管理经验，其余两人从未工作过。然而，三人仍然决定放弃他们的学业以全职管理 LEADER 公司，以下是三位发起人的相关资料：

K，三人中的新闻发言人以及新公司的首席执行官。K 有很强的市场开发能力并且对预测搜索引擎技术的战略发展拥有相当的天赋。其缺点在于从未在公司中担任高级管理职位。

M，一位天生的软件开发工程师，同时也是公司核心产品的基础软件算法的灵魂人物。她在公司产品开发阶段的作用是不可替代的。她将成为公司的首席技术官。

R，另一位有能力的软件工程师。他个人出资赞助了三人的创业活动，包括购买必需的计算机系统和设备，以及租赁一间小办公室以便于三人业余时间工作。R 迄今已经投入 17.5 万美元。他将成为新公司的首席财务官并兼任产品研发高级经理。

三位发起人利用几周时间完成了一份商业计划书并测算出他们需要首次募集 500 万美元的启动资金来运作他们的新公司。他们估计在新公司能够盈利之前，这个公司仍需要继续进行融资，届时公司将具有独立盈利能力而且可以通过首次公开发行并上市走向资本市场。发起人们估计从公司创立到首次公开发行大约需要 4 ~ 5 年的时间；此外，投资者通过出售的方式退出可能不需要这么久时间，不过这种方式取决于公司产品开发力度的有效程度。

发起人们更倾向于前一种方式，因为他们认为首次公开发行能够使公司保持自主经营并且能够实现三位发起人将他们的搜索技术商业化的雄心壮志。

在接下来的12～18个月内，根据公司的商业计划书，新公司需要雇佣大约50名员工。三位发起人认为在最初的两年时间内公司的主要任务是产品研发。

发起人们制作的新公司未来5年财务预测主要数据如下：

单位：美元

	2005年	2006年	2007年	2008年	2009年
销售收入	225000	1450000	7875000	22500000	52000000
净利润（损失）	（3750000）	（2375000）	（750000）	275000	3450000

经内部协商，三位发起人在即将与风险投资进行的500万美元投资条款谈判中将贯彻并遵守如下几个目标：

- 一个较高的交易前估值，大约2000万美元
- 鉴于竞争情况给予的可以开发这项技术的时间非常有限，所以需要尽快募集成功所需资金
- 作为发起人以及股东，二人需要在新公司中保持控股权，特别是那些关于未来是否卖掉公司还是实施首次公开发行等重大决策
- 确保发起人能够对公司的日常经营保持控制力，确保截止到公司成功前他们有机会保持各自在公司的执行官职位
- 获得最终投资到新公司的风险投资基金的高级合伙人的长期建议
- 确保参与本轮投资的风险投资基金能够参与公司未来的融资
- 偿还R垫付的公司初期发展费用共计17.5万美元

在发起人之间，也可以包括风险投资者，建立一个买卖协议以支持每个发起人的资金需求，用以应变发起人在公司任职内的死亡或者伤残等突发事件

LEADER公司融资前总资本：

在组建LEADER公司的过程中，每位发起人持有该公司100万股股份，同时一些在公司初创期加入的员工也持有公司的普通股股份。此外，为激励以后雇用的新员工，发起人决定设立股票期权计划。

发起人	3000000股普通股
初创期员工	500000股普通股
远期股票期权计划	1500000股普通股

发起人已经向一些风险投资公司介绍了该项目，其中两家风险投资公司表示愿意作尽职调查并与发起人商谈有关潜在投资事宜。

在发起人继续与两个风险投资公司的投资谈判时，他们认识到在两个基金之间保持必要的“道德墙”以隔离信息的交换是他们应奉行的谨慎原则。因此，两个基金彼此之间并不了解对方的身份背景以及对方提出的投资条款。发起人认为以上的做法是最有利于本公司利益的，但是他们同时也意识到在某些特殊情况下，有意识的打破这个“墙”可能更有利于他们获得更好的投资条款。

橡果资本

在一系列向基金推介自己项目的过程中，三位发起人结识了橡果资本，这一来自东岸并在加州帕罗奥多设有办公室的风险投资公司。虽然 AA 资本的名声显得过于注重利益，但该基金公司在项目选择以及培育创业初期的公司等方面仍卓有成绩，高额投资回报令橡果资本旗下基金在业界享有盛誉。其大多数一般合伙人在加入该公司前均在投资银行或者私人股权投资方面职得了相当的成绩。因此，他们以注重对自己投资公司的管理而著称。需要说明的是，在橡果资本的一般合伙人中，并没有 LEADER 公司目前从事的搜索引擎技术的专家。

LEADER 公司的发起人们还获知在橡果资本目前的投资组合中的两个创业企业，该基金公司已经因为发起人团队不能达到商业计划书中承诺的目标而将其解职，取而代之的是该基金公司聘请的职业经理人。橡果资本对至少 50% 的投资回报这一目标的态度是开明的，但并不妨碍他们为实现投资回报目标而替换掉发起人或其管理团队。

橡果资本的一般合伙人在与 LEADER 公司的发起人会晤后决定继续投资谈判，当然是在对投资条款书达成一致的前提下。鉴于橡果资本的合伙人们目前正忙于筹备新基金，其所有合伙人均不能承诺参加 LEADER 公司的董事会会议或者监管公司的日常经营管理。相反，他们建议橡果资本最近新雇用的一位主要负责人来负责橡果资本对于 LEADER 公司的投资，该主要负责人具有公司运作经验以及一定的风险投资经验。这位主要负责人将被赋予一定的职责，包括参加董事会会议，共同负责 LEADER 公司的发展，并且能够在遇到关于 LEADER 公司发展的棘手问题时随时与高级合伙人沟通。一旦橡果资本的新基金筹备结束，基金合伙人们有了更多的时间，其中的一位合伙人将肩负 LEADER 公司的日常经营管理职责。

橡果资本对于 LEADER 公司的投资热情高涨，并拟定出一些制定投资条款书的目标，他们很愿意将这些目标与 LEADER 公司的发起人们分享：

• 在最初的估值中应该预测到：LEADER 公司的投资者们可能在 5 年内变现退出，在第三年 LEADER 公司将需要另外 1000 万美元的股权投入。此外，AA 资本的一些估值研究表明，同行业可比上市公司的平均市盈率倍数为 60 倍

• 橡果资本需要对其投资进行管理以确保一个较高的投资回报率以回馈其有限合伙人，在对投资的管理中，AA 资本在未来可能发生的 LEADER 公司再次发行股票的情况下有权保持其所投入资本的利益

• 橡果资本要求一个可接受的估值，获得强有力的否决想与 l 及对 LEADER 公司的日常经营管理的控制权。AA 资本特别关注的是：LEADER 公司现任首席执行官 K 可能不具备必要的经验和技能使之能够领导 LEADER 公司的成长并使其成长能够达到 AA 资本投资的要求。

橡果资本关于 LEADER 公司 A 轮优先股私募发行之投资条款备忘录

待发行证券	A 轮优先股
投资金额	AA 资本投入 3000000 美元；另一为 AA 资本所授受的风险投资公司投入 1500000 美元；AA 资本指定的“朋友”投入 500000 美元。
交易前估值/价格	交易前估值经双方同意，以完全稀释的 6500000 股总股本为基础（含未来股票期权计划预留的 3000000 股（而不是当前股本结构中所反映的 1500000 股预留股份）。
交易结束日/最小	首个交易结束日以 3500000 美元标志最小投资到位；第二交易结束日应为不迟于自今日起的六个月，以其余资金到位为标志，第二交易日为寻找前述另一为 AA 资本所接受的风险投资公司预留充分时间。
股息	年股息指每股年 10% 股息率。股息可以累积并按季度累算，且当以下事件（除“清算优先权”定义的清算情况外）发生时应首先支付：A）公司普通股的“合格的首次公开发行”（定义见后）；或 B）当公司发生转让、兼并或被收购等任一情况时。经 A 轮优先股多数股东同意，应付股息应该被支付予以额外的 A 轮优先股，其支付数量由以下公式决定：应付股息的金额除以 A 轮优先股原始购买价格。 不可支付股息给普通股。

续表

待发行证券	A 轮优先股
清算优先权	在任何该公司的清算、解散、终止事件发生时，A 轮优先股持有者应该优先于普通股持有者被支付给 2.5 倍于其初始始投资的兑价，同时被支付给所有未支付的累积计算的股息。 在 A 轮优先股持有者的清算优先权被有效的充分的满足后，任何剩余的资金可以按持股比例支付给 A 轮优先股持有者和普通股持有者。 以下情况视为清算： 公司与一家公司兼并或合并，或被兼并或被合并进入另一家公司以致现公司终止存续（除非公司股东持有存续主体至少 50% 的股份），或出售/转让公司的全部资产或公司的实质性全部资产，或公司的发起人出售超过其持有原始股份的 50% 利益。
转股权	当以下定义的反摊薄调整出现时，每一股 A 轮优先股将被首先授予可转换为普通股的权力，以 1：1 的转换比例，在持有人选择的任何时间，转换为普通股。 在“符合条件的首次公开发行”交易结束日之前，每一股 A 轮优先股应该以有效的转换比例自动转换为普通股。 在“在符合条件的首次公开发行”指：1）发行价至少为 A 轮优先股原始购买价格的三倍；2）募集资金净额超过 2000 万美元（如果 A 轮优先股持有者要求参加发行，则当已发行的 A 轮优先股转股时，至少 25% 的待发行普通股发行给这些股东）。
反摊薄调整	在公司的下一轮股权融资（例如 B 轮）结束之前，如果任何以低于 A 轮优先股每股发行价格的价格发行股票的情况发生（向公司员工、咨询师、高管销售普通股的情况除外），A 轮优先股转换比例应该按照“完全反摊薄”公式予以调整，即在上述情况发生时，A 轮优先股应该收到由于摊薄引起的估值降低的全部补偿。当下一轮股权融资结束时，A 轮优先股的转换比例应该按照惯用的广义定义的反摊薄公式进行调整（或者采用至少与 B 轮优先股投资者一样的反摊薄调整公式）。对分股以及股票股息应予以按比例的调整。 在未获得董事会成员（含 A 轮优先股的两名董事）无异议的一致同意下，不得将公司股票或者股票期权授予公司员工、咨询师以及高级管理人员。
投票权	A 轮优先股应该以“假设转换为普通股”的基础享有同等投票权，同时应该被赋予受法律保护的同级投票权。A 轮优先股还应该享有对特别事件的特殊投票权，详见“保护条款”。
董事会代表	A 轮优先股持有者应该享有任命三名董事会董事的权利，普通股股东应该享有指派一名董事会董事的权利，这名董事应该由公司的首席执行官担任，根据公司章程规定，董事会成员人数应保持为四名。

续表

待发行证券	A 轮优先股
保护条款	只要仍有不少于 10% 的最初发行的 A 轮优先股处于流通状态，则未经流通中的 A 轮优先股的 60% 股东的书面同意，公司不得从事： • 修订或变更 A 轮优先股的权利以及享有的优先权，或者发行任何与 A 轮优先股享有同等权利，或优于 A 轮优先股所享有权利的证券； • 增加已发行 A 轮优先股的数量； • 进入任何导致公司控制权转移的兼并、整合或资产转让交易； • 实施任何需要发行具有投票权股票的商业、产品、技术收购； • 增加董事会董事人数； • 增加银行贷款或任何形式的债务； • 提高作为股权激励发放给员工、高管以及咨询师的预留股票数量； • 聘请或解职任何公司的管理人员； • 通过年经营预算； • 租赁任何设备供公司主要办公室使用； • 向供应商或者战略伙伴发行股票。
优先购买权	A 轮优先股持有者应该获得优先购买权利，这一权力使得 A 轮优先股持有者可以购买公司在未来的进一步融资中任何新发行的部分股份或全部股份（遵从惯例）。这一优先购买权在公司符合条件的首次公开发行完成时失效。
优先受偿以及互购协议	所有公司发起人持有的公司普通股股份必须受制于优先受偿权以及互购协议，即除非 A 轮优先股持有者有机会购买上述股份，任何上述股东不得出售上述股份。如果优先受偿权没有完全实施，A 轮优先股股东有权参与股份出售。这一优先承买权在公司符合条件的首次公开发行完成时失效。
关键人员保险	公司须建立起对三名发起人的金额 200 万美元的关键人员保险制度，并指明 A 轮优先股股东为受益人。
发起人股份禁售	发起人持有的普通股股份应该受制于为期五年的禁售期，起始日期为 A 轮优先股融资交易结束日，其所持股份的 25% 在交易结束日起的第一年后解禁，其余股份均应在其后的四十八个月中保持禁售。当发起人基于任何原因终止其公司的任职时，其所持股份（无论解禁与否）应全额无条件退回公司，并不予以任何兑价。
股票购买协议	A 轮优先股融资应该与 A 轮优先股购买协议保持一致，该协议应包含适当的代表权以及公司的担保以及基于惯例的交易结束条件。

续表

待发行证券	A 轮优先股
投资条件	A 轮优先股融资完成的条件为： • 公司须同意，在 A 轮优先股融资结束后 6 个月内，将聘请具有合格资历的首席执行官以代替目前 K 的职位。在雇用新的首席执行官之时，由 AA 资本决定 K 是否具有必需的领导技能以担任公司的招待经理； • 由 AA 资本和公司共同决定募集资金的使用方向； • 公司对发起人的雇用以自愿为基础（公司或发起人均有权随时无理由解除已签订的雇用和被雇用关系），雇用合同中注明每个发起人的年薪； • 发起人须同意，在任何需要改变发起人与 A 轮优先股股东相对持股比例的情况下，其股权来自于流通中的发起人股份，而不是预留的股份。
赔偿	公司须向 A 轮优先股的每一位持有者就任何与 A 轮优先股融资相关的泄密事件导致的损失予以赔偿。
费用	公司须向其投资者支付相关法律费用以及律师费。
排他	公司以及每一位发起人同意在本文件执行之日起的 60 天内，上述人员除本投资条款书外，不得接触、商谈、或进入其他任何协议或承诺、或授受其他向公司提出的股权或债权融资方案。

银河投资背景资料
——LEADER 公司与银河投资基金的投资条款书谈判

LEADER 公司

关于 LEADER 公司的背景介绍参见前述案例，此处不再赘述。

银河投资

在一系列的向基金推介自己项目的过程中，三位发起人结识了银河投资，一个加州旧金山当地的风险投资公司。

银河投资以投资那些具有最前沿技术的公司而闻名，这些公司具有的高新技术有时甚至领先于他们的目标商业市场。对于他们投资组合中的公司，银河投资奉行的原则是细致而且周全的，这一原则基于对核心技术的理解以及大量超前研究的结果。虽然银河投资在 2000 年网络投资泡沫崩盘之前的一些投资“赌”错了方向，他们也拥有一些异常成功的投资案例。因此，银河投资旗下基金的投资表现参差有别。银河投资在最近五年放慢了对投资组合的扩张速度，鉴于银河投资目前的基金成立于 2000 年初，其仍然拥有可观的资金量用于初次投资以及追加投资。

银河投资的合伙人们拥有平易近人的好口碑，在与他们投资的创业公司的管理团队相处的记录中，他们表现得相当理性。在银河投资的例行周投资会议中连续支持投资LEADER公司的一位合伙人已经在银河投资工作了15年，他对搜索引擎技术以及相关的技术趋势欣赏有加。这位合伙人在创业初期公司管理方面经验丰富，了解处于这个时期的公司将面临的困难和挑战。银河投资对候选公司的第一次投资的估值倾向于比较谨慎的水平。

银河投资的一般合伙人在会晤了LEADER公司的发起人之后，决定推进对该公司的投资，当然这一投资以对投资协议书达成一致为前提。银河投资对LEADER公司的潜在投资满怀热情，并有自己的一套制定投资协议书的原则，他们坦诚地希望与LEADER公司的发起人们分享以下原则：

- 基于前期糟糕的投资经历，银河投资只能给出一个较低的交易前估值（估值区间的低端）。银河投资认为LEADER公司在第四年将需要额外的1500万美元股权投资，并且估计可能的变现退出时间在至少6年以后。银河投资也质疑LEADER公司过于乐观的财务预测，他们认为60%的折现率适用于该公司。银河投资同时大幅降低搜索引擎行业可比上市公司的平均市盈率倍数到40倍，这一倍数还考虑到了这些上市公司的规模优势。
- 对于发起人们作为经理人缺乏适当经验的忧虑，但同时表示给予发起人希望管理公司的热忱一定的空间和时间。
- 商谈一定的否决权以及对公司战略方向决策的控制权。
- 银河投资的有限合伙人中包括一些机构和公司，其中一些与搜索引擎技术行业有着紧密联系。银河投资认为可以介绍这些有限合伙人给LEADER公司并且显著提高LEADER公司的销售收入增长。

银河投资关于LEADER公司之A轮优先股投资谅解备忘录

本投资谅解备忘录旨在阐明我公司关于银河投资（以下简称“银河投资”与LEADER公司（以下简称“该公司”或“公司”）之间的投资条款的一致意见之要点。本备忘录涵盖我公司的全部一致意见，直至银河投资能获得机会满足其所有尽职调查目标，或相关各方达成最终购买协议中涉及针对LEADER公司进行股权投资的新条款以及条件。

本备忘录以真实信息的准确性及完整性为成立之要件，这些真实信息涵盖LEADER公司的技术、商业以及资本等方面，是由K、M、和R等三位LEADER公司的发起人兼主要股东提供至寰宇资本的。

K、M以及R均声明其提供给银河投资的关于LEADER公司的财务预测是基于诚实准则作出的，而且该预测构成了本备忘录生成之日的LEADER公司财务信息的最佳预测。

银河投资提议的对于 LEADER 公司的相关投资条款及条件如下：

待发行证券类型	A 轮优先股
投资金额	银河投资出资 5000000 美元
估值	交易前经双方同意，以目前已发行的 3500000 股普通股以及公司现有的为将来实行对公司员工、咨询师以及高级主管股权激励计划而预留的 1500000 股普通股为基础。
交易结束日	预期交易结束日为本备忘录之日起的 3 周，以所有投资到位为标志。
股息	年股息率为每股 10%，股息可以累计计算，并在清算事件发生时支付。除非 A 轮优先股的所有已宣布且未支付股息全部支付，否则普通股不可以予以股息。
清算优先选择权	在任何该公司的清算、解散、终止事件发生时，A 轮优先股持有者应该优先于普通股持有者被支付给两倍于初始投资的兑价，同时被支付给所有已宣布但未支付的股息。 在 A 轮优先股持有者的清算优先权被有效的充分满足后，任何剩余的资金可以支付给普通股持有者。 以下情况视为清算：公司与一家公司兼并或合并，或被兼并或被合并进入另一家公司，以致该公司终止存续（除非公司股东持有存续主体至少 50% 的股份），或者出售/转让公司的全部资产或者公司的实质性全部资产，或公司发起人出售超过其持有的原始公司股份的 50% 利益。
转换	当以下定义的反摊薄调整出现时，每一股 A 轮优先股将被首先授予可转换为普通股的权力，以 1∶1 的转换比例，在持有人选择的任何时间，转换为普通股。 当以下两种情况之一的任何一个发生时，每一股 A 轮优先股应该以有效的转换比例自动转换为普通股：A）以发行价不低于 10 美元每股或者整体公开发行募集资金超过 5000 万美元进行的首次公开发行圆满结束时；或 B）经流通的 A 轮优先股的多数股东书面同意。
反摊薄调整	A 轮优先股的转换比例应该按照加权平均的狭义基础公式予以调整，且该调整之后的转换比例适用于所有的流通的 A 轮优先股以及流通的可购买 A 轮优先股的权利。该加权平均的狭义基础的公式在任何以下情况下发生时生效，即任何以低于 A 轮优先股每股发行价格的每股价格发行股票的情况（向公司员工、咨询师、高管销售普通股的情况除外）。对分股以及股票股息应予以按比例的调整。

续表

待发行证券类型	A 轮优先股
董事会代表	A 轮优先股持有者应该享有任命两名董事会董事的权利，普通股股东应享有指派一名董事会董事的权利，这名董事应该由公司的首席执行官担任，同时，A 轮优先股和普通股可作为同一级别的股票，共同投票任命第四名董事。
优先购买权	A 轮优先股持有者应该获得优先购买的权利，这一权利使得 A 轮优先股持有者可以按照其现有持股比例优先购买公司在未来的进一步融资中任何新发行的股份。这一优先购买权在公司首次公开发行完成时失效。
优先受偿权	所有公司发起人持有的公司普通股股份必须受制于优先受偿权协议，即除非 A 轮优先股持有者有机会购买上述股份，任何上述股东不得出售上述股份。如果优先受偿权没有完全实施，且任一发起人仍持有未出售的股份，则发起人不得再出售上述股份。这一优先承买权在公司首次公开发行完成时失效。
关键人保险	公司须建立对三名发起人的金额为 2000000 美元的关键人员保险制度，并指明公司为受益人。
发起人股权禁售	发起人持有的普通股股份应受制于为期四年的禁售期。起始日期可以向前追溯到公司成立之日前的一年，所有股份均应在四十八个月中保持禁售。当发起人基于任何原因终止在公司的任职时，所有未解禁的股份在上述离职发生时应被公司以原始价格回购；倘若，在大于 50% 的投票权转移控制之后的六个月内，发起人无故被终止任职，该发起人持有的禁售股份的 25% 应该被自动授权解禁。
发起人的雇用	发起人与公司的雇用关系基于自愿原则
一般雇用协议	授予公司的员工以及管理人员的股票期权被要求受制于标准的为期四年的禁售期，起始时间为雇用之日，雇用第一年禁售比例以 25% 为限并在第一年之后以月为单位计算禁售期。所有员工与公司雇用关系基于自愿原则。
股票购买协议	A 轮优先股融资应该与 A 轮优先股购买协议保持一致，该协议应包含适当的代表权和公司的担保以及基于惯例的交易结束条件。一旦上述融资完成，公司现有的任何由公司发起人作为债权人的负债均应被豁免并反映为公司的资本公积。
费用	公司须向其投资者支付相关法律费用及律师费
义务承诺	本备忘录旨在成为公司及其发起人对寰宇资本的一个必须遵守的法律承诺。
机密性	本备忘录中的条款具有机密性，公司或其员工或高管不得向公司发起人、律师、会计师以外的其他方披露本备忘录之内容。

如果同意接受本谅解备忘录，请在指定处签名并将签名备忘录之原件寄回寰宇资本。

我们期待着与贵公司建立互利互惠的合作关系。

参考文献

Reference

1. Dixon, R. (1991), "Venture Capitalists and the Appraisal of Investments". Omega, 19 (5), pp333 - 344.

2. Freear, J., and Wetzel, W. E. (1992), "The Informal Venture Capital Market in the 1990s". In Sexton, D. J and Kasarada, J. D. (eds), Entrepreneurship in the 1990s, Boston: PWS - Kent, pp 462 - 486.

3. Freear, J., and Wetzel, W. E. (1992), "The Informal Venture Capital Market in the 1990s". In Sexton, D. J and Kasarada, J. D. (eds), Entrepreneurship in the 1990s, Boston: PWS - Kent, pp 462 - 486.

4. Lerner, Josh. (1999), "The government as venture capitalist: the long - run effects of the SBIR program", Journal of Business, 72, pp. 285 - 318.

5. See D. Gordon Smith, "Exit Structure of Venture Capital", 53 UCLA L. Rev. 347, 2005 - 2006.

6. Steven N. Kaplan and Per Strömberg. (2000), "How Do Venture Capitalists Choose Investments?"

7. University of Cambridge, Small Business Research Centre. (1992), The State of British Enterprise: Growth, innovation and competitive advantage in small and medium - sized firms, Cambridge.

8. 【美】迈克尔、E. S. 弗兰克尔著，曹建海主译：《并购原理》，东北财经大学出版社 2009 年 1 月版。

9. 【英】理查德·汤姆森著，何峻、何迅文译：《风险投资实务》，机械工业出版社 2012 年 4 月版。

10. 21 世纪经济报道："PE 基金激励机制调查"，《21 世纪经济报道》2012 年（4）。

11. 鲍晓莉："创业投资机构在项目企业估值谈判中的策略浅析"，《创新》2010（4）。

12. 曹慧著：《我国私募股权投资基金发展研究》，广西大学2013年硕士论文。

13. 柴晨曦：《风险投资公司的投资风险管理研究》，中国海洋大学2009年硕士学位论文。

14. 陈德棉、蔡莉：《风险投资国际经验比较和借鉴》，经济科学出版社2003年版。

15. 陈工孟等：《2010年中国风险投资行业调研报告》。

16. 陈国进、张敏涛："我国产业投资基金相关问题研究"，《西部金融》2010年第5期。

17. 陈有忠、刘曼红、唐俊霞：《中国创投20年》，中国发展出版社2011年版。

18. 成思危：《成思危论风险投资》，中国人民大学出版社2008年版。

19. 戴春兰、李文丽："风险投资退出风险及其控制"，《科技创业》2009年第6期。

20. 德邦证券编著：《中国私募股权投资年度报告2012》，江苏人民出版社2012年版。

21. 蒂姆·科勒等，《价值评估——公司价值的衡量与管理》（第4版），电子工业出版社2007年版。

22. 董露茜："人民币PE：募资难靠'拼爹'"，《新财经》2013（03）。

23. 董运佳：《美国私募股权投资基金研究》，吉林大学2009年硕士学位论文。

24. 杜枫：《钱途——就这样拿到风险投资》，北京大学出版社20011年3月出版。

25. 方春子、张球："略谈风险投资中的分段投资问题"，《技术经济与管理研究》2001年第5期。

26. 国信证券区域股权市场课题组："中国区域股权市场发展及券商业务的新探索"，《中国证券》，2013（4）。

27. 葛辉：《中国私募股权投资基金退出策略研究》，华东师范大学2010年硕士学位论文。

28. 顾涌："选择投资可转换债券风险浅析"，《中国证券期货》2011（2）。

29. 桂曙光："VC在估值谈判中的奥秘"，《经理人》2008（7）。

30. 桂曙光：《创业之初你不可不知的融资知识》，机械工业出版社 2011 年 3 月版。

31. 桂曙光：《再谈优先清算权》，创业投资网，http：//www.reachvc.com/post/866.html。

32. 郭恩才：《解密私募股权基金》，中国金融出版社 2008 年版。

33. 何诚颖：《上市公司推进股权激励负面效应不容忽视》，国信证券发展研究报告，2006 年 10 月。

34. 贺道安：《风险投资 IPO 退出的绩效研究：以创业板上市公司为例》，华东理工大学 2011 年硕士专业学位论文。

35. 赫国胜、徐浩："我国产业投资基金运行模式分析"，《中国城市经济》2011 年 15 期。

36. 金永红：《风险投资机构运作机制与风险管理》，上海财经大学出版社 2007 年版。

37. 李翔："私募股权基金的投资动向及对券商投行业务的启示"，国信证券发展研究报告，2010 年 11 月。

38. 李华、王鹏著："天使投资在 OECD 国家的运作——兼论天使投资在我国的发展前景"，《世界经济研究》2003（04）。

39. 李辉：《私募股权基金选择目标企业的标准研究》，大连海事大学 2010 年硕士专业学位论文。

40. 李寿双：《美国风险投资示范合同》（中英文对照本）法律出版社 2006 年版。

41. 李爽："分阶段投资机制下的风险投资路径研究"，《商业时代》2010（6）。

42. 李昕旸、杨文海：《私募股权投资基金理论与操作》，中国发展出版社 2008 年版。

43. 刘萍萍：《风险投资运作机理与投资决策研究》，天津大学，2003 年。

44. 刘志雄："我国风险投资退出机制分析与比较"，《科学经济社会》2010 年第 2 期。

45. 卢岚：《我国风险投资退出方式研究》，西南财经大学 2010 年硕士专业学位论文。

46. 罗小刚：《我国私募股权投资基金退出机制研究》，兰州商学院 2010 年硕士学位论文。

47. 马海静：《中国私募股权投资退出方式研究》，上海师范大学 2010

年硕士学位论文。

48. 马翊航："私募股权投资基金资金来源研究分析"，《企业导报》2011（09）。

49. 毛艳、任晓宇："对美国风险投资退出机制的分析及启示"，《投资金融》2005 年第 12 期。

50. 美国风险投资协会网：National Venture Capital Association，NVCA。

51. 孟志强、董瑞华："做市商制度提高场外交易市场流动性的实证分析"，《产权导刊》2010（12）。

52. 牛婷、赵守国、左斐："国际产业投资基金的运行模式研究"，《生产力研究》，2010 年第 12 期。

53. 平力群："日本的三次风险投资浪潮及现状"，《现代日本经济》，2006 年第 2 期。

54. 清科研究中心：《2012 年中国企业上市年度研究报告》，2013 年 2 月。

55. 清科研究中心：《2012 中国创业投资年度统计报告》，2013 年 2 月。

56. 清科研究中心：《2013 年第二季度中国并购市场研究报告》，2013 年 7 月。

57. 清科研究中心：《2013 年第二季度中国创业投资年度统计报告》，2013 年 7 月。

58. 清科研究中心：《中国 VC/PE 机构管理机制及薪酬体系研究》，2011 年研究报告。

59. 清科研究中心：《2012 年中国私募股权投资年度研究报告》，2013 年电子版。

60. 清科研究中心：《2013 年中国创业投资暨私募股权市场 LP 白皮书》，2013 年电子版。

61. 阙紫康："中小企业金融支持体系：理论、证据与公共政策"，深交所研究报告，2009 年 8 月。

62. 任纪军：《中国式私募股权基金》，中国经济出版社 2008 年版。

63. 上海国家会计学院主编：《企业并购与重组》，经济科学出版社 2011 年 5 月版。

64. 邵坤："解密 LP 联姻 GP 之道"，《资本市场》2012（02）。

65. 施华德："GP 与 LP 之间的关系：私募股权最重要界面之趋势"，《资本市场》2009（09）。

66. 谭胜：《风险投资的价值评估研究》，西南财经大学 2008 年博士论文。

67. 王恩群、周莉："风险投资策略"，《北京商学院学报》2000（05）。

68. 王娟："风险投资介入中小企业公司治理的过程与效果研究"，《浙江财经大学》，2010 年。

69. 王开良、梁昆："PE 投资风险的分析与控制"，《财会月刊》2009（7）。

70. 王立国："对风险投资定价模型的探讨"，《财经问题研究》，2003（3）。

71. 王声凑、曾勇："阶段融资框架下的风险投资企业控制权配置研究"，《管理评论》2012（1）。

72. 王胜、胡玲燕著："私募股权投资基金：趋势、机遇与策略"，《新金融》2013（02）。

73. 王苏生等：《私募股权基金理论与实务》，清华大学出版社 2011 年 5 月出版。

74. 王晔、任彩银、张静："私募股权资本的资金募集分析"，《石家庄理工职业学院学术研究》2011（06）。

75. 翁媛媛：《股权投资基金对投资项目选择的标准》，国信证券发展研究报告，2011 年 9 月。

76. 魏珊珊：《风险投资退出问题研究》，华东师范大学 2010 年硕士专业学位论文。

77. 吴江："拓宽私募股权投资基金资金来源渠道"，《现代物业》2012（03）。

78. 吴九红、李爱庆："我国合伙制 PE 中 GP 与 LP 矛盾及其协调的博弈分析"，《中央财经大学学报》2010（02）。

79. 肖志伟：《中国私募股权投资基金的运作模式研究》，天津财经大学 2010 年硕士学位论文。

80. 徐向阳：《股权投资的风险控制研究》，国信证券发展研究报告，2013 年 3 月。

81. 谢科范、杨青：《风险投资管理》，中央编译出版社 2004 年版。

82. 徐冰："私募股权投资基金财务管理与风险控制"，《现代会计》2010（1）。

83. 徐细熊、刘星："风险投资合约中控制权配置理论综述"，《科研管理》2011（4）。

84. 徐新阳："外资私募股权基金组织形式与投资策略的比较优势及对

策”，《浙江金融》2009（07）。

85. 许伟：“中小企业融资与场外交易市场建设”，《财会月刊》，2012（2）。

86. 许一涌：“刘克芳以并购重组为目标的投资策略探析”，《北方经贸》2007（10）。

87. 晏文隽、郭菊娥：“风险投资估值调整协议的实物期权价值及其应用”，《运筹与管理》2011（2）。

88. 杨峰：《公司估值问题：来自实践的挑战》，中国财政经济出版社2012年版。

89. 杨立功：“常见的几种股权投资策略”，《中国证券期货》2010（05）。

90. 叶有明：《股权投资基金运作——PE价值创造的流程》，复旦大学出版社2011年3月版。

91. 曾子力、娄高明：“对风险投资中有效运用可转换证券的分析”，《现代经济信息》2011（2）。

92. 郑磊：“私募股权投资案例分析”，价值中国网，2007年。

93. 周炜：《解读私募股权基金》，机械工业出版社，2008年4月版。

94. 周灿：“私募股权投资中优先股制度研究”，《东方企业文化》2013（5）。

95. 张建辉：《股权投资的世界：现状与发展》，国信证券发展研究报告，2013年6月。

96. 张元萍、聂毓晨：“有限合伙：私募股权基金民间资金来源新模式初探”，《现代财经》2009（10）。

97. 张龙斌：“深圳市私募股权投资行业发展研究报告”，国信证券发展研究报告，2012年5月。

98. The Wharton School：《橡果资本关于HT公司A轮优先股私募发行之投资条款备忘录》，2011年。

99. The Wharton School：《橡果资本背景资料——HT公司与两家风险投资基金的投资条款书谈判》，2011年。

100. The Wharton School：《银河投资资本关于HT公司之A轮优先股投资谅解备忘录》，2011年。

101. The Wharton School：《银河投资背景资料——HT公司与两家风险投资基金的投资条款书谈判》，2011年。

财富与梦想系列丛书

后记

Afterword

2011年在沃顿访学期间，目睹海外资本市场之繁荣兴旺，深感沃顿商学院教材之专业务实，于是我产生了写作财富梦想系列丛书的念头，希望从业内人士的角度解读选股、量化投资、股权投资、风险管理等投资实践，为那些心怀财富梦想的年轻人了解和进入这个行业提供帮助。这本《探寻股权投资之道》就是其中之一。

归国之后，我们就开始酝酿丛书的写作工作。在构思的初期，股权投资“忽如一夜春风来”，我身边到处可见雄心勃勃搞PE的金融家和期待一夜暴富的股权投资者。然而，在经历了2011年前后PE募资、投资的狂飙突进之后，2012年以来国内私募股权市场骤然陷入一轮低谷：机构募资难度加大、平均单笔募资金额规模偏小、退出渠道日益收窄。无论是PE基金还是股权投资人，都处于茫然和焦虑中。

短短三年的时间里，从全民PE到行业发展遇冷，国内创业金融行业可谓是变幻莫测，这也更加坚定了我要揭开股权投资神秘面纱、探究股权投资密码的决心。

从海外股权投资业的发展动态来看，经过数十年的发展，已经发展到成熟阶段：权益投资从企业种子期到Pre－IPO各阶段的完整覆盖，投资方式从纯粹的股权投资转变为资产、债务、股权重组等相结合的多元化方式，并购方式也逐渐成为其主要的退出方式，产业链重心逐步从后端向前端转移。

与国外的股权投资界相比，我们仍显不够成熟。目前国内创业金融行业的主要手段仍为传统的股权投资，特别是突击Pre－IPO项目让整个行业饱受争议的同时，也使得行业的发展受IPO市场景气的影响过大。未来国内股权投资领域的发展必然将向交易结构的多样化、服务方式的多样化、退出渠道的多元化以及产业链条完整化转变，以实现行业的提升，未来行业发展的空间巨大。

基于上述的初衷和想法，真诚希望本书的研究成果能为读者更直观、更全面地了解股权投资行业提供一定的帮助。本书是我们集体分工写作而成，全书致力于结合案例分析与操作细节，把脉国内外股权投资业的发展动态，解读行业的规则（如何募集资金、如何选择投资项目、如何谈判、如何管理、如何退出等等），揭开财富的奥秘，提出有关创业金融投资精华。当然，囿于我们的能力范围，本书一定存在一些错误和疏漏，我们真诚接受读者的批评和指正。

在本书的写作过程中，我们得到了许多领导和专家的大力支持和关怀，在此谨向他们表达诚挚的感谢。

何诚颖

2014 年 2 月